여러분의 학위취득을 응원하는
해커스독학사의 특별 혜택!

한달합격 발달심리학 최신 기출유형 저자 직강 10%

W454X464S130T911

해커스독학사(haksa2080.com) 접속 후 로그인
▶ [마이클래스] 내 [쿠폰내역] 클릭 ▶ 쿠폰 등록

해커스교육그룹 파격 무료수강 제휴쿠폰 받는 방법

해커스독학사(haksa2080.com) 접속 후 로그인
▶ [고객지원] 내 [공지사항] 클릭 ▶ ★해커스교육그룹 제휴쿠폰★ 공지글 확인

* 쿠폰은 사이트 로그인 후 1회에 한해 등록이 가능합니다.
* 쿠폰은 등록 후 7일간 사용 가능합니다. (등록기간 만료 시 고객센터 문의)
* 쿠폰 사용과 관련된 기타 문의는 고객센터(1599-3081) 혹은 사이트 내 문의게시판을 이용하시기 바랍니다.

해커스독학사의 단기합격 시스템

1. 단기합격 가능! 독학사 시험에 특화된 강의
독학사 전문교수진의 고효율 핵심집약 강의
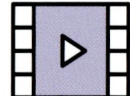

2. 이론부터 문제까지 모두 담은 단권화 교재
오랜 기간 독학사 시험 분석을 통해
단기합격에 필요한 요소만 모은 한권완성 문제집

3. 이론부터 실전까지 효율적인 학습 커리큘럼
이론학습 → 문제풀이 → 핵심요약 → 마무리 모의고사까지!
짧은 기간에도 시험 대비가 가능하도록 최적화된 학습 커리큘럼 제공

4. 과목별 담당 교수님의 1:1 학습 Q&A
궁금한 점은 고민하지 말고 바로 교수님께 1:1로 문의하여 해결

5. 독학사 전문 학습 플래너의 1:1 맞춤 무료 상담
독학사 전문 학습 플래너가 1:1로 체계적인 맞춤 상담 진행
☎ 1599-3081   카톡간편상담 '해커스독학사' 검색

무료 학습자료 제공 · 독학사 단기합격
해커스독학사 haksa2080.com / ☎ 1599-3081

한 달 합격

해커스독학사
심리학과

최신기출 이론+문제

2단계 | 발달심리학

해커스독학사

저자 고인숙	약력
	중앙대학교 사범대학 교육학과 졸업
	중앙대학교 일반대학원 교육학 박사 수료(교육심리 전공)
	현 | 해커스독학사 심리학과 교수
	해커스원격평생교육원 교수
	수원여자대학교 외래교수
	배움사이버평생교육원 교수
	자단기 강사
	전 | 한양여자대학교 외래교수
	연성대학교 외래교수

해커스독학사 심리학과 2단계
단기간에 합격의 길로 가는
단 하나의 선택!

〈한달합격 해커스독학사 심리학과 2단계 발달심리학 최신기출 이론+문제〉는 독학사 2단계 발달심리학 과목 시험을 준비하는 수험생 여러분이 단기간에 효율적으로 학습하여 좋은 성과를 낼 수 있도록 철저히 계획되어 구성되었습니다.

01. 국가평생교육진흥원의 최신 평가영역 및 출제경향을 충실히 반영하여, 개정된 영역의 핵심 이론까지 빠짐없이 독학사 시험을 준비할 수 있습니다.

02. 본문 이론 중 중요한 키워드만을 엄선한 '핵심 키워드 Top 10', 이론 학습을 도와주는 '핵심 Check', '개념 Plus' 등의 풍부한 학습 보조장치를 제공하여 이론에 대한 폭넓은 이해를 바탕으로 깊이 있게 학습을 할 수 있습니다.

03. '기출개념확인', '실전연습문제', '기출동형모의고사'로 구성된 문제를 수록하였으며, 문제를 풀어보면서 이론을 습득하고 실전에 대비할 수 있어 단기합격이 가능합니다.

04. 교재 내에 수록된 모든 문제에 '정답·해설'을 제공하며, '오답분석', '참고' 등의 다채로운 해설 요소를 통해 문제 풀이 중 부족하게 느꼈던 부분도 꼼꼼히 보완할 수 있습니다.

05. 핵심 요약 내용인 '자신감'을 통해, '핵심 키워드 Top 10'을 집중적으로 복습할 수 있습니다. 본문 이론의 가장 핵심이 되는 내용만을 효율적으로 학습하므로, 단기간에 시험에 대한 감각을 기를 수 있습니다.

본 교재는 공식 평가영역을 철저히 반영한 교재로, 핵심 이론과 문제들을 충분히 학습할 수 있도록 구성되었으며, 다양한 예시로 어려운 이론 내용을 학습하는 데 부족함이 없도록 심혈을 기울였습니다.

마지막으로 교재 출간에 애써주신 해커스독학사 편집진을 비롯한 많은 분들께 감사 말씀드리며, 본 교재로 학습하는 수험생 여러분에게 좋은 결과가 있기를 기원합니다.

저자 **고인숙**

목차

빠르게 합격에 다가서는 해커스독학사의 학습 Step 4! ... 6
초단기간에 합격하는 나만의 2주/4주 학습 플랜 ... 10
시험 전 꼭 알고 가자! 독학사 시험 안내 ... 12
이제 실전이다! 2단계 시험 미리보기 ... 16
무엇이든 물어보세요! 독학사 10문 10답 ... 18

■ 본 교재의 목차는 '국가평생교육진흥원'에서 제공하는 '과목별 평가영역'을 반영하여 구성하였습니다.

제1장 | 발달심리학의 기초

제1절	발달 개념과 연구법	22
제2절	발달 이론	34
◆ 제1장 실전연습문제		50
◆ 제1장 실전연습문제 정답 · 해설		54

제3장 | 인지발달

제1절	인지발달: 피아제(Piaget)와 비고츠키(Vygotsky)	92
제2절	인지발달: 정보 처리	102
제3절	지능발달	108
제4절	학습과 기억발달	121
제5절	언어와 의사소통	133
◆ 제3장 실전연습문제		141
◆ 제3장 실전연습문제 정답 · 해설		145

제2장 | 발달의 생물학적 기초

제1절	유전과 발달	60
제2절	태내기와 영아기	65
제3절	태내기 이상발달	69
제4절	신체적 발달	75
◆ 제2장 실전연습문제		83
◆ 제2장 실전연습문제 정답 · 해설		87

제4장 | 사회정서 발달

제1절	정서, 기질, 애착	150
제2절	자기와 사회 인지	160
제3절	성차와 성 역할	168
제4절	공격성, 이타성, 도덕발달	175
제5절	가족 관계	183
제6절	아동기 심리적 장애	190
제7절	청소년 문제 행동	195
◆ 제4장 실전연습문제		204
◆ 제4장 실전연습문제 정답 · 해설		208

제5장 | 성인발달과 노화

제1절 성인발달과 노화	214
제2절 성인 초기 발달	220
제3절 성인 중기 발달	224
제4절 노년기 발달	230
제5절 인생의 마무리	235
제6절 노인 부양과 학대	237
◆ 제5장 실전연습문제	245
◆ 제5장 실전연습문제 정답 · 해설	249

기출동형모의고사

기출동형모의고사 제1회	254
기출동형모의고사 제2회	262
기출동형모의고사 제3회	270
◆ 기출동형모의고사 정답 · 해설	278

자신감 300
자세하고 **신**속하게 알려주는 **감**각 키워드

단기합격을 위한 독학사 전문 교수님들의
명품 동영상강의
해커스독학사 www.haksa2080.com

빠르게 합격에 다가서는 해커스독학사의 학습 Step 4!

Step 1. 학습준비 | 학습 전, 전략적으로 학습 계획 세우기!

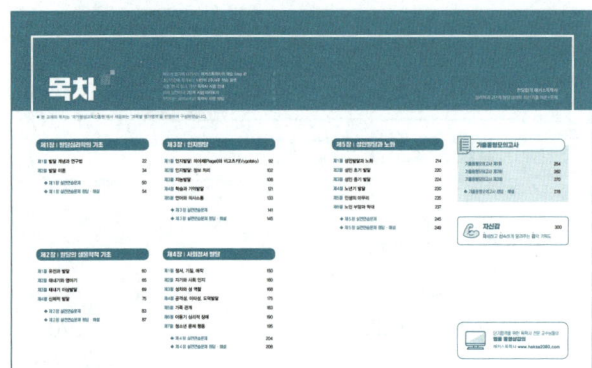

목차
독학사 시험 주관처인 국가평생교육진흥원에서 제공하는 과목별 평가영역을 기반으로 제작된 목차를 통해서 각 과목의 전반적인 틀을 빠르게 파악할 수 있습니다.

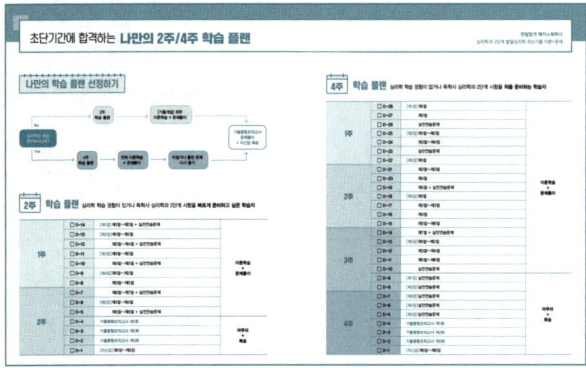

맞춤형 학습 플랜
'나만의 학습 플랜 선정하기'를 참고하여 자신에게 최적화된 2주/4주 플랜을 선택할 수 있습니다. 학습 플랜 선택 후, 매일 정해진 분량을 학습하고 학습 여부를 체크할 수 있습니다.

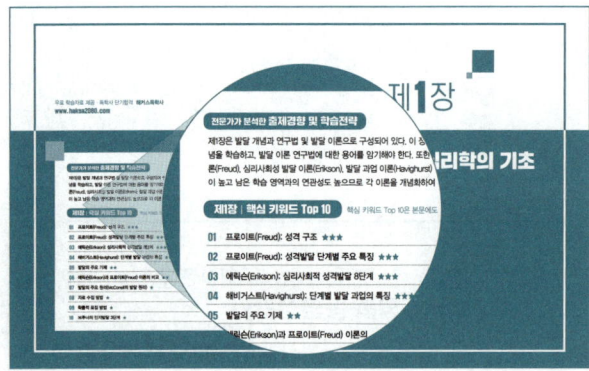

전문가가 분석한 출제경향 및 학습전략
과목별 전문가가 알려주는 시험 출제경향과 공부 방법을 통해서 학습의 방향성을 올바르게 설정할 수 있습니다.

핵심 키워드 Top 10
각 장마다 엄선된 10개의 핵심 키워드로 중요한 내용을 한눈에 확인할 수 있습니다. 또한 키워드 옆에 표시된 ★ 개수로 개념의 중요도를 바로 파악할 수 있으며, 교재 뒤의 요약 페이지와도 연계되어 있어 중요 내용을 복습할 수 있습니다.

Step 2. 이론학습 — 다양한 학습장치를 활용하여 효율적으로 이론 학습하기!

❶ 기출개념
실제로 출제된 이론에는 '기출개념'을 표시하여 빠르게 출제경향을 파악할 수 있습니다.

❷ ★ 표시
'핵심 키워드 Top 10'으로 선정된 키워드에 ★표시를 하여 중요한 개념을 쉽고 빠르게 확인할 수 있습니다.

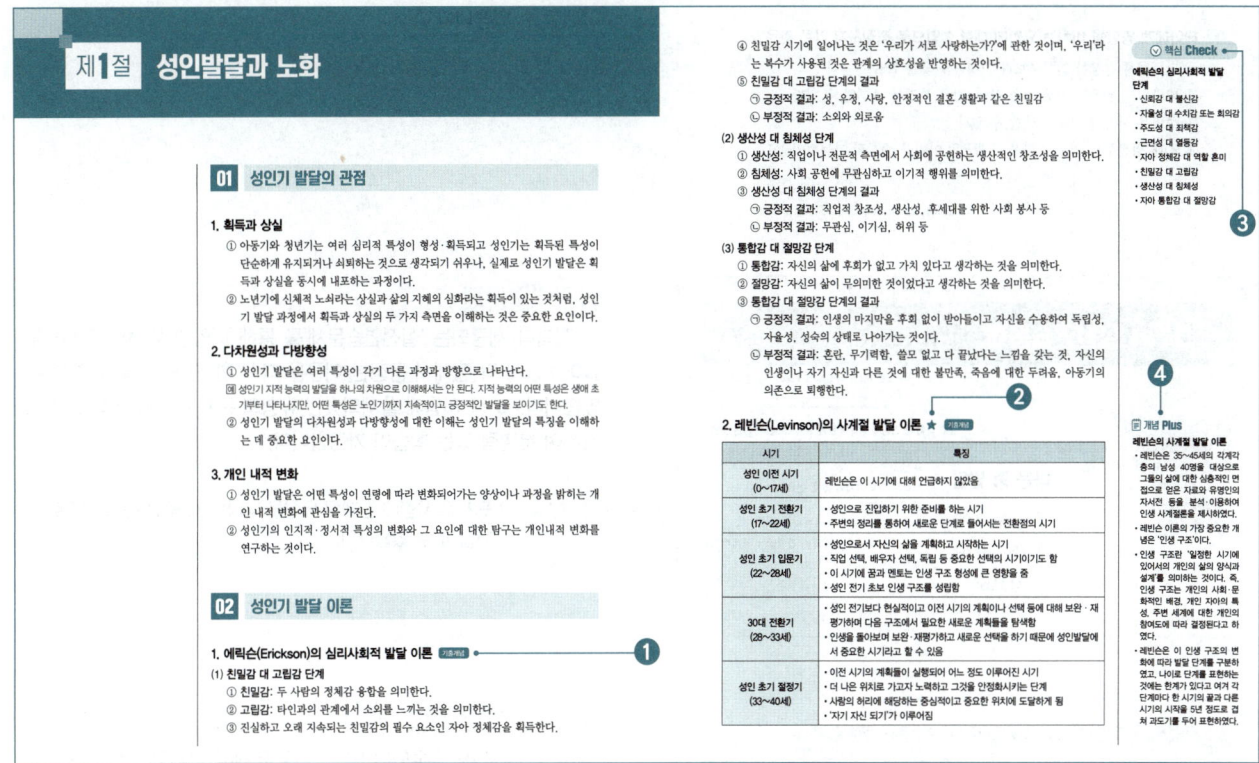

❸ 핵심 Check
중요한 내용을 다시 한번 명쾌하게 설명하거나 관련된 심화이론을 제시하여, 핵심 개념 위주로 꼼꼼히 학습할 수 있습니다.

❹ 개념 Plus
이론 학습 시 함께 알아두면 좋은 내용을 제시하여, 이론을 명확하고 폭넓게 학습할 수 있습니다.

Step 3. 문제풀이 | 최신 출제경향이 반영된 문제를 풀어보며 실전감각 키우기!

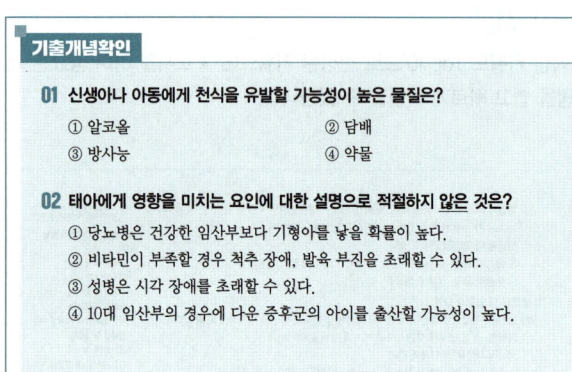

기출개념확인
각 절마다 제공되는 기출개념확인 문제를 풀어보면서, 배운 이론을 잘 이해하고 있는지 점검할 수 있습니다. 또한 문제 아래에 정답과 해설이 제공되기 때문에 빠르게 답안을 확인하고 관련 개념을 쉽게 이해할 수 있습니다.

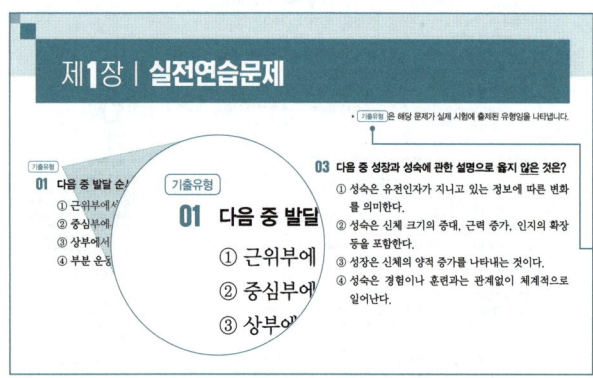

실전연습문제
각 장마다 제공되는 '실전연습문제'를 통해 다양한 유형의 문제들을 풀어보면서 각 장에서 등장한 이론을 다시 한 번 확인 및 점검할 수 있습니다. 그 중 시험에 출제되었던 유형의 문제는 '기출유형'으로 표시하여 분별력 있는 학습이 가능합니다.

> 기출유형 표시로 시험에 출제된 유형을 나타내어, 중요 문제 위주로 학습할 수 있습니다.

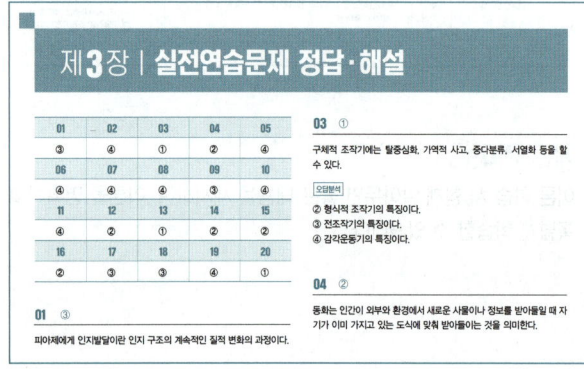

실전연습문제 정답·해설
'실전연습문제'에 수록되어 있는 모든 문제에 상세한 '정답·해설'을 제공합니다. 정답표를 통해 빠르게 정답을 확인할 수 있으며, '오답분석', '참고' 등의 해설 요소가 포함된 풍부한 해설은 이론의 복습 및 점검을 돕습니다.

Step 4. 최종점검 | 기출동형모의고사와 요약정리로 최종 실력 다지기!

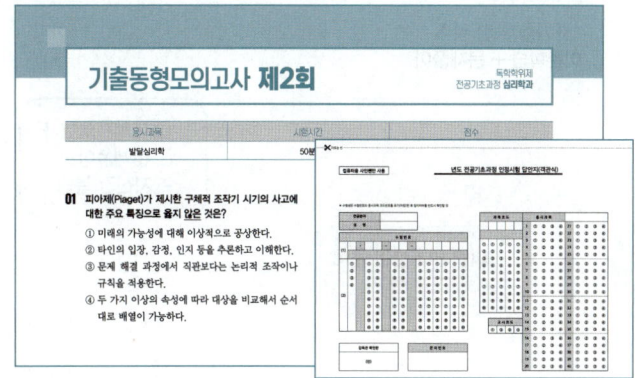

기출동형모의고사 & OMR 카드
최근 독학사 시험을 철저하게 분석하여 실제 시험 유형 및 문제 수와 동일하게 구성한 '기출동형모의고사' 3회분을 수록하였습니다.

또한 '기출동형모의고사'와 함께 수록된 'OMR 카드'를 활용한다면 실제 시험과 가장 유사한 환경에서 자신의 실력을 최종 점검할 수 있습니다.

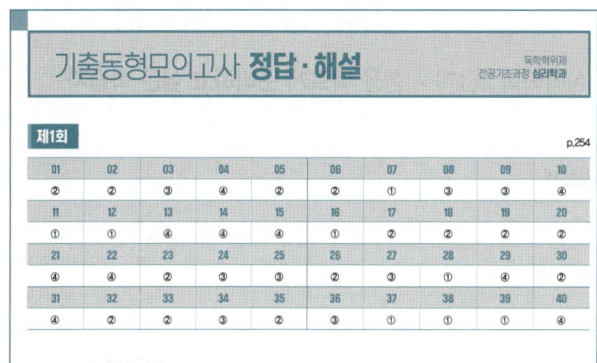

기출동형모의고사 정답·해설
'기출동형모의고사' 문제 풀이 후 꼼꼼하게 학습을 마무리할 수 있도록 '기출동형모의고사 정답·해설'에서도 '오답분석', '참고' 등의 풍부한 해설 요소를 제공합니다.

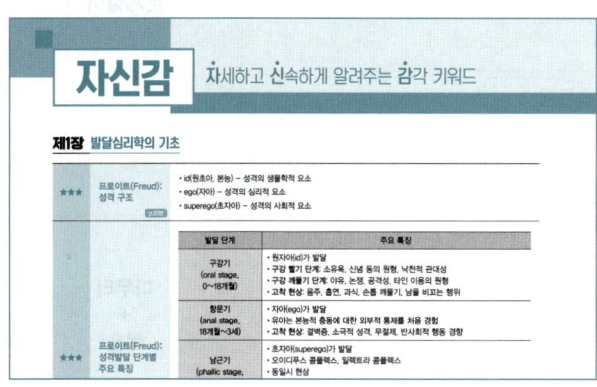

자세하고 신속하게 알려주는 감각 키워드(자신감)
모든 장의 '핵심 키워드 Top10'의 내용만을 모아 교재 마지막 부분에 정리하였습니다. 시험 직전에 해당 키워드 위주로 학습하면 장별 중요 내용을 빠르게 점검할 수 있습니다.

초단기간에 합격하는 나만의 2주/4주 학습 플랜

나만의 학습 플랜 선정하기

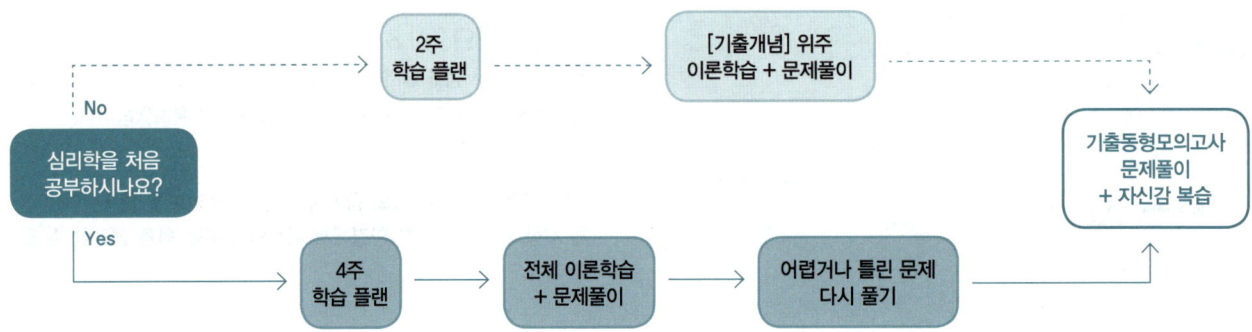

2주 학습 플랜 심리학 학습 경험이 있거나 독학사 심리학과 2단계 시험을 빠르게 준비하고 싶은 학습자

1주	☐ D-14	[제1장] 제1절~제2절 + 실전연습문제	이론학습 + 문제풀이
	☐ D-13	[제2장] 제1절~제2절	
	☐ D-12	제3절~제4절 + 실전연습문제	
	☐ D-11	[제3장] 제1절~제3절	
	☐ D-10	제4절~제5절 + 실전연습문제	
	☐ D-9	[제4장] 제1절~제2절	
	☐ D-8	제3절~제5절	
2주	☐ D-7	제6절~제7절 + 실전연습문제	
	☐ D-6	[제5장] 제1절~제4절	
	☐ D-5	제5절~제6절 + 실전연습문제	
	☐ D-4	기출동형모의고사 제1회	마무리 + 복습
	☐ D-3	기출동형모의고사 제2회	
	☐ D-2	기출동형모의고사 제3회	
	☐ D-1	[자신감] 제1장~제5장	

한달합격 해커스독학사
심리학과 2단계 발달심리학 최신기출 이론+문제

 **4주 학습 플랜** 심리학 학습 경험이 없거나 독학사 심리학과 2단계 시험을 **처음 준비하는 학습자**

1주	☐ D-28	[제1장] 제1절	이론학습 + 문제풀이
	☐ D-27	제2절	
	☐ D-26	실전연습문제	
	☐ D-25	[제2장] 제1절~제2절	
	☐ D-24	제3절~제4절	
	☐ D-23	실전연습문제	
	☐ D-22	[제3장] 제1절	
2주	☐ D-21	제2절~제3절	
	☐ D-20	제4절	
	☐ D-19	제5절 + 실전연습문제	
	☐ D-18	[제4장] 제1절	
	☐ D-17	제2절~제3절	
	☐ D-16	제4절	
	☐ D-15	제5절~제6절	
3주	☐ D-14	제7절 + 실전연습문제	
	☐ D-13	[제5장] 제1절~제2절	
	☐ D-12	제3절~제4절	
	☐ D-11	제5절~제6절	
	☐ D-10	실전연습문제	
	☐ D-9	[제1장] 실전연습문제	마무리 + 복습
	☐ D-8	[제2장] 실전연습문제	
4주	☐ D-7	[제3장] 실전연습문제	
	☐ D-6	[제4장] 실전연습문제	
	☐ D-5	[제5장] 실전연습문제	
	☐ D-4	기출동형모의고사 제1회	
	☐ D-3	기출동형모의고사 제2회	
	☐ D-2	기출동형모의고사 제3회	
	☐ D-1	[자신감] 제1장~제5장	

시험 전 꼭 알고 가자! 독학사 시험 안내

01 독학학위제란?

- 「독학에 의한 학위취득에 관한 법률」에 의거하여 국가에서 실시하는 독학학위취득시험에 합격한 자에게 학사학위를 수여하는 제도입니다.
- 독학학위취득시험은 총 4단계(교양과정 인정시험, 전공기초과정 인정시험, 전공심화과정 인정시험, 학위취득 종합시험)로 이루어져 있으며, 시험은 각 단계별로 1년에 1번 실시됩니다.
- 고등학교 졸업 이상의 학력을 가진 자는 누구나 응시할 수 있으며, 4단계 시험까지 모두 합격한 자는 4년제 대학교 졸업자와 동등한 학력을 가지게 됩니다.

02 독학학위제 전공 소개

- 독학학위제 전공 시험은 2단계(전공기초과정 인정시험)부터 실시되며, 아래 전공은 예외적으로 일부 단계만 실시합니다.
    - 유아교육학 및 정보통신학: 3~4단계(전공심화과정 인정시험, 학위취득 종합시험)만 실시
        ※ 정보통신학은 폐지되었으며, 유예기간을 두되, 전공심화과정 인정시험은 2025년까지, 학위취득 종합시험은 2026년까지 응시할 수 있도록 합니다.
    - 간호학: 4단계(학위취득 종합시험)만 실시

03 원서접수 및 접수 준비물 안내

- 진학어플라이 사이트(www.jinhakapply.com)에서 학교명을 '독학'으로 검색하여 접수가 가능합니다.
- 접수기간 내에는 24시간 접수 가능하며(접수 마감일에는 17:00까지), 접수 마감 전까지 수정 및 취소(환불)가 가능합니다.
    ※ 접수기간 종료 후에는 접수·수정·환불이 불가능합니다.
    참고 원서접수 방법은 변경될 수 있으니 독학학위제 사이트를 꼭 확인하세요.
- 접수 준비물은 다음과 같습니다.

응시자격 증명서류	• 1~3단계 지원자: 고등학교 졸업증명서(고졸 검정고시 합격증명서)
	• 4단계 지원자
	  – 대학교 성적증명서 및 수료(졸업)증명서
	  – 3년제 전문대학 졸업증명서 및 성적증명서
	  – 과정(과목) 면제를 증명할 수 있는 해당 서류
	• 독학학위제 학적보유자: 제출서류 없음
	• 파일은 jpg, jpeg, png, bmp, zip만 등록 가능하며, 파일 사이즈는 5MB 이내여야 함

사진	최근 6개월 이내에 촬영한 3.5cm X 4.5cm의 여권용 사진 파일은 jpg, jpeg, gif만 등록 가능하며, 파일 사이즈는 2MB 이내여야 함

04 학위 취득 과정 및 시험 일정

※ 시험 일정은 매년 상이하므로, 자세한 일정은 독학학위제 사이트의 [시험안내] – [시험일정]을 참고하세요.

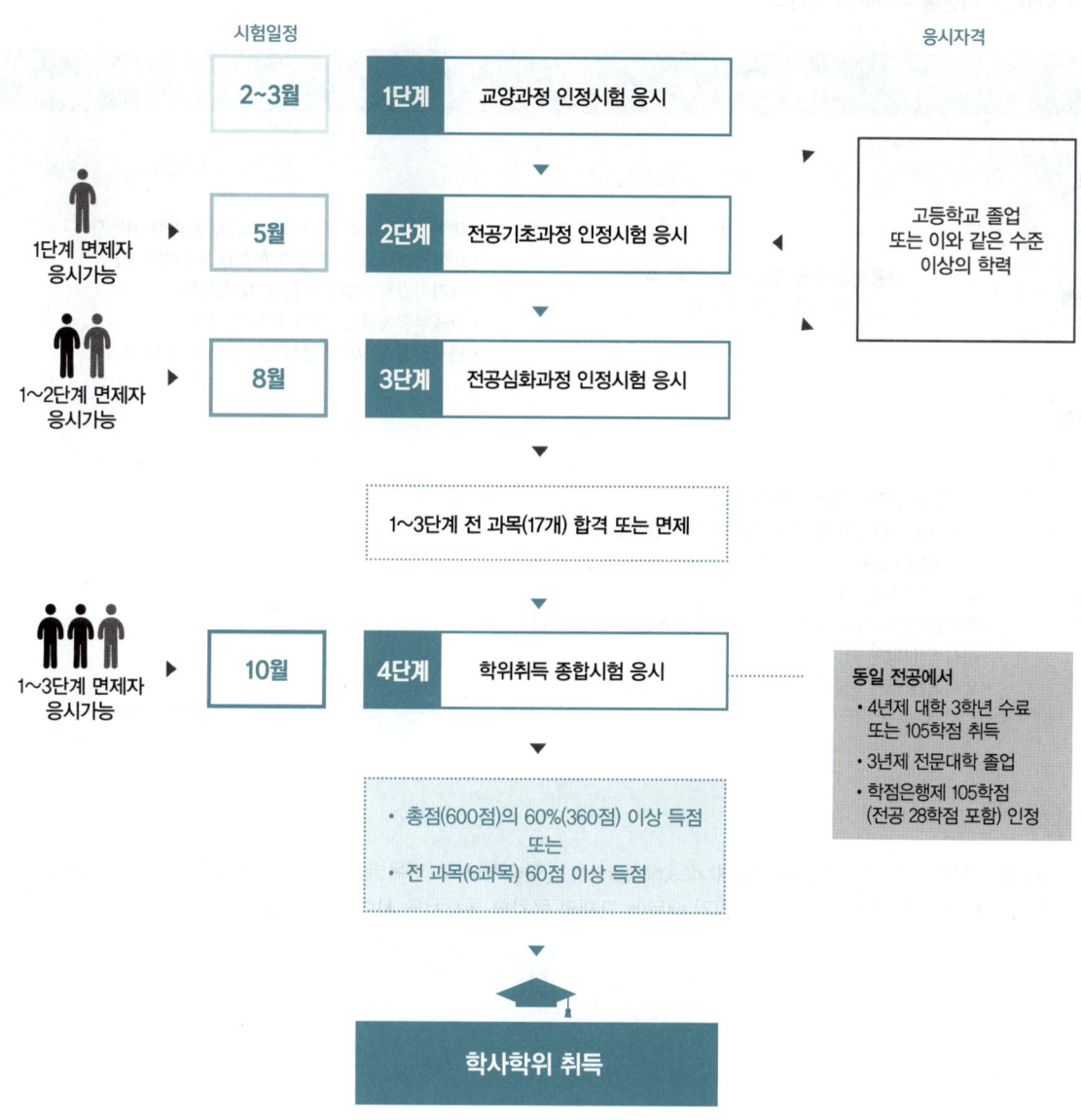

시험 전 꼭 알고 가자! **독학사 시험 안내**

05 단계별 응시자격

- 고등학교 졸업자가 3단계에 응시하는 것은 가능하나, 4단계에 응시하기 위해서는 독학사 1, 2단계(교양과정 인정시험, 전공기초과정 인정시험) 면제 조건을 충족하고, 3단계에 합격하거나 4단계 응시자격을 충족해야 합니다.
- 간호학 전공은 4단계에 응시하기 위해서 3년제 전문대학 간호학과를 졸업 또는 4년제 대학교 간호학과에서 3년 이상의 교육과정을 수료하거나 105학점 이상을 취득해야 합니다.

구분	응시자격	단계별 면제 조건
1단계 교양과정 인정시험	고등학교 졸업 또는 이와 같은 수준 이상의 학력 소지자	• 대학(교)에서 각 학년 수료 및 일부 학점 취득자 • 학점은행제를 통해 일부 학점을 인정받은 자 • 국가기술자격법에 따른 자격 취득자 • 교육부령에 따른 각종 시험 합격자 • 면제지정기관에서 면제과목을 이수한 자 등
2단계 전공기초과정 인정시험		
3단계 전공심화과정 인정시험		
4단계 학위취득 종합시험	• 1~3단계 합격자 또는 면제자 • 대학교 및 이에 준하는 각종 학교의 동일전공 인정학과에서 3년 이상의 교육과정 수료(3년제의 경우 졸업) 또는 105학점 이상 취득한 자 • 학점은행제에서 동일전공으로 105학점(전공 28학점 포함) 이상 인정받은 자 • 외국에서 15년 이상의 학교교육과정을 수료한 자	없음 (반드시 응시해야 함)

06 시험 범위

- 시험의 범위와 예시 문항은 독학학위제 홈페이지(bdes.nile.or.kr) 〉 [학습정보] 〉 [과목별 평가영역]에서 확인할 수 있습니다.
- 본 교재의 목차는 과목별 평가영역을 반영하고 있기 때문에 교재의 목차를 통해서도 시험 범위를 알 수 있습니다.

07 기본 출제 방향 및 단계별 평가 수준

단계	기본 출제 방향	평가 수준
1단계 교양과정 인정시험	• 국가평생교육진흥원에서 고시하는 과목별 평가영역에 준거하여 출제하되 특정 영역이나 분야가 지나치게 중시되거나 경시되지 않도록 함	• 대학 교양과정을 이수한 사람이 일반적으로 갖추어야 할 학력 수준을 평가함
2단계 전공기초과정 인정시험	• 독학자의 취업 비율이 높은 점을 감안하여, 과목의 특성상 가능한 경우에는 학문적·이론적인 문항뿐만 아니라 실무적인 문항도 출제함	• 각 전공영역의 학문을 연구하기 위하여 각 학문 계열에서 공통으로 필요한 지식·기술을 평가함
3단계 전공심화과정 인정시험	• 단편적인 지식 암기로 풀 수 있는 문항의 출제는 지양하고, 이해력·적용력·분석력 등 폭넓고 고차원적인 능력을 측정하는 문항 위주로 출제함	• 각 전공영역에 관하여 보다 심화된 전문적 지식·기술을 평가함
4단계 학위취득 종합시험	• 이설(異說)이 많은 내용의 출제는 지양하고 보편적이고 정설화된 내용에 근거하여 출제하며, 그럴 수 없는 경우에는 해당 학자의 성명이나 학파를 명시함	• 독학사 시험의 최종단계로서, 학위를 취득한 사람이 일반적으로 갖추어야 할 소양과 전문 지식·기술을 종합적으로 평가함

이제 실전이다! 2단계 시험 미리보기

01 심리학과 2단계 전공기초과정 인정시험

1) 시험 시간표

교시	1교시 09:00~10:40(100분)	2교시 11:10~12:50(100분)	중식 12:50~13:40(50분)	3교시 14:00~15:40(100분)	4교시 16:10~17:50(100분)
과목	이상심리학 감각 및 지각심리학	사회심리학 생물심리학	-	발달심리학 성격심리학	동기와 정서 심리통계

2) 문항 구성 및 배점

객관식(4지선다형)	주관식	합계
40문항 X 2.5점 = 100점	-	총 40문항(총 100점)

3) 합격 기준 : 전공 8과목 중 60점 이상 득점한 과목이 6과목 이상이면 합격

참고 시험에 대한 전체적인 정보는 해커스독학사 사이트(www.haksa2080.com)의 [독학사 시험안내]에서 확인할 수 있습니다.

02 심리학과 2단계 발달심리학 시험 문제 분석

본 교재 〈한달합격 해커스독학사 심리학과 2단계 발달심리학 최신기출 이론+문제〉의 본문에도 실제 독학사 시험과 유사한 유형의 문제와 전문가의 풍부하고 상세한 해설을 수록하여 실전 대비가 가능합니다.

※ 시험 문제 분석은 국가평생교육진흥원 독학학위제에서 제공하는 '시험 문제 예시'를 활용하였습니다.

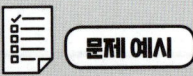 **문제 예시**

다음 중 성인기 동안 감소하지 않고 증가하는 경로를 보이는 지능은?

① 유동성 지능(fluid intelligence)
② 신체 - 운동적 지능(bodily - kinesthetic intelligence)
③ 일반 지능(general intelligence)
④ 결정성 지능(crystallized intelligence)

정답 ④

 해커스독학사 전문가의 해설

결정성 지능은 과거의 학습과 경험을 적용시켜서 획득한 판단력이나 습관으로 환경적, 문화적, 경험적 영향에 의해 발달하며 가정 환경이나 교육 정도 및 직업의 영향을 받는다.
학업 성취력의 기초가 되며 학습과 함께 발달하는 능력으로 성인 이후에도 계속 발달될 수 있으며 평생교육에 의해서 형성된다. 언어 능력, 문제 해결력, 논리적 추리력, 상식 등에서 잘 나타난다.

03 시험 진행 순서 및 유의사항

시험장 가기 전	• 수험표, 주민등록증 또는 본인임을 입증할 수 있는 신분증, 컴퓨터용 사인펜(객관식 답안 마킹용)을 반드시 준비합니다.
시험장(시험실) 도착 및 착석	• 시험 당일에는 반드시 수험표에 표기된 시험장에 입실해야 합니다. • 1교시는 시험 시작 20분 까지, 2~4교시는 시험 시작 15분 전까지 입실을 완료해야 합니다. 참고 1과목 응시자도 각 교시에 해당하는 입실 시간까지 입실을 완료해야 합니다(시험 시작 후 입실 불가).
답안지 작성 및 시험지 배부	• 답안지 작성은 답안지에 기재되어 있는 '답안 작성 시 유의사항'을 숙지하고 그에 따라야 합니다. • 객관식은 컴퓨터용 사인펜을 사용하여 마킹합니다. • 문제지에도 수험번호와 성명을 기재해야 합니다.
시험 시간	• 총 4교시로 나누어 시험이 진행됩니다. • 시험 시간 중에는 수험표와 신분증을 책상 위 좌측 상단에 놓아야 합니다.
쉬는 시간	• 시험 시간 중 50분(12:50~13:40)의 중식 시간이 있습니다. • 각 교시의 시험이 끝날 때마다 15분의 쉬는 시간이 있으며, 다음 교시의 시험 시작 15분 전까지 착석하여 대기해야 합니다. 참고 3교시는 중식 시간 외 시험 시작 전 별도의 쉬는 시간 없음
시험 종료	• 시험이 시작되고 30분 경과 후 퇴실이 가능합니다. • 1과목 응시자는 시험이 시작되고 50분 경과 후 퇴실 조치됩니다. • 퇴실 시, 문제지와 답안지는 반드시 감독관에게 제출해야 합니다.

무엇이든 물어보세요! 독학사 10문 10답

01 학위 제도 관련

Q1. 독학학위제로 학위를 취득하면 정규대학 졸업자와 동등한 학력으로 인정받을 수 있나요?

A. 네, 동등한 학력으로 인정받을 수 있습니다.

독학학위제로 취득한 학위는 「독학에 의한 학위취득에 관한 법률」 제6조 제1항에 따라 대학에서 학사학위를 취득한 사람과 동등한 학력으로 인정 받을 수 있습니다. 따라서 독학학위제로 학위를 취득한 후, 대학 편입이나 대학원 진학이 가능합니다. 단, 대학 또는 대학원별로 모집요강이 다르기 때문에 지원하고자 하는 학교의 모집요강을 꼭 확인하시기 바랍니다.

Q2. 현재 대학생인데 독학학위취득시험에 응시할 수 있나요?

A. 네, 가능합니다.

독학학위제는 이중 학적에 적용되지 않아 대학 재학 중에도 시험에 응시할 수 있습니다.

Q3. 독학학위제 2단계 시험에 응시하여 합격한 과목은 학점은행제에서 학점으로 인정받을 수 있나요?

A. 네, 학점은행제에서 학점을 인정받는 것이 가능합니다.

2단계 시험의 경우, 합격한 과목에 한해 과목당 5학점씩 최대 6과목(총 30학점)까지 인정받을 수 있습니다. 따라서 학점은행제 학위 취득 예정자의 경우, 독학학위제와 병행한다면 더욱 빠르고 효율적으로 학위를 취득할 수 있습니다. 단, 학점은행제에 학습자 등록 및 학점인정 신청을 별도로 해야 학위 취득이 가능합니다. 학점은행제 학점인정 신청기간 및 신청 방법은 학점은행제 홈페이지(www.cb.or.kr)를 통해 확인할 수 있습니다.

Q4. 독학학위제 합격과목은 성적증명서에 어떻게 표기되나요?

A. 성적증명서 발급 시, 1~3단계의 합격과목에 대하여 '취득점수 표기' 또는 '취득점수 미표기'를 학습자가 선택하여 발급할 수 있으며, 4단계는 상대평가로 A+~D-까지 등급 및 평점(4.3학점 만점), 100점 기준 환산 점수가 표기됩니다.

02 학습 방법 관련

Q5. 독학학위제 시험을 준비하기 위한 시험 주관처의 교재나 강좌가 별도로 있나요?

A. 아니요, 시험 주관처인 국가평생교육진흥원에서는 교재나 강좌를 제공하지 않습니다.

국가평생교육진흥원에서는 독학학위제 시험 관련 교재 출판 및 강좌 운영을 하고 있지 않습니다. 하지만, 해커스독학사에서는 1단계부터 4단계까지의 다양한 강좌를 제공하고 있으며, 각 강좌에 필요한 교재도 판매하고 있습니다. 해커스독학사와 함께 독학학위제 시험을 준비하신다면, 수준 높은 교육 서비스 및 교재와 함께 합격에 보다 빠르게 도달할 수 있습니다.

03 원서접수 및 시험 관련

Q6. 2단계 원서접수 시, **8과목에 지원**하였으나 사정상 **6과목까지만 응시**하려고 합니다. 이 경우, **불이익**이 있나요?

A. 아니요, 응시하지 않은 과목에 대한 불이익은 없습니다.

응시하지 않은 과목은 결시 처리됩니다. 따라서 응시한 과목에 대해서만 채점하여 60점 이상 득점할 경우 합격 처리됩니다.

Q7. 독학학위취득시험은 왜 **기출문제를 공개**하지 않나요?

A. 독학학위취득시험은 대학 교과과정의 일반적이고 공통적인 지식과 기술을 평가할 수 있도록 일정한 수준의 난이도를 유지하는 것이 매우 중요하기 때문입니다.

독학학위취득시험은 경쟁시험이 아닌 독학 후의 학습능력이 대학 졸업학력에 도달하였는지를 측정하는 시험으로 시험의 범위와 수준이 정해져 있는 시험입니다. 그러므로 과목별로 대학 교과과정의 일반적·공통적인 지식과 기술을 평가할 수 있도록 하는 일정 수준의 난이도 유지가 매우 중요하며, 이를 위해 문제를 공개하지 않습니다. 그렇지만 본 교재에 수록되어 있는 '기출개념확인', '실전 연습문제'와 '기출동형모의고사'를 활용한다면 철저한 시험 대비가 가능합니다.

04 응시자격 및 시험면제 관련

Q8. 1단계를 응시 못했는데 **바로 2단계 시험에 응시**할 수 있나요?

A. 네, 바로 2단계 시험에 응시가 가능합니다.

1단계에 응시하지 않았더라도 바로 2단계 응시가 가능합니다. 고등학교 졸업 이상의 학력 소지자인 경우 1~3단계까지는 누구나 순서에 상관없이 자유롭게 응시할 수 있습니다. 단, 4단계의 경우 1~3단계를 모두 합격 또는 면제받아야만 응시가 가능합니다.

Q9. **4년제 대학교 국문학과를 졸업**했습니다. 독학학위제 심리학 학위를 취득하려면 **몇 단계까지 면제**받을 수 있나요?

A. 이 경우, 1단계(교양과정 인정시험)만 면제받을 수 있습니다.

학위를 취득한 전공과 독학학위제에 지원한 전공이 다를 경우에는 전공과정 면제는 불가능하며 1단계(교양과정 인정시험)만 면제 되므로, 지원하고자 하는 독학학위제 전공이 심리학과이고 대학에서 학위를 취득한 전공이 국문학과인 경우에는 2~4단계 시험에 응시하여 합격해야 합니다.

Q10. 대학교에서 '발달심리학' 과목을 이수했는데 2단계 '발달심리학' **과목 면제**가 가능한가요?

A. 아니요, 면제 받을 수 없습니다.

독학학위취득시험에서는 대학에서 이수한 과목으로 시험 과목을 면제받을 수 없습니다. 그러나 대학에서 취득한 일정 이상의 학점 으로 시험 단계별 면제는 가능합니다. 단계별로, 1단계 35학점, 2단계 70학점(동일 전공), 3단계 105학점(전공 28학점 필수)을 취득하 셨을 경우, 각 단계를 면제받으실 수 있습니다.

무료 학습자료 제공 · 독학사 단기합격 **해커스독학사**
www.haksa2080.com

전문가가 분석한 출제경향 및 학습전략

제1장은 발달 개념과 연구법 및 발달 이론으로 구성되어 있다. 이 장에서는 발달을 이해하는 데 필요한 개념을 학습하고, 발달 이론 연구법에 대한 용어를 암기해야 한다. 또한 인지발달 이론(Piaget), 성격발달 이론(Freud), 심리사회성 발달 이론(Erikson), 발달 과업 이론(Havighurst) 등 주요 발달 이론들은 출제 가능성이 높고 남은 학습 영역과의 연관성도 높으므로 각 이론을 개념화하여 학습하는 것이 필요하다.

제1장 | 핵심 키워드 Top 10   핵심 키워드 Top 10은 본문에도 동일하게 ★로 표시하였습니다.

01	프로이트(Freud): 성격 구조 ★★★	p.38
02	프로이트(Freud): 성격발달 단계별 주요 특징 ★★★	p.40
03	에릭슨(Erikson): 심리사회적 성격발달 8단계 ★★★	p.43
04	해비거스트(Havighurst): 단계별 발달 과업의 특징 ★★★	p.45
05	발달의 주요 기제 ★★	p.23
06	에릭슨(Erikson)과 프로이트(Freud) 이론의 비교 ★★	p.44
07	발달의 주요 원리(McConell의 발달 원리) ★	p.22
08	자료 수집 방법 ★	p.26
09	확률적 표집 방법 ★	p.30
10	브루너의 인지발달 3단계 ★	p.36

제1장

발달심리학의 기초

제1절 발달 개념과 연구법
제2절 발달 이론

제1절 발달 개념과 연구법

01 발달심리학의 기초

1. 발달의 기초
(1) 발달의 개념
① 발달이란 인간이 태어나서 사망할 때까지 그 사이에 일어나는 인간 내부의 어떤 변화이다.
② 코프카(Koffka): 발달은 유기체의 양적 증대, 기능의 유기화, 구조의 정밀화라고 할 수 있다.

구분	내용
양적 증대	키가 크고 몸무게가 늘어나고 사용하는 어휘의 수가 증가함
기능의 유기화	신생아는 마음대로 몸을 움직일 수 없지만 점차 혼자서 앉고 걷게 됨
구조의 정밀화	어린이의 거칠고 어색한 행동이 차츰 세련되어지고 각 기관이 정밀화 되어 감

③ 헐록(Hurlock): 발달은 순서가 있고 전후 맥락을 가진 하나의 패턴을 이루어 진행되는 점진적인 계열의 과정이다.
④ 와이너(Weiner): 발달은 유기체의 분화와 중심화이다.

(2) 성장·성숙·학습의 개념

구분	내용
성장(growth)	전 생애에 걸쳐 일어나는 양적(量的)인 변화
성숙(maturation)	유기체의 신체 내에서 일어나는 신경생리학적·생화학적 변화
학습(learning)	경험이나 연습의 결과로 나타나는 비교적 지속적인 행동의 변화

> **개념 Plus**
> **게젤(Gesell)의 성숙 이론 발달 원리**
> • 기능적 비대칭의 원리
> • 개별적 성숙의 원리
> • 발달 방향의 원리
> • 자기 규제의 원리
> • 상호적 교류의 원리

2. 발달의 주요 원리(McConell의 발달 원리) ★ 기출개념
(1) 발달의 순서성
① 발달에는 순서가 있으며 이 순서는 일정하다.
② 상부(머리)에서 하부(발)로, 중심에서 말초로, 전체 운동 방향에서 부분 운동 방향으로 발달한다.

(2) 발달의 분화 통합성
① 발달은 전체적이고 미분화된 기관 또는 기능에서 부분적·특수적인 기능으로 분화되며, 또한 부분적인 기관이나 기능은 전체로 종합되어 하나의 새로운 체제로 통합된다.
② 발달은 '미분화 → 분화 → 통합화'의 과정을 통하여 체제화되고 구조화된다.

(3) 발달의 주기성
발달은 계속적인 과정이지만 발달의 속도는 일정하지 않다. 이는 발달 단계의 불규칙성을 말하는 것으로, '발달의 동요성·율동성'이라고도 한다.

(4) 발달의 연속성
발달은 비약적인 것이 아니라 연속적이고 점차적인 것으로, 이전 단계의 발달은 이후의 발달을 위한 기초를 제공하며 인간은 반드시 과거와의 연결을 가지고 발달한다.

(5) 발달의 상호 작용성
발달은 성숙과 학습의 상호 작용의 결과이다. 성숙은 주로 생물학적인 성장의 결과로 나타나는 변화를 가리키며, 학습은 주로 경험의 결과로 나타나는 변화이다.

(6) 발달의 개별성
발달에는 개인차가 있으며 개인 간 차이뿐만 아니라 개인 내적 차이도 있다.

(7) 발달의 예언 곤란성
인간발달이 방향성과 순서성이 있으므로 예언할 수는 있으나, 아동이 성장해 나감에 따라 수많은 변인들이 작용하므로 발달의 경향과 행동의 예언은 점차 어려워진다.

3. 발달의 주요 기제 ★★ 기출개념

(1) 적기성(適期性)
① 모든 발달은 단계가 있으며, 각 단계에 맞는 과업이 있다.
② 발달에는 결정적 시기(critical period)가 있다.
  ㉠ 결정적 시기: 유기체가 특정 종류의 자극에 최고로 민감한 발달상의 시기로, 생애 다른 어떤 시기보다도 특정 행동 기술을 익히는 데 가장 용이한 시기이다.
  ㉡ 프로이트(Freud)는 3~5세를 성격 형성의 결정적 시기라고 주장하였다.
  ㉢ 로렌츠(Lorenz)의 새끼 오리의 각인(imprinting)연구: 새끼 오리는 부화 후 수 시간 내에 어떤 종류의 움직이는 물체를 보면 그것을 엄마로 생각하고 따라다닌다.
  ㉣ 인간발달 과정에서 결정적 시기는 일반적으로 발달률이 가장 큰 생애 초기에 해당하며, 초기 경험이 중요하다.

(2) 기초성(초기성)
① 아동의 초기 경험, 즉 유아기의 경험이 후기 발달의 바탕이 된다.
  예 블룸(Bloom)은 수태에서 4세 사이에 지능의 50%가 발달되고, 4~8세에 80%의 발달이 이루어진다고 주장하였다.
② 할로우(Harlow)의 접촉 위안 실험: 발달 초기에 어머니와 유아 간의 신체적 접촉을 통한 모성 보호가 사회성 발달에 중요한 영향을 준다.

> **📖 개념 Plus**
> **마태 효과(matthew effect)**
> 선행 지식이 풍부한 학생은 학업 성취가 갈수록 높아지지만, 선행 지식이 결여된 학생은 학업 성취가 갈수록 낮아지는 현상이다.
> 예 빈익빈 부익부 현상

(3) 누적성
앞 단계에서 잘못되면 다음 단계에서는 더욱 잘못되고, 앞 단계에서 잘되면 다음 단계에서도 잘된다는, 이른바 발달의 '빈익빈 부익부'를 의미한다.
예 학습 부진아(학습 결손이 누적된 결과), 마태 효과(matthew effect)

(4) 불가역성(불가소성)
① 전 단계의 잘잘못이 후 단계의 잘잘못에 영향을 끼치기는 하나, 반대로 후 단계의 잘잘못이 전 단계의 잘잘못을 교정·보충해 주는 데는 한계가 있다.
② 초기의 발달 결핍을 나중에 보상하기는 어렵다. 초기의 영양 실조·문화 실조에 의한 발달 결핍은 나중에 풍부한 영양과 문화를 공급해도 치유되기 어렵다.
예 유아기의 영양 결핍으로 체격이 빈약할 경우, 청소년기의 영양 보충으로 체중은 보충될 수 있으나 신장은 보충되기 어렵다.

4. 발달에 관한 학설

(1) 생득설(유전론, 소질 만능설, 교육 부정설)
① 사람의 능력은 태어날 때부터 생득적이며, 환경의 자극에 의하여 이루어진 변화는 2차적인 것이라고 주장한다.
② 관련 학자
  ㉠ 쇼펜하우어(Schopenhauer): 사람이란 소질이 지배하는 것이며, 미래의 발전도 소질에 의해서 결정된다.
  ㉡ 롬브로소(Lombroso): 범죄자의 골상은 선천적으로 나타나 있기 때문에 교육의 힘으로는 어찌할 수 없다.
  ㉢ 멘델(Mendel): 생물의 특징은 염색체상에 있는 유전 형질에 의하여 결정된다.
  ㉣ 손다이크(Thorndike)의 쌍둥이 연구: 일란성 쌍둥이는 환경을 달리한다고 해도 유전적인 요소가 강하다.
  ㉤ 갈톤(Galton)의 가계 연구: 가계에 따라 지능의 차이가 있다.
  ㉥ 옌센(Jensen)의 지능 유전론: 지능의 75~80%가 유전에 의해 결정된다.

(2) 경험설(습득설, 학습설, 환경 만능설, 교육 만능설)
① 개인의 유전 형질은 발달의 가능성을 가지고 있을 뿐이고, 발달의 원동력은 후천적 경험에 의한 것이다.
② 관련 학자
  ㉠ 칸트(Kant): 사람이란 교육을 필요로 하는 유일한 존재이다. 인간이란 교육적 산물 이외에 아무것도 아니다.
  ㉡ 루소(Rousseau): 인간은 자연, 사물, 인간 세 가지로부터 교육된다.
  ㉢ 라이프니츠(Leibniz): 우리에게 교육을 다오. 그러면 반세기 이내에 유럽인의 성격을 일변시켜 놓을 수 있을 것이다.
  ㉣ 왓슨(Watson): 나에게 아이를 맡겨 달라. 그러면 원하는 대로 만들어 주겠다.
  ㉤ 로크(Locke): 아동은 백지와 같아서 어떠한 인간으로도 만들 수 있다. 일생의 발달은 전적으로 학습의 결과이다.

(3) 유전과 환경의 상호 작용설
   ① 인간의 성장과 발달은 생득적으로 가지고 나온 내적인 소질인자와 후천적인 환경 조건과의 상호 작용에 의해서 이루어진다.
   ② 관련 학자
      ㉠ 우드워스(Woodworth)의 상승설: 인간의 심리적·정신적 능력의 근본은 유전적인 것이나, 그것을 구체적으로 실현하게 하는 것은 환경의 힘이다.
      ㉡ 레빈(Lewin)의 장(場) 이론: 인간의 행동·발달은 유기체와 유기체를 둘러싸고 있는 환경 사이의 역동적 관계로 나타난다.
      ㉢ 피아제(Piaget)의 인지발달: 인지발달은 유전과 환경의 상호 작용 결과이다.
      ㉣ 코프카(Koffka)의 체제설(organizational theory): 발달이란 유전과 환경 사이에서 발달하려는 자아와의 역동적 관계에서 이루어진다.

5. 발달 연구의 최근 동향 [기출개념]

(1) 행동생물학
   ① 다윈(Darwin)의 연구에 기초하여 로렌츠에 의해 현대적 기초가 확립되었다.
   ② 1960년대 아동발달 연구에 적용되었고, 최근에 활발한 연구가 진행되었다.
   ③ 행동생물학자들이 주장하는 개인이 환경의 영향에 반응한다는 원리는 인간발달 연구에 다양한 방향을 제공하게 되었다.

(2) 브론펜브레너(Bronfenbrenner)의 생태 이론
   ① 생태 이론은 행동생물학의 보충 이론으로 유전적 요소, 가정의 역사, 사회·경제적 수준, 가정 생활의 질, 문화적 배경과 같은 요인들이 발달과 관련된다고 본다.
   ② 아동의 발달을 보다 정확하게 이해하기 위해서 아동에게 영향을 미치는 환경의 개념을 확장시켰다.
   ③ 브론펜브레너의 생태 체계
      ㉠ 미시 체계(microsystem): 직접적으로 접하는 환경에 대한 아동의 능동성과 상호 작용 패턴에 관심을 가진다.
         예 가정, 유치원, 학교, 또래 집단, 놀이터 등
      ㉡ 중간 체계(mesosystem): 미시 체계들 간의 상호 관계, 즉 아동이 적극적으로 참여하는 환경들 간의 관계성을 강조한다.
         예 가정과 학교의 관계, 가정과 또래의 관계
      ㉢ 외 체계(exosystem): 아동이 직접 접촉하지는 않지만, 영향을 미치는 환경이다.
         예 이웃, 부모의 직장, 정부 기구
      ㉣ 거시 체계(macrosystem): 아동이 속해 있는 문화적 환경 전체이다.
         예 사회적 가치, 법, 관습

(3) 비고츠키(Vygotsky)의 사회 문화 이론
   ① 문화적으로 의미 있는 행동을 습득하는 데 있어서 아동과의 사회적 상호 작용을 강조하였다.
   ② 근접발달 영역(ZPD)의 개념에 기초한 협력 학습, 도제 교육의 틀을 마련하였고 사회적 구성주의 학습에 토대를 제공하였다.

핵심 Check

브론펜브레너의 생태 체계
생태 체계는 미시 체계, 중간 체계, 외 체계, 거시 체계로 구성된다.

02 발달심리 연구 방법

1. 자료 수집 방법 ★ 기출개념

(1) 관찰법

① 개념
- ㉠ 피관찰자에게 반응을 요구하지 않고 그 행동을 관찰하여 자료를 수집하는 방법으로, 도구를 사용하지 않으며 피관찰자에게 전혀 영향을 주지 않지만, 의도적 관찰이든 무의도적 관찰이든 간에 그 결과에 대한 신뢰성에 문제가 있는 것으로 지적된다.
- ㉡ 측정 방법 중 가장 오래되었다.

② 장점
- ㉠ 관찰자가 직접 관련된 환경 등을 조사하기 때문에 심화된 자료 수집을 할 수 있다.
- ㉡ 어떤 대상(문맹자, 농아 등)에도 적용시킬 수 있다.
- ㉢ 관찰 목적 이외의 부수적인 자료의 수집이 가능하다.

③ 단점
- ㉠ 관찰하려는 장면(목적)을 포착하기가 어렵다.
- ㉡ 선입견이나 편견이 개입하기 쉽다. 즉, 객관적 관찰이 어려운 경우가 있다.
- ㉢ 관찰 결과의 해석에 주관성이 개입될 가능성이 있다.
- ㉣ 인간 능력의 한계, 시·공간의 제약, 평가 자체의 약점 등으로 전체 장면의 관찰이 어렵다.
- ㉤ 관찰자를 피관찰자가 인식하게 되면 행동이 달라진다.

(2) 질문지법

① 개념
- ㉠ 자료 수집에 가장 많이 사용하는 방법으로, 연구자가 일련의 문항들을 체계적으로 조직하여 피조사자(피험자)가 문항에 대해 자기의 의견을 기술하도록 하는 방법이다.
- ㉡ 조사 연구에서 자료 수집의 한 방법으로 가장 빈번하게 사용되는 도구이다.
- ㉢ 일반적으로 어떤 사회 문제나 사건에 대하여 개개인이 가지고 있는 의견이나 태도를 알아보고자 할 때 사용한다.
- ㉣ 조사 대상이 다수일 때 적합하다.

② 장점
- ㉠ 비용이 적게 들고 제작이 간편하다.
- ㉡ 연구자가 피험자에게 미치는 영향을 줄일 수 있다.
- ㉢ 다른 방법으로는 조사하기 어려운 개인적인 생활 경험이나 심리적 특성을 질문지를 통하여 알아볼 수 있다.
- ㉣ 반응에 시간적 여유가 있어서 정확한 응답을 기대할 수 있다.
- ㉤ 표준화된 질문지를 제시하고, 객관화된 문항을 사용하므로 통계 처리에 용이하다.

📑 **개념 Plus**

에믹(emic)·에틱(etic) 접근법

- **에믹(emic) 접근법**
  - 한 문화 혹은 언어 미세한 방언이 쓰이는 지역, 동일 민족이 사는 미세한 문화권 등을 분석하는 데 적용되는 방법이다.
  - 특정 언어나 문화 유형을 발견·기술하기 위한 것으로, 그 언어나 문화의 여러 요소들이 특정 유형으로 기능하기 위해 갖는 여러 관계를 고려하여 분석한다.

- **에틱(etic) 접근법**
  - 자료를 일반화시키기 위한 분석 방법이다.
  - 세계 모든 문화에서 추출되는 자료를 체계적인 하나의 체계로 분류하고, 이 자료를 분류할 수 있는 일관된 기준을 설명하고, 이렇게 분류된 요소들로 유형을 구분하고, 분석자가 새로운 자료를 수집한 특정한 문화를 연구하기 전에 이미 분석자에 의해 설정된 유형 체계에 근거하여 새롭게 발견되는 자료를 분석·정의·기술한다.

③ 단점
   ㉠ 문장 이해력과 표현 능력이 부족한 대상에게는 적용하기 어렵다(문맹자에게 실시하기 어려움).
   ㉡ 질문지에 응답한 내용의 진위를 확인하기 어렵다(사실과 의견 구별이 곤란함).
   ㉢ 질문지의 회수율이 낮을 가능성이 크다.
   ㉣ 질문을 확실하게 통제할 수 없고, 자료를 엄격하게 다룰 수 없다.

(3) 면접법
   ① 개념
      ㉠ 면대면 상황에서 언어의 상호 작용을 매개로 하여 피면접자로부터 연구 목적에 부합되는 여러 가지 정보를 수집하는 방법이다.
      ㉡ 면접법은 관찰법과 병행하여 실시하는 것이 통례이며, 사회 문제 연구에 널리 활용되고 있다.
      ㉢ 라포르(rapport) 형성이 중요하다.
   ② 장점
      ㉠ 면접 기술이 능한 경우 질문지법에서는 수집할 수 없는 심도 있는 자료를 수집할 수 있다.
      ㉡ 문장 해득력이 없는 사람에게서도 자료를 수집할 수 있다.
      ㉢ 반응의 진실성 여부를 알 수 있다.
      ㉣ 응답자(피면접자)를 확인할 수 있다.
      ㉤ 융통성이 있다. 면접 과정에서 질문 내용을 설명하여 이해시킬 수 있고, 피면접자의 표정이나 태도에 따라 질문을 변경할 수도 있다.
      ㉥ 주 목적 이외의 부차적인 자료를 수집할 수 있다.
   ③ 단점
      ㉠ 면접에는 고도의 기술이 필요하다.
      ㉡ 시간과 경비가 많이 든다.
      ㉢ 익명(匿名)이 불가능하다.
      ㉣ 면접 기술이 미숙하면 편견이나 그릇된 판단이 작용하기 쉽다.
      ㉤ 표준적인 절차가 결핍되기 쉽다. 면접이 아무리 구조화되었다 하더라도 피면접자의 응답 내용이 면접자에 따라 달라질 가능성이 있다.

(4) 사회성 측정법
   ① 개념
      ㉠ 모레노(Moreno)가 창안한 기법으로, '수용성 검사', '교우 관계 조사법'이라고도 한다.
      ㉡ 소집단 내에서의 구성원 간 사회적 관계(대인 관계)를 파악하여 구성원의 역할 상호 작용을 알 수 있는 방법이다.
      ㉢ 집단 따돌림 현상(왕따 현상)을 파악하는 데 용이하다.
   ② 의의(가치)
      ㉠ 개인의 사회적 적응을 개선시킬 수 있다.
      ㉡ 집단의 사회 구조를 개선시킬 수 있다.

ⓒ 집단을 조직(예 좌석 배치, 위원회 조직 등)하는 데 도움을 준다.
ⓔ 특수한 교육 문제 해결에 적용시킬 수 있다.
③ **측정 방법:** 사회성 측정 행렬표, 교우 관계도(사회도, sociogram)

(5) 의미 분석법
① 오스굿(Osgood)이 개발한 것으로, 어떤 사상(事象)에 관한 개념의 심리적 의미를 분석하여 의미 공간상의 위치로 표현하는 측정 방법이다.
② 사람에 따라 서로 다른 의미로 쓰이는 개념의 의미를 양극적으로 대비되는 일단의 형용사를 이용하여 측정하고, 그 결과를 3차원의 의미 공간에 표시하는 것이 기본 취지이다.
③ 의미 분석법은 평가 요인, 능력 요인, 활동 요인이 각각 독립된 X, Y, Z축을 이루는 3차원의 의미 공간에서 각 개념의 위치를 상대적으로 비교·분석한다.

(6) 투사법
① 개념
  ㉠ 개인적인 욕구, 지각, 해석 등이 밖으로 나타날 수 있는 자극을 피험자에게 제시함으로써 인성을 측정하는 방법이다.
  ㉡ 프로이트(Freud)가 처음으로 '투사'라는 용어를 사용하였고, 프랭크(Frank)가 이 방법을 사용하였다.
  ㉢ 구조화되지 않은 모호한 도형이나 그림을 제시한 후, 피험자의 자유로운 해석과 구조에 의한 자유로운 내면 세계 표현을 통해 개인의 심층에 숨어 있는 심리 상태를 파악한다.
② 특징
  ㉠ 피험자의 욕구, 동기, 감정, 인성 구조를 밖으로 끌어내기 위하여 비구조적인 자극을 사용한다.
  ㉡ 인성을 전체로 보고 이해한다.
  ㉢ 개인의 지각 과정 또는 인지 과정을 측정함으로써 정의적 특성을 판단하며, 이에 따라 검사 결과의 수량화가 어렵다.
  ㉣ 성취 동기, 성격, 상상력 검사 등 임상적 진단에 쓰이는 경우가 많다. 진단과 동시에 치료의 방법이 될 수 있다.
③ 종류
  ㉠ 로르샤흐 잉크 반점 검사(RIBT; Rorschach Ink-Blot Test)
    ⓐ 스위스의 정신 병리학자 로르샤흐(Rorschach)가 제작한 것으로, 잉크를 떨어뜨려 만들어진 대칭적 모양의 그림 10매로 구성되어 있다.
    ⓑ **절차:** 지시, 자유 반응, 질문의 세 단계로 구성된다.
  ㉡ 주제 통각 검사(TAT; Thematic Apperception Test)
    ⓐ 프로이트 정신분석학을 토대로 머레이(Murray), 모간(Morgan)이 제작했다.
    ⓑ 30매의 불분명한 그림과 1매의 백색 카드로 구성되어 있다. 어떤 카드는 모든 피험자에게 다 실시할 수 있지만 어떤 카드는 남녀노소에 따라 특정 피험자에게만 실시할 수 있다. 보통 10매씩 나누어 2회에 걸쳐 실시한다.
    ⓒ **절차:** 피험자에게 모호한 그림을 제시하고 피험자는 이에 대한 반응으로 이야기를 하면 실험자가 이야기 속의 내용을 분석한다.

ⓒ 그림 좌절 검사(PFT; Picture Frustration Test)
  ⓐ 로젠츠바이크(Rosenzweig)가 제작하였으며, 그림을 25개 주고 비어 있는 공간을 채워 넣게 하는 방법으로 성격을 측정한다.
  ⓑ 우리나라에서 처음으로 제작된 투사법의 유형이다. 성격 검사에 사용되다가, 이후 중앙적성연구소의 김재은 교수가 유아부터 중학생까지를 대상으로 하는 표준화 검사로 제작하였다.
ⓓ 존디 검사(Szondi Test): 존디(Szondi)가 제작한 검사로, 48매의 사진을 6조로 분류하여 피험자에게 1초씩 보인 후에 가장 마음에 드는 것 2매, 마음에 들지 않는 것 2매를 고르게 하는 방법이다.
ⓔ 단어 연상 검사
  ⓐ 갈톤(Galton)이 제작한 후 융(Jung)이 발전시켰다. 실험자가 단어를 제시하면 피험자는 제일 먼저 떠오르는 단어를 말한다.
  ⓑ 비정상인(예 정신병 환자)과 정상인을 변별하기 위해 사용한다.
ⓕ 문장 완성 검사: 로터(Rotter)와 페인(Payne)이 제작하였으며, 실험자가 불완전 문장의 일부분을 제시하면 피험자는 나머지 부분을 완성시킨다.
ⓖ HTP 검사
  ⓐ 집(House), 나무(Tree), 사람(Person)에 대한 그림을 통해 성격을 진단하는 투사법 검사로, 과제 그림 검사이다.
  ⓑ 문맹자에게도 실시할 수 있으며, 간편성에 비해 의미 있는 자료를 얻을 수 있다는 장점이 있다. 정량화되어 있지 않고 표준화된 해석 체계를 갖추기 어렵다는 단점이 있다.
ⓗ 모자이크 검사: 색종이를 뜯어 붙인 그림 모형의 자극을 제시하면서 이에 반응하게 하는 방법이다.

2. 표집 방법

(1) 표본 조사

① 개념: 대상자 전체를 대표할 수 있도록 일부만 추출한 후, 추출된 일부를 하나의 집단으로 취급하여 조사하는 것이다.

② 관련 용어

구분	내용
모집단	연구 대상이 되는 목적 집단으로, 표본으로 뽑는 모체가 된 전집(전체집단)
표본	모집단을 대표하는 실제의 연구 대상이 되는 부분적 집단으로, 모집단에서 뽑혀진 소집단
표집	모집단에서 표본을 뽑는 과정
전수 조사	연구 대상이 되는 집단 모두를 조사하는 것으로, '총 조사'라고도 함
표본 조사	전집(모집단)의 일부분을 표집하여 수행되는 조사, 즉 대상 집단의 일부를 관측하여 그 대상 집단 전체에 대한 정보를 구하는 과정을 의미

③ 표본 조사를 사용하는 이유
　㉠ 연구에 필요한 노력과 경비를 절약할 수 있다.
　㉡ 연구를 신속하게 수행할 수 있다.
　㉢ 조사의 정밀도를 높일 수 있다.
　㉣ 전수 조사가 불가능한 경우는 표본 조사를 할 수밖에 없다.

(2) **표집 방법의 분류**
① 확률적 표집 방법 ★: 전집(모집단)을 구성하고 있는 모든 요소들이 표집되는데, 이때 0이 아닌 어떤 확률을 가지고 있다는 것을 전제로 특정한 표집을 얻을 확률을 객관적으로 알 수 있도록 설계하여 표집하는 방법을 의미한다. 일반적인 통계적 추리는 확률적 표집을 전제로 한다.

> **핵심 Check**
>
> **확률적 표집 방법의 종류**
> 확률적 표집 방법에는 단순무선 표집, 체계적 표집, 유층 표집, 군집 표집이 있다.

구분	내용
단순무선 표집 (난선 표집)	가장 기본적인 방법으로, 모집단의 모든 개체에 번호를 부여하고 무작위로 선택하는 방법
체계적 표집 (계통적 표집, 동간적 표집)	• 모집단의 각 표본에 일련번호를 붙인 다음, 일정 간격으로(계통적으로) 표집하는 방법 • 일정한 간격이 정해지면 제비뽑기로 출발점을 결정하고, 출발점에서 일정한 간격으로 표본을 추출하는 방법
유층 표집	모집단을 특질이 같은 몇 개의 하위 집단으로 나누고, 각 하위 집단마다 무선 표집을 하는 방법
군집 표집 (집락 표집)	전집(모집단)을 집단 내 특질이 다른 몇 개의 하위 집단으로 나누고, 그 하위 집단을 단위로 표집하는 방법

② 비확률적 표집 방법: 전집(모집단)의 요소들이 뽑힐 확률을 고려하지 않고 연구자의 주관적 판단에 의해서 임의적으로 표집하는 방법을 의미한다. 이 방법은 표집에 따른 오차가 어느 정도 되는지를 계산할 수 없기 때문에 표집에서 얻은 통계치로 모수치를 추정하는 데 확률적인 추리를 할 수 없다.

구분	내용
가용 표집 (available sampling)	가족, 친구 등 조사자가 쉽게 동원 가능한 표본을 대상으로 함
지원자 표집 (volunteer sampling)	자원해서 조사에 응한 사람을 대상으로 하는 방법
의도적 표집 (purposive sampling)	조사자의 주관적인 판단이 개입되어 표본을 선정하는 것으로서, 모집단의 특정 부분만을 대표할 수 있는 표본 선택 방법
할당 표집 (quota sampling)	할당 매트릭스를 통하여 모집단을 몇 개의 소집단으로 나누고, 이의 비율에 따라 표집하는 것
우연적 표집 (accidental sampling)	길거리를 지나가는 사람들 중 열 번째마다 인터뷰를 하는 등의 방법

구분	내용
판단 표집 (judgement sampling)	• 조사자가 모집단에 대한 지식이 많을 때 사용할 수 있는 방법 • 이 방법은 조사 대상이 되는 모집단의 경계를 한정할 수 없을 때에 가능하며, 적은 비용으로 실시할 수 있어 주로 예비 조사에 쓰임
눈덩이 표집 (snowball sampling)	주로 현장 조사에서 이루어지는데, 특정 모집단 구성원의 위치를 파악하기 힘든 경우(예 불법 체류자, 해외 노동자, 노숙자 등)에 먼저 확인 가능한 몇몇의 대상자와 인터뷰를 한 후 그들에게 다른 조사 대상자를 소개받아 조사 대상자의 목록을 늘리는 방법

3. 양적 연구와 질적 연구

(1) 양적 연구

① 실증주의 연구의 본질은 자연과학의 방법을 사회과학에도 사용함으로써 과학적 지식을 얻을 수 있다는 주장이다. 그러므로 사회과학과 자연과학이 연구 대상은 달라도 연구 방법은 동일해야 한다는 방법론적 일원론 또는 방법론적 자연주의 원칙을 고수한다.

② 이러한 원칙에 따르면 감각 기관의 지각을 통해 관찰 가능한 현상들만 지식으로 타당하게 입증될 수 있다고 생각하고, 인간의 감정이나 주관적 경험은 관찰이 불가능하므로 과학의 영역에서 제외시켜야 한다고 주장한다. 이러한 주장들은 방법론적 일원론, 관찰 가능성, 가치 중립성이라는 특징으로 요약된다.

③ 실증주의적 관점으로 볼 때 합리주의적 연구는 본질적으로 계량적이므로 양적 연구에 해당한다.

④ 기술적 연구, 실험 연구, 인과 – 비교 연구 등은 양적 연구라고 할 수 있다.

(2) 질적 연구

① 자연주의는 있는 그대로의 현상의 특성에 충실하고자 노력하는 철학이다. 그러므로 현상을 가능한 자연 상태에서 연구해야 하고 인위적인 연구 방법을 거부한다.

② 질적 연구는 문화기술적·주관적·후기 실증주의 탐구법이라고도 한다.

③ 사례 연구, 역사 연구, 미속 방법론, 참여 관찰, 심층 면담, 자료 분석 등은 질적 연구라고 할 수 있다.

4. 기술적 연구 기출개념

(1) 개념

① 기술적 연구란 사실을 조사 관찰하여 있는 그대로 기술하고 해석하는 연구이다. 즉, 어떤 현상이나 사건에 대하여 아무런 통제나 조작을 하지 않고 있는 그대로 파악하여 정확하게 기술하는 연구를 의미한다.

② 기술적 연구에는 사례 연구, 발달 연구, 상관 연구, 조사 연구, 내용 분석, 문화기술적 연구 등이 있다.

(2) 사례 연구(case study)
① 특정한 개인이나 집단을 대상으로 하여 어떤 문제나 특성을 심층적으로 조사하고 분석하는 것으로, 이는 연구 방법이 문제가 아니라 연구 대상 그 자체가 연구이다.
② 연구 문제가 '아동의 행동 불안 특성'이라면 '손가락을 물어뜯는 행동이 지속적으로 관찰되는 아동'을 사례로 선택할 수 있다.

(3) 조사 연구
① 무엇이 존재하고 있는가를 파악하여 사실대로 기술하고 해석하는 연구이다.
② 조사 연구 방법으로 가장 많이 사용되는 것은 질문지법과 면접법이다.
③ 조사 연구는 표본 조사에 따르는 수가 많다. 그러므로 비용이 적게 들고 신속히 처리되며, 오차가 적어 더욱 정확하다는 장점이 있다.

(4) 발달 연구
① 주로 시간의 경과에 따른 유기체의 변화에 관심을 두고 하는 연구이다.
② 목적: 발달 연구는 발달의 경향, 속도, 유형, 한계, 성장과 발달에 작용하는 여러 요인들 간의 관계를 탐구한다.
③ 유형
  ㉠ 종단적 연구법: 시간이 흐름에 따라 특정 대상을 연구하는 것으로, 동일한 연구 대상을 오랜 기간 동안 계속 추적하면서 관찰하는 방법이다.
    예 정호의 3세·5세·7세 때의 신체적·정신적 발달을 연구하는 것
  ㉡ 횡단적 연구법: 일정 시점에서 여러 연령층의 대상들을 택하여 필요한 발달 특징들을 알아보는 방법으로, 가장 이상적인 연구 방법이다.
    예 2000년에 3세가 된 재호, 5세가 된 성호, 7세가 된 영숙이의 성격발달을 연구하는 것
  ㉢ 횡단적 – 단기 종단적 접근법
    ⓐ 횡단적 접근법과 종단적 접근법을 절충한 방법이다.
    ⓑ 3~5년 동안 횡단적 설계의 대상 집단을 단기간 추적해서 종단적으로 발달 변화를 연구하는 것이다.
    예 3개 집단의 3, 6, 9세 아동을 연구한 후, 연구했던 3개 집단을 3년 후에 다시 연구하는 것

(5) 상관 연구
① 독립된 하나의 연구로 국한되기보다는 수집한 자료를 통계적으로 분석·해석하는 데 초점을 두는 연구이다.
② 어떤 상관 연구는 실험적 연구와 비슷할 수도 있는데, 대개는 자연적인 상황에서 변인들의 통제나 조작이 어려운 문제를 다루게 된다.
③ 어떤 두 변인의 상호 관계를 살펴볼 때 대개 상관의 크기는 어느 정도이며 상관의 방향은 정적(靜的)인가 부적(負的)인가, 상관의 유형은 어떠한가를 조사한다.

5. 실험적 연구
(1) 개요
① 어떤 변인을 인위적으로 조작하여 이를 작용시킴으로써 나타나는 변화를 관찰하는 연구로, 이론과 법칙의 발견에 목적이 있다.

핵심 Check

종단적 연구법의 장단점

구분	내용
장점	• 동일 대상을 연구함으로써 개인이나 집단의 성장 과정 및 변화의 형태를 구체적으로 파악할 수 있음 • 대상의 개인 내 변화와 연구 목적 이외의 유의미한 자료를 획득할 수 있음 • 성장 초기와 후기의 인과 관계를 밝히는 주제에 용이함
단점	• 너무나 긴 시간이 소요되고 노력, 경비가 많이 듦 • 표집된 연구 대상이 중도 탈락하거나 오랜 시간의 흐름에 따라 비교 집단의 특성이 크게 달라질 수 있음 • 한 대상에게 반복적으로 같은 검사 도구를 사용하기 때문에 신뢰도가 약해질 수 있음

② 논리적·과학적인 사고에 입각하여 가설을 세우고, 이 가설에 따라 통제된 조건이나 변인의 조건을 인위적으로 조작하여 기대했던 행동이 일어나는가를 알아봄으로써 어떤 법칙을 확립하려고 한다.
③ 연구자는 영가설을 사용하면서도 마음속으로 영가설이 기각될 것을 기대하면서 연구한다.
④ 실험 연구에서는 실험 조건의 통제가 있어야 한다.

> **개념 Plus**
> **실험 조건의 통제**
> 투입변인 외의 모든 자극변인을 실험 집단과 통제 집단(비교 집단)에 똑같게 해 주는 것을 의미한다.

기출개념확인

01 다음 중 확률적 표집 방법에 해당하지 않는 것은?
① 계통적 표집
② 할당 표집
③ 군집 표집
④ 층화 표집

02 다음 연구에 적용된 연구 방법에 대한 설명으로 옳은 것은?

> 아동의 신체발달 특징을 알아보기 위해 20XX년에 3세인 영희, 5세인 철수, 7세인 장우의 발달 상태를 분석하였다.

① 연구 대상을 오랜 기간 동안 계속 추적하면서 관찰하는 방법이다.
② 성장과 발달의 개인적 변화 파악이 가능하다.
③ 횡단적 접근법과 종단적 접근법을 절충한 방법이다.
④ 연구 대상의 선정 및 관리가 비교적 용이하다.

정답·해설

01 ② 할당 표집은 비확률적 표집 방법에 해당된다.
> **오답분석**
> ①, ③, ④ 확률적 표집 방법에 대한 설명이다.
> **참고** 표집 방법의 종류
> • **확률적 표집 방법**: 단순무선 표집, 체계적 표집, 유층 표집, 군집 표집
> • **비확률적 표집 방법**: 가용 표집, 지원자 표집, 의도적 표집, 할당 표집, 우연적 표집, 판단 표집, 눈덩이 표집

02 ④ 제시된 내용은 횡단적 연구법에 해당된다.
> **오답분석**
> ①, ② 종단적 연구법에 해당된다.
> ③ 횡단적 – 단기 종단적 접근법에 해당된다.
> **참고** 연구 방법의 종류
> • **종단적 연구**: 시간이 흐름에 따라 특정 대상을 연구하는 것으로, 동일한 연구 대상을 오랜 기간 동안 계속 추적하면서 관찰하는 방법이다.
> • **횡단적 연구**: 일정 시점에서 여러 연령층의 대상들을 택하여 필요한 발달 특징들을 알아보는 방법으로, 가장 이상적인 연구 방법이다.

제2절 발달 이론

01 인지발달 이론

1. 피아제(Piaget) 인지발달 이론 기출개념

(1) 이론의 개요

① 발생론적 인식론(genetic epistemology): 피아제는 지식의 구조와 과정의 발달에 관심을 두어 지식이 마음속에 표상되는 방법과 표상된 것이 성장함에 따라 변해가는 방법을 경험적으로 연구하였다.

② 구성론적 인지발달 이론(constructive theory of cognitive development, 인지적·개인적·급진적 구성주의): 아동은 물리적 환경과의 상호 작용을 통해 지식을 구성한다.

③ 피아제 인지발달 이론의 기본 입장
 ㉠ 지능이란 환경에 적응하는 능력으로, 정(靜)적인 특성이 아니라 동(動)적인 특성이다.
 ㉡ 아동은 성인의 축소판이 아니며, 아동의 사고는 성인의 사고와 질적으로 다르다.
 ㉢ 아동은 외부 지식을 수동적으로 모사(模寫)하거나 기억하는 수동적인 존재가 아니라 세계를 해석하는 능동적인 존재이다.
 ㉣ 인지 구조는 개인이 환경과의 능동적인 상호 작용을 통해 구성된다. 실재(實在)는 환경 및 개인 속에 존재하는 정보를 근거로 구성되기 때문에 객관적 실재(實在)란 존재하지 않는다.
 ㉤ 개체와 물리적·사회적 환경의 상호 작용은 인지발달에 큰 영향을 미치며, 성인과의 상호 작용이 아니라 또래와의 사회적 상호 작용이 중요하다.
 ㉥ 인지발달에는 유전적으로 결정된 신경계의 성숙이 전제되어야 한다.
 ㉦ 발달이란 지식이나 기능이 점진적으로 축적되어가는 과정이 아니라 사고의 질적인 변용 과정이다.

(2) 인지발달 이론의 주요 내용

① 인지 기능은 생득적으로 부여받은 지적 행위의 일반적 특성으로, 개체가 환경에 적응하려는 기본적인 경향성을 뜻한다.

② 인지 구조는 연령에 따라 변화하는 지능의 조직된 측면으로, 생득적인 것이 아니라 유기체가 환경과의 상호 작용을 통해서 구성해 나간다.

③ 인지발달은 유기체와 환경 간의 연속적인 상호 작용에 의해 점진적으로 구성되는 도식(schema)의 변화에 의해 발생한다.

개념 Plus

피아제
1896년 스위스에서 태어난 피아제는 심리학 역사상 가장 영향력 있는 발달심리학자이다. 그는 생물학 박사 학위를 취득한 후 심리학에 점차 흥미를 더 느끼게 되었고, 자신의 세 자녀를 대상으로 관찰한 결과를 기초로 하여 그의 초기 이론을 수립하였다.

인지와 인지발달
- 인지: 지각·상상·추리 및 판단 등 모든 형태의 지각 활동을 포괄하는 일반적 개념이다.
- 인지발달: 정신 과정과 점진적·순차적 변화가 점차 복잡하고 정교화되어 가는 것이다.

핵심 Check

도식(schema)
개인이 가지고 있는 반복될 수 있는 행동의 유형이나 인지 구조이다.

2. 비고츠키(Vygotsky)의 인지발달 이론

(1) 이론의 개요
① 아동은 타인과의 관계에서 영향을 받으며 성장하는 사회적 존재이므로, 인간 이해에 있어서 사회·문화·역사적인 측면을 제시하였다.
② 인지발달은 사회·문화적인 맥락(context)의 영향을 받는다. 즉 인간의 정신은 사회·문화적 환경에 의한 사회 학습의 결과이다.
③ 인간은 홀로 성장하고 발달하는 것이 아니라 사회의 많은 사람들과 관계하고 도움을 받으면서 성장한다. 이 과정에서 상호 작용에 필수적 도구인 언어 습득을 아동 발달에 가장 중요한 변인으로 간주한다.

(2) 인지발달 이론의 주요 내용
① 인지발달은 변증법적 교류에 의해 이루어진다.
    ㉠ 아동의 인지발달은 새로운 문제를 풀 때 기존의 방식이 아닌 다른 방식을 요구하며, 이러한 모순을 극복하면서 변증법적으로 이루어진다.
    ㉡ 한 아동이 학습을 통해 잠재적 발달 수준에 도달하면 잠재적 발달 수준은 실제적 발달 수준이 되고 새로운 잠재적 발달 수준이 설정된다.
② 언어가 사고(인지)발달에 선행한다.
③ 학습이 발달을 주도한다.
④ 놀이가 인지발달에 중요한 역할을 한다.

3. 브루너(Bruner)의 인지발달 이론

(1) 이론의 개요
① 브루너는 피아제의 인지발달 이론을 기초로 하여 아동의 인지발달은 사물이나 현상의 구조를 파악하는 방식에서 질적인 차이를 나타낸다고 보았으며, 이러한 차이를 지식의 표현 양식으로 개념화하였다.
② 그는 아동이 세계를 고찰하는 방법의 질적인 차이에 해당하는 표현 양식을 작동적 표현, 상징적 표현, 영상적 표현으로 나누었다.
③ 인지발달이란 상징을 사용하는 능력의 증가이며, 이 기능을 통해 인간은 단순한 적응 이상의 논리적 행동이 가능하다.
④ 인지발달이란 동시에 여러 가지 일이나 사상에 주의를 기울이거나 다룰 수 있는 능력이 증가되는 것이다.

(2) 이론의 특징
① 브루너는 준비성의 개념을 부정하고 어떠한 발달 단계의 아동에게도 그 연령에 맞는 언어로 표현되기만 하면 어떠한 과제도 학습이 가능하다고 주장하였다.
② 인지 구조 발달에 언어와 문화가 중요한 역할을 한다고 보았다.

개념 Plus

비고츠키
비고츠키는 러시아의 심리학자로서, 그의 연구는 1970년대까지는 영어로 널리 읽혀지지 않았으나 그 이후로 그의 연구들은 미국학계에 영향력을 가지게 되었다. 비고츠키 이론은 발달심리학에 있어서 강력한 힘을 가지게 되었으며, 그가 제시한 피아제의 관점에 대한 많은 비판들이 오늘날까지 영향을 미치게 되었다.

비고츠키 이론의 기본 가정
- 행동이 사고를 낳는다.
- 발달은 변증법적 교류에 의해 이루어진다.
- 발달은 사회·문화적인 맥락 속에서 일어난다.

③ 언어가 인지발달에 미치는 영향
  ㉠ 언어는 인지발달에 있어서 핵심이다.
  ㉡ 언어를 통해서 타인과 상호 작용하고 세상에 대한 개념을 발달시켜 나갈 수 있다.
  ㉢ 지적인 발달은 현실을 기술할 수 있는 내적인 정보 처리 과정과 저장 체계의 발달에 달려 있다.
  ㉣ 언어와 같은 상징 체계는 새로운 결과를 예측하거나 가설을 세울 수 있도록 한다.
  ㉤ 언어는 아동의 표상 체계 중에서 가장 중요한 것이다. 논리적인 인지 전략을 개발할 수 있으려면 모국어의 구조에 익숙해야 한다.
④ 문화가 인지발달에 미치는 영향
  ㉠ 아동들의 표상 체계는 그들의 생물학적 경향성과 문화에 따라 재창출된 것이지 자율조정적인 과정으로 창출된 것이 아니다.
  ㉡ 학교 교육 등과 같은 문화적 경험에 따라서 아동의 인지발달 단계의 이행은 달라진다.

(3) 브루너의 인지발달 3단계 ★

단계	내용
작동적 단계 (0~7세)	사물 인지의 초보적 단계로, 환경을 신체 운동적인 활동(예 잡기, 만지기)을 통해서 이해함
영상적 단계 (7~11세)	사물에 대한 인지가 영상이나 청각의 심상으로 획득되는 단계
상징적 단계 (11세 이후)	언어, 수학, 논리 등의 상징 체계를 통해서 사물을 이해함

02 성격발달 이론

1. 성격 이론

(1) 성격(personality)의 개념
① 성격: 개인이 환경에 따라 반응하는 특정적인 양식으로서, 타인과 구별되게 하는 독특하고 일관성 있는 사고·감정 및 행동 양식의 총체이다.
② 성격의 특징

특징	내용
독특성	어떤 한 사람을 다른 사람과 구별해 주는 특징
일관성	시간이 지나거나 상황이 바뀌어도 변하지 않고 비교적 안정적으로 나타남
총체성	성격이 수많은 성격 특징들의 단순한 조합이 아니라, 개인이 그 특징들을 조작하여 총체적으로 나타나는 양상임

> 개념 Plus
>
> **성격 형성에 영향을 미치는 요인**
> - **생물학적 요인**: 체격과 외모
> - **가정적 요인**: 출생 순위, 출생 간격, 사회화 과정
> - **사회·문화적 요인**: 문화적 환경

(2) 성격의 여러 이론
① 특성(특질)론: 모든 특성(특질)은 누구에게나 공통적으로 나타나며, 양적인 차이만 있을 뿐이다.
  ㉠ 카텔(Cattell)의 이론
    ⓐ 표면 특성: 성격의 외형적으로 발현되는 특성을 표정이나 동작 등을 통해서 외부로 관찰 가능한 특성이다.
    ⓑ 근원 특성: 단일 요인으로서 행동을 야기하는 안정적·지속적인 특성이다.
  ㉡ 올포트(Allport)의 이론
    ⓐ 공통 특성: 어떤 문화 속에 있는 많은 사람이 공유하고 있는 특성으로, 같은 문화권에서 생활하는 사람들이 소유하고 있는 성격 특성이다.
    ⓑ 개별 특성: 특정 개인에게만 존재하여 개인의 독특한 행동 경향성을 결정짓는 성격적 요인이다.

구분	내용
주 특성	개인의 행동이나 사고 양식에 가장 광범위한 영향을 미치는 지배적인 특성
중심 특성	주 특성보다는 덜 광범위하지만 사고와 행도의 상당 범위에 걸쳐서 나타나는 특성
2차적 특성	특정한 자극, 대상이나 상황 등에 독특하게 행동하는 특성으로, 그 개인을 잘 아는 사람에게만 드러남

② 유형론
  ㉠ 히포크라테스(Hippocrates)의 체액 기질설: 인간의 체액을 혈액, 흑담즙, 황담즙, 점액으로 구분하고 이들 체액의 우세 정도에 따라 성격이 결정된다고 본다.

구분	성격
혈액	다혈질(낙관, 희망)
흑담즙	우울질(비애)
황담즙	담즙질(과민성)
점액	점액질(냉담)

  ㉡ 쉘던(Sheldon)의 체형 기질설: 성격 특성을 체격과 소질 간 관계로 구분한다.

구분	성격
내배협형 (비만형, 내장형)	• 소화 기관이 발달 • 사교적·향락적·애정 풍부
중배협형 (근골형, 신체형)	• 근육과 혈관 조직이 발달 • 투쟁적·잔인·냉정·자기 주장적
외배협형 (세장형, 두뇌형)	• 피부와 신경 조직이 발달 • 고독·과민·감각적·내성적

> **개념 Plus**
> **성격의 여러 이론**
> • **특성론**: 인간을 어떤 특질에 대해 양적으로 분류한다.
> • **유형론**: 인간을 질적으로 분류한다.
> • **과정론(정신역동 이론)**: 현재의 성격 특성을 결정하게 된 원인은 무엇이고, 성격이 어떻게 형성·발달하며, 성격의 형성에 유전적 요인과 환경적 요인이 어느 정도, 어떤 방법으로 영향을 주는지에 초점을 둔다.

> **핵심 Check**
>
> **융이 언급한 대표적 원형**
>
> | 원형 | 내용 |
> |---|---|
> | 페르소나 | • '가면'을 뜻하는 희랍어
• 개인이 사회적 요구들에 대한 반응으로 밖으로 내놓는 공적 얼굴
• 환경의 요구에 조화를 이루려고 하는 적응의 원형 |
> | 아니마 | 남성의 내부에 있는 여성성 |
> | 아니무스 | 여성의 내부에 있는 남성성 |
> | 그림자 | 성격의 부정적인 부분으로, 개인이 숨기고 싶은 모든 불유쾌한 요소들의 총합 |
> | 자기 | 모든 의식과 무의식의 주인으로, 융은 인간이 실현하기 위해 타고난 청사진을 자기라고 보았음 |
>
> **개념 Plus**
>
> **프로이트**
>
> '정신분석학'이라는 조직적인 성격 이론을 처음으로 제안하고 체계화하였다. 정신분석학의 기본 가정은 우리의 정신 세계가 의식과 무의식의 두 부분으로 구성되어 있다는 것이며, 특히 무의식의 본질과 기능에 연구의 초점을 두고 있다.

ⓒ 융(Jung)의 향성론(심리 유형론): 체격뿐 아니라 인간의 심리적 특징에도 유형이 있다고 보는 입장이다.

내향성	외향성
• 자기의 내적 기준에 의하여 행동하며, 주관적으로 판단하고 결정함 • 주의와 관심의 초점이 자기 자신의 내부로 향함 → 소극적이고 고독을 즐김 • 주관적으로 모든 걸 판단·결정하기 쉬움 → 내적 가치 기준 • 절대적이 표준과 원리에 의해서 행동함 • 융통성과 적응력이 부족함 • 자신의 병 같은 것에 집착함 • 적응은 언제나 패쇄적·환상적임 • **전형적인 신경증**: 강박관념이나 강제 당하는 상태	• 성격 특성이 쾌활하고 동적이며, 적극적이고 능동적임 • 주의와 관심의 초점을 외부/타인에게 둠 → 쾌활하고, 동적이고, 타인에게 친절하고, 잘 어울림 • 객관적인 자료에 의해서 판단·결정함 → 외적 가치 기준 • 필요성과 기대에 의해서 행동함 • 자신의 병 같은 것에 거의 무관심함 • 적응은 언제나 보상적임 • **전형적인 신경증**: 히스테리

2. 프로이트(Freud)의 성격발달 이론 [기출개념]

(1) 의식 구조

① 프로이트는 인간의 의식을 의식, 전의식, 무의식의 세 수준으로 나누고, 그중에서 가장 큰 비중을 차지하는 무의식의 세계가 인간 행동의 중심이 된다고 보았다.

② 의식의 세 수준

수준	내용
의식 (consciousness)	자신이 주의를 기울이는 순간에 곧 인식할 수 있는 모든 행위와 감정
전의식 (preconsciousness)	즉시 인식되지는 않지만 주의를 집중하고 노력하면 의식적으로 떠올릴 수 있는 생각이나 감정
무의식 (unconsciousness)	의식되지 않는 정신 활동 부분으로, 억압된 욕구나 본능이 깊이 자리 잡고 있는 심층 영역

(2) 성격 구조 ★★★

① id(원초아, 본능) – 성격의 생물학적 요소
  ㉠ 선천적으로 지니고 있는 원시적·동물적인 욕망으로, 인간의 삶을 지배하는 기본 원리이다. 쾌락의 원리에 의해 지배되며 인간의 모든 욕망의 저장소이다.
  ㉡ 기본적 기능
    ⓐ 삶의 본능
      • 생존과 번식을 위한 신체적인 욕구로서, 창조적·지적 활동에 대한 심리적 근원이 되는 욕구이다.
      • 삶의 본능을 지배하는 정신적 에너지를 '리비도(libido)'라고 부른다.
      • 굶주림, 목마름, 성에 대한 욕구가 포함되며 성적 욕구가 가장 강하다.

ⓑ 죽음의 본능
- 삶에 대한 무기력한 상태로서 '타나토스(thanatos)'라고 부른다.
- 미움, 공격, 파괴 등의 충동이 여기에 해당되는 것으로, 인간성의 어두운 면을 설명해 준다.

ⓒ 1차 과정 사고로 쾌락 원칙에 지배를 받아 쾌락만을 추구하고 고통을 회피하며 자기의 욕구를 충족시켜 나아가는 과정이다.

ⓓ 유기체 내부에서 일어나는 욕구나 긴장에만 관여하며, 외부의 현실 세계와는 교섭을 못한다.

ⓔ 성격의 무의식적 부분으로, 기본 욕구들의 저장고이며 성격 형성의 기초가 된다.

② ego(자아) – 성격의 심리적 요소
ⓐ 외부 세계의 직접적인 영향에 의해 수정된 원자아의 일부로서 의식된 성격의 부분으로, 본능(충동)을 조절하여 현실적·합리적으로 처리하는 과정에서 발달하는 현실 구조이다.
ⓑ ego는 현실의 원리에 의해서 움직이는데, id와 superego 사이에 끼어서 조정 작용을 하는 성격의 집행관·행정관·조정자로서 인간 정신의 모든 것을 관장한다.
ⓒ 2차 과정 사고로 본능적 충동을 현실에 맞게 또는 사회적으로 용납될 수 있도록 통제하는 기능을 지닌 성격의 부분으로, 합리적이고 성숙한 사고 과정이다.

③ superego(초자아) – 성격의 사회적 요소
ⓐ 개인의 행동을 이상에 따르도록 하는 역할을 하며, 쾌락이나 현실보다는 이상적이고 완전한 것을 지향한다.
ⓑ id와 ego의 욕구와 활동을 감시해 사회적 법칙이나 도덕에 따르도록 행동한다.
ⓒ 문화적·전통적으로 내려오는 가치와 그 사회가 요구하는 이상 등의 윤리적 가치를 포함하는 윤리적·이상적 자아이다.
ⓓ superego는 '양심'과 '자아 이상'으로 구분된다.

구분	내용
양심	자아로 하여금 본능의 직접적인 표현을 막고 id의 충동에 대해서 여러 가지 방어기제를 쓰게 함
자아 이상	개인이 동일시하려는 사람과 비슷한 양상으로 행동하게 함

ⓔ 어린이가 5세쯤에 이르면 superego 형성의 기틀이 잡히기 시작하여 청년기에 이르기까지 계속 형성·발달된다.

(3) 성격발달 단계
① 개요
ⓐ 개인의 성적 에너지인 리비도(libido)의 발생 부위와 충족 방식에 따라 성격발달을 유형화하였다.
ⓑ 각 발달 단계마다 추구하는 만족을 충분히 획득해야 다음 단계로 이행 가능하다.
ⓒ 각 발달 단계에서 욕구불만을 느끼거나, 그 시기에 느낀 쾌감에 지나치게 몰두하게 되면 다음 발달 단계로 넘어가지 못하고 고착 현상(fixation)이 나타나 성인이 되었을 때 정신 건강의 문제로 나타난다.

> ✓ 핵심 Check
>
> **프로이트의 성격발달 단계**
> '구강기 → 항문기 → 남근기 → 잠복기 → 생식기'의 5단계로 구성된다.

ⓔ 개인의 성격은 5~6세 이전에 기본 구조가 완성되고, 그 후의 발달은 기본 구조가 정교화되는 과정으로 보며 초기 경험의 중요성을 강조하였다.

② 성격발달 단계별 주요 특징 ★★★
  ㉠ 구강기(oral stage, 0~18개월)
    ⓐ 구강(입, 입술)의 자극으로부터 쾌감을 얻는 시기로, 어머니에게 의존하여 안정과 위협을 경험한다. 주된 성감대가 구강이다.
    ⓑ 유아는 자신에게 만족을 만족과 쾌감을 주는 인물이나 대상에게 애착을 느끼며, 성적 쾌감을 얻을 수 있는 것은 자신의 의지가 아닌 타인, 주로 어머니에 의해서이다.
    ⓒ 자아 정체감(personality) 형성의 원형이 된다.
    ⓓ 이 시기에 욕구의 과잉 충족이나 불충족은 성장 과정에서 성격적 결함으로 나타난다.
    ⓔ 구강기 고착 현상
      • 구강기 초기(구강 빨기) 단계에 고착되면 음주, 흡연, 과식 등에 관심이 많고 의존적이 된다.
      • 구강기 후기(구강 깨물기) 단계에 고착되면 손톱 깨물기, 남을 비꼬는 등 적대적·호전적인 성격이 된다.
  ㉡ 항문기(anal stage, 18개월~3세)
    ⓐ 배변(항문) 훈련을 통해서 항문 근육의 자극을 경험하게 되고, 이 경험을 통해서 성적 쾌감을 얻게 된다. 주된 성감대가 항문이다.
    ⓑ 배변 훈련을 통해 본능적 충동에 대한 외부의 통제를 경험하게 되며, 엄격한 배변 통제 훈련은 성장 과정에서 고착 현상을 야기할 수 있다.
    ⓒ 항문기 고착 현상
      • 항문 보유 고착(배변 훈련이 엄격할 때)으로는 배출이 자유롭지 못하고 보유함으로써 소유욕이 증대하고 결벽증, 지나친 규율 준수, 인색, 강박, 수전노, 융통성 없는 소극적 성격이 나타난다.
      • 항문 방출 고착(배변 훈련이 허술할 때)으로는 배설을 부적절하게 본 것에서 비롯된 공격적 성향으로 무절제, 기분파, 반사회적 행동 경향이 나타난다.
  ㉢ 남근기(phallic stage, 3~5세)
    ⓐ 성기에 리비도가 집중하여 성기의 자극을 통해 쾌감을 얻는 시기이다. 주된 성감대가 성기이다.
    ⓑ 이 시기의 아동은 남녀의 신체 차이, 아기의 출생, 부모의 성 역할 등에 관심을 갖는다.
    ⓒ 오이디푸스 콤플렉스(Oedipus complex)
      • 남자 아이들이 어머니에게 성적인 애정을 느끼는 현상이다.
      • 아버지를 어머니의 애정 쟁탈의 경쟁자로 생각하여 적대감을 느끼고 거세 불안증(castration anxiety)을 갖게 된다.
      • 불안 극복을 위해 어머니에 대한 애정을 포기하고, 아버지에 대한 동일시(identification)의 기제가 나타난다.

ⓓ 일렉트라 콤플렉스(Electra complex)
- 여자 아이들이 아버지에 대한 애정 갈구 현상으로, 남근 선망(penis envy) 현상이 나타난다.
- 남근이 없다는 사실을 인정하고 어머니의 여성스러움을 닮아간다.

ⓔ 이 시기는 매우 복잡하고 자극적인 감정이 교차되는 특징을 보이며, 성격 형성에서 가장 중요한 단계이다.

ⓕ 남근기 고착 현상: 성 불감증, 동성애 등의 신경성 질환이 나타난다.

㉣ 잠복기(latent stage, 6~11세)
ⓐ 성적인 욕구가 철저히 억압되어 심리적으로 평온한 시기로, 성적 활동은 침체되고 지적 활동의 에너지가 투입되는 시기이다.
ⓑ 지적 호기심이 왕성해지고 동성의 또래 관계가 긴밀하게 형성된다.
ⓒ 성적인 부분을 제외하고는 새로운 학습, 사회적 지위 역할, 운동 능력의 신장 등 매우 활동적인 모습을 나타낸다.
ⓓ 논리적으로 사고하여 타인의 입장도 고려할 수 있게 된다.

㉤ 생식기(genital stage, 11세 이후)
ⓐ 급속한 성적 성숙에 의해 이성에 대한 성애(性愛) 욕구가 강해져서 이성적 사랑의 대상을 찾아 만족을 얻고자 한다.
ⓑ 심리적 이유기로서 부모로부터 정서적으로 독립하려는 성향이 나타난다.
ⓒ 이 시기까지 순조롭게 발달한 사람은 타인에 대한 관심과 협동의 자세를 갖고 이타적이고 원숙한 성격을 갖게 된다.

③ 프로이트의 성격발달 단계표

발달 단계	쾌감의 원천	주요 특징
구강기 (oral stage, 0~18개월)	구강, 입술 (빨기, 물기, 삼키기)	• 원자아(id)가 발달 • **구강 빨기 단계**: 소유욕, 신념 등의 원형, 낙천적 관대성 • **구강 깨물기 단계**: 야유, 논쟁, 공격성, 타인 이용의 원형 • **고착 현상**: 음주, 흡연, 과식, 손톱 깨물기, 남을 비꼬는 행위
항문기 (anal stage, 18개월~3세)	항문 (배변의 배설과 보유)	• 자아(ego)가 발달 • 유아는 본능적 충동에 대한 외부적 통제를 처음 경험 • **고착 현상**: 결벽증, 소극적 성격, 무절제, 반사회적 행동 경향
남근기 (phallic stage, 3~5세)	생식기의 자극 (환상의 쾌락)	• 초자아(superego)가 발달 • 오이디푸스 콤플렉스, 일렉트라 콤플렉스 • 동일시 현상 • 성격 형성에 가장 중요한 시기 • **고착 현상**: 성 불감증, 동성애

발달 단계	쾌감의 원천	주요 특징
잠복기 (latent stage, 6~11세)	외부에서 지식·호기심을 구함	• 성적 욕구의 침체기 • 사회성 발달과 일상생활에 적용이 가능한 지식 습득
생식기 (genital stage, 11세 이후)	남·녀 성기	• 이성에 대한 사랑의 욕구가 발생 • 부모로부터 독립하려는 욕구가 발생

(4) 프로이트 성격발달 이론의 공헌점과 비판점
① 공헌점
  ㉠ 행동의 무의식적 결정 요인을 강조하여, 성격 연구의 새로운 측면을 열었다.
  ㉡ 인생의 초기 경험을 강조함으로써 유아 교육의 중요성을 일깨워 주었다.
  ㉢ 정신분석을 통하여 무의식을 밝혀 이상 행동을 치료하는 방법을 제시하였다.
② 비판점
  ㉠ 인간을 욕망(성욕)과 과거 경험에 의해 지배되는 수동적인 존재로 보았다.
  ㉡ 문화적 특수성을 경시하였고, 여성에 대한 편견은 보편성이 없다.
  ㉢ id, ego, superego 등의 개념이 모호하고, 경험적인 검증이 불가능하다.
  ㉣ 인간 행동에 영향을 주는 상황 변인이 양심의 발달에 미치는 영향을 무시하였다.
  ㉤ 과학적 정확성이 결여되어 예언하기가 곤란하다.

3. 에릭슨(Erikson)의 심리사회적 성격발달 이론 기출개념

(1) 이론의 개요
① 에릭슨은 행동이 기본적으로 생물학적 요인에 의해 발생하며, 성적 및 공격적 충동을 표출하려 함으로써 동기화된다는 프로이트의 관점을 받아들인다. 하지만 에릭슨은 인간의 행동이 사회적 관심에 대한 욕구, 유능성에 대한 욕구(환경을 지배하려는 욕구), 사회적 사건의 구조와 질서에 관한 욕구라는 세 가지 사회적 충동에 의해 시작된다고 보았다.
② 에릭슨은 프로이트의 심리성적 발달 단계론을 이론적 기초로 삼고 있으나, 프로이트와는 달리 사회 속에서 형성되는 사회적 관계에 따라 일생을 8단계로 나누고 각 발달 단계는 상호 관련성이 있다고 보았다.
③ 발달에는 심리사회적 환경이 중요하고, 심리사회적 위기의 극복을 중시한다.
④ 각 발달 단계상에는 발달의 결정적 시기(critical period)가 있다.
⑤ 발달에는 자아가 핵심 역할을 한다고 보는 자아심리학적 관점을 지니고 있다.
⑥ 각 발달 단계에서 인간이 성공적으로 겪어야 하는 발달 과업을 설정하고, 이 과업을 적절히 해결할 수 있으면 건강한 성격을 발달시키는 기회를 가지게 되나, 그렇지 않으면 성격발달상 퇴행을 경험하게 된다는 발달의 양극 이론을 제창하였다.
⑦ 현재 진행되고 있는 발달은 이전 단계들의 발달에 기초하여 연속적으로 이루어진다는 발달의 점성적 원리를 따른다.

(2) 심리사회적 성격발달 8단계 ★★★

① **신뢰감 대 불신감**(trust vs. mistrust, 0~18개월)
　㉠ 영아와 타인(어머니)의 사회적 관계에 따라 신뢰감과 불신감이 형성된다.
　㉡ 부모 및 타인이 반응적이고 애정적이며 충분한 사랑을 제공하면 영아는 신뢰감이 형성되고, 거부적이고 무관심으로 보살핌을 받지 못한 영아는 불신감이 형성된다.
　㉢ 어머니의 수유 방법 등의 구체적인 양육 행동이 내면화되면서 성격이 형성되는 시기로, 성격발달에 가장 중요한 시기이다.
　㉣ 이 시기에 경험하게 되는 불신감과 신뢰감의 적절한 비율이 심리사회적 발달을 촉진한다.

② **자율성 대 수치감 및 회의감**(autonomy vs. shame and doubt, 18개월~3세)
　㉠ 부모에 의해 사회적으로 적합한 행동을 하도록 훈련될 때, 배변 훈련을 통하여 자신의 요구와 부모의 요구가 원만한 조화를 이룰 때 자율성이 형성된다.
　㉡ 지나치게 엄격한 배변 훈련, 사소한 실수에 대한 벌 등 부모의 과잉 통제는 유아의 자기 능력에 대한 수치심을 갖게 한다.
　㉢ 부모가 너무 많은 것을 해주며 과잉 보호를 하면 유아는 자신의 능력에 대한 회의감을 갖게 된다.

③ **주도성 대 죄책감**(initiative vs. guilt, 3~6세)
　㉠ 아동의 인지가 급격히 발달하며, 놀이와 자기가 선택한 행동에 많은 관심을 보이는 시기이다.
　㉡ 현실 도전의 경험이나 상상, 활동에 자유가 주어지고 부모로부터 격려를 받을 때 주도성이 형성된다.
　㉢ 아동의 활동을 제한하고, 반응에 억압적인 태도를 취하면 죄책감이 형성된다.

④ **근면성 대 열등감**(industry vs. inferiority, 6~12세)
　㉠ 아동은 공식적인 교육을 통해 사회와 문화에 대한 기초적인 인지 능력과 사회적 기술을 습득해야 하는 시기이다.
　㉡ 이 시기는 자아 개념 형성의 결정적 시기이다.
　㉢ 학교에서의 성취에 대한 인정을 받을 때 근면성이 형성된다.
　㉣ 아동의 활동에 대해 조롱하고 거부적인 태도를 보이면 열등감이 형성된다.

⑤ **자아 정체감 대 역할 혼미**(identity vs. role diffusion, 12~18세)
　㉠ 이 시기에는 급격한 신체적·심리적 변화와 사회적 요구에 따라 자신의 존재에 대한 새로운 탐색을 시작한다.
　㉡ 타인이 자신을 어떻게 생각하는지에 대하여 관심이 크고, 독립은 주장하지만 안정과 보살핌을 원하는 시기이다.
　㉢ 이 시기의 중심 과제는 자아 정체감의 확립이며, 정체감 발달에는 청소년이 동일시 하고자 하는 인물이나 사회 집단의 영향력이 중요하다.
　㉣ 부모나 교사와의 동일시, 또래 집단과의 상호 작용, 개인의 내적 동질성이 확보될 때 자아 정체감이 형성된다.
　㉤ 성 역할과 직업 선택에서 안정성을 확립할 수 없다면 혼미감을 느끼게 되고, 정체감의 위기에 빠지게 된다.

⑥ 친밀감 대 고립감(intimacy vs. isolation, 18~24세)
  ㉠ 부모로부터 독립하여 사회에 참여하고 자유와 책임을 가지고 스스로의 삶을 영위하는 시기이다.
  ㉡ 인간 관계 범위가 친구, 애인, 직장 동료 등으로 확대되며, 동성 또는 이성 간의 인간적 관계에서 친근감이 형성된다.
  ㉢ 친근한 인간 관계 형성에 실패를 하게 되면 개인은 타인과의 접촉을 회피하거나 거부적·공격적인 태도를 보이게 된다.
  ㉣ 만족스러운 취업과 결혼이 중요한 발달 과업이다.
⑦ 생산성 대 침체성(generative vs. self-absorption, 24~54세)
  ㉠ 직업적 창조성, 생산성 등의 특징이 나타나며, 후세 교육에 관심을 두어 자녀의 성공적 발달을 돕는 것이 최대의 관심사이다.
  ㉡ 자녀가 없을 때는 다음 세대를 위한 사회봉사 등을 통해 생산성을 발휘한다.
  ㉢ 생산성 형성에 실패한 개인은 무관심, 허위, 이기심을 갖게 된다.
⑧ 자아 통정감 대 절망감(ego integrity vs. despair, 54세 이후)
  ㉠ 자신의 지나온 생애를 돌아보고 성찰하는 시기이다.
  ㉡ 자신의 삶에 후회가 없고 가치 있었다는 생각은 자아 통정성을 형성한다.
  ㉢ 자신의 삶이 무의미한 것이었다고 느끼게 되면 절망감에 빠진다.
⑨ 에릭슨(Erikson)의 심리사회적 발달 단계표

발달 단계	시기	주요 관계	덕목	주 역할
신뢰감 대 불신감	0~18개월 (영아기)	어머니	희망	• 받기 • 주기
자율성 대 수치감 및 회의감	18개월~3세 (유아기)	아버지	의지력	• 참기 • 배설하기
주도성 대 죄책감	3~6세 (유아기)	가족	목적	• 창조 • 시도
근면성 대 열등감	6~12세 (아동기)	이웃, 학교	능력	• 솔선적 시도 • 협력적 시도
자아 정체감 대 역할 혼미	12~18세 (청년기)	또래 집단	충실(성실)	• 자아 확인 • 상호 작용
친밀감 대 고립감	18~24세 (성인 전기)	이성 친구	사랑	• 양보 • 자아 발견
생산성 대 침체성	24~54세 (성인 중기)	배우자	배려	• 출산 • 양육
자아 통정감 대 절망감	54세 이후 (성인 후기)	인류	지혜	• 실존 확립 • 현실 수용

(3) 에릭슨(Erikson)과 프로이트(Freud) 이론의 비교 ★★
  ① 공통점
    ㉠ 정신분석학에 기초를 둔 발달 이론이다.
    ㉡ 인생 초기 경험의 중요성을 강조한다.

ⓒ 성격발달은 일련의 단계를 거쳐 이루어진다.
ⓔ 원만한 성격발달을 위해 성장 과정에서 여러 가지 욕구가 충족되어야 한다.
② 차이점

에릭슨(Erikson)	프로이트(Freud)
• **심리사회적 발달 이론**: 인간 현실의 ego 강조 • 사회적 대인 관계 중시 • 개인에 대한 가족과 사회의 영향 강조 • 의식의 흐름 중시 • 발달의 긍정적인 면 강조 • **발달의 8단계**: 전 생애를 통해 계속적 발달 • 미래 지향적 접근	• **심리성적 발달 이론**: id, 욕구 변화 강조 • 가족 관계(어머니)의 영향 강조 • 리비도(libido)의 방향 전환 • 무의식의 흐름 중시 • 발달의 부정적인 면 강조 • **발달의 5단계**: 청년기 이후 발달 무시 • 과거 지향적 접근

03 발달 과업 이론

1. 해비거스트(Havighurst)의 발달 과업 이론 〔기출개념〕

(1) 발달 과업의 이론적 개요
① 해비거스트는 에릭슨의 영향을 받아 발달 과업의 개념을 제시하였으며, 사회·문화적 차이에 따라서 다르나, 개인이 속해 있는 문화권 내에서 기대되는 행동 목록, 평생교육의 내용으로서 발달 과업의 중요성을 강조하였다.
② 발달 과업이란 인간의 발달 과정에서 환경에 적응하기 위해 각 발달 단계에서 반드시 성취해야 하는 개인의 과업이다.
③ 각 발달 단계의 과업을 성공적으로 성취하면 다음 단계에서도 잘 적응할 수 있으나, 실패하면 다음 단계에서의 발달에 곤란을 겪게 되고 불행을 느끼며 사회적으로 부적응 상태에 처하게 된다는 것이다.
④ 발달 과업의 특징
ⓐ 인생의 각 시기에 획득해야 할 행동의 형태이다.
ⓑ 질서와 계열성을 가지고 나타난다.
ⓒ 각 발달 단계에는 결정적 시기가 있다.
ⓔ 각 발달 단계는 다음 발달 단계의 행동발달에 영향을 미친다.

(2) 단계별 발달 과업의 특징 ★★★
① 영아기 및 유아기(0~6세)
ⓐ 보행을 배운다.
ⓑ 딱딱한 음식 먹기를 배운다.
ⓒ 말을 배운다.
ⓔ 배설 통제를 배운다.
ⓕ 성별을 구분하고 성 역할 개념을 안다.
ⓖ 생리적 안정을 유지하는 것을 배운다.
ⓗ 사회적·자연적 환경에 대한 단순 개념을 형성한다.

　　　　ⓞ 부모, 형제, 자매 및 타인과의 정서적 관계를 배운다.
　　　　ⓢ 선악의 구별을 배우고 양심이 발달한다.
　② 아동기(6~12세)
　　　　㉠ 일상적인 활동에 필요한 신체적 기술을 배운다.
　　　　㉡ 성장하는 자기 자신에 대한 건전한 태도를 형성한다.
　　　　㉢ 동년배의 친구와 사귀는 법을 배운다.
　　　　㉣ 읽기, 쓰기, 셈하기(3R's)의 기본적 기술을 배운다.
　　　　㉤ 일상생활에 필요한 개념을 배운다.
　　　　㉥ 양심, 도덕, 가치 척도가 발달한다.
　　　　㉦ 남녀 간의 적절한 성 역할을 배운다.
　　　　ⓞ 사회 집단과 사회 제도에 대한 태도가 발달한다.
　③ 청소년기(12~18세)
　　　　㉠ 성숙한 남녀 관계를 형성한다.
　　　　㉡ 자기 신체를 수용하고 신체를 효과적으로 조정한다.
　　　　㉢ 남녀 간의 사회적 역할을 학습한다.
　　　　㉣ 부모나 다른 성인으로부터 정서적 독립을 이룬다.
　　　　㉤ 경제적 독립의 필요성을 절실히 느낀다.
　　　　㉥ 직업 선택을 설계하고 그에 맞는 준비를 한다.
　　　　㉦ 시민 생활에 필요한 지식과 태도를 키운다.
　　　　ⓞ 사회적으로 책임 있는 행동을 원하고 이를 실천한다.
　　　　ⓢ 결혼과 가정 생활을 준비한다.
　　　　ⓣ 적절한 과학적 지식에 맞추어 가치관과 윤리관을 확립한다.
　④ 성인 전기(18~30세)
　　　　㉠ 배우자 선택, 가정 생활 시작하기, 자녀 양육하기, 원만한 가족 관계 유지하기를 한다.
　　　　㉡ 직업을 선택하여 최소한의 경제적 생활을 유지하고, 능력 있는 사회인으로서 사회에 참여한다.
　　　　㉢ 변화하는 사회 및 문화에 익숙해지고 그것을 받아들임으로써 자기 성장의 욕구를 유지하며 시민의 의무를 완수한다.
　⑤ 성인 중기(30~55세)
　　　　㉠ 시민으로서의 사회적 의무를 다한다.
　　　　㉡ 생활의 경제적 표준을 설정하고 수행한다.
　　　　㉢ 청소년기의 자녀를 훈육하고 선도한다.
　　　　㉣ 성인으로서의 적절한 여가 활동을 한다.
　　　　㉤ 배우자와의 인격적 관계를 맺는다.
　　　　㉥ 중년기의 생리적 변화를 인정하고 적응한다.
　　　　㉦ 노부모를 봉양한다.

⑥ 성인 후기(55세 이후)
  ㉠ 체력 감퇴와 건강에 적응한다.
  ㉡ 은퇴와 수입 감소에 적응한다.
  ㉢ 사회적·시민적 의무를 이행한다.
  ㉣ 배우자의 사망에 적응한다.
  ㉤ 동년배와 친밀한 유대 관계를 맺는다.
  ㉥ 만족스러운 생활 조건을 구비한다.
  ㉦ 인생의 종말을 지혜롭게 지내며 인생의 참된 의미를 찾는다.

(3) 발달 과업의 의의
  ① 교육 목표 설정에 지표를 제시해 준다.
  ② 평생교육의 내용과 교육 목표를 설정하는 데 시사점을 준다.
  ③ 어떤 기능이나 태도의 습득에는 적절한 시기가 있다는 점을 강조한다.

기출개념확인

01 다음 중 피아제(Piaget)의 인지발달 이론에 대한 설명으로 옳은 것은?
  ① 언어발달이 사고발달에 선행한다.
  ② 학습이 발달을 주도한다.
  ③ 인간의 정신은 사회·문화적 환경에 의한 사회 학습의 결과이다.
  ④ 인지발달에는 유전적으로 결정된 신경계의 성숙이 전제되어야 한다.

02 프로이트(Freud)의 성격발달 단계 중 다음의 설명에 해당하는 단계는?

> 매우 복잡하고 자극적인 감정이 교차되는 특징을 보이며, 성격 형성에서 가장 중요한 단계이다.

  ① 구강기
  ② 항문기
  ③ 남근기
  ④ 생식기

03 다음 중 해비거스트(Havighurst)의 발달 과업 중 청소년기의 특성으로 옳은 것은?
  ① 남녀 간의 사회적 역할을 학습한다.
  ② 남녀 간의 적절한 성 역할을 배운다.
  ③ 성별을 구분하고 성 역할 개념을 안다.
  ④ 시민으로서의 사회적 의무를 다한다.

정답·해설

01 ④ 피아제는 인지발달은 유전적으로 결정된 신경계의 성숙이 전제되어야 한다고 보았다. 즉, 발달 단계에 이르러야 학습이 가능하다는 것이다.

오답분석
①, ②, ③ 비고츠키의 견해이다.

02 ③ 남근기는 성기에 리비도가 집중하여 성기의 자극을 통해 쾌감을 얻는 시기로, 성격 형성에 가장 중요한 단계이다.

오답분석
① 구강기는 구강(입, 입술)의 자극으로부터 쾌감을 얻는 시기로, 어머니에게 의존하여 안정과 위협을 경험한다. 주된 성감대가 구강이다.
② 항문기는 배변(항문) 훈련을 통해서 항문 근육의 자극을 경험하게 되고, 이 경험을 통해서 성적 쾌감을 얻게 된다. 주된 성감대가 항문이다.
④ 생식기는 급속한 성적 성숙에 의해 이성에 대한 성애(性愛) 욕구가 강해져서 이성적 사랑의 대상을 찾아 만족을 얻고자 한다.

참고 프로이트의 성격발달 단계별 주요 특징

발달 단계	쾌감의 원천	주요 특징
구강기 (oral stage, 0~18개월)	구강, 입술 (빨기, 물기, 삼키기)	• 원자아(id)가 발달 • **구강 빨기 단계**: 소유욕, 신념 등의 원형, 낙천적 관대성 • **구강 깨물기 단계**: 야유, 논쟁, 공격성, 타인 이용의 원형 • **고착 현상**: 음주, 흡연, 과식, 손톱 깨물기, 남을 비꼬는 행위
항문기 (anal stage, 18개월~3세)	항문 (배변의 배설과 보유)	• 자아(ego)가 발달 • 유아는 본능적 충동에 대한 외부적 통제를 처음 경험 • **고착 현상**: 결벽증, 소극적 성격, 무절제, 반사회적 행동 경향
남근기 (phallic stage, 3~5세)	생식기의 자극 (환상의 쾌락)	• 초자아(superego)가 발달 • 오이디푸스 콤플렉스, 일렉트라 콤플렉스 • 동일시 현상 • 성격 형성에 가장 중요한 시기 • **고착 현상**: 성 불감증, 동성애
잠복기 (latent stage, 6~11세)	외부에서 지식·호기심을 구함	• 성적 욕구의 침체기 • 사회성 발달과 일상생활에 적용이 가능한 지식 습득
생식기 (genital stage, 11세 이후)	남·녀 성기	• 이성에 대한 사랑의 욕구가 발생 • 부모로부터 독립하려는 욕구가 발생

03 ① 남녀 간의 사회적 역할을 학습하는 것은 청소년기의 특성에 해당한다.

오답분석
② 아동기의 특성에 해당한다.
③ 영유아기의 특성에 해당한다.
④ 성인 중기의 특성에 해당한다.

참고 **청소년기(12~18세)**
• 성숙한 남녀 관계를 형성한다.
• 자기 신체를 수용하고 신체를 효과적으로 조정한다.
• 남녀 간의 사회적 역할을 학습한다.
• 부모나 다른 성인으로부터 정서적 독립을 이룬다.
• 경제적 독립의 필요성을 절실히 느낀다.
• 직업 선택을 설계하고 그에 맞는 준비를 한다.
• 시민 생활에 필요한 지식과 태도를 키운다.
• 사회적으로 책임 있는 행동을 원하고 이를 실천한다.
• 결혼과 가정 생활을 준비한다.
• 적절한 과학적 지식에 맞추어 가치관과 윤리관을 확립한다.

제1장 | 실전연습문제

* 기출유형 은 해당 문제가 실제 시험에 출제된 유형임을 나타냅니다.

기출유형
01 다음 중 발달 순서에 대한 설명으로 옳지 <u>않은</u> 것은?

① 근위부에서 원위부로 발달한다.
② 중심부에서 말초부로 발달한다.
③ 상부에서 하부로 발달한다.
④ 부분 운동에서 전체 운동으로 발달한다.

기출유형
02 다음의 내용과 연관된 발달의 원리에 해당하는 것은?

> 은우의 키는 중학교 1학년 때 10cm가 컸고 2학년 때 5cm, 3학년 때 2cm 정도 컸으며, 대학생이 된 지금은 거의 변화가 없다.

① 발달은 계속적인 과정이나, 발달 속도는 일정하지 않다.
② 발달은 중심 부위에서 말초 부위로 발달한다.
③ 발달은 비약적인 것이 아니라 연속적이고 점차적인 것이다.
④ 발달에는 결정적 시기가 있다.

03 다음 중 성장과 성숙에 관한 설명으로 옳지 <u>않은</u> 것은?

① 성숙은 유전인자가 지니고 있는 정보에 따른 변화를 의미한다.
② 성숙은 신체 크기의 증대, 근력 증가, 인지의 확장 등을 포함한다.
③ 성장은 신체의 양적 증가를 나타내는 것이다.
④ 성숙은 경험이나 훈련과는 관계없이 체계적으로 일어난다.

기출유형
04 다음의 내용이 설명하고 있는 것은?

> • 발달 과업의 특정 시기를 말한다.
> • 특정 시기에 맞는 환경 조성이 필요하다.
> • 사춘기에 신체가 급성장하는 것, 학령 전기에 어휘가 급격하게 증가하는 것 등을 설명할 수 있는 개념이다.
> • 조기 교육의 찬·반과 관련하여 언급되는 개념이다.

① 전조작기   ② 성장기
③ 구체적 조작기   ④ 결정적 시기

05 다음 브론펜브레너(Bronfenbrenner)의 환경적 체계 중 아동의 문제를 해결하기 위해 부모와 학교가 서로 정보를 교류하는 체계에 해당하는 것은?

① 미시 체계
② 중간 체계
③ 외 체계
④ 거시 체계

06 다음 중 사례 연구에 대한 설명으로 옳지 않은 것은?

① 사례 연구는 양적 연구 방법에 해당한다.
② 관찰 연구에 비해 연구 대상의 수가 적다.
③ 현상에 대한 자세한 기술, 설명, 평가를 목적으로 한다.
④ 개인의 독특한 현상에 대한 연구에 적합하다.

07 다음과 같은 특징을 가진 심리 진단 방법은?

- 검사 결과의 수량화가 어렵다.
- 내담자의 내면 세계가 자유롭게 표현된다.
- 진단과 동시에 치료의 방법이 될 수 있다.

① 관찰법
② 사회성 측정법
③ 의미 분석법
④ 투사법

08 다음 표집 방법 중 비확률적 표집 방법에 해당하는 것을 모두 고르면?

| ㄱ. 할당 표집 | ㄴ. 판단 표집 |
| ㄷ. 군집 표집 | ㄹ. 눈덩이 표집 |

① ㄱ, ㄴ, ㄷ
② ㄱ, ㄴ, ㄹ
③ ㄱ, ㄷ, ㄹ
④ ㄴ, ㄷ, ㄹ

09 다음 중 종단 설계에 대한 설명으로 옳지 않은 것은?

① 연령이 다른 여러 개인(또는 집단)을 어느 시점에서 동시에 실험하거나 동시에 조사하는 방식이다.
② 연구 대상자가 특정 집단을 대표하는 소수이기 때문에 일반화하는 데 어려움이 있다.
③ 시간이 많이 소요된다.
④ 조사 기간 중 탈락자가 발생할 수 있다.

10 다음 중 프로이트의 성격의 구조에 대한 설명으로 옳지 않은 것은?

① 원초아, 자아, 초자아로 구성되어 있다.
② 초자아는 양심과 자아 이상으로 구분된다.
③ 원초아는 성격의 생물학적 요소이다.
④ 자아는 성격의 사회적 요소이다.

11. 다음 프로이트의 발달 단계 중 이성 부모에 대한 애정으로 발생하는 오이디푸스·엘렉트라 콤플렉스와 관련된 단계는?

① 구강기 ② 항문기
③ 남근기 ④ 잠복기

12. 프로이트의 심리성적 발달 단계론을 이론적 기초로 삼고 있으나, 프로이트와는 달리 사회 속에서 형성되는 사회적 관계에 따라 일생을 8단계로 나누고 각 발달 단계는 상호 관련성이 있다고 설명하는 학자는?

① 에릭슨(Erikson)
② 피아제(Piaget)
③ 융(Jung)
④ 해비거스트(Havighurst)

13. 다음은 에릭슨(Erikson)의 심리사회적 발달 이론에 따라 특정 시기의 발달 특징을 기술한 것이다. 프로이트(Freud)가 제시한 아동의 발달 단계 중 이 시기에 해당하는 것은?

> 이 시기의 아동은 소방관이나 경찰관과 같이 자신이 이해할 수 있는 직업을 수행하는 사람들을 유심히 지켜보거나 모방하려 하며, 자기가 속해 있는 사회에서 직업을 수행하는 데 필요한 기술을 직접 익히기 시작한다. 사회는 아동의 지식과 기술을 배워서 유능한 사람이 되도록 준비시켜야 한다. 만일 이 시기에 유능한 존재가 되려는 바람을 훌륭하게 성취할 수 있다면, 청소년기의 직업 선택은 단순히 보수와 지위의 문제를 초월하게 될 것이다.

① 구강기 ② 항문기
③ 남근기 ④ 잠복기

14. 다음 중 프로이트와 에릭슨에 관한 설명으로 옳지 <u>않은</u> 것은?

① 에릭슨은 인생 초기 경험을 중시하며 자아 정체감을 강조한다.
② 프로이트는 성격 구조를 원초아, 자아, 초자아로 구분한다.
③ 에릭슨은 인간의 자아 발달 단계를 8단계로 구분하여 설명하였다.
④ 프로이트는 생리적 욕구를, 에릭슨은 심리사회성을 중요시했다.

15. 다음 중 동물 연구 방법으로 각인 이론을 주장한 학자는?

① 로렌츠(Lorenz) ② 스키너(Skinner)
③ 반두라(Bandura) ④ 게젤(Gesell)

16. 성격 형성에 영향을 미치는 요인으로는 생물학적 요인, 가정적 요인, 사회·문화적 요인이 있다. 다음 중 이들 관계를 잘못 연결한 것은?

① 생물학적 요인 – 체격과 외모
② 생물학적 요인 – 출생 순위와 출생 간격
③ 가정적 요인 – 사회화 과정
④ 사회·문화적 요인 – 문화적 환경

17 다음 중 융(Jung)의 성격 이론에서 말하는 자아의 가면에 해당하는 것은?

① 아니마 ② 아니무스
③ 그림자 ④ 페르소나

20 해비거스트의 발달 과업 중 아동기에 해당하는 것은?

① 선악의 구별, 양심의 형성
② 유희 집단
③ 사회 제도에 대한 태도와 개념 발달
④ 성차와 성적 성숙의 학습

18 다음 중 피아제(Piaget)의 인지발달 이론과 일치하는 설명을 모두 고른 것은?

> ㄱ. 인지발달은 질적으로 차이가 있는 단계를 거쳐 이루어진다.
> ㄴ. 어떤 인지적 행동 과제는 특정한 단계에 도달해야만 수행할 수 있다.
> ㄷ. 발달 단계의 순서에는 개인차가 있다.
> ㄹ. 정의적 발달이 이루어지지 않으면 인지적 발달은 이루어질 수 없다.

① ㄱ, ㄴ ② ㄱ, ㄷ
③ ㄱ, ㄹ ④ ㄱ, ㄴ, ㄷ

19 다음 중 비고츠키(Vygotsky)의 인지 이론에 대한 설명으로 옳지 않은 것은?

① 인지발달은 사회·문화적 맥락(context)의 영향을 받는다.
② 성숙은 인지발달을 위한 기본 전제이다.
③ 인지발달은 변증법적 교류에 의해 이루어진다.
④ 아동은 타인과의 관계에서 영향을 받으며 성장하는 사회적 존재이다.

제1장 | 실전연습문제 정답·해설

01	02	03	04	05
④	④	②	④	②
06	07	08	09	10
①	④	②	①	④
11	12	13	14	15
③	①	④	①	①
16	17	18	19	20
②	④	①	②	③

01 ④
전체 운동에서 부분 운동으로 발달한다.

02 ④
발달에 있어서 결정적 시기(critical period)는 유기체가 특정한 종류의 자극에 최고로 민감한 발달상의 시기로, 생애 다른 어떤 시기보다도 특정한 행동 기술을 익히는 데 가장 용이한 시기이다. 인간발달 과정에서 결정적 시기는 일반적으로 발달률이 가장 큰 생애 초기에 해당하며, 초기 경험이 중요하다.

03 ②
'성장'은 신체의 양적 증가를 나타내며 일정한 시기가 지나면 정지된다.

오답분석
④ 성숙은 경험이나 훈련과는 관계없이 유전적인 인자 등에 의해 나타날 수 있다.

04 ④
발달에는 결정적 시기(critical period)가 있다. 유기체가 특정한 종류의 자극에 최고로 민감한 발달상의 시기로, 생애 다른 어떤 시기보다도 특정한 행동기술을 익히는 데 가장 용이한 시기이다.

05 ②
중간 체계는 둘 이상의 미시 체계 간의 연결이나 상호 작용으로 이루어지는 환경이다.

참고 브론펜브레너(Bronfenbrenner)의 생태 체계

체계	내용
미시 체계	가족, 학급, 친구 등 개인에게 직접적인 영향을 미치는 환경
중간 체계	둘 이상의 미시 체계 간의 연결이나 상호 작용으로 이루어지는 환경
외 체계 (외부 체계)	개인이 직접 참여하여 환경적 맥락의 부분을 이루고 있지는 않지만 그 개인에게 영향을 미치는 환경
거시 체계	개인이 속한 문화나 하위 문화, 사회 계층적 맥락으로서 개인에게 간접적인 영향을 미치는 환경

06 ①
사례 연구는 질적 연구 방법에 해당한다.

참고 질적 연구
현상을 개념화·범주화·계량화·이론화 이전의 자연 상태로 환원하여 최대한 '있는 그대로' 혹은 '그 본래 입장에서' 접근하는 연구의 유형 또는 방법이다. 질적 연구는 양적 연구와 대비를 이루며, 양적 연구의 한계를 비판하면서 대안적 접근으로 모색된 것이다. 질(質, quality)은 비교하기 이전의 상태, 또는 측정하기 이전의 상태이다. 바꾸어 말하면, 질은 개별적 사물의 고유한 속성이며, 그것을 그것답게 만드는 내재적 특징이다.

07 ④
투사법이란 구조화되지 않은 자극을 제시하여 피험자의 자유로운 해석과 구조에 의한 반응으로 개인의 심층에 숨겨져 있는 충동, 요구, 감정, 가치관 등 정신 내부의 상태를 파악하려는 방법이다. 또한 개인의 지각과정 또는 인지 과정을 측정함으로써 정의적 특성을 판단하려는 방법이다.

08 ②

ㄱ, ㄴ, ㄹ. 비확률적 표집 방법에 대한 설명이다.

오답분석

ㄷ. 군집 표집은 확률적 표집 방법이다.

참고 표집 방법의 종류

표집 방법	종류
확률적 표집 방법	단순무선 표집, 체계적 표집, 유층 표집, 군집 표집
비확률적 표집 방법	가용 표집, 지원자 표집, 의도적 표집, 할당 표집, 우연적 표집, 판단 표집, 눈덩이 표집

09 ①

횡단 연구에 대한 설명이다.

참고 종단적 연구법

- 시간이 흐름에 따라 특정 대상을 연구하는 것으로, 동일한 연구 대상을 오랜 기간 동안 계속 추적하면서 관찰하는 방법이다.
- 대표성을 고려한 비교적 소수의 사람을 표집한다.
- 한 개인의 성장과 발달에 따른 변화를 파악할 수 있다.
- 연구가 일단 시작되면 도중에 사용하던 도구를 바꿀 수가 없다. 검사 결과를 통해 비교가 어렵기 때문이다.
- 장단점

구분	내용
장점	• 동일 대상을 연구함으로써 개인이나 집단의 성장 과정 및 변화의 형태를 구체적으로 파악할 수 있음 • 대상의 개인 내 변화와 연구 목적 이외의 유의미한 자료를 획득할 수 있음 • 성장 초기와 후기의 인과 관계를 밝히는 주제에 용이함
단점	• 너무 긴 시간이 소요되고 노력, 경비가 많이 듦 • 표집된 연구 대상이 중도 탈락하거나 오랜 시간의 흐름에 따라 비교 집단과의 특성이 크게 달라질 수 있음 • 한 대상에게 반복적으로 같은 검사 도구를 사용하기 때문에 신뢰도가 약해질 수 있음

10 ④

성격의 사회적 요소는 초자아(superego)이다. 자아(ego)는 성격의 심리적 요소로, 외부 세계의 직접적인 영향에 의해 수정된 원자아의 일부로서 의식된 성격의 부분으로 본능(충동)을 조절하여 현실적·합리적으로 처리하는 과정에서 발달하는 현실 구조이다.

11 ③

이성 부모에 대한 성적 애정을 느끼는 시기는 남근기이다.

참고 오이디푸스·일렉트라 콤플렉스

- 오이디푸스 콤플렉스(Oedipus complex)
  - 남자 아이들이 어머니에게 성적인 애정을 느끼는 현상이다.
  - 아버지를 어머니의 애정 쟁탈의 경쟁자로 생각하여 적대감을 느끼고 거세 불안증(castration anxiety)을 갖게 된다.
  - 불안 극복을 위해 어머니에 대한 애정을 포기하고, 아버지에 대한 동일시(identification)의 기제가 나타난다.
- 일렉트라 콤플렉스(Electra complex)
  - 여자 아이들이 아버지에 대한 애정 갈구 현상으로, 남근 선망(penis envy)현상이 나타난다.
  - 남근이 없다는 사실을 인정하고 어머니의 여성스러움을 닮아간다.

12 ①

에릭슨(Erikson)은 프로이트의 심리성적 발달 단계론을 이론적 기초로 삼고 있으나, 프로이트와 달리 사회 속에서 형성되는 사회적 관계에 따라 일생을 8단계로 나누고 각 발달 단계는 상호 관련성이 있다고 보았다. 발달에는 심리사회 환경이 중요하고 심리사회적 위기의 극복을 중시한다. 각 발달 단계에서 인간이 성공적으로 겪어야 하는 발달 과업을 설정하고, 이 과업을 적절히 해결할 수 있으면 건강한 성격을 발달시키는 기회를 가지게 되나, 그렇지 않으면 성격발달상 퇴행을 경험하게 된다는 발달의 양극 이론을 제창하였다.

13 ④

문제의 지문은 에릭슨의 근면성 대 열등감(6~12세)에 해당하는 설명이다. 이 시기는 프로이트의 잠복기(6~11세)에 해당한다.

참고 잠복기(6~11세)

이 시기는 성적인 욕구가 철저히 억압되어 심리적으로 평온한 시기이다. 학교에서 새로운 문제 해결 능력을 획득하게 되고 사회적 가치를 내면화함으로써 자아와 초자아가 더욱 강해진다.

14 ①

에릭슨은 청소년기를 중시하며 자아 정체감을 강조한다.

15 ①

로렌츠(Lorenz)는 다윈의 진화론적 관점을 인간에게 적용하여 인간의 행동 양식에도 진화가 이루어진다고 보았으며, 동물 연구 방법으로 각인 이론을 제시하였다.

16 ②

출생 순위와 출생 간격은 성격 형성에 영향을 미치는 가정적 요인에 해당된다.

17 ④

페르소나는 '가면'을 뜻하는 희랍어로, 개인이 사회적 요구들에 대한 반응으로 밖으로 내놓는 공적 얼굴을 말한다. 환경의 요구에 조화를 이루려고 하는 적응의 원형이다.

참고 원형(archetype)
- 원형은 집단 무의식을 구성하고 있는 인류 역사를 통해 물려받은 정신적 소인으로 꿈, 신화, 동화, 예술 등에서 나타나는 상징을 통해서만 표현된다.
- 융이 언급한 대표적 원형

원형	내용
페르소나	• '가면'을 뜻하는 희랍어 • 개인이 사회적 요구들에 대한 반응으로 밖으로 내놓는 공적 얼굴 • 환경의 요구에 조화를 이루려고 하는 적응의 원형
아니마	남성의 내부에 있는 여성성
아니무스	여성의 내부에 있는 남성성
그림자	성격의 부정적인 부분으로, 개인이 숨기고 싶은 모든 불유쾌한 요소들의 총합
자기	모든 의식과 무의식의 주인으로, 융은 인간이 실현하기 위해 타고난 청사진을 자기라고 보았음

18 ①

ㄱ, ㄴ. 피아제의 인지발달 이론과 일치하는 설명이다.

오답분석

ㄷ. 발달 단계의 순서에는 개인차가 없다.
ㄹ. 인지적 발달이 정의적 발달에 우선한다.

19 ②

피아제는 유전적으로 결정된 신경계의 성숙이 전제되어야 한다고 보았다.

20 ③

사회 집단과 사회 제도에 대한 태도가 발달하는 시기는 아동기이다.

오답분석

①, ②, ④ 영아기 및 유아기(0~6세)에 해당하는 발달 과업이다.

참고 해비거스트(Havighurst)가 제시한 아동기의 발달 과업
- 일상적인 활동에 필요한 신체적 기술을 배운다.
- 성장하는 자기 자신에 대한 건전한 태도를 형성한다.
- 동년배의 친구와 사귀는 법을 배운다.
- 읽기, 쓰기, 셈하기(3R's)의 기본적인 기술을 배운다.
- 일상생활에 필요한 개념을 배운다.
- 양심, 도덕, 가치 척도가 발달한다.
- 남녀 간의 적절한 성 역할을 배운다.
- 사회 집단과 사회 제도에 대한 태도가 발달한다.

무료 학습자료 제공 · 독학사 단기합격 **해커스독학사**
www.haksa2080.com

무료 학습자료 제공 · 독학사 단기합격 **해커스독학사**
www.haksa2080.com

전문가가 분석한 출제경향 및 학습전략

제2장 발달의 생물학적 기초 영역은 유전과 신체적 발달을 다루고 있다. 유전인자와 염색체 이상으로 나타나는 증후군에 대한 개념과 그 특징을 암기하는 것이 필요하다. 신체적 발달 부분은 암기보다는 이해를 하면 충분하지만 뇌 관련 부분만큼은 혼동하지 않도록 뇌의 발달 단계를 잘 암기하는 것이 필요하다.

제2장 | 핵심 키워드 Top 10

핵심 키워드 Top 10은 본문에도 동일하게 ★로 표시하였습니다.

01	유전인자와 염색체 이상 ★★★	p.61
02	신생아의 반사 행동 ★★★	p.67
03	태아 알코올 증후군(FAS) ★★★	p.71
04	뇌의 발달 단계 ★★★	p.81
05	태내기의 발달 과정 ★★	p.65
06	영아기(출생~18개월) ★★	p.66
07	영아기 신체발달의 원리 ★★	p.75
08	유전과 환경의 상호 작용 ★	p.63
09	유아기(18개월~4세) ★	p.67
10	기형 발생 민감기(sensitive period) ★	p.69

제2장

발달의 생물학적 기초

제1절 유전과 발달
제2절 태내기와 영아기
제3절 태내기 이상발달
제4절 신체적 발달

제1절 유전과 발달

01 유전의 기제

1. 배우체(gametophyte)
① 배우체에는 남성의 배우체인 정자와 여성의 배우체인 난자가 있다.
② 정자: 대부분의 동물의 수컷에서 생성되는 생식세포로, 편모로 된 꼬리가 있으며 크기는 난자의 1/40 정도이다.
③ 난자: 여성의 생식세포로, 여성의 생식 기관인 난소에서 방출되는 단세포이다. 정자와 수정하여 같은 종의 새로운 개체를 만드는 유성 생식에 가담한다. 인체에서 가장 큰 세포(0.14~0.2mm)이다.
④ **접합체(zygote)**: 난자와 정자가 만나 수정이 되고, 그것을 통하여 형성된 단세포를 말한다.

2. 염색체(chromosome)
① 정자와 난자가 결합하는 순간 정자로부터 23개의 염색체가 발생하고, 난자로부터 23개의 염색체가 방출되어 새로운 46개의 염색체 배합이 형성된다.
② 유전적 잠재성을 결정하는 요인으로, 유전의 기본 단위인 유전인자를 담고 있다.
③ 23쌍의 염색체는 22쌍의 상염색체와 1쌍의 성염색체로 구성된다.

3. DNA
① 살아있는 모든 유기체와 다양한 바이러스의 유전적 정보를 담고 있는 실 모양의 핵산 사슬이다.
② DNA는 염색체의 주 성분으로, 유전 정보를 염기 서열로 암호화하여 저장한다.
③ 유전인자를 구성하고 있는 화학 물질로, 부모의 어떤 특성이 자손에게 전해질 것인가를 결정하며, 일생을 통한 성장과 발달을 관리한다.

02 유전인자와 염색체 이상 ★★★

1. 다운 증후군(Down syndrome): 21번 3염색체증, 몽고증 기출개념
① 가장 흔한 염색체 질환으로, 21번 염색체가 정상인보다 1개 많은 3개가 존재하여 나타나는 유전 질환이다.
② 신체 전반에 걸쳐 이상이 나타나며, 특징적인 얼굴 모습을 관찰할 수 있고 지능이 낮다.
③ 출생 전에 기형이 발생하고, 출생 후에도 여러 장기의 기능 이상이 나타나는 질환으로 일반인에 비하여 수명이 짧다.
④ 산모의 나이가 많을수록 잘 발병한다.

2. 에드워드 증후군(Edward syndrome): 18번 3염색체증 기출개념
① 정상적이라면 2개이어야 할 18번 염색체가 3개가 되어 발생하는 선천적 기형 증후군이다.
② 다운 증후군 다음으로 흔한 상염색체 삼체성 증후군으로, 약 8,000명당 1명꼴로 발생하며, 여아에게 3~4배 정도 더 많이 발생한다.
③ 염색체 이상으로 인해 여러 장기의 기형 및 정신 지체 장애가 생기며, 치명적인 증상이 많기 때문에 대부분 출생 후 10주 이내 사망한다. 약 10%가 생후 1세까지 생존하고, 드물게 10세 이상 생존하는 경우가 있다. 생존아의 경우 대개 심한 정신 지체를 가지고 있다.

3. 파타우 증후군(Patau syndrome) 기출개념
① 13번 상염색체가 3개 있어서 태어날 때부터 중추신경계, 심장을 비롯한 중요한 신체 장기의 심한 선천성 기형을 보인다. 신생아 20,000~25,000명당 1명꼴로 발생하며, 생존 기간이 짧은 선천성 염색체 이상 질환이다.
② 소안구증, 외눈증, 구순구개열, 귀의 이상 등과 같은 안면 기형을 보이며, 뇌 신경계를 비롯한 중요 장기의 선천적 기형을 동반하고 발육 부전과 발달 장애를 보인다.

4. 클라인펠터 증후군(Klinefelter syndrome) 기출개념
① 일반적으로 남자의 염색체는 '46, XY'이지만, X 염색체가 1개 이상이 더 존재할 때 이를 클라인펠터 증후군이라고 한다. 염색체 형태는 '47, XXY', '48, XXXY', '46, XY/47, XXY' 등 다양하게 나타날 수 있다.
② 일반적으로 불임, 여성형 유방을 검사하다가 우연히 진단된다. 고환 기능 저하(남성 호르몬 분비 저하, 정자 생성 불가능)와 다양한 학습 및 지능 저하가 가장 특징적인 소견이다. 키는 일반적으로 정상이거나 평균보다 약간 크다. 대부분 지능은 정상이지만, 미세한 학습 장애 등이 나타날 수 있다. 50% 정도의 환자에게서는 심장 판막의 이상이 동반되기도 한다.

핵심 Check

다운 증후군(Down syndrome): 21번 3염색체증
정신 지체, 신체 기형, 전신 기능 이상, 성장 장애 등을 일으키는 유전 질환이다.

개념 Plus

X 염색체 결함 증후군
- 얼굴이 길고, 당나귀 귀 모양이 특징이며, 고환이 비대하다.
- 여성보다 남성에서 발병률이 높다. 그 이유는 남성의 성 염색체는 XY인데, 여성의 성 염색체는 XX로 X가 두 개이므로 여성의 경우 결함 있는 X 염색체가 다른 하나의 건강한 X 염색체에 의해 수정·보완될 가능성이 있기 때문이다.
- 정신 지체, 언어 장애, 자폐증 등의 장애를 보인다.

취약 X 증후군(Fragile X syndrome)
다운 증후군(Down syndrome) 다음으로 가장 흔한 정신 지체의 원인이며, 정신 지체를 일으키는 가장 흔한 유전성 질환이다.

5. 터너 증후군(Turner syndrome) `기출개념`
① 성염색체인 X 염색체의 부족으로 난소의 기능 장애가 발생하여 조기 폐경이 발생하며, 저신장증, 심장 질환, 골격계 이상, 자가 면역 질환 등의 이상이 발생하는 유전 질환이다.
② 저신장이 가장 특징적이다. 출생 시 약간 작으며, 출생 후 3세까지는 비교적 정상적으로 성장하다가 이후 성장 장애가 심해져 성인이 되어도 키가 약 140cm 정도에 그친다.

6. 슈퍼남성 증후군(supermale syndrome) `기출개념`
① 정상 남성에 비해 한 개 더 많은 Y 염색체를 가지고 있다.
② 정상 남성에 비해 공격적인 성격을 가지고 있어서 폭력 행위를 저지르기 쉽다.

03 유전과 환경 `기출개념`

1. 유전의 영향

(1) 개관
인간은 유전적으로 결정된 생물학적 유기체이다. 그러나 이러한 유전의 영향을 밝히는 것은 매우 어려운 일이다. 인간 행동은 학습에 의해서 변화되는 부분이 매우 많기 때문이다.

(2) 유전을 밝히는 연구가 어려운 이유
① 유전인자의 영향이 모두 행동으로 나타나지 않는다.
  ㉠ 표현형과 유전형이 항상 같지 않기 때문이다.
  ㉡ 색맹 유전인자를 가지고 있어도 색맹이 아닌 경우가 있기 때문이다.
② 인간의 많은 특성은 유전인자끼리 서로 영향을 주고받기 때문에 단 하나의 유전인자에 의해서 결정되는 것이 아니라 여러 유전인자에 영향을 받는다.
③ 출생 직후에 모든 증상이 나타나는 것이 아니다. 대머리, 수명, 성적 성숙 등과 같이 나이가 들어서 나타나는 특성들도 있다.

(3) 유전의 영향
① 일란성 쌍둥이와 이란성 쌍둥이를 비교하는 연구에서 각기 다른 환경에서 양육되어도 일란성 쌍둥이에게서 상관이 더 높게 나타났다.
② **지능**: 일란성 쌍둥이가 이란성 쌍둥이에 비해서 더 높은 상관이 있었다.
③ **인성**: 일란성 쌍둥이가 이란성 쌍둥이보다 더 유사하게 나타났다.
④ 이러한 연구를 근거로 할 때 지능 및 인성의 발달에서 유전적 요인이 강하게 작용한다고 볼 수 있다.

📋 **개념 Plus**

성장, 성숙, 학습
- **성장(growth)**: 전 생애에 걸쳐 일어나는 양적인 변화이다.
- **성숙(maturation)**: 유기체의 신체 내에서 일어나는 신경생리학적·생화학적 변화로, 유전적 요인이 발현될 수 있는 시간이 되어야 이루어진다.
- **학습(learning)**: 경험이나 연습의 결과로 나타나는 비교적 지속적인 행동의 변화이다.

2. 환경의 영향

① 일반적으로 신체적 요인(예 눈, 피부색, 얼굴, 신장, 체중 등)은 유전적 요인의 영향이 큰 경향이 있지만 환경의 영향을 무시할 수 없다.
　예 미국에서 자란 유태인이 같은 또래의 다른 나라에서 태어난 유태인보다 신장과 체중이 더 크고 무겁다.
② 영양 상태, 생활 습관 등의 환경적 요인이 유전적 요인의 영향을 많이 받는 신장과 체중에도 영향을 주고 있음을 알 수 있다.
③ **지능에서의 환경적 영향을 밝힌 쌍둥이 연구**: 일란성 쌍둥이도 양육 환경이 다르면 지능 지수에서 큰 차이를 보였다.

3. 유전과 환경의 상호 작용 ★

인간발달은 유전과 환경의 상호 작용으로 이루어진다.
예 농아의 경우에도 4~6개월 아이들은 거의 비슷하게 옹알이한다. 옹알이는 운하화의 특성이 높은 것으로, 운하화는 엄격한 개념이 아니라 환경에 따라 그 반응 범위가 달라진다.

(1) 수동적 유전과 환경 관계
부모가 제공하는 양육 환경은 부모 자신의 유전에 의해서 영향을 받으며, 아동의 유전형과 상관 관계가 있다.
　예 유전적으로 운동을 잘하는 부모는 운동 환경을 제공하며, 아동은 운동을 좋아하는 유전형과 환경을 제공받는다.

(2) 유발적 유전과 환경 관계
아동의 유전적 특성이 다른 사람의 행동에 영향을 준다.
　예 잘 웃고 적극적인 아동은 사회적으로 더 관심을 받는다.

(3) 적극적 유전과 환경 관계
아동이 가장 좋아하는 환경이 그 아동의 유전적 성향에 가장 잘 부합된다.
　예 사교적인 아동은 친구를 집에 자주 초대한다.

개념 Plus

운하화(canalization)
- 웨딩턴(Waddington, 1966)은 유전자가 발달을 제한하는 사례를 언급하기 위해 최초로 '운하화'라는 용어를 사용하였다.
- 운하화의 사전적 의미는 운하를 파고 배출구를 만들어 물이 흐르는 방향을 유도한다는 것이다.
- 운하화 모델은 유전적으로 강하게 운하화된 행동일수록 변화시키기 어렵다는 의미를 내포한다.

기출개념확인

01 21번 3염색체증으로, 산모의 나이가 많을수록 발병 확률이 높은 유전 질환은?

① 다운 증후군(Down syndrome)
② 에드워드 증후군(Edward syndrome)
③ 클라인펠터 증후군(Klinefelter syndrome)
④ 터너 증후군(Turner syndrome)

02 다음 중 성염색체 이상으로 발생하는 유전 질환이 아닌 것은?

① 터너 증후군(Turner syndrome)
② 파타우 증후군(Patau syndrome)
③ 슈퍼남성 증후군(supermale syndrome)
④ 클라인펠터 증후군(Klinefelter syndrome)

정답·해설

01 ① 다운 증후군(Down syndrome)은 가장 흔한 염색체 질환으로, 21번 염색체가 정상인보다 1개 많은 3개가 존재하여 정신 지체, 신체 기형, 전신 기능 이상, 성장 장애 등을 일으키는 유전 질환이다.

[오답분석]
② 에드워드 증후군(Edward syndrome)은 18번 3염색체증이다.
③ 클라인펠터 증후군(Klinefelter syndrome)은 일반적으로 남자의 염색체는 '46, XY'이지만, X 염색체가 1개 이상이 더 존재하여 발생하는 유전 질환이다.
④ 터너 증후군(Turner syndrome)은 성염색체인 X 염색체 부족으로 발생하는 유전 질환이다.

02 ② 파타우 증후군(Patau syndrome) 13번 상염색체가 3개 있어서 나타나는 유전 질환이다.

[오답분석]
① 터너 증후군(Turner syndrome)은 성염색체인 X 염색체 부족으로 발생하는 유전 질환이다.
③ 슈퍼남성 증후군(supermale syndrome)은 정상 남성에 비하여 한 개 더 많은 Y 염색체를 가지고 있어 발생하는 유전 질환이다.
④ 클라인펠터 증후군(Klinefelter syndrome)은 남자에게 X 염색체가 1개 이상이 더 존재하여 발생하는 유전 질환이다.

제2절 태내기와 영아기

01 태내기

1. 태내기의 발달 과정 ★★ [기출개념]

(1) 발생기(배란기, 난체기, 정착기, 발아기)
① 수정 후 약 2주간으로, 수정란이 자궁에 착상하고 태반이 발달하는 시기이다.
② 태아에 대한 외부 충격의 방지와 적정 온도 유지를 위해 양수가 들어 있는 양막 주머니가 형성되며, 태반도 형성된다.

(2) 배아기
① 착상 후 약 2주부터 8주의 기간으로, 주요 신체 기관과 신경계가 모두 형성되는 시기이다.
② 배아기 동안 수정란은 외배엽·중배엽·내배엽의 세 개 층으로 분리된다.
③ 외배엽은 감각세포·신경계로, 중배엽은 근육·골격·순환 기관·배설 기관으로, 내배엽은 소화 기관·호흡 기관 등으로 발달한다.
④ 배아기 말경 수정란은 눈·코·입술 등의 얼굴 모양과 함께 사람의 모습을 대체로 갖추게 된다.
⑤ 배아기는 신체의 여러 기관이 형성되기 때문에 특히 모체의 질병·영양 결핍·약물 등의 영향을 민감하게 받는 시기이다.

(3) 태아기
① 임신 2개월부터 출산 전까지의 기관으로, 내적 생식기뿐만 아니라 외부 생식기도 형성된다.
② 각 주요 기관의 형성이 이루어져, 사람의 외관을 나타내게 된다.
③ 골격·근육이 계속 발달하여 팔·다리·어깨를 자율적으로 움직이며, 심장은 율동적으로 뛰게 된다.
④ 태아는 여러 가지 자극에 대해 반응을 하게 되고, 이런 반응은 4개월 말경에 나타나는 태동을 통해서도 알 수 있다.
⑤ 5개월 무렵이 되면 태반이 안정되고 태아는 빨기, 삼키기, 딸꾹질 등의 반응을 할 수 있게 된다.

> **핵심 Check**
>
> **태내 발달 과정**
> - 수정에서 출산에 이르는 태내기는 발생기, 배아기, 태아기의 3단계로 나뉜다.
> - **발생기**: 수정~약 2주
> - **배아기**: 2~8주
> - **태아기**: 2개월~출산 전

2. 태아기의 발달 〔기출개념〕

(1) 제1단계(임신 초기)
① 급속한 세포 분열이 진행되는 가장 중요한 시기이다.
② 임산부의 영양 상태, 약물 복용에 가장 큰 영향을 받는 단계이다.
③ 임신 1개월에는 심장과 소화 기관이 원초적인 형태로 나타나기 시작한다. 두뇌와 신경계의 기본 구조도 나타나며 팔과 다리가 될 부위도 생겨난다. 일반적으로 발달은 머리에서부터 아래로 내려가면서 이루어진다.
④ 임신 2개월에는 태아가 인간의 형상을 갖추기 시작한다. 내부 기관이 복잡해지고 눈, 코, 입을 비롯한 얼굴의 전체 모습이 드러나기 시작한다.
⑤ 임신 3개월에는 성별 구별이 가능하며 팔, 다리, 손, 발의 형태가 나타난다. 손톱과 모낭, 눈꺼풀도 발달하며, 연골도 뼈로 대체되기 시작한다. 아직 덜 발달한 상태지만 모든 기관들이 기본적인 형태를 갖추게 된다. 이때 태아의 움직임이 감지된다.

(2) 제2단계(임신 중기)
① 손가락, 발가락, 피부, 지문, 머리카락 등이 형성된다.
② 심장박동도 규칙적으로 이루어지고 정해진 시간에 자고 일어나기 시작하며, 엄지손가락을 입에 넣기도 한다.
③ 임신 4개월에는 태아의 크기가 현저히 변화된 것을 볼 수 있다.

(3) 제3단계(임신 말기)
① 태아의 발달이 완성되는 시기로, 태아가 모체에서 분리되어도 생존이 가능하다.
② 피부 아래 지방조직이 만들어지고, 내부 조직뿐 아니라 두뇌와 신경계도 완전히 발달한다.
③ 임신 7개월에는 근육과 신경, 순환계의 조직이 거의 완성되며, 외부 생활에 대한 준비가 되는 시기이다.
④ 임신 8~9개월까지는 발달상의 변화가 없고, 다만 성숙해 가는 시기이다.

02 영·유아기

1. 영·유아기 특성 〔기출개념〕

(1) 영아기(출생~18개월) ★★
① 제1성장 급등기에 해당한다.
② 프로이트의 구강기, 에릭슨의 유아기, 피아제의 감각운동기에 해당한다.
③ 목적 지향적인 행동을 하며, 대상 영속성이 형성되는 시기이다.
④ 영아와 양육자 간의 친밀한 정서적 유대감이 강조된다.

⑤ 신생아의 반사 행동 ★★★

구분	내용
빨기 반사	• 손가락으로 뺨이나 입술에 부드러운 자극을 주면 빨려고 함 • 엄마의 젖을 빨기 위한 본능적인 행동
젖찾기 반사	영아의 볼에 무언가를 대면 얼굴을 돌려 입을 열고 빨려고 함
모로 반사	• 갑자기 큰 소리가 나거나 손에 자극을 받으면 양팔을 좌우로 벌리고 손가락을 쫙 펴며 허우적거리는 행동을 함 • 생후 3~4개월이 되면 자연스럽게 사라짐
파악 반사	• 아이의 손바닥에 손가락이나 물건을 갖다 대면 주먹을 꽉 쥐면서 움켜잡음 • 손바닥의 파악 반사는 생후 2~3개월 무렵 사라지고, 발바닥의 파악 반사는 생후 8~9개월 무렵 사라짐
걷기 반사	아이를 세워 발바닥을 바닥에 닿게 하면 걷는 듯한 반응을 함
바빈스키 반사	• 발바닥을 자극하면 발가락을 쫙 폈다가 오므림 • 생후 12~18개월 무렵까지는 흔하게 이러한 증상이 나타나지만, 중추신경계의 발달이 이루어지면 자연스럽게 사라짐

(2) 유아기(18개월~4세) ★
① 발달이 머리 부분에서 점차 신체의 하부로 확산되며, 운동 능력이 발달한다.
② 프로이트의 항문기, 에릭슨의 초아동기, 피아제의 전조작기에 해당된다.
③ 정신적인 표상에 의한 상징 놀이와 물활론적 사고를 한다.
④ 부모의 훈육에 의해 사회화의 기초가 형성된다.
⑤ 정서 규제 능력이 크게 증가한다.

📔 개념 Plus

반사 행동
특정 자극에 대한 불수의적인 반응이다. 대부분의 반사 행동은 연령이 증가하면서 자연스럽게 사라지거나 의식적인 행동으로 대체된다.

신체발달에 있어서 유용한 반사와 불필요한 반사
• 유용한 반사: 재채기와 하품, 빨기 반사, 삼키기 반사, 젖찾기 반사, 울기 반사 등이 있다.
• 불필요한 반사: 바빈스키 반사, 모로 반사, 긴장성 경반사 등이 있다.

기출개념확인

01 수정 후 약 2주간으로, 수정란이 자궁에 착상하고 태반이 발달하는 시기를 지칭하는 단어로 옳지 않은 것은?

① 발생기
② 난체기
③ 정착기
④ 배아기

02 영아의 볼에 무언가를 대면 얼굴을 돌려 입을 열고 빨려고 하는 반사 행동은?

① 빨기 반사
② 젖찾기 반사
③ 파악 반사
④ 모로 반사

정답·해설

01 ④ 수정 후 약 2주간으로, 수정란이 자궁에 착상하고 태반이 발달하는 시기는 발생기, 배란기, 난체기, 정착기, 발아기 등으로 표현된다. 배아기는 착상 후 약 2~8주의 기간으로 주요 신체 기관과 신경계가 모두 형성되는 시기이다.

02 ② 젖찾기 반사는 영아의 볼에 무언가를 대면 얼굴을 돌려 입을 열고 빨려고 하는 반사 행동이다.

<u>오답분석</u>
① 빨기 반사는 손가락으로 뺨이나 입술에 부드러운 자극을 주면 빨려고 하는 행동이다. 이는 엄마의 젖을 빨기 위한 본능적인 행동이다.
③ 파악 반사는 아이의 손바닥에 손가락이나 다른 물건을 갖다 대면 주먹을 꽉 쥐면서 움켜잡는 행동이다.
④ 모로 반사는 갑자기 큰 소리가 나거나 손에 자극을 받으면 양팔을 좌우로 벌리고 손가락을 쫙 펴며 허우적거리는 행동이다.

제3절 태내기 이상발달

01 태내기 이상발달에 영향을 미치는 요인

1. 기형 발생 물질(teratogen) 기출개념

(1) 기형 발생 물질의 영향
① **기형 발생 물질**: 태내 발달기에 노출된 결과, 인간의 신체적·심리적 발달에 부정적 영향을 야기할 수 있는 환경적 요인을 말한다.
② 기형 발생 물질은 태아의 형태나 기능에 해를 끼치는 약물, 오염 물질, 감염원 등을 포함한다.
③ 기형의 발생은 이론적으로 임신 4~5주에서 10주 사이(최종 월경 시작일 기준)인 배아기(embryonic period)에 발생하는 것으로 알려져 있다.
④ 반면 수정 후 2주 이내의 착상 전기에는 기형 유발 물질에 노출되었을 때 'all or none 현상'으로 유산이 되거나 저절로 회복될 수 있다.
⑤ 기형 발생 물질이 태아 기형을 유발한다고 하지만 임신 시기와 노출 용량, 약물의 종류에 따라 기형의 발생 빈도와 정도가 달라질 수 있다.

(2) 기형 발생 민감기(sensitive period) ★
① 기형 발생 물질로부터 가장 영향을 많이 받는 시기를 '기형 발생 민감기'라고 한다(Bornstein, 1989).
② 태내기 중요한 기관들의 기초 구조가 생성되는 때가 기형 발생 물질의 민감기이며 여러 기관계들이 이 물질의 영향에 대해 각각 다른 민감기를 가지고 있다.
③ 보통 태아가 이 기간에 기형 발생 물질을 접할 경우 매우 심각하고 종종 돌이킬 수 없는 장애나 기형이 유발된다.
④ 기형 발생 물질의 효과가 가장 큰 시기는 배아기로, 임신 3~8주 정도의 기간이다.
⑤ 그러나 인간의 신체 부위의 발달 속도가 모두 같지 않기 때문에 민감기 역시 모두 동일하지 않다.
  예 뇌와 같이 가장 빨리 발달하는 신체 부위의 민감 시기는 다른 부위보다 훨씬 이른 편이며, 외성기와 같이 발달이 늦게 시작되는 신체 부위의 민감 시기는 더 늦게 시작하여 임신 12주 이후까지도 더 오랫동안 유지된다.

> **개념 Plus**
> **기형 발생 물질**
> 발육 중의 배아 혹은 태아에 신체적 결함을 야기시키는 인자 또는 물질로, 생체에 섭취·흡수되어 태아의 기형을 초래하는 물질을 의미한다.

2. 기형 발생 물질의 종류 기출개념

(1) 약물
① 몇 가지 약물들은 임신 중 복용해도 해가 없다고 하지만, 그중에도 기형 발생 물질로 밝혀진 것들이 있다.
② 임산부나 임신했다고 생각되는 여성, 혹은 임신을 곧 하려고 하는 여성들을 반드시 의사의 처방이나 허락을 받고 약물을 복용해야 한다.
③ 약물은 태아에게 직접적으로 치명적인 영향을 미치는데, 특히 임신 초기가 약물에 가장 취약하다.
④ 약물 중독자가 낳은 신생아는 이미 그 약물에 중독되어 있는 경우가 많다.
⑤ 헤로인: 낮은 지능, 주의 집중 장애, 그리고 여러 행동 장애와도 상관 관계를 보인다(Batshaw & Conlon, 1997).
⑥ 코카인: 조산이나 지적 장애와 관련되며, 주의 집중 장애와도 관련된다(Karmel & Gardner, 1996). 태내기 동안 코카인에 노출되었던 아이들은 지속적으로 인지 및 사회성 발달의 결함을 보이며(Lester, 1998), 정서 조절 측면에서도 문제가 있다(Mayes, Bornstein, Chawarska, Haynes, & Grange, 1996).

(2) 담배
① 임산부의 흡연은 다양한 경로로 태아에게 영향을 미친다. 흡연은 산소 공급을 감소시켜 태아에게 영향을 미치기도 하고, 담배에 포함된 수많은 발암물질로 인해 태아가 영향을 받을 수도 있다.
② 임산부의 흡연은 조산아, 저체중아의 가능성과 상관 관계가 있으며(Schuetze & Eiden, 2005), 유산, 조산, 심장박동률과 수면 중 호흡의 손상, 유아 사망, 아동기 이후의 천식이나 암과 같은 다른 심각한 가능성들도 증가한다(Berk, 2007).
③ 흡연의 효과는 아이가 태어난 후에도 유지된다. 부모가 흡연을 하는 신생아는 천식이나 결핵에 걸릴 가능성이 높다(March of Dimes, 2008).
④ 임신 중 또는 출산 후에 흡연을 한 임산부의 아이는 유아 돌연사 증후군(SIDS; Sudden Infant Death Syndrome)으로 사망할 가능성이 비흡연자 임산부의 아기에 비해 3배 이상 높다(Klonoff-Cohen et al., 1995).
⑤ 흡연하는 임산부가 낳은 신생아는 소리에 덜 주의하고 근육 긴장을 더 많이 보이며, 만지거나 시각적으로 자극했을 때 흥분하기 쉽고 더 자주 우는데, 이러한 결과들은 뇌 발달에 부정적인 영향이 지속되는 것이다(Law et al., 2003; Sondergaad et al., 2002).
⑥ 태어나기 전 담배에 노출된 아동은 아동기와 청소년기에 더 짧은 주의 지속시간, 낮은 기억력, 낮은 지능 검사 점수, 많은 행동 문제들을 가진다(Cornelius et al., 2001).
⑦ 니코틴은 임산부와 태아 모두의 혈류의 일산화탄소의 농도를 높인다. 일산화탄소는 적혈구에서 산소로 대체되는데, 산소가 부족하게 되면 태아의 중추신경계를 손상시키고 신체 성장을 더디게 할 수 있다(Berk, 2009).
⑧ 담배는 식욕 억제 기능이 있기 때문에 산모의 영양 공급을 방해함으로써 태아에게 악영향을 미칠 수도 있다.

개념 Plus

영아 돌연사 증후군
- 건강해 보이던 영아가 갑자기 사망하는 증후군이다. 한 살 이하의 건강한 아기가 아무런 조짐이나 원인 없이 갑자기 사망했을 경우에 내리는 진단이다.
- 이 증후군은 생후 1~4개월 사이에 가장 많이 발생하며, 대부분 밤 10시~오전 10시 사이에 발생한다. 원인은 정확히 알려져 있지 않지만 주요 원인으로 해부학적 결함, 특히 뇌의 결함과 발육 지연을 꼽을 수 있다. 이러한 결함을 지닌 영아가 엎드려 자거나 이산화탄소를 마실 경우, 너무 덥거나 담배 연기를 마실 경우, 또는 자는 도중에 일시적으로 혈압이 떨어지는 등의 상황이 생기면 사망에 이르게 된다.

(3) 알코올

① 임산부가 술을 마시게 되면, 알코올이 혈액을 타고 태반을 통해 태아의 혈관과 양수로 들어가게 되어 태아의 몸에 직접 알코올이 주입되거나 양수와 섞여 태아가 마시게 된다.

② 성인과 달리 태아에게는 알코올 대사 능력이나 분해 능력이 없어, 태아에게 알코올의 영향은 오랫동안 남게 된다.

③ 어머니의 알코올 과잉 섭취는 아이의 지적 장애를 예언하는 가장 큰 환경적 요인으로 알려졌다(Moore & Persaud, 1993).

④ 임신 중 만성적으로 알코올을 섭취할 경우 신생아의 성장 및 정신 지체, 안면 기형, 신경계 기형 등이 동반된 태아 알코올 증후군(FAS; Fetal Alcohol Syndrome)이 유발된다.

  ㉠ **태아 알코올 증후군(FAS)** ★★★ : 임산부가 임신 중 음주를 함으로써 태아에게 신체적 기형과 정신적 장애가 나타나는 선천성 증후군을 말한다.

  ㉡ 태아 알코올 증후군 증상

구분	내용
신체적 기형	뇌 기형(소뇌증), 심장 기형, 척추 기형, 두개안면 기형(인중 발육 부전, 낮고 짧은 코, 악골 발육 부전, 짧은 안검열, 소안증 등)
정신적 장애	주의 집중의 이상, 행동 장애, 과잉 행동성, 충동성, 지각 이상 등

  ㉢ 아직까지도 태아 알코올 증후군이 발생하는 알코올 양의 역치를 잘 알지 못한다. 만성적 다량의 알코올 섭취뿐만 아니라, 횟수는 적어도 폭음을 한다든지, 적은 양이라도 지속적으로 섭취하는 경우에도 태아 알코올 증후군이 발생하거나 이와 유사한 양상을 보이는 비정상적 소견이 관찰될 수 있다.

⑤ 임산부의 알코올 남용은 태아 알코올 증후군 외에도 주의력 문제 및 과잉 행동을 포함한 다양한 신경학적 결함과 관련된다.

⑥ 최근의 연구들은 알코올이 태아의 뇌 발달을 저해하고 태아의 뇌세포를 죽이기 때문에 특히 인지적 손상에 영향이 큰 것으로 보고 있다(Barinaga, 2000).

⑦ 경미한 알코올 섭취도 태아에게 장·단기적 영향을 미치며, 짧은 시간에 많은 양의 알코올을 마시는 폭음은 같은 양을 오랫동안 마시는 것보다 더욱 해롭다.

(4) 방사능과 환경 오염 물질

① X선은 배아와 태아에게 영향을 미칠 수 있는데, 임신 후 몇 주 동안이 가장 위험하다.

② X선 검사를 여러 번 받거나 높은 수준의 방사능에 노출된 경우에는 유산이나 사산의 위험이 매우 높다(Timinis, 2001).

③ 방사능으로 인한 결함은 제2차 세계대전 시 히로시마와 나가사키의 원자폭탄 투하, 우크라이나 체르노빌의 핵 발전소 사고 이후 살아남은 여성이 낳은 아동의 사례에서도 보고되었다.

  ㉠ 이 아동은 조산, 소두증, 신체 이상 또는 더딘 신체발달 등을 보였다.

  ㉡ 아동기 중반 이후 비정상적인 뇌파 활동, 낮은 지능 지수를 보였다.

✅ 핵심 Check

태아 알코올 증후군(FAS)
- 임신 중 여성이 알코올을 섭취함으로 인하여 태아에게 정신적·신체적인 결함이 나타나는 선천성 질환이다.
- 성장 지연, 정신 지체, 안면 기형, 신경계 기형 등이 나타난다.

> **핵심 Check**
>
> **기형 발생 물질의 종류**
> 기형 발생 물질의 종류에는 약물, 담배, 알코올, 방사능, 환경 오염 물질이 있다.

④ 방사능에 노출된 아동은 방사능에 노출되지 않은 아동보다 언어 장애 및 정서 장애가 2~3배 높은 것으로 보고되었다(Berk, 2009)
⑤ 산업 현장에서의 방사능 유출이나 병원에서의 X선 촬영 시 나오는 낮은 수준의 방사능도 아동기의 여러 가지 질병 또는 유산이나 사산의 위험률은 높일 수 있다.
⑥ 우리가 마시는 공기, 물, 음식 중에도 많은 오염 물질이 있다. 대표적인 환경 오염 물질과 폐기물 중 일산화탄소, 수은이나 납 등에 노출되면 신생아의 머리 크기가 작거나 지능 등에 영향을 미친다.

3. 영양

① 태아의 영양은 어머니의 영양 섭취와 밀접한 관련이 있다. 충분한 영양 섭취는 태아의 발달뿐 아니라 어머니의 건강에도 필수적이다.
② 하루에 약 300kcal 이상을 추가로 섭취하는 것이 좋다.
③ 임산부가 영양 부족일 때 태어난 유아는 모든 면에서 발달이 저조하며, 특히 신경계의 발달이 잘 이루어지지 않는다. 만약 영양 부족이 심했던 시기가 태아의 신경계 발달, 특히 뇌의 발달이 이루어지는 시기라면 여러 가지 장애를 가진 아이를 출산할 가능성이 높아진다.
④ 영양 결핍은 조산, 저체중아의 출산, 신생아 사망률과 연관된다.
⑤ 임신 초기부터 영양 섭취가 부족하면 심각한 신체적 결함이 있는 아이 낳을 수 있으며, 임신 말기에 영양이 부족하면 소두증에 저체중아를 낳을 확률이 높아진다.
⑥ 잘못된 식이요법은 태아의 중추신경계 발달에 좋지 않은 영향을 미치며, 신생아가 질병에 취약해지는 결과를 초래한다.
⑦ 비타민이 부족할 경우 태아의 기형, 괴혈병, 척추 장애, 발육 부진을 초래할 수 있고 정신발달도 지연된다.
⑧ 부적절한 영양 섭취는 태아의 뇌 세포 성장에 영향을 주어 아기의 반응이 늦거나 매우 까다로운 특징을 보이게 된다.
⑨ 영양 섭취는 빈곤한 가정에서 많은 영향들과 결합이 되어 태내 발달에 더 악영향을 미칠 수 있다.

4. 질병

① 모체의 질병도 태내 결함을 유발하는 중요한 원인으로 작용한다.
② 임신 중 발병한 모체의 질병은 대부분 태아에게 영향을 주지 않는다고 알려져 있지만, 어떤 것들은 영향을 미친다.

질병	태아에게 끼치는 영향
임신 초기의 풍진	기형, 신체 장애, 청각 장애, 지능 이상 등 치명적인 발달 결함을 초래함
당뇨병	건강한 임산부보다 기형아를 낳을 확률이 3배 이상임
후천성면역결핍증 (AIDS)	• 태아에게도 감염됨 • 감염된 태아는 비정상적으로 작은 얼굴과 두개골을 갖게 됨 • 임신 초기에 감염되었을 경우 더욱 심각한 문제를 야기함

질병	태아에게 끼치는 영향
성병 (매독, 임질 등)	• 30%가 출산 전에 사망함 • 기형아로 출산됨 • 시각 장애를 초래함
생식기 포진	출산 시 산도에서 태아에게 직접 접촉하게 되면 시각 장애, 뇌 손상, 사망에 이르게 됨

5. 임산부의 정서 상태

① 임신 기간 동안 임산부가 경험하는 정서 상태는 태아에게 큰 영향을 미친다.
② 임산부가 정서 장애를 가지고 있거나, 불안이 심하거나, 혹은 원치 않은 임신을 한 경우에는 그렇지 않은 임산부에 비해 임신 기간 중 입덧, 자연유산, 조산, 난산의 가능성이 높아진다.
③ 이러한 임산부에게서 태어난 영아는 지나치게 활동적이거나, 많이 울고, 잠을 잘 자지 않으며, 젖도 잘 먹지 않는 등의 여러 가지 문제를 보인다.
④ 임산부가 임신 중에 큰 충격을 받았거나 좌절을 겪은 경우에 자연유산이나 조산이 되기 쉽다.
⑤ 부정적 정서를 경험할 때 발생하는 아드레날린은 자궁으로 유입되는 혈류를 제한하고 산소가 태아에게 공급되는 것도 방해한다(Relier, 2001).
⑥ 출산 과정에서의 정서적 혼란으로 인하여 자궁 수축이 불규칙해지고, 조산 또는 난산의 가능성이 높아지며, 분만 과정에 오랜 시간 걸려 태어난 아기는 적응력이 떨어지고 예민하다.
⑦ 임산부의 스트레스는 대개 결혼 생활의 불화, 남편의 사망, 원치 않는 임신 등에서 오는데, 이는 흡연과 약물, 부적절한 산전 관리를 초래할 수 있어 위험하다.
⑧ 임신 기간에 다양하고 심한 정서적 스트레스를 경험할 때 아기는 다양한 어려움이나 위험을 격을 수 있다.
⑨ 어머니의 불안감은 유산이나 조산의 비율을 높이고 출생 시 저체중, 유아기 호흡기 질환, 소화 장애와 관련된다(Mulder et al, 2002).
⑩ 두려움과 불안을 경험할 때 흥분성 호르몬이 혈류에 분비되어 '공격 또는 회피'를 준비하게 되는데, 이때 많은 혈액이 뇌, 심장, 팔, 다리 몸통으로 보내져 방어 반응을 하게 된다. 이로 인하여 자궁 및 위장 등 다른 기관으로 향하는 혈액의 흐름이 줄어들고 태아는 충분한 산소와 영양분의 공급을 받지 못하게 된다.
⑪ 스트레스 상태가 오랜 기간 지속되거나 자주 경험하게 되면 태아에게 위험한 상황이 초래될 수 있다.

6. 임산부의 연령

① 산모의 나이가 많으면 자연유산, 임신중독증, 난산, 미숙아, 다운 증후군의 아이를 출산할 가능성이 높아진다.
② 일반적으로 이상적인 임신 연령은 16~35세이며, 16세 이하와 35세 이상에서의 출산은 선천성 결함의 가능성을 높인다.

연령	영향
10대	• 유산, 조산, 사산의 비율이 높음 • 저체중아, 지체아를 낳거나 출산 시 결함 발생률이 높음 • 성장 과정에서 신체적 학대, 성장 지체를 더 많이 경험하는 경향이 있음
35세 이상	미숙아 출산, 자연유산, 임신중독증, 난산이 되기 쉬움
40세 이상	다운 증후군 태아를 낳을 가능성이 큼
45세 이상	• 자연유산, 임신중독증, 난산, 미숙아 출산의 가능성이 큼 • 태아는 기타 신경이나 심장 기형, 성장 지체 등을 보임

기출개념확인

01 신생아나 아동에게 천식을 유발할 가능성이 높은 물질은?

① 알코올　　　　　② 담배
③ 방사능　　　　　④ 약물

02 태아에게 영향을 미치는 요인에 대한 설명으로 적절하지 않은 것은?

① 당뇨병은 건강한 임산부보다 기형아를 낳을 확률이 높다.
② 비타민이 부족할 경우 척추 장애, 발육 부진을 초래할 수 있다.
③ 성병은 시각 장애를 초래할 수 있다.
④ 10대 임산부의 경우에 다운 증후군의 아이를 출산할 가능성이 높다.

정답·해설

01 ② 흡연의 부작용은 아이가 태어난 후에도 유지된다. 부모가 흡연을 하는 신생아는 천식이나 결핵에 걸릴 가능성이 높다.

오답분석
① 임산부의 알코올 남용은 태아 알코올 증후군(FAS) 외에 주의력 문제 및 과잉 행동을 포함한 다양한 신경학적 결함과 관련이 있다.
③ 방사능은 아동기의 여러 가지 질병 또는 유산이나 사산의 위험률을 높일 수 있다.
④ 임신 중 몇 가지 약물을 복용해도 해가 없다고는 하나, 불법적인 약물은 지적 장애, 행동 장애에 영향을 미칠 수 있다.

02 ④ 산모의 나이가 많으면 자연유산, 임신중독증, 난산이 되기 쉬우며 미숙아, 다운 증후군의 아이를 출산할 가능성이 높아진다.

오답분석
① 당뇨병은 건강한 임상부보다 기형아를 낳을 확률이 3배 이상 높다.
② 비타민이 부족할 경우 태아의 기형, 괴혈병, 척추 장애, 발육 부진을 초래할 수 있고 정신의 발달도 지연된다.
③ 임산부가 성병(매독, 임질 등)에 감염되었을 경우, 감염된 태아의 30%가 출산 전 사망하거나 기형아 출산 또는 시각 장애를 초래한다.

제4절 신체적 발달

01 신체적 성장

1. 영아기 [기출개념]

(1) 개관

영아기는 일생 중에서 신체발달이 제일 급속하게 이루어지는 시기이며, 성장 비율의 속도는 초기 6개월 동안이 가장 빠르다. 영아기의 급성장을 '성장 급등 현상'이라고 부르며, 일생에서 영아기와 사춘기에 두 번 나타나기 때문에 영아기를 '제1성장 급등기', 사춘기를 '제2성장 급등기'라고 한다.

(2) 영아기 신체발달의 원리 ★★
① 상부에서 하부로의 발달(top-to-bottom development)
② 내부에서 외부로의 발달(inner-to-outer development)
③ 단순한 발달에서 복잡한 발달(simple to complex development)

(3) 신장
① 영아의 신장은 영아의 체중에 비해 성장 속도가 느리다. 영아는 생후 1년간 신장이 약 50% 증가하며, 평균 25~30cm의 성장을 보인다.
② 만 4세가 되면 출생 시 신장의 약 2배가 된다.
  ⓐ 유전적으로 키가 작은 아이는 출생 시 키가 크더라도 출생 후에 신장 증가율이 감소하는 편이다.
  ⓑ 유전적으로 키가 큰 아이는 출생 시에 키가 작더라도 출생 후 신장 증가율이 오히려 증가하게 된다.
③ 우리나라 남아의 신장 평균은 52.0cm, 여아의 신장 평균은 51.0cm이다.
④ 신장의 발육은 2세 안에 성장기가 특히 크게 나타나며, 나이가 어릴수록 성장의 정도가 크다.

(4) 체중
① 출생 직후에는 아기의 체중이 감소하는데, 이는 체액의 손실과 아기 몸 안의 일부 조직에서 이화 작용이 일어나기 때문이다. 약 10일 정도가 지나면 출생 시 체중으로 다시 회복되고 다시 빠른 체중 증가가 일어난다.
② 우리나라 평균 출생 시 체중은 남아는 3.5kg, 여아는 3.3kg이다.
③ 출생 후 체중은 출생 시 체중을 기준으로 4개월경에는 1.5배 정도 증가하고, 1살 정도 되면 3~3.5배 정도 증가하며, 2살이 되면 3.5~4배 정도가 증가한다.

> **✓ 핵심 Check**
>
> **영아기 신체발달의 원리**
> • 상부에서 하부로의 발달
> • 내부에서 외부로의 발달
> • 단순한 발달에서 복잡한 발달

④ 신체발달의 결정적 시기인 생후 6개월을 포함한 영아기의 신체 성장은 일생에서 가장 급속도로 이루어지는 시기로, 생후 1년이 되면 몸무게는 출생 시의 3배가 되고 키는 1.5배가 된다.

(5) 신체 비율의 변화
① 신체의 모든 부위가 똑같은 비율로 성장하는 것은 아니기 때문에 영아의 신체 비율은 급격히 변한다. 신체의 각 부분은 다른 시기에 다른 비율로 성장한다.
② 수태에서 출생까지는 머리 부분이 가장 빠른 속도로 성장해서 신생아의 머리 크기는 성인의 70%에 이르고, 출생 후 첫 1년간은 몸통이 가장 빠른 성장을 보이며 이 기간 동안에 증가한 신장 중 60%에 해당된다.
③ 출생 후 1년부터 청년기에 이르는 동안에는 다리가 가장 빠른 속도로 성장하며, 이 기간 동안 이루어진 신장 증가량의 60% 이상을 차지한다.
④ 출생 시 머리의 크기는 신장의 1/4를 차지하지만, 생후 2년간 신체의 다른 부분이 성장해서 두 돌 무렵에는 신체의 1/5이 되고, 성인이 되면 1/8이 된다.
⑤ 신생아의 신체에서 가장 낮은 비율을 차지하는 부위는 머리와 신체 중심부로부터 가장 멀리 떨어져 있는 발이다. 성인이 되면 발의 크기는 출생 시의 5배가 된다.

(6) 골격과 근육의 발달
① 연령이 어릴수록 성인에 비하여 골격이 작으며, 비율, 형태, 구성도 다르다.
② 영아기부터 뼈의 조직이 연골에서 점차 경골화되어 가며, 뼈의 크기와 수가 증가하고, 구성 조직도 변화한다.
③ 뼈가 단단해짐에 따라 외관도 튼튼해지고 내부 기관도 보호된다.
④ 골격의 발달은 몸의 자세를 결정할 뿐만 아니라 운동발달에도 중요하게 작용한다.
⑤ 영아의 두개골에 있는 6개의 천문(숫구멍)은 아직 경골화되지 않아 연한 조직으로 되어 있다. 6개의 천문 중 외부에서 관찰할 수 있는 천문은 앞이마 위에 위치하고 있는 '대천문'과 이마 뒷부분에 있는 '소천문'이다. 대천문은 생후 18~24개월 사이에 닫히고, 소천문은 생후 4~8개월 만에 닫힌다.
⑥ 두개골뿐만 아니라 다른 뼈들의 경골화 작용도 12~13세경에는 거의 완료된다. 그러나 골격의 발달 시기나 비율은 신체 부위나 개인에 따라서 차이가 있을 수 있다.
⑦ 뼈의 수와 크기도 영아가 성장하면서 증가한다. 생후 12개월경 손과 손목은 3개의 뼈로 구성되어 있으나 성인이 되면 28개로 증가한다.
⑧ 근육의 발달은 몸무게의 발달과 거의 같은 속도로 이루어진다.
⑨ 출생 시 근육섬유의 수는 성인과 같지만 조직의 크기나 길이는 작아서 성인기까지 계속 발달한다.
⑩ 생후 1년까지는 영아는 신체의 수의근육(voluntary muscles)이 완전히 발달되지 않은 상태이므로 신체 활동에 빨리 피곤을 느끼지만, 반면에 회복도 빠르다. 2세경이면 근육 조절 능력은 뇌의 발달과 연합되어 운동 기능을 더욱 가속화시킨다.

2. 유아기 `기출개념`

(1) 개관
① 유아기에는 영아기에 비해 키와 몸무게가 성장 속도가 점차 완만해지지만 다음 단계인 아동기보다는 빠르게 성장한다.
② 가장 두드러지는 변화는 신체의 크기나 모습에서의 현저한 변화이다. 영아기의 신체적 특징이던 큰 머리, 둥글고 통통한 얼굴, 볼록 나온 배, 짧은 사지 등은 더 이상 유아에게서 찾아볼 수 없다.
③ 턱이 커지고, 목이 길어지고, 유치가 모두 나고, 5세 말에는 앞니를 갈기 시작한다. 근육의 크기가 증가하고 뼈가 더욱 경골화되며 영아기보다 지방이 빠져서 전형적인 유아기의 신체 모습이 된다.

(2) 신체 크기의 변화
① 신장은 매년 6~8cm씩 증가한다.
② 체중은 2~3kg씩 증가한다.
③ 남아가 여아보다 신장이 조금 더 크고 체중이 더 무거운 경향을 보인다.

(3) 골격과 근육의 발달
① 유아의 골격 경골 작용
  ㉠ 출생 직후부터 시작되나 2세 이후 연골은 더 빠르게 경골화된다.
  ㉡ 아동기를 지나 청년기까지 계속되며 개인에 따라서 조금씩 차이를 보인다.
  ㉢ 뼈가 단단해짐에 따라 외관도 튼튼해지고 내부 기관도 보호된다.
  ㉣ 몸의 균형과 운동발달에도 중요하게 작용한다.
② 골격의 성장
  ㉠ 기본 골격이 형성되면 출생 직전에 '골단'이라는 성장센터가 나타나는데, 경화 과정은 이 골단에서 시작된다.
  ㉡ 유아의 골격 연령은 여아의 신체적 성숙이 남아보다 앞선다.
③ 근육
  ㉠ 근육섬유의 수는 출생 시 성인과 동일하게 가지고 태어나지만, 조직의 크기나 길이는 작다.
  ㉡ 근육의 발달은 3~4세 동안 지속적으로 증가한다.
  ㉢ 5~6세가 되면 근육을 구성하는 근육섬유의 굵기가 증가하고 근력도 강해짐에 따라 체중의 약 75%를 차지하게 된다.
  ㉣ 유아기 말이 되면 볼록 나왔던 배가 들어가고 살이 빠지며 근육이 단단해진다.
  ㉤ 근육도 골격과 마찬가지로 신체의 부위나 개인에 따라 차이를 나타낸다.
  ㉥ 아직 어깨와 골반 근육이 발달되지 않아서 남아와 여아의 신체적 외형이 서로 다르지 않고 비슷하다.

(4) 신체 비율의 변화
① 하체가 길어지면서 가늘어진다.
② 머리가 신체에 비해 큰 편이며, 유아기 말이 되면 머리가 무겁고 커 보이는 모습에서 벗어난다.
③ 체지방이 꾸준히 감소하고, 팔다리가 급속히 성장하며, 머리 비율도 작아져 신체 비율이 점점 어른과 흡사해진다.

02 운동 기능의 발달

1. 운동 기능의 발달 원리
(1) 특징
  인간의 운동 기능 발달은 개인차가 있기는 하나, 대개 일정한 단계를 거쳐서 일정한 규칙성을 가지고 발달하게 된다.

(2) 운동 기능 발달 원리
  ① 단계적·연속적 발달: 신체 기관이나 운동 기능의 발달은 앞 단계의 발달을 토대로 하여 다음 단계로 발달해 가는 단계적·연속적인 과정을 거쳐서 이루어진다.
  ② 신체적·심리적 발달에는 이상적인 시기가 존재: 운동 기능이나 심리적인 발달은 급증하거나 정체하는 시기가 있다. 따라서 이 시기를 놓치면 발달에 장애가 올 수 있다.
  ③ 개인차 발생: 운동 기능 발달은 속도뿐 아니라 발달 유형에도 개인차가 있고, 남녀 간에도 차이가 있다. 이러한 개인차는 선천적인 요인보다도 학습 기회, 수련 방법, 동기 유발 등에 의한 차이가 더 크다.
  ④ 다른 영역의 발달과의 연관성: 운동 기능 발달은 사회성, 성취 동기, 정서적인 안정감, 학업 성취 등과 밀접한 관계가 있다. 따라서 성공적인 운동발달은 긍정적인 자아 개념을 형성하는 데 많은 도움을 준다.

2. 영아기 운동 기능 발달 `기출개념`
(1) 개관
  ① 신생아는 운동 능력이 미분화되어 반사적으로만 움직이지만, 근육과 신경 조직이 점차 발달함에 따라 신체를 좀 더 조절하여 움직일 수 있게 된다.
  ② 인간의 운동 능력은 신생아의 반사 동작기, 영아의 초보 동작기, 유아의 기본 동작기, 아동과 청소년의 전문 동작기에 이르기까지 여러 발달 단계를 거치는데, 가장 단순한 동작에서 시작하여 고도의 복합적인 동작으로 위계적 변화를 거친다.
  ③ 그중에서도 동작 유형의 발달과 신체 성장이 가장 급격하게 이루어지는 시기는 영아기이다.

(2) 영아의 운동 능력 발달 단계
  ① 반사 동작기
    ㉠ 반사 동작은 태아기와 신생아기에 많이 나타나는 운동 능력이다.
    ㉡ 반사 동작은 외부의 자극에 따라 신체를 무의식적으로 움직이는 것으로, 주로 자세에 관한 움직임과 자신의 신변보호 및 음식물을 획득하기 위한 움직임이 포함된다.
    ㉢ 반사 동작은 주로 먹는 기능과 생리적 기능을 유지하는 데 유용하며, 신생아를 위험으로부터 보호하는 기능을 가진다.

② 초보 동작기
  ㉠ 출생에서 2세까지로, 신체발달에 커다란 전환점이 되는 시기이다.
  ㉡ 인간의 특징인 직립 운동과 자발적·의도적인 신체 운동이 이루어지는 시기이다.
  ㉢ 초보 동작기는 초보적인 안정 동작, 이동 동작(전위 동작), 조작 동작의 기능이 상호 작용하여 발달한다. 그러나 그 발달 수준은 생존을 위해 필요한 가장 초보적인 단계에 그친다.
③ 기본 동작기
  ㉠ 2세에서 7세까지로, 영아가 2~3세가 되면 이전 단계에서 획득한 안정된 직립 자세로 원하는 장소로 이동할 수 있고, 발달된 조작력으로 여러 가지 사물을 탐색하고 실험해 볼 수 있다.
  ㉡ 안정감 있게 올라가고, 달릴 수 있으며, 공을 던지고 잡을 수 있으나, 세분화되고 정교한 기술적인 움직임은 아직 발달하지 않는다.

(3) 영아의 대근육 발달

영아가 혼자서 걷게 되기까지는 많은 단계의 발달을 거쳐야 한다. 영아의 운동발달에 큰 변화를 이끄는 이행 능력은 '뒤집기 → 앉기 → 기어 다니기 → 일어서기 → 걷기'의 순서대로 진행된다.

발달 시기	내용
1개월	머리를 끝에서 끝으로 움직이며 돌릴 수 있음
3개월	엎드린 상태에서 가슴을 들어 올릴 수 있음
5개월	앉은 상태에서 머리를 똑바로 들 수 있음
6~7개월	엎드린 상태에서 뒹굴기가 가능함
9개월	물체를 붙잡고 일어설 수 있음
10개월	기어 올라가는 것을 좋아함
12개월	혼자 걸을 수 있음
16개월	한 손을 잡아주면 계단을 오르고 내려갈 수 있음
24개월	걷기가 능숙해지며 점차 뛰거나 달릴 수 있음

(4) 영아의 소근육 발달

영아는 사물을 다루기 위해 팔과 손을 조절하며 힘쓴다.

발달 시기	내용
2~3개월	• 복합적인 시각 추종 활동, 다양한 방향성에 따른 사물 추종, 다소 오랜 시간 동안 사물에 집중하는 것이 가능함 • 매달린 사물을 보고 사물에 손을 뻗는 행동을 시도하고 잡으려고 애씀
3~4개월	1인치 정육면체를 손으로 잡을 수 있음
5개월	• 무언가를 잡을 때 부분적으로나마 엄지손가락을 사용할 수 있음 • 한 손으로 사물을 잡을 수 있으며, 손목을 돌리는 것을 배우게 됨
5~6개월	포도알 같은 작은 사물을 집어 올리려고 시도함

발달 시기	내용
7개월	부분적으로 집게손가락을 사용함
9개월	세밀하게 집게손가락까지 사용하여 포도알을 잡을 수 있음
12개월	스스로 벗기, 책장 넘기기, 사물을 한 곳에서 다른 곳으로 이동시키기, 사물을 떨어뜨려 놓거나 주변으로 옮겨 놓기가 가능함
14개월	손을 활용하여 낙서를 함
24개월	간단한 자신의 겉옷 입기, 한 손으로 컵 들기, 못을 구멍에 꽂기, 6개의 탑 쌓기, 육면체 조각으로 기차 만들기, 수직선, 동그라미 따라 그리기, 간단한 퍼즐 맞추기, 종이를 한빈 집기 등이 가능함

3. 유아기 운동 기능 발달

연령	대근육	소근육
2세	• 옆을 보고 걷기 • 계단 오르내리기 • 기구에 올라가기	• 세로선 그리기 흉내 • 병에서 사탕 쏟기
3세	• 한 발로 서기, 달리기 • 사다리 오르기 • 두 발로 뛰기 • 세발자전거 타기 • 튕겨오는 공 잡기	• 가위로 종이 자르기 • 비슷하게 원모양 그리기 • 인형 옷 입고 벗기기
4세	• 뛰어 오르기 • 수영 • 던져주는 공 잡기	• 선을 따라 가위질하기 • 신발끈 꿰고 묶기 • 구슬 꿰기
5세	• 줄넘기 • 보조바퀴가 있는 두발자전거 타기 • 굴러오는 공 차기	• 원, 사각형, 삼각형 그리기 • 짧은 단어 따라 쓰기

03 뇌의 발달

1. 뇌의 구조 [기출개념]

(1) 특징
뇌의 내부 구조는 아주 복잡하고 민감하다. 뇌의 내부에 몇 개의 뇌가 있고, 이들이 층을 이루어 각각의 역할을 담당한다.

(2) 뇌의 내부 구조

구조	역할
대뇌반구	• 뇌의 커다란 부분을 차지함 • 좌우 대칭 구조로 되어 있음 • 표면에는 많은 홈이 있고, 그 홈을 따라 전두엽, 두정엽, 후두엽, 측두엽으로 나뉨
간뇌	• 대뇌반구에 싸여져 있음 • 대뇌와 소뇌 사이에 위치함 • 감각의 대기실과 같은 역할을 하므로 모든 감각적 정보가 간뇌를 거침
중뇌	• 눈에 관련된 업무와 호르몬 분비, 체온 조절, 식욕 조절 등을 담당함 • 보행 등의 운동을 통제함
연수	• 심장박동, 호흡, 소화 등 생명 유지에 필수적인 활동을 맡고 있음 • 연수를 다치면 뇌사가 일어나 치명적임
소뇌	• 좌우 한 쌍으로 구성 • 표면에는 가로로 난 홈이 많고 몸의 평형을 유지하는 역할을 함 • 간뇌, 중뇌, 척수와 연결되어 운동 기능을 조절함

2. 뇌의 발달 단계 ★★★ [기출개념]

(1) 0~3세: 전뇌 발달(좌뇌와 우뇌 발달)
① 전두엽과 두정엽, 후두엽 등 뇌의 기본적인 구조들이 형성된다.
② 다양한 영역의 정보를 왕성하게 전달받을 수 있도록 하는 것이 두뇌 발달의 기초가 된다.
③ 좌뇌는 언어, 수리 기능을 담당하는 반면, 우뇌는 시·공간적 기능을 담당하고 예술과 창의력에 영향을 준다.
④ 뇌의 전반적인 부분에서 성장이 일어나기 때문에 여러 부분에 걸친 다양한 경험을 하도록 도와야 한다.

(2) 4~6세: 전두엽 발달 – 사고와 언어 담당
① 종합적 사고를 담당하는 전두엽이 주로 발달하는 시기이다.
② 의욕이나 창조력과 관계되는 기능을 담당해 사람을 사람답게 만드는 역할을 한다.
③ 전두엽이 손상되면 충동적으로 변하거나 자신을 억제하지 못하고 과민 행동, 심리적인 불안정 등이 나타나게 된다.
④ 전두엽이 발달하는 시기에는 아이에게 어떤 것을 하라고 강요하기보다는 스스로 흥미를 가질 수 있도록 호기심을 키우는 것이 중요하다.

📋 **개념 Plus**

시냅스(synapse)
• 신경계를 이루는 최소 단위를 '뉴런(neuron)'이라고 하는데, 이 뉴런의 접속 부분을 '시냅스'라고 한다.
• 우리 몸 안에는 신경세포를 연결하는 시냅스는 필요에 따라 여러 신경세포들을 연결해주면서 정보를 필요한 곳으로 전달하는 역할을 한다. 시냅스는 출생 이후 만 8개월까지 급속도로 많이 만들어진다.
• 만 8개월이 지나면 아기는 성인보다 두 배나 더 많은 시냅스를 지니게 되어, 성인보다 두 배나 더 많은 정보를 전달하며 두뇌를 사용할 수 있다.
• 10세 정도가 되면 시냅스 가지치기를 하여 사춘기 즈음에는 거의 반 정도의 시냅스가 없어진다.

수초화(myelination)
미엘린 수초가 뉴런의 축삭돌기에 감겨 자극의 전달 속도를 더욱 빠르게 하는 현상이다.

(3) 7~12세: 두정엽·측두엽 발달 – 신체 운동, 기억력 담당
① 7세 이후가 되면 뇌 회로의 발달이 두정엽과 측두엽으로 옮아간다.
② 두정엽은 사고 및 인식 기능 중에서도 수학, 물리학에서 필요한 입체·공간적 사고와 인식 기능, 계산 및 연상 기능 등을 수행한다.
③ 측두엽은 인지 및 기억 기능의 일부를 담당하며, 청각 중추가 있어 소리를 듣는다. 측두엽이 손상을 받게 되면 환각이나 기억 장애를 가져올 수 있다.

(4) 12세 이후: 후두엽 발달 – 사물을 보고 느낌
① 뇌 뒤쪽에 있어 후두엽이라 불리며, 시각 피질이라는 시각 중추가 있어 사물을 보고 느낄 수 있도록 한다. 이때 유난히 시각적인 것들, 즉 외모나 유행 등에 민감해지게 된다.
② 눈으로 들어온 시각 정보가 시각 피질에 도착하여 사물의 위치, 모양, 운동 상태를 분석한다.
③ 후두엽 기능에 이상이 생기게 되면 한쪽 시야가 보이지 않을 수 있다.

기출개념확인

01 다음 중 영아기의 신체발달 원리로 적절하지 않은 것은?
① 상부에서 하부로의 발달
② 내부에서 외부로의 발달
③ 외부에서 내부로의 발달
④ 단순한 발달에서 복잡한 발달

02 전두엽이 발달하기 시작하는 시기는?
① 0~3세　　　　　② 4~6세
③ 7~12세　　　　 ④ 12세 이후

정답·해설
01　③　영아기의 신체발달은 상부에서 하부로, 내부에서 외부로, 단순한 발달에서 복잡한 발달로 진행된다.
02　②　종합적 사고를 담당하는 전두엽이 주로 발달하는 시기는 4~6세이다.

오답분석
① 0~3세에는 전두엽과 두정엽, 후두엽 등 뇌의 기본적인 구조들이 형성된다.
③ 7~12세에는 두정엽·측두엽의 발달한다.
④ 12세 이후에는 후두엽 발달한다.

제2장 | 실전연습문제

* 기출유형 은 해당 문제가 실제 시험에 출제된 유형임을 나타냅니다.

기출유형

01 다음 중 유전인자에 대한 설명으로 옳지 않은 것은?

① 염색체는 유전적 잠재성을 결정하는 요인으로 유전의 기본 단위인 유전인자를 담고 있다.
② 난자와 정자가 수정되면 인간의 염색체 수는 모두 48개가 된다.
③ DNA는 염색체의 주 성분으로, 유전 정보를 염기 서열로 암호화하여 저장하고 있다.
④ 배우체에는 남성의 배우체인 정자와 여성의 배우체인 난자가 있다.

기출유형

02 다음 중 태내 발달 단계를 순서대로 바르게 나열한 것은?

① 발아기 → 배아기 → 태아기
② 태아기 → 배아기 → 배포기
③ 배아기 → 발아기 → 태아기
④ 발아기 → 태아기 → 배아기

기출유형

03 다음 중 다운 증후군에 대한 설명으로 옳지 않은 것은?

① 정신 지체, 신체 기형, 전신 기능 이상, 성장 장애 등을 일으키는 유전 질환이다.
② 신체 전반에 걸쳐 이상이 나타나며, 특징적인 얼굴 모습을 관찰할 수 있고 지능이 낮다.
③ 염색체 배열에서 21번 염색체가 3개일 때 발생하는 장애이다.
④ 출생 전에 기형이 발생하고, 출생 후에도 여러 장기의 기능 이상이 나타나는 질환으로서 수명과는 관계가 없다.

기출유형

04 다음 중 태아에게 영향을 미치는 요인으로 옳은 것끼리 묶은 것은?

ㄱ. 임산부의 영양 상태
ㄴ. 임산부의 연령
ㄷ. 임산부의 출산 횟수
ㄹ. 환경적 오염

① ㄱ, ㄴ
② ㄱ, ㄷ
③ ㄱ, ㄴ, ㄷ
④ ㄱ, ㄴ, ㄷ, ㄹ

기출유형

05 다음 설명에 해당하는 장애는?

염색체 이상과 관련이 있는 장애로서, 성염색체에 이상으로 X 염색체가 1개이며 전체 염색체 수가 45개이다. 외견상 여성이지만 2차적 성적 발달이 나타나지 않는다.

① 터너 증후군(Turner syndrome)
② 다운 증후군(Down syndrome)
③ 파타우 증후군(Patau syndrome)
④ 에드워드 증후군(Edwards syndrome)

기출유형

06 다음 중 신생아 반사 행동의 유형 및 특징에 대한 설명으로 옳지 않은 것은?

① 빨기 반사 – 입에 닿는 것은 무엇이든 빠는 반사 행동
② 모로 반사 – 갑작스런 큰 소리나 급격한 위치 이동 등 평형감각의 상실에서 오는 놀라는 반사 행동
③ 경악 반사 – 음식물을 삼키는 반사 행동
④ 파악 반사 – 손에 잡히는 것을 꼭 쥐고 놓지 않으려는 반사 행동

기출유형

07 다음 신생아의 반사 행동 중 생존에 필요한 유용한 반사로 옳게 묶은 것은?

| ㄱ. 모로 반사 | ㄴ. 삼키기 반사 |
| ㄷ. 울기 반사 | ㄹ. 바빈스키 반사 |

① ㄱ, ㄴ
② ㄱ, ㄹ
③ ㄴ, ㄷ
④ ㄱ, ㄴ, ㄷ

08 다음 내용과 가장 관계가 깊은 것은?

유아의 경우 통상적으로 만 1세 전후가 되어야 말을 하기 시작한다. 6개월 전후에 말을 할 수 있도록 아무리 특별한 자극을 주어도 언어를 습득하게 하는 데 별로 효과가 없다.

① 성장
② 성숙
③ 발달
④ 학습

09 다음 중 유전과 환경에 대한 설명으로 옳지 않은 것은?

① 부모가 제공하는 양육 환경은 부모 자신의 유전에 의해서 영향을 받는다.
② 유전인자가 출생 직후에 모든 증상이 나타나는 것이 아니다.
③ 유전인자는 여러 행동 특성에 영향을 준다.
④ 유전인자의 영향이 모두 행동으로 나타난다.

기출유형

10 다음 중 신체발달에 대한 설명으로 옳지 않은 것은?

① 출생 직후 영아는 체중이 증가한다.
② 출생 시 근육섬유의 수는 성인과 같다.
③ 유아기에 남아가 여아보다 신장이 조금 더 크고 체중이 더 무거운 경향을 보인다.
④ 영·유아기 동안의 신체발달은 중심에서 말초 방향으로 발달한다.

기출유형

11 배아기의 특징으로 옳은 것은?

① 수정 후부터 약 8주까지의 기간이다.
② 배아기 말경 수정란은 사람의 모습을 대체로 갖추게 된다.
③ 배아기 동안 수정란은 외배엽과 내배엽의 두 개 층으로 분리된다.
④ 빨기, 삼키기, 딸꾹질 등의 행동을 한다.

12 태아의 발달 단계에 대한 설명으로 옳지 <u>않은</u> 것은?

① 발생기는 수정 후 약 2주간으로, 수정란이 자궁에 착상하고 태반이 발달하는 시기이다.
② 배아기는 주요 신체 기관과 신경계가 모두 형성되는 시기이다.
③ 태아기는 내적 생식기뿐만 아니라 외부 생식기도 형성되는 시기이다.
④ 태아기는 양막 주머니가 형성되며, 태반도 형성되는 시기이다.

13 다음 중 영아기의 특성에 대한 설명으로 옳지 <u>않은</u> 것은?

① 제1성장 급등기에 해당한다.
② 프로이트의 항문기, 에릭슨의 유아기, 피아제의 감각 운동기에 해당한다.
③ 목적 지향적인 행동을 하며, 대상 영속성이 형성되는 시기이다.
④ 영아와 양육자 간의 친밀한 정서적 유대감이 강조된다.

14 다음 중 유아기의 특성에 대한 설명으로 옳지 <u>않은</u> 것은?

① 발달이 머리 부분에서 점차 신체 하부로 확산되며, 운동 능력이 발달한다.
② 정신적 표상에 의한 상징 놀이와 물활론적 사고를 한다.
③ 부모의 훈육에 의해 사회화의 기초가 형성된다.
④ 정서 규제 능력이 감소한다.

15 운동 기능의 발달 원리에 대한 설명으로 옳지 <u>않은</u> 것은?

① 운동 기능 발달은 단계적·연속적으로 이루어진다.
② 운동 기능이나 심리적 발달은 급증하거나 정체하는 시기가 있다.
③ 운동 기능 발달의 개인차는 환경 자극의 차이보다 선천적인 요인의 차이가 더 크다.
④ 운동 기능 발달은 다른 영역의 발달과도 관계가 깊다.

16 뇌의 구조에 대한 설명으로 옳지 <u>않은</u> 것은?

① 간뇌는 감각의 대기실과 같은 역할을 하므로 모든 감각적 정보가 이곳을 거친다.
② 중뇌는 눈에 관련된 업무와 호르몬 분비, 체온 조절, 식욕 조절 등을 담당한다.
③ 연수는 심장박동, 호흡, 소화 등 생명 유지에 필수적인 활동을 담당한다.
④ 소뇌는 몸의 평형을 유지하는 역할을 하며 전두엽, 두정엽, 후두엽, 측두엽으로 나뉜다.

17 다음 중 뇌의 발달 단계에 대한 설명으로 옳은 것은?

① 0~3세는 전두엽과 두정엽, 후두엽 등 뇌의 기본적인 구조들이 형성되는 시기이다.
② 좌뇌는 공간 기능을, 우뇌는 수리 기능을 담당한다.
③ 종합적 사고를 담당하는 전두엽이 주로 발달하는 시기는 12세 이후이다.
④ 후두엽은 인지·기억 기능의 일부를 담당하며, 청각 중추가 있어 소리를 듣는다.

18 골격과 근육 발달에 대한 설명으로 옳지 <u>않은</u> 것은?

① 영아의 두개골에 있는 천문은 아직 경골화되지 않아 연한 조직으로 되어 있다.
② 뼈들의 경골화 작용은 12~13세경에는 거의 완료된다.
③ 출생 시 근육섬유의 수는 성인과 같지만 조직의 크기나 길이는 작다.
④ 출생 시 뼈의 수는 성인과 같지만 크기는 작다.

19 유아기 운동 기능 발달에 대한 설명으로 옳은 것끼리 묶은 것은?

> ㄱ. 2세에는 계단 오르내리기를 할 수 있다.
> ㄴ. 3세에는 두 발로 뛰기를 할 수 있다.
> ㄷ. 4세에는 던져주는 공을 잡을 수 있다.
> ㄹ. 5세에는 굴러오는 공을 찰 수 있다.

① ㄱ, ㄴ, ㄷ   ② ㄱ, ㄷ, ㄹ
③ ㄴ, ㄷ, ㄹ   ④ ㄱ, ㄴ, ㄷ, ㄹ

20 우리 몸 안에서 필요에 따라 여러 신경세포들을 연결하며 정보를 필요한 곳으로 전달하는 역할을 하는 것은?

① 뉴런(neuron)
② DNA
③ 수초화(myelination)
④ 시냅스(synapse)

제2장 | 실전연습문제 정답·해설

01	02	03	04	05
②	①	④	④	①
06	07	08	09	10
③	③	②	④	①
11	12	13	14	15
②	④	②	④	③
16	17	18	19	20
④	①	④	④	④

01 ②
염색체는 정자와 난자가 결합하는 순간 정자로부터 23개의 염색체가 발생하고 난자로부터 23개의 염색체가 방출되어 새로운 '46개'의 염색체 배합이 형성된다. 23쌍의 염색체는 22쌍의 상염색체와 23번째 1쌍의 성염색체로 구성된다.

02 ①
태내 발달 단계는 '발아기(발생기, 수정~약 2주) – 배아기(약 2~8주) – 태아기(8주~출생)'이다.

03 ④
다운 증후군(Down syndrome)은 출생 전에 기형이 발생하고, 출생 후에도 여러 장기의 기능 이상이 나타나는 질환으로, 일반인에 비하여 수명이 짧다.

04 ④
ㄱ~ㄹ 모두 해당된다. 태아에게 영향을 미치는 요인으로는 영양 상태, 약물, 알코올, 흡연, 환경적 오염, 연령 및 출산 횟수, 질병, 출산 과정의 영향 등이 있다.

05 ①
터너 증후군(Turner syndrome)은 성염색체인 X 염색체 부족으로 난소의 기능 장애가 발생하여 조기 폐경이 발생하며, 저신장증, 심장 질환, 골격계 이상, 자가 면역 질환 등의 이상이 발생하는 유전 질환이다.

[오답분석]
② 다운 증후군(Down syndrome)은 가장 흔한 염색체 질환으로, 21번 염색체가 정상인보다 1개 많은 3개가 존재하여 정신 지체, 신체 기형, 전신 기능 이상, 성장 장애 등을 일으키는 유전 질환이다.
③ 파타우 증후군(Patau syndrome)은 13번 상염색체가 3개 있어서 태어날 때부터 중추신경계, 심장을 비롯한 중요한 신체 장기의 심한 선천성 기형을 보인다. 신생아 20,000~25,000명당 1명꼴로 발생하며, 생존 기간이 짧은 선천성 염색체 이상 질환이다.
④ 에드워드 증후군(Edwards syndrome)은 정상적이라면 2개이어야 할 18번 염색체가 3개가 되어 발생하는 선천적 기형 증후군이다.

06 ③
음식물을 삼키는 반사 행동은 삼키기 반사이다. 경악 반사는 갑작스런 움직임이나 큰 소리에 사지를 구부리는 반사 행동이다.

07 ③
모로 반사와 바빈스키 반사는 신체발달에 불필요한 반사이다.

참고 신체발달에 있어서 유용한 반사와 불필요한 반사

구분	내용
유용한 반사	재채기와 하품, 빨기 반사, 삼키기 반사, 젖찾기 반사, 울기 반사 등
불필요한 반사	바빈스키 반사, 모로 반사, 긴장성 경반사 등

08 ②
유전적 요인에 의한 변화를 의미하는 성숙은 유전적 요인이 발현될 수 있는 시간이 되어야 이루어진다. 특별한 자극이란 경험과 연습을 의미하는 것으로, 연습을 시켜도 변화가 나타나지 않았다면 이는 유전적 요인이 영향을 받기 때문이다.

09 ④

유전인자의 영향이 모두 행동으로 나타나지 않는다. 표현형과 유전형이 항상 같지 않기 때문이다. 예컨대 색맹 유전인자를 가지고 있어도 색맹이 아닌 경우가 있다.

10 ①

출생 직후에는 아기의 체중이 감소하는데, 이는 체액의 손실과 아기 몸 안의 일부 조직에서 이화 작용이 일어나기 때문이다. 약 10일 정도가 지나면 출생 시 체중으로 회복되고, 다시 빠른 체중 증가가 일어난다.

11 ②

사람의 모습을 대체로 갖추게 되는 시기는 배아기 말경이다.

[오답분석]
① 배아기는 착상 후 약 2~8주의 기간이다.
③ 배아기 동안 수정란은 외배엽·중배엽·내배엽의 세 개 층으로 분리된다.
④ 태아기에 빨기, 삼키기, 딸꾹질 등의 행동을 한다.

12 ④

발생기에 태아에 대한 외부 충격의 방지와 적정 온도 유지를 위해 양수가 들어있는 양막 주머니가 형성되며, 태반도 형성된다.

13 ②

영아기는 프로이트의 구강기에 해당된다.

14 ④

유아기는 정서 규제 능력이 크게 증가한다.

15 ③

운동 기능 발달은 개인차가 있다. 운동 기능 발달은 속도뿐만 아니라 발달 유형에도 개인차가 있고 남녀 간에도 차이가 있다. 이러한 개인차는 선천적인 요인보다도 학습 기회, 수련 방법, 동기 유발 등에 의한 차이가 더 크다.

16 ④

소뇌는 좌우 한 쌍으로 구성되며, 표면에는 가로로 난 홈이 많고 몸의 평형을 유지하는 역할을 한다. 간뇌, 중뇌, 척수와 연결되어 운동 기능을 조절한다. 뇌의 커다란 부분을 차지하는 대뇌반구는 좌우 대칭 구조로 되어 있다. 표면에는 많은 홈이 있고, 그 홈을 따라 전두엽, 두정엽, 후두엽, 측두엽으로 나뉜다.

17 ①

0~3세에 뇌의 기본 구조가 형성된다.

[오답분석]
② 좌뇌는 언어, 수리 기능을 담당하는 반면, 우뇌는 시·공간적 기능을 담당하고 예술과 창의력에 영향을 준다.
③ 4~6세에 종합적 사고를 담당하는 전두엽이 주로 발달한다.
④ 측두엽은 인지 및 기억 기능의 일부를 담당하며, 청각중추가 있어 소리를 듣는다. 후두엽은 시각 피질이라는 시각중추가 있어 사물을 보고 느낄 수 있도록 한다.

18 ④

뼈의 수와 크기도 영아가 성장하면서 증가한다. 생후 12개월경 손과 손목은 3개의 뼈로 구성되어 있으나, 성인이 되면 28개로 증가한다.

19 ④

ㄱ~ㄹ 모두 유아기 운동 기능 발달의 특징으로 옳은 내용이다.

참고 유아기 운동 기능 발달

연령	대근육	소근육
2세	• 옆을 보고 걷기 • 계단 오르내리기 • 기구에 올라가기	• 세로선 그리기 흉내 • 병에서 사탕 쏟기
3세	• 한 발로 서기, 달리기 • 사다리 오르기 • 두 발로 뛰기 • 세발자전거 타기 • 튕겨오는 공 잡기	• 가위로 종이 자르기 • 비슷하게 원모양 그리기 • 인형 옷 입고 벗기기
4세	• 뛰어 오르기 • 수영 • 던져주는 공 잡기	• 선을 따라 가위질하기 • 신발끈 꿰고 묶기 • 구슬 꿰기

연령	대근육	소근육
5세	• 줄넘기 • 보조바퀴가 있는 두발자전거 타기 • 굴러오는 공 차기	• 원, 사각형, 삼각형 그리기 • 짧은 단어 따라 쓰기

20 ④

시냅스(synapse)는 출생 이후 만 8개월까지 급속도로 많이 만들어진다. 만 8개월이 지나면 아기는 성인보다 두 배나 더 많은 시냅스를 지니게 되어, 성인보다 두 배나 더 많은 정보를 전달하며 두뇌를 사용할 수 있게 된다. 10세 정도가 되면 시냅스 가지치기를 하여 사춘기기 즈음에는 거의 절반 정도의 시냅스가 없어진다.

오답분석

① 뉴런(neuron)은 신경계를 이루는 최소 단위이다. 이 뉴런의 접속 부분을 시냅스라고 한다.
② DNA는 살아있는 모든 유기체 및 많은 바이러스의 유전적 정보를 담고 있는 실 모양의 핵산 사슬이다.
③ 수초화(myelination)는 미엘린 수초가 뉴런의 축삭돌기에 감겨 자극의 전달 속도를 더욱 빠르게 하는 현상이다.

무료 학습자료 제공 · 독학사 단기합격 **해커스독학사**
www.haksa2080.com

전문가가 분석한 출제경향 및 학습전략

제3장 인지발달은 인지발달의 기본 이론과 지능, 기억 및 언어발달 부분으로 구성되어 있다. 이 영역은 성인의 발달 특성과도 연관성이 높은 부분이므로 개념 이해를 명확히 하여 응용할 수 있는 능력이 요구된다. 특히 피아제의 인지발달 이론은 자주 출제되는 부분이므로 각 발달 단계의 특징을 잘 숙지하고 비고츠키 이론과 비교할 수 있도록 이해하는 것이 필요하다.

제3장 | 핵심 키워드 Top 10
핵심 키워드 Top 10은 본문에도 동일하게 ★로 표시하였습니다.

01	피아제(Piaget): 인지발달 단계 ★★★	p.93
02	카텔(Cattell)과 혼(Horn)의 유동적 지능과 결정적 지능(Gf – Gc theory) ★★★	p.111
03	정보 저장소 ★★	p.102
04	써스턴(Thurstone)의 군집 요인설 ★★	p.109
05	기억의 과정 ★★	p.128
06	근접발달 영역(ZPD; Zone of Proximal Development) ★	p.99
07	비계 설정(scaffolding, 발판) ★	p.99
08	유의미한 부호화 방법 ★	p.105
09	상위 인지: 구성 요소 ★	p.106
10	유아기 기억발달 ★	p.129

제3장

인지발달

제1절 인지발달: 피아제(Piaget)와 비고츠키(Vygotsky)
제2절 인지발달: 정보 처리
제3절 지능발달
제4절 학습과 기억발달
제5절 언어와 의사소통

제1절 인지발달: 피아제(Piaget)와 비고츠키(Vygotsky)

01 피아제(Piaget)의 인지발달

1. 피아제 인지발달 이론의 주요 개념 기출개념

(1) 인지 기능
① 개체가 환경에 적응하려는 기본적인 경향성으로, 모든 생물체에게서 불변하는 작용이다.
② 기본적 기제로, 적응(adaptation, 순응) 기능과 조직화(organization, 체제화) 기능으로 구성되어 있다.
③ 적응과 조직화 기능을 통해서 적응적 활동이 정교화되고 각 연령에 따라 질적으로 다른 계열적 활동으로 나타나게 되어 인지 단계를 이룬다.

(2) 적응(adaptation, 순응) 기능
① 아동이 환경과 상호 작용하는 생득적 경향성을 의미하는 것으로, 환경 속에 살아남으려는 동기를 가진 하나의 과정이다.
② 현재 자신이 지각·이해하고 있는 모든 사물·사상·지식과 새로운 문제 해결 상황에서 부딪히게 될 현상과의 균형을 맞추고자 하는 행동이다.
③ 동화(assimilation)
  ㉠ 새로운 대상이나 사건을 현존하는 도식에 의해 이해하는 것이다.
  ㉡ 새로운 지각 내용이나 지식은 기존 이해의 틀의 일부가 된다.
  ㉢ 새로운 지각물이나 자극 사건을 이미 자신이 가지고 있는 도식이나 구조에 통합시키는 인지 과정을 의미한다.
  ㉣ 동화는 인지 구조의 변화가 아니라 도식의 양적 성장과 관련이 있다.
  예 '강아지'에 대한 도식을 가진 유아가 털과 네발이 있는 동물을 보고 '강아지'라고 부르는 현상
④ 조절(accommodation)
  ㉠ 새로운 정보에 비추거나 새로운 경험에 따라 현존하는 도식을 수정하는 것이다.
  ㉡ 조절은 도식이나 구조의 질적인 변화와 관련이 있다.
  ㉢ 환경적 영향의 결과로 개인의 유기체 조직이 수정되어 가는 과정이다.
  예 털이 있고 네발 달린 동물은 '강아지'뿐만 아니라 '고양이'도 있다는 것을 아는 것
⑤ 평형(equilibration)
  ㉠ 현재의 인지 구조와 새로운 정보 간의 균형을 회복하는 과정이다.
  ㉡ 동화와 조절 중 어느 한쪽에 치우치지 않게 두 과정의 균형을 유지하는 것이다.

📑 개념 Plus

적응
동화와 조절을 통해 환경에 반응하는 도식의 순응 과정이다.

동화
현존하는 도식에 의해서 새로운 경험을 이해한다.

조절
새로운 상황에 맞춰 현존하는 도식을 수정한다.

평형
현재의 이해와 새로운 정보 간의 균형을 회복하는 과정이다.

ⓒ 인간은 지속적으로 평형을 유지하기 위해 사고의 적절성을 검토하며, 이 과정을 통해 사고가 변화·발전하게 된다.

(3) 조직화(organization, 체제화) 기능
① 분리된 구조나 체계를 고차원의 체계나 구조로 통합시키는 선천적 경향성으로, 지각 정보와 인지 정보를 의미 있는 틀(인지 구조) 속에 체계화하는 활동이다.
② 외부 환경과의 접촉을 통해 받아들인 지식이나 행동을 순서화하고 일관성 있게 조직화하여 표상된 내적 구조를 가지고자 한다.
③ 표상된 내적 구조(분류·범주) 속에 모든 사상이나 사물들을 귀속시킴으로써 환경에 적응한다.
  예 '사과'와 '귤'을 더 일반적인 범주인 '과일'의 하위 범주로 생각하는 것

> **개념 Plus**
> **조직화**
> 기억하고 있는 정보들을 서로 정리하거나 관련지음으로써 하나의 체계를 만드는 것이다.

2. 피아제 인지발달 이론의 특징 [기출개념]
① 인지발달이란 인지 구조의 계속적인 질적 변화의 과정이다.
  ㉠ 지력의 발달은 몇 개의 단계를 거치는 비연속적인 경로를 밟는다.
  ㉡ 한 단계에서 다음 단계로 옮겨갈 때 기존의 인지 구조가 새로 형성된 인지 구조 속에 흡수·통합된다.
② 인지발달의 단계는 모든 문화권을 초월해서 일정불변하다.
③ 발달의 속도에는 개인 차이가 있지만 발달 순서는 개인차가 없이 일정불변하다.
④ 발달 단계에 있어 사고가 언어에 반영된다(행동 → 사고 → 언어).

3. 인지발달 단계 ★★★ [기출개념]

(1) 감각운동기(sensori-motor period, 0~2세)
① 영아들이 감각과 운동 기술을 사용하여 주변에 대해 배우는 단계이다.
② 실제 대상물을 선천적으로 타고난 감각적 행동과 운동을 통해 조작하는 단계로, 반사 행동을 통해 환경에 적응한다.
  예 신생아의 입술에 손을 대면 빨기 시작하며, 영아의 손바닥 위에 손가락을 얹어 보면 아기는 그것을 감싸 쥔다.
③ 반사 행위를 점차 통합하여 자신이 의도하는 목표를 달성하기 위한 수단이 되는 행위 즉, 의도적인 목표 행위를 할 수 있게 된다.
  예 장난감 통 속의 장난감을 꺼낼 수 있게 된다.
④ 사물의 실재성을 인식하지 못한다.
⑤ 대상 영속성 발달
  ㉠ 영아의 젖병을 수건으로 덮는다면 아이는 수건을 치우지 못하고 젖병이 없어졌다고 생각하지만 감각운동기 후반기에 아이는 대상이 천이나 종이로 가려져도 그것을 능동적으로 탐색한다.
  ㉡ 즉, 대상이 눈에 보이지 않더라도 계속 존재한다는 것을 이해한다는 것이다.
⑥ 처음으로 언어를 사용하여 의사소통할 수 있는 인지 구조가 발달되어 다음 단계로 넘어간다.
⑦ 아동의 지적 활동이 내면화된 사고의 형태를 띠지 못한다.

> **개념 Plus**
> **반사 작용**
> 태어나면서부터 가지고 있는 자극에 대한 자동적인 반응이다.
>   예 밝은 빛을 보면 눈을 깜박이는 것
>
> **실재성**
> 어떤 물체를 다른 각도에서 보아도 동일하다는 것을 말한다.
>
> **대상 영속성**
> 눈앞에 보이지 않더라도 대상이 존재한다는 사실 아는 것이다.

(2) 전조작기(pre-operational period, 2~7세)
  ① 아동들이 마음속에서 사물을 표상하는 것을 학습하는 단계이다.
  ② 전조작기에는 어느 정도 정신적 표상에 의한 사고가 가능하나 개념적 조작 능력이 부족하다.
  ③ 전조작기는 전개념기(2~4세 경)와 직관적 사고기(4~7세 경)로 구분된다.

구분	내용
전개념기	불완전하고 비논리적인 개념을 사용하며 어른들과는 다른 방식으로 사물에 이름을 붙이고 행동함 예 어떤 움직이는 것을 가리킬 때, 그것이 승용차이든 기차이든 상관없이 모두 '자동차'하는 단어를 사용함
직관적 사고기	• 사고발달이 불완전한 단계로, 대상이나 현상의 가장 두드러진 한 가지 속성을 기준으로 대상을 파악함 • 사고와 지각이 완전히 분리되지 못하고 지각이 앞섬 예 "오른손을 드세요."라는 선생님의 말에 아이는 선생님이 오른손을 들고 있는 방향만 보고 자신은 왼손을 따라 드는 것

  ④ 언어발달(4세 전후)이 뚜렷해지지만 지극히 주관적이고 자기 중심적이다.
  ⑤ 전조작기의 인지적 특징
    ㉠ 상징(언어)을 획득한다.
    ㉡ 가상놀이(상징적 사고): 가상적인 상황이나 사물을 사용하여 실제 상황이나 사물을 상징화하여 재현하는 것이다.
      예 소꿉놀이, 병원놀이
    ㉢ 지연모방(deferred imitation): 아동 자신이 마치 '그 모델인 양 행동(pretend)'하는 것으로, 이는 아동이 상징적 사고를 한다는 것을 의미한다.
      예 연필 따위를 입에 물고 아버지가 파이프 물고 있는 양 흉내낸다.
    ㉣ 물활론적 사고(animism): 모든 사물이 살아 있고, 각자의 의지에 따라 움직인다고 믿는다. 전조작기 후기로 가면 움직이는 것들은 살아 있는 것으로 생각한다.
      예 산은 움직이지 않기 때문에 살아있는 것이 아니고, 구름은 움직이기 때문에 살아있다고 말한다.
    ㉤ 중심화(concentration): 다양한 관점에서 사물을 보지 못하고 가장 분명하게 지각되는 한 면에만 초점을 두고 판단한다. 중심화는 보존의 개념 및 가역적 사고의 미발달을 의미한다.
      예 동일한 양의 우유를 그릇을 달리 하여 담았을 때, 우유의 넓이는 무시하고 높이에만 초점을 두어 우유의 양이 다르다고 생각한다.
    ㉥ 자기 중심적 사고(egocentric thought): 다른 사람의 감정이나 생각, 관점이 자신과 동일하다고 생각한다. 자기 중심적 사고는 주관적·비사회적인 사고로 사물이나 사건을 대할 때 타인의 관점을 고려하지 못하는 인지적 한계이다.
      예 로봇을 좋아하는 아이가 엄마의 생일 선물로 로봇을 주면 엄마가 좋아할 것이라고 생각한다.
    ㉦ 자기 중심적 언어(비사회적 언어): 자기 생각만 일방적으로 전달하는 언어로, 자기중심적 언어는 타인의 관점이나 입장을 보는 능력의 부족에서 오는 한계이다.

- 예 집단독백: 유아들이 놀이를 하면서 대화를 하는 것처럼 보이지만 각 유아는 실제로 자기 마음속에 있는 것에 대해서만 말하고 있는 것이다. 한 유아는 자신의 인형에 대해 이야기 하고 있고 다른 유아는 자신이 가 본 놀이동산에 대하여 이야기 하고 있다.
- ⊙ 직관적 분류: 사물을 특정한 기준에 따라 유목화할 수는 있으나 전체와 부분, 상위 개념과 하위 개념의 관계를 정확히 파악하지 못한다.
  - 예 장미꽃 10송이, 백합꽃 7송이가 있는 그림을 보면서 장미꽃이 백합꽃보다 많은 것은 알지만 '꽃'이 '장미꽃'보다 많다는 것을 알지 못한다.
- ㊂ 전인과적 사고: 원인과 결과 간의 관계를 추론하는 능력의 결핍 현상이다.
- ㊃ 실재론적 사고: 꿈을 실재한다고 생각하는 것으로, 구체성과 추상성에 대한 미분으로 오는 현상이다.

(3) 구체적 조작기(concrete operational period, 7~11세)

① 아동이 논리적 추론 능력과 보존에 대한 이해를 발달시키는 단계이다. 이 시기에는 친숙한 상황을 다루는 기술만을 이용할 수 있다.
② 사고와 지각을 구분하여 지각에 의해 지배되지 않고 구체적 사물이나 상황을 통해 논리적 사고가 가능하다. 동작했던 것을 머리로 생각할 수 있다.
③ 구체적 조작기의 인지적 특징
  - ㉠ 탈중심화(decentration): 다른 중요한 요소들을 무시한 채 한 가지 요소에만 주의를 집중하는 경향이 감소한다. 한 자극의 여러 특성에 주의를 기울임으로써 보존의 개념을 이해할 수 있게 되면서 탈중심화가 나타난다.
  - ㉡ 가역적 사고(reversibility): 특정 조작과 역조작을 동시에 통합할 수 있는 것으로 사고가 진행되어 나온 과정을 거꾸로 되밟아 갈 수 있는 사고 능력의 발달로, 보존성 개념이 획득된다.
  - ㉢ 중다분류(classification): 2개 이상의 기준을 사용하여 사물을 분류할 줄 아는 유목화의 능력이 발달한다.
  - ㉣ 서열화(serialization): 대상을 그것이 지니는 특성의 양적 차원(예 크기, 무게, 밝기)에 따라 차례로 나열하는 능력을 갖춘다.
  - ㉤ 상대적 비교 가능: 사물의 속성을 다룰 때 그들 사이의 관계성을 고려할 줄 안다.
  - ㉥ 언어의 사회화: 언어 사용에 있어 자기 중심적 경향이 줄고 다른 사람을 이해하고 자신의 감정과 사고를 타인에게 표현하려고 한다.

(4) 형식적 조작기(formal operational period, 11세 이후)

① 가설적 상황을 추상적으로 다루며 원인을 논리적으로 다룰 수 있는 단계이다.
② 언어나 기호 등의 형식을 통한 사고가 가능하며, 성인의 사고 방식과 질적으로 동일하다.
③ 형식적 조작기의 인지적 특징
  - ㉠ 추상적 사고: 구체적인 사물이나 대상과 관계없이 마음속에만 존재하는 추상적인 사물들에 대해서 논리적으로 생각할 수 있다.
  - ㉡ 가설 연역적 사고: 일반적인 사실에서 출발하여 특정한 사실에 도달할 수 있게 된다. 즉, '만일 ~하면 ~이다.'라는 연역적 사고가 가능해진다.
  - ㉢ 조합적 사고: 하나의 문제에 직면했을 때 모든 가능한 해결책을 논리적으로 모색해 봄으로써 문제를 해결하는 조합적 사고가 발달한다.

📖 개념 Plus

가역성
정신적 작용을 수행한 후 처음의 시작점으로 사고를 되돌릴 수 있는 능력이다.

② 명제적 사고: 명제를 구성하고 명제들 사이의 관계에 대해 논리적으로 추론이 가능해진다.
⑩ 논리적 사고: 과거·현재·미래를 연결하여 추론이 가능해진다.

(5) 피아제의 인지발달 단계표

단계	특징
감각운동기 (0~2세)	• 감각·운동에 의한 학습 • 모든 것을 자기 중심적으로 봄(자신의 심리 세계만 존재) • 사물의 실재성을 인식하지 못함 • 의도적인 반복 행동 • **대표적 행동**: 대상 영속성
전조작기 (2~7세)	• 지각과 표상 등의 직접 경험과 체험적인 행동 • 사물을 단일 차원에서 직관적으로 분류 • 언어의 발달과 현저한 지적 발달 • 개념적·상징적 양식 획득 시작 • 가역성, 보존의 개념 미형성 • **대표적 행동**: 자기 중심성, 물활론적 사고, 중심화
구체적 조작기 (7~11세)	• 동작으로 했던 것을 머리로 생각할 수 있음(조작) • 논리적 사고(실제 관찰한 대상에만 한정), 가역성 획득 • 언어의 복잡화 • 사고의 사회화 • 서열화의 능력과 분류 능력의 출현 • **대표적 행동**: 상대적 비교 가능, 가역적 사고
형식적 조작기 (11세 이후)	• 추상적 개념의 이해(추상적 사고) • 문제 해결에 있어 형식적 조작이 가능 • 사물의 인과 관계 터득 • 가설 검증 능력, 연역적 사고 가능 • 추리력과 적용력 발달 • **대표적 행동**: 조합적 사고

4. 피아제 인지발달 이론의 시사점

① 각 발단 단계에 적합한 사고 능력을 신장시켜야 한다. 교육은 창조적·발전적이며 사고하는 인간을 길러야 한다. 특정한 사실이나 개념을 전수하거나 문제 해결 방법을 습득하는 것이 아니다.
② 아동의 현재 인지발달 수준에 기초하여 교육해야 한다. 아동은 성인과는 질적으로 다르게 정보를 해석·조작하기 때문에 학습자의 준비성을 고려한 교과 내용·학습 과제·교수 전략을 제시해야 한다.
③ 교육은 암기가 아닌 인지 구조의 변화이다. 아동의 지적 발달의 구조가 부적합한 단계에서 고차원의 학습을 강요하면 아동은 흥미를 잃게 되어 결국 암기 학습의 결과를 가져오며 이것은 오래 보존이 되지 않는다.
④ 아동의 능동적 자발성을 중시해야 한다. 지식은 학습자 자신의 자발적·능동적인 활동에서 획득된다. 따라서 아동이 사물 및 환경과 직접 상호 작용하도록 해줘야 한다.

⑤ 또래들과의 사회적 상호 작용을 촉진시켜야 한다. 아동은 어른들이 더 많은 것을 알고 있다고 생각한다. 어른들은 일방적으로 지시하려는 경향이 강하기 때문에 어른들과의 상호 작용은 인지 불균형이 거의 초래되지 않는다.

5. 피아제 인지발달 이론의 문제점

① 지적인 측면만을 지나치게 강조하여 정의적 측면을 간과하고 있다.
② 발달이 학습에 선행한다는 것에 대한 비판: 피아제는 발달 단계가 크게는 고정되어 있으며 보존성과 같은 개념은 가르칠 수 있는 것이 아니라고 주장하였으나, 몇몇의 다른 연구들은 피아제가 주장하는 발달 단계 과제 중 아동에게 조기에 가르칠 수 있는 몇 가지 사례들을 입증했다.
③ 아동의 인지 능력을 과소평가한다는 비판: 피아제는 추상적 언어와 지나치게 어려운 과제를 사용하여 아동을 혼동시킴으로써 그들의 능력을 과소평가했다.
④ 인지발달 단계의 구분에 대한 비판: 인지발달 단계는 피아제가 주장한 것처럼 명확히 구분되는 것은 아니다. 발달 단계 간의 전이는 극적인 변화가 아니라 점진적인 것이고, 기존의 지적인 기술이 점차 축적되어가는 과정에서 자연스럽게 얻어지는 것이다.
⑤ 아동의 인지발달에 미치는 사회적·문화적 집단의 중요한 영향을 간과하고 있다.

02 비고츠키(Vygotsky)의 인지발달

1. 비고츠키 인지발달 이론의 개요 『기출개념』

① 아동은 타인과의 관계에서 영향을 받으며 성장하는 사회적 존재이므로, 인간 이해에 있어서 사회·문화·역사적인 측면을 제시하였다.
② 인지발달은 사회·문화적 맥락(context)의 영향을 받는다. 즉 인간의 정신은 사회·문화적 환경에 의한 사회 학습의 결과이다.
③ 인간은 홀로 성장하고 발달하는 것이 아니라 사회의 많은 사람들과 관계하고 도움을 받으면서 성장한다. 이 과정에서 상호 작용에 필수적 도구인 언어 습득을 아동의 발달에 가장 중요한 변인으로 간주한다.
④ 인지발달은 변증법적 교류에 의해 이루어진다.
  ㉠ 아동의 인지발달은 새로운 문제를 풀 때 기존의 방식이 아닌 다른 방식을 요구하며, 이러한 모순을 극복하면서 변증법적으로 이루어진다.
  ㉡ 한 아동이 학습을 통해 잠재적 발달 수준에 도달하면 잠재적 발달 수준은 실제적 발달 수준이 되고, 새로운 잠재적 발달 수준이 설정된다.
⑤ 언어가 사고(인지)발달에 선행한다.
⑥ 학습이 발달을 주도한다.
⑦ 놀이가 인지발달에 중요한 역할을 한다.

> **핵심 Check**
>
> **비고츠키 이론의 기본 가정**
> • 행동이 사고를 낳는다.
> • 발달은 변증법적 교류에 의해 이루어진다.
> • 발달은 사회·문화적 맥락 속에서 일어난다.

2. 언어와 사고의 발달

(1) 언어발달과 사고발달의 관계

① 비고츠키는 사회적 상호 작용에 필수적인 요소인 언어 습득을 아동의 사고(인지) 발달에 가장 중요한 변인으로 간주한다.

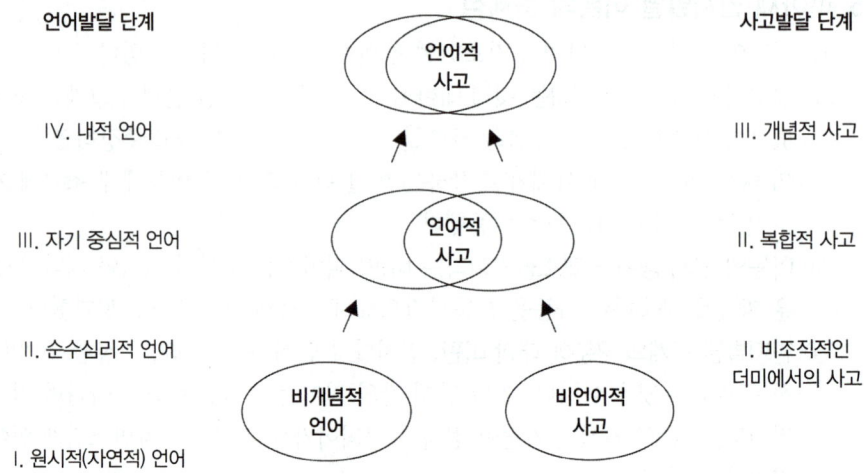

[그림 3-1] 언어와 사고발달에 대한 비고츠키의 관점

② 언어와 사고는 발생적인 측면에서는 별개의 독립적인 기능으로 출발하나 발달 과정에서 서로 상호 작용하게 되는데, 그 상호 작용에 있어서 언어발달이 사고발달에 선행하는 것으로 본다.

(2) 언어발달의 단계

① 원시적(자연적) 언어 단계(primitive or natural stage, 0~2세)
  ㉠ 이 단계는 세 가지의 비지적(非知的) 언어 기능의 특징을 보인다.
    ⓐ 정서적 해방을 표현하는 소리: 울음이나 만족을 나타내는 소리이다.
    ⓑ 타인의 모습이나 목소리에 반응하는 소리: 사회적 반응으로 해석될 수 있는 소리이다.
    ⓒ 대상과 욕구에 대한 대용으로 기능하는 소리: 최초의 단어들의 출현으로, 조건 반사에 의해 학습된다.
  ㉡ 언어와 의식적 사고가 결합되기 이전의 시기이다.

② 순수심리적 언어 단계(native psychology stage, 2~4세)
  ㉠ 이 시기의 아동은 언어의 상징적 기능을 발견하고 사물의 이름에 대한 계속적인 질문을 통해 이러한 발견을 표현하게 된다.
  ㉡ 아동은 스스로 활발한 정보를 추구하며 아동의 어휘는 급격히 증가한다.
  ㉢ 언어와 사고가 결합하기 시작한다.

③ 자기 중심적 언어 단계(egocentric speech stage, 4~6세)
  ㉠ 취학 전의 유치원 아동에게서 많이 나타나며, 특히 놀이 장면에서 발견된다.
  ㉡ 자기 중심적 언어는 아동이 주변에 다른 사람이 존재하는가의 여부에 관계없이 자신이 활동하는 것에 독백을 하는 형태로 나타난다.
  ㉢ 자기 중심적 언어는 단순히 긴장의 완화나 활동의 표현적 부산물에 그치는 것이 아니며, 문제 해결을 위한 계획을 모색하는 사고의 중요한 도구이다.

핵심 Check

비고츠키의 언어발달 단계
'원시적 언어 → 순수심리적 언어 → 자기 중심적 언어 → 내적 언어' 순으로 언어발달이 이루어진다.

ⓔ 자기 중심적 언어 사용 시, 개념적·언어적 사고가 형성되기 시작한다.
ⓜ 비고츠키는 자기 중심적 언어가 7세쯤 사라진다는 견해를 부정하였으며, 오히려 자기 중심적 언어의 감소는 내적 언어 단계의 시작을 나타내는 것으로 파악한다.

④ 내적 언어 단계(ingrowth stage, 7세 이후)
  ㉠ 이 단계에서 아동은 자신의 머릿속에서 무성언어의 형태로 언어를 조직하는 것을 배운다.
  ㉡ 논리적 기억이라는 수단을 사용하여 사고를 하는 시기이다.
  ㉢ 내적 언어는 문제 해결을 위한 중요한 도구이다.

(3) 사고발달의 단계

단계	내용
비조직적 더미에서의 사고	지각에 의존하여 대상들에 대하여 대략적으로 조직화하는 단계
복합적 사고	• 자기 중심적 사고에서 객관적으로 이행하는 단계 • 마음속에서 대상에 대하여 자신의 주관적 판단과 대상들 간의 객관적·구체적 관련성에 근거하여 사고하는 단계
개념적 사고	• 대상에 대한 분석력과 종합력을 함께 갖추어 사고하는 단계 • 청소년 초기에 나타남

> **핵심 Check**
> 비고츠키의 사고발달 단계
> '비조직적 더미에서의 사고 → 복합적 사고 → 개념적 사고' 순으로 사고발달이 이루어진다.

3. 근접발달 영역(ZPD; Zone of Proximal Development) ★

(1) 개념
① 실제적 발달 수준과 잠재적 발달 수준 사이의 영역을 말한다.
② 아동이 혼자서는 해결할 수 없으나 성인이나 뛰어난 동료와 함께 학습하면 성공할 수 있는 영역을 의미한다.

(2) 비계 설정(scaffolding, 발판) ★
① 비계란 아동이나 문제의 초보자들이 자신의 능력에 닿지 못하는 목표를 성취할 수 있도록 도움을 주는 것을 말한다.
② 근접발달 영역에 있는 아동의 능력과 수행 수준에 맞추어 구조화를 형성할 수 있도록 단서를 제공하고, 세부 사항과 단계를 기억할 수 있도록 주어지는 도움을 의미한다.

(3) 비계 설정의 유형
① 시범을 보인다(모델링).
② 교사가 자신의 생각을 소리 내어 말한다.
③ 학생들에게 중요한 시점에서 관련 질문을 한다.
④ 학생 수준에 맞는 수업 자료를 조정한다.
⑤ 조언과 단서를 제공한다.

(4) 비계 설정의 구성 요소
① 협동적인 문제 해결하기
② 상호 주관성(inter-subjectivity) 알기

> **개념 Plus**
> 발달 수준
> • 실제적 발달 수준
>   – 아동의 내부에 이미 발달한 기능에 의하여 혼자 힘으로도 문제를 해결할 수 있는 수준이다.
>   – 현재 수준으로 볼 수 있다.
> • 잠재적 발달 수준
>   – 타인의 도움을 받으면 문제 해결을 할 수 있는 수준이다.
>   – 미래의 가능성으로 볼 수 있다.

③ 격려, 칭찬, 자신감 북돋아 주기
④ 자기 조절 증진시키기
⑤ 심리적 도구와 기술적 도구 활용하기

(5) 비계 설정을 이용한 수업 활동
① 자료나 문제를 학생의 현재 수준에 맞추어 준다.
② 기술이나 사고 과정을 시범으로 보여준다.
③ 문제의 일부를 풀어준다.
④ 자세한 피드백을 주고 교정하게 한다.
⑤ 학생이 주의의 초점을 바꾸도록 질문을 한다.

4. 비고츠키 인지발달 이론의 시사점
① 교사는 아동의 지적 발달을 촉진하는 역할을 해야 한다. 교사는 아동의 잠재적 발달을 고려하여 아동에게 현재의 능력을 넘어서는 과제를 부여하고 조언과 도움을 주어야 한다.
② 교육은 미래지향적이어야 하고 교수는 아동의 현재 발달 수준보다 조금 앞서는 내용을 가르침으로써 발달을 주도해야 한다.
③ 교사와 아동 간의 (언어적)상호 작용과 학생들 간의 협동학습이 중요하다.
④ 전통적인 평가 방식에 대한 재검토의 필요성을 제시함과 동시에 역동적인 평가를 강조한다.

기출개념확인

01 피아제(Piaget)의 인지발달 단계를 바르게 나열한 것은?
① 형식적 조작기 → 구체적 조작기 → 전조작기 → 감각운동기
② 전조작기 → 감각운동기 → 구체적 조작기 → 형식적 조작기
③ 감각운동기 → 구체적 조작기 → 전조작기 → 형식적 조작기
④ 감각운동기 → 전조작기 → 구체적 조작기 → 형식적 조작기

02 비고츠키(Vygotsky)의 언어발달 단계를 바르게 나열한 것은?
① 원시적 언어 → 순수심리적 언어 → 자기 중심적 언어 → 내적 언어
② 원시적 언어 → 자기 중심적 언어 → 순수심리적 언어 → 내적 언어
③ 원시적 언어 → 내적 언어 → 순수심리적 언어 → 자기 중심적 언어
④ 원시적 언어 → 순수심리적 언어 → 내적 언어 → 자기 중심적 언어

정답·해설

01 ④ 피아제 인지발달 단계는 감각운동기 → 전조작기 → 구체적 조작기 → 형식적 조작기 순이다.

참고 피아제 인지발달 단계 특징

단계	특징
감각운동기 (0~2세)	• 감각·운동에 의한 학습 • 모든 것을 자기 중심적으로 봄(자신의 심리 세계만 존재) • 사물의 실재성을 인식하지 못함 • 의도적인 반복 행동 • **대표적 행동**: 대상 영속성
전조작기 (2~7세)	• 지각과 표상 등의 직접 경험과 체험적인 행동 • 사물을 단일 차원에서 직관적으로 분류 • 언어의 발달과 현저한 지적 발달 • 개념적·상징적 양식 획득 시작 • 가역성, 보존의 개념 미형성 • **대표적 행동**: 자기 중심성, 물활론적 사고, 중심화
구체적 조작기 (7~11세)	• 동작으로 했던 것을 머리로 생각할 수 있음(조작) • 논리적 사고(실제 관찰한 대상에만 한정), 가역성 획득 • 언어의 복잡화 • 사고의 사회화 • 서열화의 능력과 분류 능력의 출현 • **대표적 행동**: 상대적 비교 가능, 가역적 사고
형식적 조작기 (11세 이후)	• 추상적 개념의 이해(추상적 사고) • 문제 해결에 있어 형식적 조작이 가능 • 사물의 인과 관계 터득 • 가설검증 능력, 연역적 사고 가능 • 추리력과 적용력 발달 • **대표적 행동**: 조합적 사고

02 ① 비고츠키의 언어발달 단계는 원시적(자연적) 언어 단계 → 순수심리적 단계 → 자기 중심적 언어의 단계 → 내적 언어의 단계 순으로 진행된다.

제2절 인지발달: 정보 처리

01 정보 처리 이론

1. 정보 처리 이론 `기출개념`

(1) 개요
① 정보 처리 이론가들은 학습자를 능동적인 존재로 보며 사고(thinking)를 연구 대상으로 다룬다.
② 인간이 외부 세계로부터 획득한 정보를 어떻게 지각하고 이해하며 기억하는가에 대한 이론이다.
③ 인지심리학의 한 분야로 인지발달과 인간의 학습을 컴퓨터처럼 정보를 입력하고 저장하며 인출하는 과정과 유사한 것으로 보았다.
④ **정보 처리 이론의 기본 가정**: 인간의 학습을 외부로부터의 정보(자극)를 획득하여 저장하는 과정이라고 본다.
⑤ 정보 처리 체계의 대표적 모형은 앳킨슨(Atkinson)과 쉬프린(Shiffrin)의 기억 모형(1968)이다.

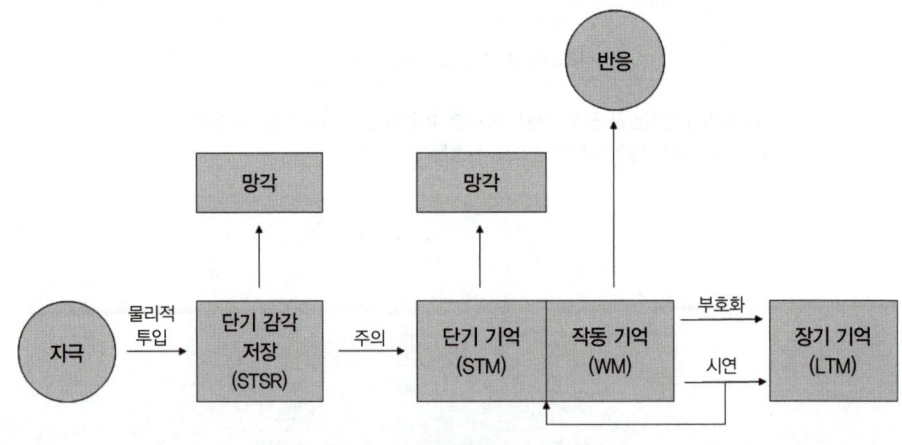

[그림 3-2] 정보 처리 모형

(2) 정보 저장소 ★★
① 감각 등록기(sensory register)
  ㉠ 학습자가 환경으로부터 눈과 귀와 같은 감각 수용 기관을 통해 정보를 최초로 저장하는 곳으로, '감각 기억'이라고도 한다.
  ㉡ 자극을 아주 정확하게 저장하지만, 매우 짧은 시간동안 저장하므로 자극 수용량은 제한이 없지만 즉시 처리되지 않을 경우 곧 유실되는 특징을 갖는다.

ⓒ 시각 정보의 경우 약 0.5~1초, 청각의 경우 2~4초 정도의 정보를 저장한다.
ⓔ 두 가지 이상의 감각 정보가 동시에 제시되면 정보 처리에 도움을 주지 못한다.
ⓜ 주의를 받은 자극과 정보만이 다음 기억 저장고인 단기 기억으로 전이된다.

② 단기 기억(short-term memory)[= 작동 기억(working memory)]
㉠ 감각 기관으로부터 들어온 정보를 단기간 저장하는 곳이다.
㉡ 성인의 경우 보통 5~9개의 정보가 약 20~30초 동안 저장될 수 있다.
㉢ 단기 기억은 청킹(chunking)을 함으로써 정보의 수용량을 증가시키게 된다.
㉣ 단기 기억의 용량을 증가시키는 방법: 인지 부하 이론(cognitive load theory)

구분	내용
청킹	분리된 항목들을 보다 의미 있는 큰 단위로 묶는 정신 과정 예 'r, u, n' 이라는 세 철자는 작동 기억 속에서 세 개의 단위이지만 이를 'run'의 단어로 조합하면 하나의 단위가 되어 기억을 용이하게 함
자동화	• 자각이나 의식적인 노력 없이 수행할 수 있는 정신적 조작의 사용 • 기능 습득의 초기 단계에서 기능 수행은 작동 기억에 많은 부담을 주지만, 기능이 숙련되고 발달 단계가 높아짐에 따라 그 부담이 줄어 자동화의 단계에 이르면 아무런 부담을 주지 않음 • 자동화는 정보 조작의 효율성을 증가시키므로 조작 공간은 감소하지만 저장 공간은 증가시킴 예 자동차 운전이 자동화되어 운전을 하면서 말을 하거나 다른 수행을 할 수 있음
이중 처리	• 시각·청각의 두 구성 요소가 작동 기억에서 함께 정보를 처리하는 방식 • 연구에 의하면 언어로 된 설명이 시각 자료로 보충될 때 학생은 더 많이 기억하게 된다고 함(Paivio 이중부호화 이론)

㉤ 단기 기억 속에 정보를 유지하는 방법(시연, rehearsal)

구분	내용
유지 시연	• 정보를 마음속에서 반복하는 것(기계적 암송) • 한 번 사용하고 잊어버리려는 정보(예 전화번호)를 지속시키는 데 좋은 방법
정교화 시연	• 기억하고자 하는 정보를 이미 알고 있는 정보(장기 기억 속의 정보)와 연결시키는 것 • 연합과 심상을 이용하여 새로운 정보를 기존 지식과 관련짓는 과정 • 작동 기억 속에 정보를 유지할 뿐만 아니라 장기 기억 속으로의 정보 이동에도 도움을 줌

개념 Plus

브로드벤트(Broadbent)의 청취 조건 실험
교사가 판서를 하면서 설명하는 경우 학생은 필기에 집중하여 설명을 잘 듣지 못한다.

칵테일파티 효과
자신에게 의미 있는 정보에만 주의를 기울인다.

③ 장기 기억(long-term memory)
　㉠ 무한한 정보를 영구적으로 저장할 수 있는 곳으로, 일상 기억과 의미 기억 두 부분으로 구성되어 있다고 가정한다.

장기 기억	내용
일상 기억 (episodic memory)	• 주로 개인의 경험을 보유하는 저장소로, 정보는 주로 발생한 때와 장소에 기초하여 이미지로 부호화됨 • 기억되는 경험이 매우 의미 있는 경우가 아닐 때에는 종종 인출에 실패하는 경향이 있는데, 이는 보다 최근에 발생한 정보로 인해 인출이 방해를 받기 때문임
의미 기억 (semantic memory)	• 문제 해결 전략과 사고 기술, 사실, 개념, 일반화, 규칙 등이 저장됨 • 학교에서 학습하는 대부분의 내용들은 장기 기억 중 의미기억에 저장되며, 의미 기억에 저장되는 정보들은 서로 연관을 맺으면서 체계적인 네트워크를 구성함

(3) 정보 처리의 과정
　① 주의 집중
　　㉠ 자극에 반응하는 것을 의미한다.
　　㉡ 감각 기억에 들어온 수많은 자극들은 주의 집중을 하지 않으면 곧 유실된다.
　　㉢ 학습은 주의 집중을 함으로써 시작되는 것이다.
　　㉣ 주의 집중의 특징은 선택적이라는 것이다.
　　㉤ 수업 중 주의 집중 유지 방안
　　　ⓐ 인쇄물을 활용 시, 밑줄, 진한 글씨, 별표 등을 이용해서 강조한다.
　　　ⓑ 언어로 정보를 제시할 때 음성의 고저, 강약, 세기를 조절하고 특이한 발성으로 강조한다.
　　　ⓒ 다양한 자료와 시청각 매체를 이용하고 흥미로운 자료를 제공한다.
　　　ⓓ 수업 내용을 제대로 이해하고 있는지 수시로 질문한다.
　② 지각(perception)
　　㉠ 감각적 기억에 들어온 정보를 받아들여 의미를 부여하고 해석하는 과정이다.
　　㉡ 감각 등록기에 들어온 자극에 일단 주의 집중을 하면 그러한 자극에 대한 지각을 하게 된다.
　　㉢ 객관적 실재(주의 집중한 자극)에 대하여 개인의 경험에 의해 다르게 받아들이는 주관적 실재로서의 정보를 의미한다.
　　㉣ 일반적으로 정보를 잘못 지각한 경우나 잘못 지각된 정보가 장기 기억으로 전달된 경우 그것을 제거하는 것이 어려워진다.

③ 시연(rehearsal)
  ㉠ 작동 기억 속에서 이루어지는 처리 과정으로, 정보를 여러 가지 방법으로 계속적으로 반복하는 것을 의미한다.
  ㉡ 작동 기억 속에 들어온 정보는 시연을 통해 파지되기도 하고 장기 기억으로 전이되기도 한다.
    ⓐ 시연을 통한 장기 기억으로의 전이는 내용을 충분히 반복해서 시연하는 경우에 일어난다.
    ⓑ 시연은 아동이 가장 처음 사용하게 되는 장기 기억으로의 전이 방법이다.
④ 부호화(encoding)
  ㉠ 장기 기억 속에 존재하고 있는 기존의 정보에 새로운 정보를 연결하거나 연합하는 것으로, 작동 기억에서 장기 기억으로 정보를 이동시키는 과정을 의미한다.
  ㉡ 부호화는 정보 처리 모델에서 가장 중요한 인지 처리 과정이다.
  ㉢ 물리적 자극을 기억에 수용할 수 있는 부호로 바꾸어서 기억에 입력하는 것을 의미한다.
  ㉣ 자료를 단순하게 만들어 주며 자료를 기억하게 하는 단서를 제공해 준다.
  ㉤ 정보를 능동적으로 변형하는 것이다.
  ㉥ 유의미한 부호화 방법 ★

구분	내용
정교화 (elaboration)	• 새로운 정보에 의미를 추가하거나 그 정보를 기존 지식과 연결하여 의미를 부여하는 전략 • **방법**: 논리적 추론, 연결적 결합, 구체적 사례를 제시, 구체화, 문답법, 노트필기, 요약하기, 유추, 기억보조술, 쐐기법, 키워드법
조직화 (organization)	• 학습하기 쉽고 기억하기 쉽게 하기 위한 전략 • 정보를 군집화하거나 표로 만드는 것과 같이 질서 있게 논리적인 관계를 갖는 망을 구성하는 것 • **방법**: 유목별 군집화, 그래프, 표, 순서도, 행렬표, 개요 적기, 개념적 위계, 개념 간 관계지도 작성
활동 (activity)	적극적인 학습 활동이 학습을 촉진하며 더 큰 학습 효과를 가져옴

> **핵심 Check**
>
> **유의미한 부호화 방법**
> • **정교화**: 기존의 도식 확장하기
> • **조직화**: 순서를 조합하고 새로운 정보를 연결하기
> • **활동**: 연결을 생성함에 있어 학습자에게 최대한 능동적인 역할 부여하기

⑤ 인출(retrieval)
  ㉠ 인출이란 정리된 자료에서 필요한 파일 하나를 끄집어내는 것과 같이 필요할 때 정보를 기억 속에서 찾아내는 것을 의미한다.
  ㉡ 인출의 성공·실패는 이용 가능성과 접근성으로 설명된다.
  ㉢ 인출 조건이 부호화 조건과 일치할수록 인출이 촉진된다. 즉 최초 부호화의 맥락과 인출 맥락이 일치할 때 정보의 인출이 더 잘된다.
  ㉣ 정보가 장기 기억 속에 저장되어 있어도 인출 단서가 없으면 접근할 수 없다.
  ㉤ 장기 기억에 존재하는 특정한 정보에 대해 정확하게 접근할 수 있는 인출 단서가 없거나 장기 기억에 저장된 정보가 체계적이지 못할 때 설단 현상(tip of the tongue phenomenon)이 발생한다.

(4) 상위 인지(초인지, meta-cognition)
① 개념
　㉠ 플래벨(Flavell)이 최초 사용한 개념으로, 인지에 대한 인지를 의미한다.
　㉡ 자신의 인지 또는 사고에 관한 지식으로, 자신의 인지 장치와 그 장치가 어떻게 작동하는지에 대하여 갖는 인식을 말한다.
　㉢ 사고하는 방법에 대한 사고 활동이다.
　㉣ 자기 자신의 인지 과정을 인식·성찰·통제하는 정신 활동 또는 능력이다.
　㉤ 상위 인지의 주요 기술은 계획, 점검, 평가 등이다.
② 구성 요소 ★

요소	내용
절차적 지식	무엇을 어떻게 해야 할지를 아는 것
조건적 지식	과제 해결의 조건에 관한 지식으로 언제 해야 할지를 아는 것
인지적 지식	절차적 지식이나 조건적 지식 등의 상위 인지 능력을 사용하는 것

2. 신경망 이론

(1) 개요
① 인간의 기억이 신경망으로 구성되어 있고, 기억 내용들이 노드(node) 사이의 연결 강도로 저장된다고 보는 이론이다.
② 단기 기억과 장기 기억이 기억마디들의 활성화 정도에 따라 구분된다고 설명한다.

(2) 이론의 기본 가정
① 뇌의 기억은 분산 저장에 의존하고 있다. 즉 정보 처리 이론에서는 장기 기억에 정보가 저장된다고 가정하지만, 신경망 이론에서는 인간의 뇌에 저장된 다량의 정보는 각기 서로 다른 위치에 분산되어 저장된다고 가정하고 있다.
② 뇌의 시냅스(synapse)는 그 자체가 정보의 저장에 사용된다. 인간의 기억에 가장 많이 영향을 주는 요인은 시냅스 내부에서 일어나는 전기적·화학적인 변화이다.
③ 뇌의 내부 시호는 디지털(digital) 형태와 아날로그(analog) 형태가 혼합된 것으로 가정한다. 왜냐하면 뇌는 복잡한 정보를 항상 정확하게 처리하는 것은 아니기 때문이다.
④ 신경망의 비상 안전 기능이란 몇 개의 뉴런이 손상된 경우에도 기억의 회상이 가능하다는 것을 의미한다. 이는 정보가 뉴런과 시냅스에 분산되어 저장되어 있기 때문이다.

기출개념확인

01 정보 처리 이론의 정보 저장소에 대한 설명으로 옳지 <u>않은</u> 것은?

① 감각 등록기는 감각 수용 기관을 통해 정보를 최초로 저장하는 곳이다.
② 감각 등록기는 정보를 정확하게 저장하지는 못하지만 수용량은 무한하다.
③ 작동 기억은 정보를 단기간 저장하는 곳이다.
④ 장기 기억은 일상 기억과 의미 기억 두 부분으로 구성되어 있다.

02 다음 빈칸에 들어갈 적절한 단어는?

> (   )의 주요 기술은 계획, 점검, 평가 등이다.

① 상위 인지
② 정교화
③ 조직화
④ 부호화

정답·해설

01 ② 감각 등록기는 자극을 아주 정확하게 저장하지만, 매우 짧은 시간 동안만 저장한다. 따라서 자극 수용량은 제한이 없지만 즉시 처리되지 않을 경우 곧 유실되는 특징을 갖는다.

02 ① 상위 인지란 자신의 인지 또는 사고에 관한 지식으로, 자신의 인지 장치와 그 장치가 어떻게 작동하는지에 대하여 갖는 인식을 말한다.

<u>오답분석</u>
② 정교화는 새로운 정보에 의미를 추가하거나 그 정보를 기존 지식과 연결하여 의미를 부여하는 전략이다.
③ 조직화는 학습하기 쉽고 기억하기 쉽게 하기 위한 전략으로, 정보를 군집화하거나 표로 만드는 것과 같이 질서 있게 논리적인 관계를 갖는 망을 구성하는 것이다.
④ 부호화는 장기 기억 속에 존재하고 있는 기존의 정보에 새로운 정보를 연결하거나 연합하는 것으로, 작동 기억에서 장기 기억으로 정보를 이동시키는 과정이다.

제3절 지능발달

01 지능의 개념

1. 고등 정신 능력
① 추상적인 사고 능력을 강조하는 개념으로, 지능을 구체적인 것(예 기계적 도구, 감각 활동)보다 추상적인 것(예 아이디어, 상징, 관계, 개념, 원리)을 취급하는 능력으로 본다.
② 지나치게 한정적이라는 비판을 받고 있다.
③ 주요 학자: 털만(Terman), 써스턴(Thurstone), 스피어만(Spearman)

2. 적응 능력
① 지능은 새로운 문제 사태에 대처하는 적응 능력이다.
② 포괄적이며, 다양하고 복잡한 인간의 모든 적응 행동을 지능으로 간주할 수 있느냐는 문제점이 있다.
③ 주요 학자: 스턴(Stern), 핀터(Pinter), 콜빈(Colvin)

3. 학습 능력
① 지능은 경험에 의한 학습 능력이다.
② 주요 학자: 디어본(Dearborn), 우드로(Woodrow)

4. 종합적 능력
① 지능은 유목적적으로 행동하고, 합리적으로 사고하며 환경을 효과적으로 다루는 개인의 종합적인 능력이다.
② 주요 학자: 웩슬러(Wechsler)

02 지능의 구성 요인

1. 스피어만(Spearman)의 일반 요인설
① 지능의 구조는 일반 요인(general factor)으로 구성되어 있다는 견해이다.
② 일반 요인은 누구나 생득적인 것이며, 인간 모든 정신 기능에 작용한다고 본다.

2. 스피어만(Spearman)의 2 요인설

① 일반 요인설을 수정하여 제시된 이론으로, 지능의 구조를 일반 요인(g 요인)과 특수 요인(s 요인)으로 설명한다.
② g 요인(general factor): 정도의 차이는 있으나 모든 개인이 공통으로 갖고 있는 능력을 말하는 것으로, 이해력이나 관계 추론 능력 등 모든 정신 작용에 존재하는 것을 말한다.
③ s 요인(special factor): 특정 분야에 대한 능력으로, 여러 가지 다른 과제에서 얼마나 높은 점수를 얻느냐로 나타낼 수 있다.

3. 손다이크(Thorndike)의 다요인설

① 스피어만이 주장하는 g 요인은 존재하지 않는다고 본다.
② 지능의 영역

영역	내용
기계적 지능	손이나 손가락을 사용할 때 기민성과 정교함에 관계되는 지능
사회적 지능	주위 사람과 협동하고 교제하는 능력
추상적 지능	• 언어와 추상적 개념에 관한 지능 • 추상적 지능을 검사하는 4개 요인(C.A.V.D) 　– 문장 완성력(Sentence Completion) 　– 산수 추리력(Arithmetic Reasoning) 　– 어휘력(Vocabulary) 　– 지시를 따를 수 있는 적응력(Direction)

4. 써스턴(Thurstone)의 군집 요인설 ★★

① 요인 분석의 방법을 고안하여 인간의 기본 능력(PMA; Primary Mental Ability)이 7개 요인으로 구성되어 있다고 밝혔다.
② 인간 기본 능력 7 요인
　㉠ 언어 이해 요인
　㉡ 수 요인
　㉢ 공간 요인
　㉣ 지각 속도 요인
　㉤ 기억 요인
　㉥ 추리 요인
　㉦ 언어(어휘) 유창성
③ 현재 사용되고 있는 많은 지능 검사들은 이 이론에 영향을 받아 제작된 것이다.

5. 길포드(Guilford)의 복합 요인설

① 길포드는 써스턴의 기본 정신 능력을 확장하고 발전시켜 지능 구조 모형을 제안하였다.

② 1차원적으로 지능에 대한 올바른 설명이 부족하다고 지적하고, 3차원적인 지능 구조 이론(SOI; Structure Of Intellect)을 제시하였다.
③ 인간의 지능은 3개의 필수적인 차원이 존재한다고 보았으며, '내용(5) × 조작(6) × 결과(6)' 차원을 조합하여 설명하고 있다.
④ 3차원적 지능의 구조
  ㉠ 내용(자료) 영역 차원: 시각, 청각, 상징, 의미, 행동으로 조작이 수행되는 대상을 말한다.

구분	내용
시각적 내용	구체적인 도형이나 형상, 대소(大小), 방향 등에 관한 지식
청각적 내용	듣기
상징적 내용	문자, 숫자, 기호 등의 지식
의미적 내용	단어나 문장에 관한 지식
행동적 내용	인간의 상호 행동 내용, 인간 관계

  ㉡ 인지(조작) 활동 차원: 기억 저장, 기억 파지, 인지·수렴·확산·평가적 사고력으로 어떤 인지 과제에 대한 지적 활동들이 수행되는 정신적 조작 또는 과정이다.

구분	내용
기억 저장	기억 기록(부호화)
기억 파지	기억 유지
인지적 사고력	여러 가지 지식과 정보의 발견 및 인지와 관련된 사고력
수렴적 사고력	이미 알고 있는 지식이나 기억된 정보에서 어떤 지식을 도출해 내는 능력
확산적 사고력	• 이미 알고 있거나 기억된 지식 외에 새로운 지식을 창출해 내는 능력 • 주어진 문제에 대한 해결책을 가능한 한 다양하고 많이 찾아내는 사고로 창의력과 밀접
평가적 사고력	기억·인지·생산된 지식 정보의 정당성, 정확성, 양호성을 판단하는 능력

  ㉢ 결과(산출) 차원: 단위, 유목, 관계, 체계, 변환, 함축으로 특정 유형에 대한 구체적인 조작의 수행에서 비롯되는 산출을 말한다.

구분	내용
단위	지식과 정보의 형태
유목	공통적 특징을 지닌 일련의 사물의 집합
관계	두 사물 간의 관련성
체계	상호 관련된 여러 부분의 복합적 조직
변환	지식과 정보를 다른 모양으로 표현하는 것
함축	어떤 지식이나 정보가 담고 있는 뜻

ⓔ 3차원의 상호 작용 결과: 180개의 복합 요인을 제시하였으며, 각 하위 범주들을 상호 독립적인 것으로 보았다.
　⑤ 길포드(Guilford) 지능 이론의 공헌점
　　　㉠ 종래의 지능 검사에 의해서만 측정되던 지능의 협소한 계열을 확장시켰다.
　　　㉡ 학습, 문제 해결력, 창의력 같은 문제를 새롭게 볼 수 있는 틀을 마련하였다.
　⑥ 길포드(Guilford) 지능 이론의 문제점: 모델의 복잡성으로 인해 교실에서 공식적으로 적용하기가 어렵다는 한계점이 있다.

6. 카텔(Cattell)과 혼(Horn)의 유동적 지능과 결정적 지능(Gf – Gc theory)

★★★　기출개념

(1) 개요
① 카텔은 써스턴이 제작한 PMA 검사 등을 분석하여 스피어만이 말한 일반 지능을 유동적 지능(fluid intelligence, Gf)과 결정적 지능(crystallized intelligence, Gc)으로 나누었다.
② 혼은 유동적 지능과 결정적 지능을 종합하여 전체적 지능(G)을 제시하였다.

(2) 유동적 지능
① 선천적으로 타고난 학습 능력과 문제 해결 능력으로 유전적·신경 생리적 영향에 의해 발달한다.
② 주로 비언어적이고, 특정한 문화적 환경에 국한되지 않는다.
③ 학교 학습에 관련되지 않는 지능이다.
④ 과거의 경험이나 능력이 도움이 되지 않는 새로운 환경에 대한 과제 해결 능력이다.
⑤ 속도, 기계적 암기, 지각력, 일반적 추리력 등의 능력에서 잘 나타난다.
⑥ 15세경에 절정에 이르다가 점차 감소한다.

(3) 결정적 지능
① 과거의 학습과 경험을 적용시켜서 획득한 판단력이나 습관이다.
② 환경적·문화적·경험적 영향에 의해 발달하며, 가정 환경·교육 정도·직업 등의 영향을 받는다.
③ 학업 성취력의 기초가 되며, 안정성과 성취력에 의한 인지 능력이다.
④ 인생 초기 환경 조건에 의존하는 능력이다.
⑤ 학습과 함께 발달하는 능력으로 성인 이후에도 계속 발달될 수 있으며, 평생교육에 의해 형성된다.
⑥ 언어 능력, 문제 해결력, 논리적 추리력, 상식 등에서 잘 나타난다.

개념 Plus

가드너의 다중 지능 이론

가드너는 문화인류학, 인지심리학, 발달심리학, 심리측정학, 인물전기연구, 동물생리학, 신경해부학 등에서 8가지 준거, 즉 뇌 손상에 의한 분리, 비범한 재능을 가진 사람들의 존재, 독자적인 발달사, 진화사, 핵심 활동의 존재, 실험적 증거, 심리측정학적 증거, 상징 체계에서의 부호화 등을 주관적으로 설정하여 주관적 요인 분석에 기초한 9가지 지능을 구성하였다.

03 가드너(Gardner)의 다중 지능 이론 (MI; Multiple Intelligence)

1. 이론의 개요

① 지능은 한 문화권 혹은 여러 문화권에서 가치 있게 인정되는 문제를 해결하거나 산물을 창조해내는 능력이다.
② 언어적 지능과 논리·수학적 지능만을 지나치게 강조하는 기존의 지능 검사는 지능의 범위를 너무 협소하게 보고 있다고 비판한다.
③ 지능 검사는 학생의 각기 다른 능력을 드러낼 수 있도록 달라져야 하며, 학교 교육도 개인의 장점을 극대화할 수 있어야 한다고 주장하고 있다.
④ 지능의 개념을 더욱 광범위하고 실용적 관점에서 파악하면서 지능을 일상생활 속에서 다양한 방식으로 작용하는 기능적 개념으로 본다.

2. 9가지 지능의 종류 `기출개념`

(1) 언어 지능
① 단어를 효과적으로 사용하는 능력, 언어 분석력, 언어 자료 이해력, 어휘의 소리나 리듬에 민감한 능력을 의미한다.
② 시인, 극작가, 연설가, 정치가, 언론인, 편집자 등의 직업을 가진 사람은 언어 지능이 뛰어나다.

(2) 논리·수학적 지능
① 분류하고 범주화하기, 패턴을 지각하고 이해하기, 체계적으로 추리하기, 추상적으로 추리하기 등과 같은 능력이다.
② 수학자, 논리학자, 통계 전문가, 과학자, 컴퓨터 프로그래머 등의 직업을 가진 사람은 논리·수학적 지능이 뛰어나다.

(3) 음악적 지능
① 음악적인 기본 요소, 즉 음조, 리듬, 음색에 대한 민감성과 자기 주변에서 듣는 음악과 소리에 대한 민감성 등과 관련된 능력이다.
② 작곡가, 연주가 등의 직업을 가진 사람은 음악적 지능이 뛰어나다.

(4) 공간적 지능
① 사물을 정확하게 지각하기, 다양한 관점에서 사물을 그려보거나 회전한 모습을 상상해 봄으로써 공간상에서 사물을 조작하기, 구체물에 대한 자신의 지각을 2차원 또는 3차원으로 바꿔보기와 같은 능력이다.
② 예술가, 건축가, 항해사 등의 직업을 가진 사람은 공간적 지능이 뛰어나다.

(5) 신체 – 근육운동적 지능
① 자신의 신체 동작을 조정하고 사물을 능숙하게 조작하는 것과 관련된 지능이다.
② 무용가, 운동선수 등의 직업을 가진 사람은 신체 – 근육운동적 지능이 뛰어나다.

(6) 대인 간 지능
① 타인의 기분, 기질, 동기 및 의도를 식별하고 그에 적절하게 반응하는 능력, 타인과 어울리는 것, 타인이 일을 하도록 동기 유발하는 것, 다른 사람들에게 영향을 주는 능력 등이다.
② 종교인, 상담사, 판매원 등의 직업을 가진 사람은 대인 간 지능이 뛰어나다.

(7) 개인 내적 지능
① 자신의 내적 과정과 특성에 대해 인식하고, 자신의 사고·느낌·정서를 구분하고, 자신의 행동을 이해·안내하기 위해 사고·느낌·정서에 의존하고, 행동할 때 그런 감정 상태를 활용하는 능력이다.
② 소설가, 임상가 등의 직업을 가진 사람은 개인 내적 지능이 뛰어나다.

(8) 자연 관찰 지능
① 동·식물이나 주변의 사물을 자세히 관찰하여 차이점이나 공통점을 찾고 분석하는 능력이다.
② 동물학자, 식물학자, 사냥꾼 등의 직업을 가진 사람은 자연 관찰 지능이 뛰어나다.

(9) 실존 지능(반쪽 지능)
① 인간의 존재 이유, 생과 사의 문제, 희노애락, 인간의 본성, 가치 등 철학적·종교적으로 사고할 수 있는 능력이다.
② 철학자, 종교인 등의 직업을 가진 사람은 실존 지능이 뛰어나다.

3. 다중 지능 이론의 의의
① 모든 학생이 같은 내용을 같은 방식으로 공부해서 같은 기준으로 평가 받아야 한다는 전통적인 획일적 교육을 비판하고 학생의 개인차를 고려한 교육의 중요성을 강조하고 있다.
② 학생에게 다양한 학습 영역에서 다양한 학습 경험을 제공해야 한다는 것, 즉 학교 교육 내용의 다양화를 제시하고 있다.
③ 각 지능의 특성을 활용한 수업 전략을 창의적으로 구안하여 실행할 수 있는 교사의 역할, 학생 – 교육 관계자, 학교 – 지역사회 연계자의 관계를 중시하고 있다.
④ 교육에 있어서 MI를 통합한 통합 교육을 통해 다양한 지능을 발달시킬 것을 목표로 개인의 지적 능력에 따라 내용을 선정하고 가르쳐야 한다는 통합 교과 운영을 제시하고 있다.
⑤ 객관화된 지능 검사를 지양하고 자연 상황에서 관찰이나 포트폴리오 등과 같은 다양한 방법으로 지능을 측정할 것을 제안하였다.

개념 Plus

반쪽 지능
뇌에 해당하는 부위가 없고 아동기에는 나타나지 않기 때문에 붙여진 명칭이다.

개념 Plus
스턴버그의 삼원 지능 이론
스턴버그는 지능에 관한 기존의 이론들이 모두 불완전하여 제한된 측면만을 다루고 있다고 보고 기존 이론들을 포괄할 수 있는 삼원 지능 이론을 제안하였다. 이 이론은 지적 행동이 일어나는 사고 과정의 분석을 활용하여 지능을 파악한 정보 처리적 접근 방법을 활용한다.

04 스턴버그(Sternberg)의 삼원 지능 이론

1. 이론의 개요
① 지능은 삶에 적합한 환경을 의도적으로 선택하거나 조성하고, 그 환경에 적응하는 능력을 말한다.
② 지적 기능과 사고 기능은 분리하기 어렵지만 지적 기능에 더 비중을 둔 이론이다.
③ 보다 완전한 지능이 되기 위해서는 개인, 행동, 상황 등 세 가지 요소를 고려해야 한다.

2. 지능의 3요소
(1) 성분적 요소
① 분석적 지능, 구성적 지능, 요소적 지능, 전통적 지능으로 새로운 지식을 획득하고, 획득한 지식을 논리적인 문제 해결에 적응하는 기능을 한다.
② 지능을 개인의 내적 세계와 관련시켜, '어떻게' 지적 행동이 발생되는가에 초점을 둔 것이다.
③ 기본적인 정보 처리를 위해 3가지 정보 처리 성분을 제시한다.

성분	내용
상위 성분 (메타 요인)	• 어떤 과제 해결에 착수하거나 완수 시에 정신적·신체적으로 행하는 모든 것을 조정하는 제어 과정의 기능을 함 • 과제 착수나 과제 해결 과정에서 피드백을 해석할 때 사용하는 전반적 전략으로, 고차적인 정신 과정 • 일을 계획하기, 수행 과정 감독하기, 수행 결과 평가하기 등의 역할을 함
수행 성분 (수행 요인)	• 상위 성분(메타 요인)의 지시를 실행하는 하위 수준 • 과제를 입력시키고, 관계를 추리하고, 가능한 해결 전략을 비교하는 것 등이 포함됨
지식 습득 성분 (획득 요인)	• 문제를 어떻게 해결할 것인가를 학습하는 데 사용하는 정신 과정 • 적절한 정보와 무관한 정보를 가려내는 것, 새로운 정보를 기존의 정보에 관련시키는 것 등이 포함됨

(2) 경험적 요소
① 창의력, 통찰력, 파지 요인으로 새로운 과제를 처리하거나 익숙한 과제를 자동적으로 수행하는 능력이다.
② 지능을 외부 세계와 내부 세계를 매개하는 경험과 관련시키고, 행동이 '언제' 적절한가를 통찰하는 기능에 초점을 둔 요소이다.
③ 새로운 문제에 당면했을 때 낡고 부적절한 사고 방식을 버리고 새로운 개념 체계를 선택하는 3가지 통찰력을 제시한다.

구분	내용
선택적 부호화	사고나 문제 해결 과정에서 적절하고 주요한 정보에 주의를 기울이는 능력
선택적 결합	최초에 서로 관련이 없는 요소들을 연관시켜 새로운 것을 창출해 내는 능력
선택적 비교	기존의 것들을 새로운 각도에서 보고 이로부터 새로운 것을 유추해 낼 수 있는 능력

(3) 맥락적 요소
① 상황적 지능, 실용적 지능, 사회적 지능으로 구성된다.
② 외부 환경에 대응하고, 현실 상황에 적응하거나 환경을 선택 및 변화시키는 능력이다.
③ 전통적 지능 검사의 IQ 점수나 학업 성적과는 무관한 능력이다.
④ 학교 교육을 통해서 얻어지는 능력이 아니라 일상의 경험에 의해서 획득·발달되는 능력이다.
⑤ 일상적 문제 해결 능력, 실제적인 적응 능력, 사회적 유능성이 포함된다.

> ⊙ 핵심 Check
>
> 지능의 3요소
> • 성분적 요소
> • 경험적 요소
> • 맥락적 요소

3. 성공 지능

(1) 성공 지능의 3가지 측면

구분	내용
분석적 지능	문제를 해결하고 아이디어의 질을 판단하는 데 필요한 지능
창조적 지능	문제점과 아이디어를 훌륭하게 파악하는 데 필요한 지능
실천적 지능	일상생활에서 훌륭한 아이디어와 분석 방식을 활용하는 데 필요한 지능

(2) 성공 지능의 의의
① 성공 지능은 세 측면이 균형을 이룰 때 가장 효과적이며, 성공 지능을 가지고 있는 것 자체보다는 그것을 적절히 활용하는 시기와 방법을 아는 것이 중요하다.
② 성공 지능이 높은 사람은 능력을 가지고 있기만 한 것이 아니라, 오히려 그 능력을 적절히 활용하는 시기와 방법을 늘 생각하는 사람이다.

(3) 성공 지능의 시사점
① 성공 지능은 학교 교육에서 세 가지 요소 가운데 분석적 지능만을 지나치게 중시하고 있는 점에 대하여 비판하고 있다.
② 개인의 성공에 있어서 창조적 지능과 실천적 지능이 필요한 것이라면 학교에서는 당연히 이를 가르쳐야만 한다.

05 지능의 측정

1. 지능 지수(IQ)
① 개인의 지적 능력을 측정하는 검사 결과가 환산되어 나온 수치로, 정신 연령과 생활 연령의 비율을 의미한다.
② 비율 지능 지수는 20세 이전까지는 의미가 있으나 성년 이후에는 의미가 없다.
③ 지능 지수(IQ) 산출 공식

$$IQ = \frac{\text{정신 연령}(MA)}{\text{생활 연령}(CA)} \times 100$$

2. 편차 지능 지수(deviation IQ)
① 지능의 분포를 정상분포로 고려하여 평균과 표준편차를 기초로 지능 지수를 나타내는 것을 의미한다.
② 각 연령 집단을 모집단으로 한 정상분포에서 평균을 100, 표준편차를 15로 변환시킨 표준점수로 환산한 척도이다.
③ 각 연령 집단에서 실시해서 얻은 원점수 자체는 의미가 없고 연령 집단의 원점수에서 각 개인의 점수가 차지하는 상대적 위치에 더 큰 관심을 두고 있다.

3. 지능 검사 활용상의 유의 사항
① IQ는 개인의 지적 기능에 대하여 한 가지 지표로만 생각해야 한다.
② IQ는 학교 현장에서 유용하게 사용될 수 있지만, 그것 자체로서 완벽하지는 않으므로 과잉 해석은 피해야 한다.
③ 지능 검사의 하위 검사는 항상 오차가 크고 신뢰도와 타당도가 낮으며 그 자체만으로는 의미가 없으므로 그 변산에 특별히 유의해야 한다.
④ IQ는 항상 고정되어 있거나 정밀하지 않으므로 IQ 점수를 하나의 '띠(점수대)' 또는 점수 범위로 생각해야 한다.
⑤ IQ는 다른 예측 요소(과거의 성적, 정서적 성숙 정도, 흥미, 적성, 건강 등)와 함께 사용되어야 한다.
⑥ IQ 점수만으로 학급 편성을 하거나, 부모에게 자녀의 IQ를 상세한 설명(IQ 점수의 취약점과 의미) 없이 알려주는 일 등은 삼가야 한다.

4. 지능의 안정성과 변동성(Bayley)
① 지능은 고정된 것이 아니다.
② 지능의 변화는 출생 후 초기 수년에 걸쳐서 가장 크게 일어난다.
③ 연령 수준에 따라서 지능에 변화를 일으키는 요소가 다르다.
④ 지능은 가정의 사회·경제적 지위, 부모의 교육 수준과 관련 있다.
⑤ 지능은 성인이 되어 어느 정도 결정되면 일생을 통해 큰 변화가 나타나지 않는다.

📖 **개념 Plus**

플린 효과(Flynn effect)
- 시간의 흐름에 따른 지능 지수(IQ)의 증가 현상이다.
- 1984년 뉴질랜드 오타고대 제임스 플린 교수는 미국 군대 지원자의 IQ 검사 결과를 종합한 결과 전체 평균점이 10년마다 3점씩 올라간다는 사실을 처음으로 밝혀냈다.
- 1950년대부터 1980년대까지 유럽, 미국, 호주, 뉴질랜드, 일본의 IQ 검사에서 모두 이런 현상이 관찰되었으며, 이 현상은 그 후 심리학자뿐 아니라 진화생물학자, 사회학자 등 다양한 분야에서 논쟁거리가 됐다. 이러한 IQ의 증가가 실제적인 지적 능력의 향상인가 하는 점에서는 의견이 엇갈리고 있으나, 플린은 인간 집단에 특별한 유전체적 변화 없이 짧은 시기에 그렇게 큰 진화적 변화가 나타날 수는 없다고 보고 있으며, IQ의 증가가 지적 능력의 발전에서 기인한다기보다는 정신적 활동을 점점 더 많이 요구하는 현 사회 현상의 반영으로 보고 있다.

⑥ 지능은 남녀 간에 유의미한 차이가 없다.
⑦ 도시와 시골의 환경 차이는 지능과 유의미한 차이가 있다.

06 지능 검사의 유형

1. 측정 내용에 따른 분류
(1) 일반 지능 검사
일반 지능을 종합적으로 측정하는 검사로, 대부분의 지능 검사가 일반 지능 검사에 해당된다.

(2) 특수 지능 검사
특수 능력을 분리시켜서 측정하는 검사로, 추리력 검사와 기억력 검사, 주의력 검사 등과 같이 독립된 정신 기능을 측정한다.

2. 문항의 표현 양식에 의한 분류
(1) 언어 검사(α 검사)
검사 문항이 주로 언어로 구성되어 있으며, 피험자가 언어를 사용해서 문항에 답하도록 구성된 검사이다.

(2) 비언어 검사(β 검사)
취학 전 아동, 문맹자, 언어 장애자, 노인, 외국인을 대상으로 지능을 측정하기 위해 개발된 검사로, 대개 도형, 그림, 기호, 실제의 작업을 통해 지능을 검사한다.

3. 응답 방식에 의한 분류
(1) 동작 검사
피험자에게 구체적인 재료를 가지고 어떤 작업·동작을 요구하는 검사로, 실제 작업 결과를 토대로 지능 수준이나 질을 판단하려는 방법이다.

(2) 필답 검사
종이 위에 모든 검사 문항이 제시되어 피험자가 읽고 쓰기로 응답하는 검사로, 주로 집단 검사에 사용된다.

4. 검사 대상에 따른 분류
(1) 개인 검사
① 타당성, 실시의 정확성, 임상적 해석이 가능하다.
② 실시가 복잡하고, 전문적 능력과 장시간이 소요된다.

(2) 집단 검사
① 실시가 용이하고 경제적이다.
② 검사 장면의 오차 요인에 대한 통제가 어렵다.

07 지능 검사의 종류

1. 비네(Binet) 지능 검사
① 최초의 표준화된 지능 검사로, 1905년 프랑스에서 비네와 시몬(Simon)에 의해 만들어졌다.
② 정신에 결손이 있는 아동을 선별하는 목적으로 만들어진 검사이다.
③ 단어의 정의, 그림 알아보기, 그림 변형하기 등의 과제를 선택하여 서로 다른 아동에게 실시한 후 너무 어렵거나 쉬운 극단적인 문제들을 제외시켰다.
④ 주어진 연령에서 평균적인 능력을 지닌 아동이라면 풀 수 있다고 가정된 객관적인 검사지이다.
⑤ 비네는 '정신 연령'이라는 개념을 제시하였는데, 각 나이 집단에 따라 점수를 표준화하였다.

2. 스탠포드 – 비네(Stanford – Binet) 지능 검사
① 1916년 비네 지능 검사를 스탠포드 대학의 털만(Terman) 교수가 미국의 문화에 맞도록 표준화한 검사이다.
② 처음으로 지능 지수(IQ)의 개념이 사용되었으며, 1937년에 개정판이 나왔다.
③ 개정판의 특징
  ㉠ 문항이 129문항으로 증가되었으며, 대상이 2세에서부터 성인까지 확대되었다.
  ㉡ 아동용은 동작 검사 형식의 문항을 주로 사용하고, 성인용은 언어 검사 문항을 많이 사용하여 발달 단계를 고려한 변화를 보인다.
  ㉢ 검사 실시 방법과 채점이 보다 객관성을 지니게 되었다.

3. 웩슬러(Wechsler) 지능 검사
① 언어 영역과 동작 영역의 두 부분으로 구성되어 있다.
② '편차 IQ'라는 개념을 제안하였다.
③ 종류

종류	내용
WPPSI (Wechsler Primary and Preschool Scale of Intelligence, 4~7세)	• **언어 검사**: 일반 지식, 일반 이해, 유사성, 어휘, 산수, 문장 등 6가지로 구성 • **동작 검사**: 나무토막 조립, 그림 완성, 동물의 집, 미로 찾기, 기하학적 도형 등 5가지로 구성
WISC (Wechsler Intelligence Scale for Children, 7~16세)	• **언어 검사**: 일반 지식, 일반 이해, 유사성, 어휘, 산수, 수 암기 등 6가지로 구성 • **동작 검사**: 그림 완성, 그림 배열, 나무토막 조립, 물건 퍼즐, 부호 기입, 미로 찾기 등 6가지로 구성

종류	내용
WAIS (Wechsler Adult Intelligence Scale, 성인용)	• **언어 검사**: 일반 지식, 일반 이해, 유사성, 어휘, 수리력, 수 암기 등 6가지로 구성 • **동작 검사**: 그림 완성, 그림 배열, 물건 퍼즐, 나무토막 조립, 숫자-부호 등 5가지로 구성

4. SOMPA(System of Multi cultural Pluralistic Assessment)

① 웩슬러의 WISC를 보완하여 제작되었으며, 아동의 의료적 요소와 문화·인종·사회경제적 배경을 고려한 지능 검사이다.

구분	내용
의료적 요소	아동의 키, 몸무게, 시각, 청각, 예민성, 병력 등의 전반적 건강 상태
사회적 요소	교우 관계, 학교 외적 생활 측면 등을 면접을 통해 파악

② 5~11세 공립 학교 아동들에 대한 이해와 비차별적인 평가를 위한 목적을 지니고 있다.

5. K-ABC(Kaufman Assessment Battery for Children, 아동용 Kaufman 지능 검사, 2~12세)

① 아동의 학습 잠재력과 성취도 측정을 위한 지능 검사로, 언어 검사와 비언어적 검사로 이루어져 있다.
② 문화적 편향을 극복하려는 목적으로 개발되었으며, 청각·언어 장애인, 외국인 아동에게 유용한 검사이다.
③ 순차 처리 척도, 동시 처리 척도, 인지 처리 과정 척도(순차 처리 + 동시 처리), 습득도 척도로 구성되어 있다.

기출개념확인

01 다음 중 지능 검사에 대한 설명으로 옳은 것을 모두 고른 것은?

> ㄱ. 최초의 지능 검사는 영재를 판별할 목적으로 만들어졌다.
> ㄴ. 스탠포드 – 비네(Stanford – Binet) 지능 검사는 편차 IQ를 활용한다.
> ㄷ. K – ABC는 문화적 편향을 극복하고자 하는 목적으로 개발되었다.
> ㄹ. 웩슬러(Wechsler) 지능 검사는 지필 검사와 수행 검사로 구성되어 있다.

① ㄱ, ㄴ ② ㄷ, ㄹ
③ ㄱ, ㄴ, ㄷ ④ ㄱ, ㄴ, ㄷ, ㄹ

02 가드너의 다중 지능 이론에 대한 설명으로 옳지 않은 것은?

① 지능을 일상생활 속에서 다양한 방식으로 작용하는 기능적 개념으로 보고 있다.
② 지능을 9가지 독립된 지능으로 구분하였다.
③ 객관화된 지능 검사의 활용을 강조한다.
④ 학생의 개인차를 고려한 교육의 중요성을 강조한다.

정답·해설

01 ②   ㄷ. K – ABC는 문화적 편향을 극복하려는 목적으로 개발되었으며, 청각·언어 장애인, 외국인 아동에게 유용한 검사이다.
　　　ㄹ. 웩슬러(Wechsler) 지능 검사는 지필 검사(언어성 검사)와 수행 검사(동작성 검사)로 구성되어 있다.

　　[오답분석]
　　ㄱ. 최초의 지능 검사는 정신에 결손이 있는 아동을 선별하려는 목적으로 만들어졌다.
　　ㄴ. 웩슬러 지능 검사가 편차 IQ라는 개념을 제안하였다.

02 ③   다중 지능 이론은 객관화된 지능 검사를 지양하고 자연 상황에서의 관찰이나 포트폴리오 등과 같은 다양한 방법으로 지능을 측정할 것을 제안하였다.

제4절 학습과 기억발달

01 학습의 개념

1. 학습의 일반적인 개념
① 학습이란 경험이나 연습의 결과로 발생하는 비교적 지속적인 행동의 변화이다. 행동은 외현적 행동과 내면적 행동 모두를 포함한다.
② 인간의 발달에는 학습적 발달과 성숙적 발달이 있다. 학습과 성숙을 엄격히 구분하기는 어려우며, 또한 이들은 상호 보완적 관계에서 개체가 발달한다.
③ 학습의 개념에는 연습, 변화, 자기 조절, 지속성이라는 개념적 특성이 있다. 따라서 학습을 정의할 때 생득적 반응 경향에 의한 변화, 성숙에 의한 변화, 일시적인 변화는 제외된다.
④ 학습은 교사의 지도에 의해 새로운 지식, 기능, 행동을 습득하여 실생활에 활용할 수 있는 재체계화 과정으로서, 결과적으로 행동의 변화를 가져온다.

2. 학습에 대한 행동주의 심리학과 형태심리학의 정의

(1) 행동주의 심리학
'유기체에 대하여 어떠한 자극 또는 환경을 마련해 주어 그 반응으로 일어나는 비교적 지속적인 변화 과정'이다.

(2) 형태심리학
'인지 구조의 변화 과정'이다.

3. 학습의 요인

(1) 목표
학습 의욕으로부터 우러나오는 목표나 목표 의식으로, 학습자의 노력이나 방향을 조정하여 학습의 효과를 얻는다.

(2) 준비성
학습자의 신체적·정신적 성숙의 정도를 나타내며, 학습자가 이미 학습한 반응 또는 행동은 학습 목표 달성에 큰 영향을 미친다.

(3) 장면
학습자의 학습 환경으로, 한 학습 장면에서 학습한 경험이 다른 비슷한 장면을 직면했을 때 과거의 경험은 학습에 효과가 있다.

(4) 해석

학습자는 과거의 경험을 재해석한다.

(5) 반응

해석 결과에 따라 직접 행동으로 옮기는 것이다.

(6) 좌절

목표를 달성하지 못했을 때 나타난다.

4. 학습의 특징

① 학습은 그 결과로 행동의 변화를 가져온다.
② 학습은 연습·반복의 결과로 일어난다. 따라서 성숙을 통하여 자연적으로 일어나는 행동 변화는 제외된다.
③ 학습은 비교적 영속적인 행동의 변화이다.
④ 학습은 직접 관찰하기가 어려우며, 실천과 구분된다.

02 학습 이론

1. 행동주의 학습 이론 [기출개념]

(1) 고전적 조건 형성

① 파블로프(Pavlov, 1849~1936) 고전적 조건화의 개요
  ㉠ 러시아의 생리학자 파블로프에 의해 발전된 이론으로서, 개가 침을 분비하는 여러 가지 상황을 관찰하여 일정한 법칙을 밝혀 낸 결과를 통해 학습 현상을 설명하는 이론이다.
  ㉡ 파블로프의 조건 반사 이론이 왓슨(Watson)의 행동주의와 결합되어 '고전적 조건 형성설'이라고 불린다.
  ㉢ 조건화란 처음에는 중립적이던 자극이 일정한 훈련을 받게 되면, 나중에는 무조건 자극의 제시 없이 조건 자극만으로도 새로운 반응이나 행동의 변용을 가져올 수 있게 된다는 것이다.

② 고전적 조건 형성 실험
  ㉠ 배고픈 개에게 무조건 자극(음식물)을 가하면 무조건 반응(침)을 보인다.
  ㉡ 중립 자극(종소리)과 무조건 자극(음식물)을 반복적으로 가한다.
  ㉢ 조건 자극(종소리)만 가해도 조건 반응이 나타난다.

③ 조건 형성 과정

구분	내용
조건 형성 전	무조건 자극(UCS, 음식물) → 무조건 반응(UCR, 침)
조건 형성 중	중립 자극(NS, 종소리) + 무조건 자극(UCS, 음식물) → 무조건 반응
조건 형성 후	조건 자극(CS, 종소리) → 조건 반응(CR, 침)

④ 고전적 조건화의 주요 현상

구분	내용
자극의 일반화	일단 조건이 형성되고 난 직후 유기체가 유사한 조건 자극에 대해서 모두 반응하는 것 예 개가 종소리만 듣고도 침을 흘리게 된 후면 비슷한 종소리만 들어도 침을 흘리게 됨
변별	조건화된 자극과 유사한 자극에 모두 반응하던 유기체가 자극을 구분해서 반응하게 되는 것 예 비슷한 종소리만 들어도 침을 흘리던 개가 처음의 종소리와 거의 같은 것에 대해서만 침을 흘리게 됨
소거	조건이 형성되고 난 후 무조건 자극이 제시되지 않고 조건 자극만 반복해서 제시될 경우, 조건 반응은 점점 약해져서 마침내 일어나지 않게 되는 현상 예 고기를 주지 않고 종소리만 반복해서 들려주게 되면 나중에는 종소리를 들어도 침을 흘리지 않게 됨
제지 (금지)	일단 형성된 조건 반응도 실험 장면에서 조건 자극이나 무조건 자극과 관계없는 다른 자극이 개입되면 조건화 과정이 간섭 받아 약화되고 중단되는 현상 예 종소리와 고기의 짝짓기 과정에서 다른 음악소리가 개입되면 침 분비가 줄어들거나 사라짐
자발적 회복과 재조건 형성	• 조건 반응이 일어나지 않게 된 후(소거 현상이 일어난 후) 일정 기간이 흐른 뒤, 조건 자극만을 제공할 경우 다시 조건 반응이 일어나게 되는 현상 • 조건 자극과 무조건 자극을 계속 연결하여 제시하면 조건 반응은 원래의 강도로 돌아가는데, 이를 '재조건 형성'이라고 함 예 음식이 제공되지 않고 종소리만 들려줄 경우 더 이상 침을 흘리지 않는 소거 현상이 일어난 후, 일정 기간이 지나서 조건화되었던 그 종소리나 유사한 종소리를 들었을 때 다시 조건화된 반응, 즉 침을 흘리게 되는 경우
고차적 조건 형성	• 조건 자극이 조건 반응을 형성하고 난 후, 제2 자극과 짝지어진 경우 제2 자극이 조건 반응을 일으키게 되는 것 • 이런 방식으로 제3, 4의 조건 자극을 만들어 낼 때, 이를 '고차적 조건 형성'이라고 함 예 발자국 소리(제2 자극)가 종소리(조건 자극)와 연합되었을 때 발자국 소리만으로도 침을 흘리게 됨

(2) 조작적 조건화
① 스키너(Skinner) 조작적 조건화의 개요
㉠ 파블로프의 고전적 조건화는 조건 반응의 외적 자극에 관심을 두었다면, 스키너의 조작적 조건화는 인간이 외부의 자극 없이 의식적으로 행동할 수 있는 존재임을 착안하여 이론을 체계화하였다.
㉡ 스키너는 반응과 조작적 행동을 엄격히 구별하였다.
ⓐ **반응**: 단순히 자극에 의해서 이끌어져 나오는 것이다.
ⓑ **조작적 행동**: 유기체 스스로 의식적으로 발산해서 보여 주게 되는 행동이다.

ⓒ 고전적 조건화가 반응을 유발하는 조건 자극에 관심을 두었다면(S형 조건 반사), 조작적 조건화는 행동의 결과에 관심을 두고 있다(R형 조건 반사).
ⓓ 유기체의 자발적 행동이 자극의 기능을 하고, 보상에 의하여 강화가 이루어진다.

② 조작적 조건화 실험
㉠ 흰쥐 상자 실험
ⓐ 전구, 지렛대, 먹이통, 그물막 장치가 배열된 스키너의 상자를 제작하여 실험하였다.
ⓑ 상자 안에 흰쥐를 집어넣고 쥐가 지렛대를 누르면 먹이통에서 먹이가 나오도록 하였다.
ⓒ 흰쥐는 상자 안을 왔다갔다하다가 얼마 안 가서 벽의 지렛대를 누르고 먹이를 얻게 되었다.
ⓓ 흰쥐는 그 후에 지렛대를 누르면서 음식물을 먹는 행동을 형성하게 되었다.
㉡ 조작적 조건 형성 실험의 결과
ⓐ 유기체의 행동은 스스로 작용한 결과이다.
ⓑ 먼저 반응을 하고 그 다음에 강화가 주어진다(반응 → 자극 → 강화).
ⓒ 유기체의 능동적 반응이 간접적으로 자극의 역할을 하여 강화를 가져온다.
ⓓ 강화가 행동 변화의 핵심 변수이다.

③ 강화(reinforcement)
㉠ 강화의 개념
ⓐ 강화: 특정 행동이나 반응의 확률 또는 빈도를 증가시키는 현상을 말한다.
ⓑ 강화물(reinforcer): 강화의 수단으로 사용되는 사물이나 행위를 말한다.
㉡ 강화의 종류
ⓐ 정적(적극적) 강화: 바람직한 어떤 반응을 보일 때 보상(예 좋아하는 것: 칭찬, 선물)을 줌으로써 후에 어떤 장면에 처했을 때 그 반응이 다시 일어날 확률을 증가시켜 주는 것이다.
ⓑ 부적(소극적) 강화: 바람직한 어떤 반응을 보일 때 주어진 혐오적 상황(예 싫어하는 것: 화장실 청소)을 제거 또는 면제해 줌으로써 그 결과 반응의 빈도가 증가하는 것이다.
㉢ 강화물의 유형

강화물 유형	의미	예
정적 강화물	반응을 한 후 제시했을 때 그 반응의 확률을 증가시키는 기능을 하는 자극	과자, 칭찬, 상, 보너스
부적 강화물	반응을 한 후 제거했을 때 그 반응의 확률을 증가시키는 기능을 하는 자극	전기 충격, 꾸중, 벌 청소, 잔소리, 질책
1차적 강화물	선천적으로 반응 확률을 증가시켜주는 무조건적 강화물	음식, 물, 따뜻함, 수면, 전기 충격, 성

강화물 유형	의미	예
2차적 강화물 (학습된 강화물)	중립 자극이었던 것이 1차적 강화물과 연결되어 반응 확률을 증가시키는 기능을 획득한 강화물로, 처음에는 강화의 기능이 없었던 물건이나 대상이 인간의 본능적 욕구를 충족시켜주는 1차적 강화물과 연결되어 강화의 기능을 지니게 됨	격려, 칭찬, 사회적 인정, 쿠폰, 지위, 휴식, 자격증, 비난, 실격, 돈 (돈은 처음에는 종이에 지나지 않았으나 1차적 강화물, 즉 옷이나 음식과 결합하여 강력한 보상이 됨)
일반화된 강화물	2차적 강화물 중에서 여러 개의 1차적 강화물과 결합된 강화물로, 박탈 조건이 아니더라도 효과를 발휘함	지위, 권력, 명성, 돈 (음식물은 박탈된 상태에서만 강화의 기능을 하지만 돈은 박탈 여부에 관계없이 강화물의 기능을 발휘함, 즉 돈은 백만장자에게도 강화의 기능을 발휘함)

④ 벌(punishment)
  ㉠ 벌: 강화와 상반되는 개념으로, 원하지 않는 행동을 제거 또는 약화시키는 것이다.
  ㉡ 벌의 유형

벌의 유형	의미	예
제1형 (적극적, 수여성) 벌	원하지 않는 행동을 보일 때 혐오적인 강화물을 주는 것	싫어하는 것(질책, 체벌) 부여
제2형 (소극적, 제거성) 벌	원하지 않는 행동을 보일 때 선호하는 강화물을 박탈하는 것	좋아하는 것(컴퓨터 게임, 약속된 외식) 금지

2. 사회 학습 이론 기출개념

(1) 이론의 개요
① 반두라(Bandura)가 대표적인 학자이며 관찰 학습, 모방 학습, 인지적 행동주의 학습으로도 불린다.
② 사회 학습이란 인간 행동의 학습은 실험적인 상황이 아니라 사회생활 속에서 타인의 행동을 관찰하고 모방한 결과로 보며, 주위의 사람과 사건들에 집중함으로써 정보를 획득하는 학습이다.
③ 모델을 직접 관찰함으로써 이루어지는 경우가 많으나, 최근에는 대중 매체의 발전으로 언어나 사진, 그림과 같은 상징적 모델을 모방하는 경우도 많다.
④ 조작적 조건 형성의 원리를 이용하여 모방을 통한 인간의 사회 학습을 설명하면서도, 인간 행동의 목적 지향성과 상징화나 기대와 같은 인지 과정의 중요성을 인정하고 있다.
⑤ 행동주의에서 인지주의 이론으로 넘어가는 과도기 이론으로 평가받고 있다.
⑥ 학습은 모델의 행동을 모방하거나 대리적 조건 형성을 통해서 이루어진다.

(2) 학습 과정

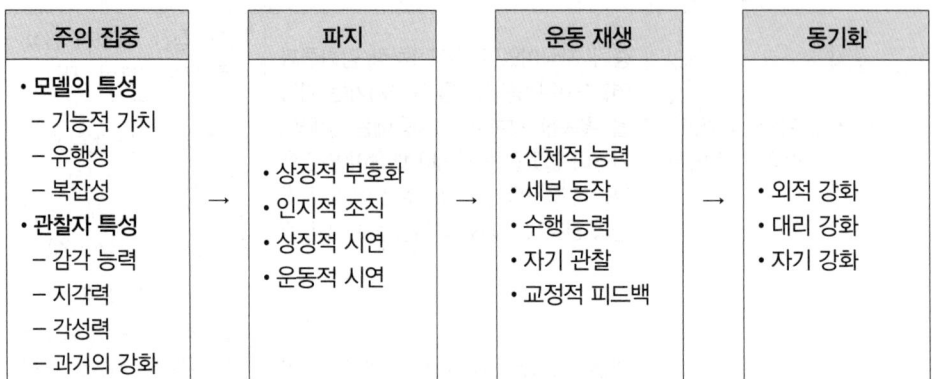

[그림 3-3] 관찰 학습 과정

① 주의 집중
  ㉠ 모방하려는 모델의 행동에 주의를 기울이는 과정이다.
  ㉡ 모델의 특성과 관찰자의 특성에 영향을 받는다.

② 파지
  ㉠ 모델을 관찰한 후 일정 기간 동안 모델의 행동을 언어적 방법이나 상징적 형태로 기억하는 것이다.
  ㉡ 상징적 형태로 기억하기 위해서는 모델의 행동을 상징적으로 기호화해야 한다.
  ㉢ 일단 정보를 인지적으로 저장하고 나면 관찰 학습이 일어난 뒤 오랜 시간이 경과해도 이용할 수 있다.

③ 운동 재생
  ㉠ 모방하려는 것을 실제 행동으로 옮겨 정확하게 재생하는 단계이다.
  ㉡ 행동의 정확한 재생을 위해 운동 기술과 신체적 능력이 있어야 하고, 이를 위해 성장과 연습이 필요하다.
  ㉢ 자신의 행동을 관찰하고 자신의 행동과 기억하고 있는 모델의 행동을 비교하면서 계속 자기의 행동을 수정하여 모델의 행동을 재생할 수 있게 해주는 교정적 피드백이 필요하다.

④ 동기화
  ㉠ 강화를 통해 행동의 동기를 높여주는 단계이다. 강화는 관찰자로 하여금 모델과 같이 행동하면 자기도 강화를 받는다는 기대를 갖게 하고 학습의 수행으로 유인하는 구실을 한다.
  ㉡ 강화는 학습(새로운 행동의 획득)을 유발하는 변인이 아니라 수행(학습의 결과)을 동기화한다.
  ㉢ 직접적 강화 외에 대리적 강화와 자기 강화에 의해 영향을 받는다.

(3) 관찰 학습 요인
　① 관찰 학습의 효과
　　㉠ 타인의 행동을 관찰함으로써 학습이 이루어진다.
　　㉡ 모델의 지위, 능력, 권력이 중요한 요인으로 작용한다.
　② 대리적 강화와 제거 효과
　　㉠ 타인의 행동을 관찰함으로써 어떤 특수한 행위를 억제하거나 피하게 하는 경우가 있다.
　　㉡ 어떤 사람의 행동의 결과가 나쁜 것을 관찰했을 때 제거 효과가 크다.
　③ 자기 통제의 과정
　　㉠ 모델의 행동이 관찰자의 행동을 통제하는 것이 아니라 관찰자 자신의 내적인 인지적 통제, 자기 규제에 의해 학습이 이루어진다.
　　㉡ 사회 학습은 모델의 특성뿐만 아니라 관찰자의 과거 경험, 욕구, 의도 등의 요인에 의해 영향을 받는다.

3. 인지주의 학습 이론

(1) 인지주의 학습 이론의 개요
　① 학습자의 내적 과정(인지 과정)을 연구 대상으로 한다.
　② 학습이란 행동의 변화가 아니라 인지 구조의 변화이다.
　③ 인지란 인간의 두뇌 속에서 일어나는 지각, 기억, 사고, 문제 해결 등과 같은 복잡한 정신 과정 또는 정보 처리 과정이다.
　④ 학습을 각 요소로 분할해서 파악하는 것이 아니라 하나의 전체로서 파악한다.
　⑤ '전체는 부분의 합 이상'이라는 가정으로 인간은 환경을 지각할 때 개별 자극체로 지각하는 것이 아니라 요소들 간의 관계를 기초로 전체 지각을 한다.
　⑥ 문제 해결은 문제의 요점을 파악하고 전체적으로 통합하며, 목적과 수단의 관계에서 통찰이 성립되어 일어난다.
　⑦ 형태 학습과 통찰 학습을 통한 학습 과정을 강조한다.
　⑧ 인간의 학습과 동물의 학습 간에는 질적인 차이가 있다.
　⑨ 본격적인 연구는 촘스키(Chomsky)의 무의미 철자법을 통한 언어 연구에서 시작되었다.
　⑩ 대표적 학자로는 베르트하이머(Wertheimer), 쾰러(Köhler), 코프카(Koffka), 레빈(Lewin), 톨만(Tolman), 피아제(Piaget), 오수벨(Ausubel), 브루너(Bruner)가 있다.

(2) 인지주의 학습 이론의 주요 가정
　① 인지적 성장 및 변화는 일생을 통해 이루어진다.
　② 인지는 개인이 환경적 사건의 의미를 능동적으로 구성한 결과이다.
　③ 개인의 특정 영역에 대한 인지적 유능성은 개인이 기능하는 맥락이다.
　④ 개인의 구체적인 행동은 환경적 사건에 대한 인지적 표상에 따라 달라진다.
　⑤ 개인의 인지적 표상은 사회적 기능 및 정서적 안녕에 영향을 미친다.
　⑥ 개인의 인지적 변화는 행동상의 변화로 이루어진다.

03 기억발달

1. 기억 및 기억발달의 개념

(1) 기억의 개념

일상에서 경험한 내용을 저장·보존하며, 필요한 경우에 경험한 내용을 재생하여 활용하는 일련의 과정이다.

(2) 기억발달의 개념

연령 증가에 따른 외부 정보를 저장하는 능력의 변화이다.

(3) 기억의 과정 ★★ [기출개념]

구분	내용
기명(memorizing)	• 기억 과정에서 새로운 경험을 머릿속에 새기는 일 • 정보 처리 용어로는 '부호화'에 해당함
파지(retention)	경험에서 얻은 정보를 유지하는 작용
재생(recall)	파지된 것을 다시 의식화하는 과정
재인(recognition)	기명된 내용과 재생된 내용이 일치되도록 하는 것

(4) 기억의 단계[앳킨슨과 쉬프린(Atkinson & Shiffrin)의 구조 이론]

① 기억은 몇 개의 단계로 이루어지며, 각 단계는 독특한 특징을 가지고 있다.
② 정보는 감각 기억과 단기 기억을 거쳐 최종적으로 장기 기억에 저장되어, 필요한 상황에서 재생·활용된다는 견해이다.
③ 기억 구조 모형

구분	내용
감각 기억	• 외부로부터의 정보가 감각 수용기에 감각적 유입을 거쳐 극히 짧은 기간 동안 저장되는 기억 • 시각 기억은 약 1초 정도, 청각 기억은 2~4초 정도 유지됨 • 정보 중 필요한 부분만 기억 장치에 보내고 나머지 정보는 대부분 소실됨 • 수용량에는 제한이 없음
단기 기억	• 감각 경로를 통해 유입된 경험 내용이 의식화되어 20~30초 동안의 흔적으로 남는 기억 • 단기 기억이 장기 기억으로 저장되지 못하고 그 흔적이 의식화되지 못하면 망각 현상이 일어남 • 기억 체제 속에서 정보의 흐름을 지배하는 가장 중추적인 기능을 담당하는 기억
장기 기억	• 단기 기억에서 파지된 정보가 비교적 영속적으로 저장되는 기억 • 장기 기억에 저장된 정보는 다시 재생·활용되고 반응으로 나타남 • 장기 기억에 저장된 정보는 조직적이고 체계화된 형태로 저장됨

2. 기억발달 과정

(1) 영아의 기억발달

① 재인 기억(recognition memory)
  ㉠ 특정 항목이 정해진 맥락에서 제시되었는지를 결정하는 일이다.
  ㉡ 신생아에게 색깔과 형태가 다른 시각 자극에 빨기 반응을 선택적으로 조건 형성시킨 결과, 24시간 후에 대상을 재인할 수 있음을 확인하였다(Werner & Siqueland, 1978).
  ㉢ 생후 14일된 영아에게 약 2주 동안 특정 낱말을 반복해서 들려 준 결과, 영아는 각 낱말을 기억하여 변별할 수 있음을 발견하였다(Ungerer 등, 1978)
  ㉣ 3개월 된 영아에게 발을 차면 묶인 끈을 당겨 침대 위에 매달린 장난감을 움직이게 하는 일련의 행동 계열을 훈련시킨 결과, 영아가 이 행동 계열을 기억하고 장난감을 보면 발로 차는 행동을 하는 것을 관찰하였다(Rovee-Collier 등, 1986, 1987).
  ㉤ 영아기 재인 기억은 출생 후 1년 동안 정교화되는 발달적 변화를 보인다(Flavell 등, 1993).

② 회상 기억(recall memory)
  ㉠ 받아들인 정보를 자극과 반응의 관계로 기억 과정에서 인출하는 정신 기능이다.
  ㉡ 영아의 회상 기억발달에 관한 연구는 주로 피아제의 인지발달 이론에서 설명된 '지연 모방' 과제를 사용한다.
    ⓐ 9개월 된 영아가 달걀을 흔들거나 버튼을 누르는 성인 모델의 행동을 관찰한 직후와 24시간이 경과된 후 그 행동을 재생할 수 있는지를 관찰한 결과, 영아는 관찰한 행동을 재인할 만한 아무런 지각 단서가 없어도 자신의 표상을 통해 재생해낼 수 있음을 발견하였다.
    ⓑ 이는 지연 모방 능력이 피아제가 주장한 것보다 훨씬 빠른 시기에 나타난 것으로, 이 시기의 영아가 회상 기억을 갖고 있음을 보여준다(Meltzoff, 1988).

(2) 유아기 기억발달 ★

① 기억 용량의 증가
  ㉠ 유아기에는 단기 기억 용량이 증가한다(감각 기억, 장기 기억은 연령에 따른 변화 없음).
  ㉡ 조작 효율성 가설(Case, 1985)
    ⓐ 연령 증가: 정보 처리 속도가 빨라지고 효율성이 높아져 조작 공간이 덜 필요해진다.
    ⓑ 저장 공간의 비중이 커질 수 있게 된다.
  ㉢ 카일(Kail, 1992, 1997)
    ⓐ 학습, 경험의 영향이 아닌 생물학적 성숙의 결과이다.
    ⓑ 뇌, 신경계의 수초화가 증가한다.

개념 Plus

영아의 사태 기억 가능성에 관한 연구(Mandler)
강아지를 목욕시키고 털을 말리는 행동 계열 관찰 실험 결과는 다음과 같다.
- 11개월 된 영아: 실험이 이루어지는 기간 동안 모델의 행동 계열을 스스로 회상하였다.
- 20개월 된 영아: 2주 후에 모델의 행동 계열을 회상하여 강아지를 목욕시키는 절차를 재연하였다.

영아기 기억 상실증 (infantile amnesia)
인생 초기에 경험한 사건을 기억하지 못하는 것을 뜻한다. 성인은 아기 시절을 거의 기억하지 못하는 반면, 3~4세 이후의 경험을 기억할 가능성은 크다. 단순히 너무 오래 전의 일이기 때문에 기억하지 못하는 것과는 다른 차원의 의미이다. 인생 초기의 경험은 언어 능력의 부재 혹은 자아감이 발달하지 않았기 때문에 기억하기가 어렵다. 그러나 걸음마기를 지나면 개인에게 중요한 삶의 경험과 사건을 구조화할 수 있는 전기적 기억이 발달한다.

개념 Plus

단기 기억 용량 측정: 기억폭(memory span) 검사
- 숫자를 몇 개 불러주고 순서대로 말하도록 하는 검사이다.
- 검사 결과 기억폭은 유아기에 급격히 증가하였다.
  - 2세: 2개
  - 5세: 4.5개
  - 성인: 7~8개

개념 Plus

6세, 11세 아동 연구
(Pressley & Levin, 1980)
- 6세와 11세 아동에게 18쌍의 항목을 기억하고 회상하게 하였다.
- 6세: 지시에 의한 정교화를 사용하며 스스로 전략을 사용하지 못한다.
- 11세: 스스로 정교화 전략을 사용한다.

핵심 Check

유아기에 기억 능력이 발달하는 이유
- 정보 저장 공간의 크기 및 기억 용량의 증가
- 체계적 정보 저장 및 인출을 위한 기억 전략의 발달
- 기억과 기억 과정에 대한 지식인 '상위 기억(meta memory)'의 발달
- 연령 증가에 따른 지식 기반의 확대

② 기억 전략의 발달
  ㉠ 유아기에 출현하지만 초기에는 효율적이지 않고 아동기에 크게 발달한다.
  ㉡ 시연(rehearsal)
    ⓐ 3~4세는 초보적인 형태의 시연을 한다.
    ⓑ 5세는 10%, 7세는 60%, 10세는 85% 시연을 한다.
  ㉢ 조직화(organization)
    ⓐ 상위 개념, 하위 개념에 대한 이해가 전제된다.
    ⓑ 시연보다 늦게 나타난다.
    ⓒ 유아기의 조직화는 초보 형태로 의미론적 조직화는 발달하지 않았다.
    ⓓ 11세 이전에는 조직화를 사용하기 어렵다.
      • 11세 이전: 고정적 이미지(static image)를 사용한다.
      • 청소년, 성인: 동적 이미지(dynamic image)를 사용한다.
      • 일반적 지식이 부족하다. 새로운 정보를 기존 지식과 관련지을 수 있는 풍부한 지식을 갖고 있어야 한다.
  ㉣ 상위 기억의 발달
    ⓐ 3~4세: 짧은 내용이 긴 것보다 쉽고, 긴 내용을 기억하는 것이 더 많은 노력을 요한다는 것을 이해한다.
    ⓑ 4~11세: 자신의 기억 능력에 대한 예측이 가능하다.
③ 지식 기반의 확대: 아동은 연령 증가에 따라 기억 전략이 발달하고, 지식 기반이 확대된다.

04 기억 전략의 발달

1. 기억 전략의 개념
① 기억을 증진시키기 위해 사용하는 정신적 조작이다.
② 아동은 연령이 증가하면서 더 적극적으로, 융통성 있게 다양한 상황에서 질적으로 발전된 전략을 사용한다.
③ 기억 전략의 유형
  ㉠ 시연(rehearsal) 전략
  ㉡ 조직화(organization) 전략
  ㉢ 정교화(elaboration) 전략
  ㉣ 인출(retrieval) 전략

2. 기억 전략 사용의 출현
① 학령 전기의 아동도 간단한 전략은 사용한다.
② 시연이나 조직화 같은 전략은 학령기 동안 발달한다.

3. 기억 전략의 유형

(1) 시연(rehearsal) 전략
① 기억 과제를 반복적으로 수행하는 것을 의미한다.
　예 '94613'이라는 숫자를 기억하도록 할 때, 숫자를 기억하기 위해 '94613, 94613……'으로 계속 반복하는 것
② 시연은 초등학교 1학년 이후로 급속하게 발달한다.
③ 5~8세의 아동은 한 번에 한 단어씩 시연한다. 이는 어린 아동이 복잡한 전략을 사용할 경우 작동 기억 용량의 대부분을 사용하여 시연할 항목을 인출해 낼 공간이 충분하지 않기 때문으로 유추된다.
④ 12세 아동은 먼저 제시된 단어에 새로 제시된 단어를 추가하여 반복하는 누적시연을 한다.

(2) 조직화(organization) 전략
① 투입되는 정보를 부분적으로 또는 무선적인 형태로 처리·저장하는 것이 아니라, 자료들이 갖고 있는 의미 있는 관계성을 파악하고 이에 따라 재조직·재구성하여 기억하는 전략이다.
② 조직화 전략 발달이 늦은 이유는 유목 포함 조작 능력의 발달과 관련된다.
③ 초기 아동 연구에서 9~10세가 되어야 조직화 전략이 발달한다고 보고되었다(Liberty & Ornstein, 1973).
④ 최근 연구에서 7세 이전 아동도 조직화 전략을 사용한다는 것이 보고되었다(Cox 등, 1989).

(3) 정교화(elaboration) 전략
① 기억 자료에 의미적 관계를 부여하는 책략이다.
② 정교화는 연령 증가에 따라 질적으로 발달한다.
③ 정교화는 서로 관계가 없는 정보 간에 관계를 설정해 주는 것이기 때문에 비교적 늦게 발달한다.
④ 최근 연구에서 초보적인 정교화 전략을 5세 유아에게 가르쳐 기억 수행이 증가된 사례가 보고되었다(Ryan 등).
⑤ 자발적인 정교화 전략의 사용은 청년기에 가능한 능력이다.
⑥ 정교화 전략이 늦게 나타나는 이유는 두 개의 서로 무관한 정보를 관련짓기 위해서는 주어진 정보의 의미를 확대·통합하는 능력과 배경지식이 필요하기 때문이다(Pressly).

(4) 인출(retrieval) 전략
① 시연, 조직화, 정교화는 주로 장기 기억에 정보를 저장하는 전략이고, 인출은 장기 기억 저장소에서 정보를 찾아 끄집어내는 데 필요한 전략이다.
② 기억된 정보를 찾으려 할 때 사용하는 방법이며, 필요한 정보를 탐색해서 사용할 수 있게 만드는 과정이다.
③ 인출 전략은 외적 정보 탐색 능력이 급격히 발달하는 입학 전 아동기에 발달한다.
④ 어린 아동은 특별한 인출 단서가 주어지지 않으면 정보 인출에 어려움을 겪지만 정보를 저장하는 것에 문제가 있는 것은 아니다.

기출개념확인

01 기억의 과정을 바르게 나열한 것은?

① 기명 → 파지 → 재인 → 재생
② 기명 → 파지 → 재생 → 재인
③ 파지 → 기명 → 재인 → 재생
④ 파지 → 기명 → 재행 → 재인

02 인지주의 학습 이론에 대한 설명으로 옳지 않은 것은?

① 학습을 행동의 변화로 본다.
② 형태 학습과 통찰 학습을 통한 학습 과정을 강조한다.
③ 인지주의 학습 이론에 대한 연구는 무의미 철자법을 통한 언어 연구에서 시작되었다.
④ 인간의 학습과 동물의 학습 간에는 질적인 차이가 있다.

정답·해설

01 ② 기억의 과정은 기명, 파지, 재생, 재인의 순으로 이루어진다.

참고 기억의 과정

구분	내용
기명(memorizing)	• 기억 과정에서 새로운 경험을 머릿속에 새기는 일 • 정보 처리 용어로는 '부호화'에 해당함
파지(retention)	경험에서 얻은 정보를 유지하는 작용
재생(recall)	파지된 것을 다시 의식화하는 과정
재인(recognition)	기명된 내용과 재생된 내용이 일치되도록 하는 것

02 ① 인지주의 학습 이론에서 학습이란 행동의 변화가 아니라 인지 구조의 변화로 본다. 학습을 행동의 변화로 보는 것은 행동주의 학습 이론이다.

제5절 언어와 의사소통

01 언어발달 이론

1. 학습 이론적 접근

(1) 언어 습득에 대한 견해
① 언어 습득은 두뇌의 사고 과정에 의한 것이 아니다.
② 아동이 주위 사람들이 사용하는 언어를 모방하고, 강화를 받은 것이 반복되는 기계적 습관 형성에 의해 이루어진다.
③ 아동의 주변 사람들이 보여주는 반응이 언어발달에 결정적인 영향을 미친다는 사실을 가정한다.

(2) 스키너(Skinner)의 견해
① 언어도 다른 행동과 마찬가지로 조작적 조건 형성에 의해 학습된다고 하였다.
② 반응의 종류

구분	내용
욕구 발화 반응	요구, 요청, 명령 등의 상황에서 나타나는 언어 반응
접촉 반응	영유아가 어떤 대상과 접촉할 때 자신의 말로 중얼거리는데, 이때 성인이 아이에게 강화를 하면 연습을 통해 그 언어를 습득
반향적 조작 반응	성인의 소리를 그대로 반향하며 언어를 학습
문장적 조작 반응	문자를 보고 소리를 내어 읽음
언어 내 조작 반응	한 언어 자극이 다른 언어 반응을 산출
자동적 조작 반응	문장 틀의 학습으로 문법을 습득

(3) 반두라(Bandura)의 견해
① 모방이 아동의 언어 학습에 주된 역할을 한다.
② 직접적인 강화가 아닌 대리 강화의 경우에도 학습이 일어난다.

(4) 학습 이론의 한계점
① 언어 사용의 창조적인 면에 대한 설명이 부족하다.
② 언어 습득에서 모방의 역할은 한계가 있다.
③ 언어 습득에서 강화는 결정적 역할을 하지 못한다.
④ 언어 습득 속도는 모방이나 강화의 빈도와 다르게 급속하게 발달한다.

2. 생득론적 접근 기출개념

(1) 언어 습득에 대한 견해
① 언어는 인간 종 특유의 현상이다.
② 인간의 언어발달은 후천적인 학습이 아니라 선천적 언어 획득 기제(LAD; Language Acquisition Device)에 의해 이루어진다.

(2) 촘스키(Chomsky)의 견해
① 아동들이 제한된 언어적 경험을 바탕으로 복잡한 문장 구조를 빠르게 습득하고 구사하는 사실에 주목하여 인간은 선천적으로 LAD를 갖추고 있다고 가정하였다.
② LAD는 뇌의 특정 구조나 부위가 아니라 외부로부터 들어오는 언어 자극을 분석하는 지각적·인지적 능력을 의미한다.
③ 선천적인 언어 처리 능력에 의해 아동은 주변으로부터 듣는 여러 언어 자극들의 의미를 이해하고, 낱말을 연결시켜 문법적으로 정확한 문장을 만들어 내는 언어 구사 능력을 보이게 된다.

(3) 레너버그(Lenneberg)의 견해
① 촘스키와 마찬가지로 언어 습득의 선천성을 주장했지만, 더 나아가 언어 습득의 생물학적 기반에 대한 연구를 발전시켰다.
② 인간의 언어 습득에는 결정적 시기가 있다.
③ 두뇌 기능의 분화, 즉 편재화 현상은 사춘기에 완성된다.

(4) 생득주의 이론의 타당성
① 문화권을 초월하여 아동들은 공통적으로 생의 일정 기간 내에 빠른 속도로 언어를 습득한다.
② 모든 언어에 공통적인 어순과 문법적 특성이 있다는 것은 모든 인간에게 보편적인 언어 획득 장치가 존재하는 가능성을 시사한다.
③ 사춘기 이전의 뇌의 손상으로 인한 언어 장애는 비교적 빠르고 쉽게 치유되지만, 사춘기 이후의 언어 손상은 회복이 거의 불가능하다.

(5) 생득주의 이론의 한계점
① LAD는 객관적으로 검증되지 않는다.
② 초기 언어 습득 단계의 설명에 한계가 있다.
③ 언어 습득에 미치는 사회적 요인을 간과하고 있다.

3. 인지발달론적 접근

(1) 언어 습득에 대한 견해
언어는 사고, 인지와 밀접한 관련이 있다.

(2) 피아제(Piaget)의 견해
① 아동의 언어발달은 일반적으로 인지능력의 발달에 기초를 두고, 아동의 사고나 개념을 표현하는 수단으로써 발달된다.
② 사고와 인지발달이 선행하고 언어발달이 이에 뒤따른다(사고 → 언어).

📑 **개념 Plus**

LAD의 존재 이유
- 심층 구조를 다양한 표면 구조로 변형시킨다.
- 불완전한 언어 자료를 투입받아도 모국어의 문법을 습득할 수 있다.
- 지능에 관계없이 모국어를 습득할 수 있다.
- 인위적인 훈련 없이도 언어를 쉽게 습득한다.

③ 초기 아동의 언어 속에는 자신이 새롭게 획득한 인지적 지식들이 내포되어 있다.
　㉠ 대상 영속성을 획득하는 시기에 '갔어', '없어' 등의 낱말이 나타나기 시작한다.
　㉡ 아동이 인과적 관계에 대한 지식을 획득하는 시기에 '~ 때문에', '~없어서' 등의 언어 표현이 사용된다.
④ 아동은 외부의 물리적 대상과 상호 작용하는 경험을 통해 스스로 지식을 구성하기 때문에 근본적으로 인지발달은 자기 주도적인 과정이다.
⑤ 전조작기에 유아는 다양한 표상과 개념들을 획득·형성하게 되는데, 이러한 표상의 표현 형태 중 하나가 언어이다.
⑥ 아동의 독백은 자기 중심적 사고가 언어를 통해 표현된 양상이며, 아동의 사고가 탈중심화되면 이들의 언어도 사회화된 언어로 바뀌어 간다.

(3) 비고츠키(Vygotsky)의 견해
① 지식이란 한 사회나 문화가 오랜 역사와 전통을 축적해 놓은 외적 산물이며, 언어는 사고와 인지발달을 촉진하는 매개 역할을 한다.
② 아동은 자기보다 유능한 성인이나 또래와 함께 하는 활동을 통해 인지발달을 한다.
③ 언어는 지식의 내면화 과정에 필수적인 도구이므로, 인지발달을 촉진시키기 위한 매개 수단으로써 언어가 발달한다.
④ 언어발달이 사고발달에 우선한다(언어 → 사고).

(4) 피아제(Piaget)와 비고츠키(Vygotsky)의 언어발달 이론 차이

피아제(Piaget)	비고츠키(Vygotsky)
• 영유아의 언어발달은 물리적 환경과의 능동적 상호 작용을 통해 사고가 발달하고 언어는 인지발달에 따름 • 인지가 발달함에 따라 언어가 발달한다는 인지우선론을 주장함 • 자기 중심적 언어에서 사회화된 언어로 발달 • 유아의 자아 중심적 언어인 독백은 인지적 미성숙에 의한 것	• 사회적 관계에 관심을 가지고 주위에 성인이나 우수한 또래와의 상호 작용을 통해 언어가 습득됨 • 언어와 인지는 서로 다른 근원에서 발생하여 독립적으로 발달하다가 2세경이 되면 인지와 언어가 통합됨 • 사회화된 언어에서 자기 중심적 언어, 내적 언어로 발달 • 혼잣말을 하는 것은 사회적 능력과 관련되어 있으며, 내적 언어로 발달해 가는 중요한 과정의 하나

(5) 의미론적 관점
① 아동이 특정 낱말의 의미를 획득하는 것은 아동의 기존 인지 구조나 지식 기반 내의 지식들이 특정 낱말이 사용되는 상황 단서와 결합하여 의미를 추론하는 과정에 의존한다.
② 이러한 과정을 '신속 표상 대응'이라고 한다(Carey, 1978).
　㉠ 2~6세 사이 아동이 하루에 그 의미를 획득하는 낱말의 수는 평균 9개이다. 이를 1년 단위로 살펴보면 3,200개에 달한다. 이를 고려하면 신속 표상 대응은 의미론적 관점에서 언어발달을 의미 있게 설명하는 개념이다.
　㉡ 신속 표상 대응은 아동이 기존 인지발달 경험과 지식을 활용해 이를 새로운 언어적 경험에 결합하여 언어 능력을 발달시켜나가는 언어발달 기제로 볼 수 있다.

> 📒 **개념 Plus**
> **신속 표상 대응**
> 대화에서 한 번 또는 두 번 들은 새로운 단어의 적절한 의미를 이해하고 받아들이는 힘이다.

4. 상호 작용론적 관점

① 언어 습득에 대한 견해: 상호 작용주의 이론은 사회적·언어학적·성숙적·인지적 제 요인들이 언어발달에 영향을 주며 이러한 요인들이 상호 의존적으로 작용·조정하면서 언어가 발달한다고 본다.

② 아동이 주변으로부터 받아들이는 언어적 정보들을 통합하여 스스로 의미를 찾아내고 언어를 구성해가는 능력이 있다고 보는 관점에서 생득론이나 인지발달론과 입장이 같고, 언어적 환경이 주는 자극과 강화를 강조하는 점에서 학습 이론적 입장을 지니고 있다.

③ 초기 아동의 언어발달을 촉진하는 부모의 역할로 드러나는 아동과 환경 간의 상호 작용을 특히 중시한다.

④ 언어 획득 지지 체계
  ㉠ 아동의 언어발달에 기여하는 부모의 역할을 말한다(Bruner, 1975, 1983).
  ㉡ 영아가 옹알이를 시작할 때 부모가 아기의 발성에 맞추어 적절한 소리로 반응하면 영아의 옹알이의 양은 급격하게 증가하지만, 부모가 영아의 옹알이에 냉담한 반응을 보이면 옹알이는 사라진다.
  ㉢ 언어 이전 시기의 부모와 영아 간의 사회적 상호 작용은 초기의 언어 획득 지지 체계의 좋은 예이다.

⑤ 어머니와 아동 간의 언어 상호 작용 유형(Slobin, 1968)

유형	내용
확장되지 않은 모방	아동과 어머니가 같은 길이와 구조의 문장을 서로 주고받는 대화 양식
축소된 모방	어머니가 사용하는 문장의 길이와 구조가 더욱 단순화되어가는 양식
확장된 모방	어머니가 아동의 불완전한 문장을 완전한 문장으로 정교화시켜주는 대화 양식

> **개념 Plus**
>
> **발판화**
> 부모가 놀이를 통해 아동의 언어 및 인지발달을 촉진하는 사회적 상호 작용 과정이다.

02 언어발달의 과정

1. 언어 전 단계 [기출개념]

(1) 개관

언어 전 단계는 낱말을 사용하지는 못하지만 여러 형태로 자신의 의사를 전달할 수 있는 시기이다.

(2) 언어음 지각 능력의 발달

① 영아는 사람의 음성을 다른 소리에 비해 선호하는 경향이 있다. 이는 인간이 선천적으로 음성 자극을 선호하고 이에 민감하게 반응하는 생물학적 경향성을 갖고 있음을 보여주는 것이다.

② 사람들이 영아에게 '어머니의 말투'로 대하면 영아는 이에 대하여 호의적인 반응(미소, 옹알이 등)을 보인다. 이는 영아의 언어음에 대한 선호가 생득적이라는 것을 의미하는 것이다.
③ 생후 1개월 된 영아의 범주적 언어음 지각 능력에 대한 실험을 통해 영아에게 선천적 언어 지각 능력이 있음이 보고되었다(Eimass 등, 1971, 1987).
④ 영아가 사람의 음성에 대한 높은 선호도와 언어음 지각 변별 능력을 갖추고 있다는 사실은 인간이 일상 언어에서 사용되는 음을 구별하고, 반응하며, 이를 적절히 처리하는 일종의 언어 양식을 갖고 태어남을 시사하는 것이다.

(3) 언어음 생성 능력의 발달
① 출생에서 1년 사이의 영아는 대체로 세 단계를 거치면서 언어음 생성 능력을 발달시켜나간다.

단계	내용
1단계	출생 시부터 시작되는 영아의 첫 번째 의사소통 수단은 울음으로 최초로 형성되는 언어음임
2단계	생후 1개월경부터 영아는 중얼거리는 듯이 소리를 내면서 자신의 정서를 표현함('어어', '오오' 등)
3단계	생후 2~3개월 사이에 옹알이가 시작되며, 옹알이는 언어음 생성 능력 발달 과정에서 매우 중요함

② 옹알이
  ㉠ 모든 문화권의 영아가 비슷한 시기에 옹알이를 시작하며, 그 발성 내용이 유사하다.
  ㉡ 영아가 옹알이를 통해 발성하는 음의 수가 점차 증가하며, 상황에 따라 자신의 발성을 조정한다.
  ㉢ 옹알이가 언어발달에 필수적인 것은 아니지만 상당한 관련이 있다.

2. 언어 후 단계 [기출개념]

(1) 개관
1세를 전후해서 영아가 낱말을 사용하기 시작하면서부터 본격적인 언어발달이 시작된다.

(2) 일어문기(한 단어 문장 시기)
① 일어문기는 영아가 첫 낱말을 말하기 시작하는 10개월~13개월경부터 두 개의 낱말을 연결해서 사용할 수 있게 되는 약 18개월 전후까지의 시기이다.
② '일어문'이란 영아가 하나의 낱말을 단순히 하나의 대상을 지칭하는 것에 그치는 것이 아니라 문장의 의미를 하나의 낱말로 전달하려 한다는 의미를 내포하고 있다.
③ 일어문기의 영아는 한 번에 하나의 낱말을 사용하여 자신의 의사를 표현하지만, 실제로 영아가 알아듣는 낱말 수는 사용하는 낱말의 수보다 많다.

④ 영아는 약 18개월 전후로 사용하는 낱말의 수가 급진적으로 증가한다.
  ㉠ 영아가 사용하는 낱말은 친숙한 사물이나 대상의 이름이 약 60~70% 정도, 행위어가 약 10~30% 정도를 차지한다.
  ㉡ 사물의 이름 중에서도 기저 수준 범주의 명사가 구체적·추상적·일반적인 명사보다 빨리 습득된다.
⑤ 일어문기의 영아는 자신이 획득한 낱말을 적절하지 않은 다른 대상에게까지 일반화시켜 사용하는 과잉 확대의 오류를 범한다.

> **개념 Plus**
> **과잉 확대의 오류**
> 낱말을 사용할 때 실제 그 낱말의 의미보다 더 광범위한 대상을 가리키는 것이다.
> 예 소방차, 기차, 트럭, 버스, 자동차 등을 모두 '차'로 지칭한다.

(3) 이어문기(두 단어 문장 시기)
① 이어문기는 약 18~20개월 사이에 두 개의 낱말을 연결하여 문장을 만들 수 있게 되는 시기이다.
② 이어문기에 유아가 사용하는 이어문은 조사나 연결사가 생략된 채 단순히 명사, 동사, 형용사 등이 나열된다.
③ 유아가 사용하는 이어문의 기능과 의미 관계는 대부분의 상이한 언어권에서 유사하게 나타난다. 이는 언어발달이 단순히 학습된 결과가 아니라 인간 고유의 생득적 경향성을 따르고 있음을 의미하는 것이다.
④ 언어권 간의 보편적인 발달 현상은 사고 및 개념의 습득을 포괄하는 인지발달의 보편성에서 기인할 수도 있으며, 이어문기에 부모와 유아 간의 상호 작용의 공통성에서 기인한 것일 수도 있다.

(4) 이어문기 이후
① 이어문기가 지나면서 아동은 3개 이상의 낱말을 연결하여 보다 길고 복잡한 문장을 만들어 사용하기 시작한다.
② 평균 발화 길이
  ㉠ 이어문기 이후 아동의 언어발달 수준을 진단하는 지표 중 하나이다.
  ㉡ 평균 발화 길이는 아동이 한 문장 내에서 사용하는 낱말의 수가 아니라 기본 의미 단위인 형태소의 수에 의해 결정된다.
  ㉢ 평균 발화 길이는 단순히 문장의 양적인 길이가 아니라 문법적 지식의 정교화와 밀접하게 관련된다.
③ 이어문기 이후 언어발달에서 문법적 지식과 구사 능력은 중요한 의미가 있으며, 문법적 지식은 체계적인 순서를 따라 발달한다(Brown, 1973).
④ 과잉반화는 이어문기 이후 아동의 문법적 지식 발달을 이해하는 데 도움이 되는 중요한 현상이며, 문법적인 변형 생성 능력이 생득적이라는 것을 시사한다.
⑤ 이어문기 이후 아동은 자신이 말하고자 하는 의도에 맞는 낱말을 선택·결합하여 자신의 의도와 의미가 일치하는 문장을 만들어 전달하는 의미 전달 능력을 발달시킨다.
⑥ 의미 전달 능력은 어휘의 의미를 이해하고 구사하는 능력의 발달 및 명제적 의미의 발달을 전제로 한다.
⑦ 2~6세의 유아는 그 자체가 절대적인 의미를 갖지 않으면서 상호 관계나 비교에 의해 의미가 이해되는 관계어의 의미를 이해하기 시작한다.

> **개념 Plus**
> **의미 전달 능력**
> • 어휘의 의미 능력: 각 낱말의 다양하고 정확한 의미를 이해하고 이를 적절히 활용할 수 있는 능력을 말한다.
> • 명제적 의미: 어떤 사물, 현상, 사태에 대한 선언적 지식이다.

03 의사소통 능력의 발달

1. 의사소통 능력의 개요
① 인간의 의사소통 능력은 언어를 사용하기 이전부터 발달하기 시작한다.
② 울음, 미소, 표정, 몸짓, 눈 맞춤 등은 언어 전 단계의 영아의 중요한 의사소통 수단이다.
③ 언어 이전 의사소통 수단은 언어를 획득한 뒤에도 사라지지 않고 신체 언어로 활용되어 성인기까지 중요한 의사소통 수단이 된다.
④ 아동이 언어를 구사하기 시작하면서부터 대부분의 의사소통은 언어를 활용한다.
⑤ 아동은 2세경부터 말하는 이, 듣는 이, 시간, 장소 등 대상과 사회적 상황에 맞추어 자신의 언어를 적절하게 사용하는 능력을 발달시켜 나간다.

2. 듣기 능력의 발달
① 상대방이 하는 말을 주의 깊게 듣고, 그 의미를 정확하게 이해하며, 전달된 내용이 지니는 모순을 파악해내는 능력은 의사소통의 기초가 된다.
② 일반적으로 동양 아동들이 상대방의 이야기에 대한 주의 집중 시간이 길고, 관심과 흥미도가 높아 서양 아동들에 비해 수용 언어 능력이 높은 것으로 알려져 있다.
③ 초기 수용 언어 능력이 후에 발달할 읽기 능력과 쓰기 능력에 어떤 영향을 주는지는 연구 대상이다.

3. 말하기 능력의 발달
① 듣는 사람의 연령, 성, 사회적 지위에 따라 자신의 언어적 표현을 조정하는 말하기 능력은 비교적 빨리 발달한다.
② 2세경부터 유아가 대상과 상황에 맞게 의사소통을 해나가는 기술을 갖추고 있다.
③ 입학 전 유아들은 단순히 대상의 특성에 맞게 자신의 표현을 적응시킬 뿐 아니라, 상대방의 반응을 감지하고 이에 따라 자신을 말을 조정하는 능력을 보인다.

4. 상위 의사소통 능력의 발달
① 상위 의사소통 능력은 자신이나 상대방의 의사소통 능력에 관해 정확한 지식을 가지고 이에 맞추어 의사소통을 조정하는 능력이다.
② 2세 유아도 대상과 상황에 맞추어 자신의 말을 조절하는 기본적인 기술을 갖고 있지만, 입학 전 아동의 의사소통 능력이 부족한 이유는 아동의 상위 의사소통 능력에 결함이 있기 때문이다.

📖 개념 Plus

수용 능력에 관한 연구
- 마크맨(Markman): 초등학교 1학년과 3학년을 대상으로 실험한 결과, 1학년 아동은 설명 내용의 부적절성을 파악하지 못한 반면에, 3학년 아동은 정확하게 지적해냈다.
- 플래벨(Flavell) 등: 유치원 아동이 초등학교 2학년 아동에 비해 의사소통 내용의 모순을 감지하는 능력이 낮다는 사실이 밝혀졌다. 이는 초등학교 저학년 아동기 동안 듣기 능력이 크게 발달하고 있음을 보여주는 것이다.

화용 능력에 관한 연구
- 던(Dunn, 1988): 2세 유아가 자신보다 어린 동생에게 말할 때와 어머니에게 말할 때, 서로 다른 표현을 사용한다.
- 샤쯔와 겔만(Shatz & Gelman, 1973): 4세 유아는 자신보다 어린 2세 유아에게 이야기할 경우, 또래나 어른에게 말할 때보다 쉬운 낱말과 짧은 문장을 사용한다.
- 웰만과 렘퍼스(Wellman & Lempers, 1977): 2세 유아가 또래 간 서로의 입장을 고려하며 대화를 이끌어갈 수 있다.
- 메닝-피터슨(Mening-Peterson, 1975): 입학 전 유아가 어떤 사건이 일어나고 일주일이 지난 뒤 그 자리에 있어서 사건을 목격한 사람과 그 자리에 없었던 사람에게 그 사건을 설명하는 방식을 달리한다. 이는 대상과 상황을 통합하고 그에 적응하는 의사소통 조절 능력을 보여줌을 시사한다.

상위 의사소통 능력에 관한 연구(Krauss & Glucksberg)
- 자신을 보지 못하는 상대에게 어떤 내용을 설명하는 과제에 대해, 유치원생과 초등학교 1학년 아동은 상위 의사소통 능력 결함을 보였고 시행 횟수가 거듭되어도 학습 효과가 없었지만, 초등학교 3학년과 5학년 아동은 빠른 학습 효과를 보였다.
- 상위 인지 능력은 유아기 이후에 발달하므로, 상위 인지 능력에 기초를 둔 상위 의사소통 능력도 그에 따라 발달하기 때문인 것으로 유추할 수 있다.

핵심 Check

의사소통 기술에 필요한 능력
- 상대방의 말에 주의를 기울여 듣고 상대방이 하는 말의 뜻을 이해하는 능력
- 상대방의 연령, 성, 사회적 지위 또는 상황적 조건에 맞게 자신의 언어적 표현을 조정하는 능력
- 자신이 하는 말을 상대방이 이해하고 있는가의 여부를 상대방의 반응으로부터 감시하고 조정해 나가는 능력

기출개념확인

01 언어발달 상호 작용 이론에 대한 설명으로 옳지 않은 것은?
① 언어발달에 대한 행동주의 견해와 생득론적 견해를 수용한다.
② 브루너는 아동의 언어발달에 기여하는 부모의 역할을 언어 획득 지지 체계라고 하였다.
③ 비고츠키는 인지가 발달함에 따라 언어가 발달한다는 인지우선론을 주장하였다.
④ 초기 아동의 언어발달을 촉진하는 부모의 역할을 통해 나타나는 아동과 환경 간의 상호 작용을 특히 중시하였다.

02 의사소통에 대한 설명으로 적절하지 않은 것은?
① 인간의 의사소통 능력은 언어 전 단계부터 발달하기 시작한다.
② 언어 이전 의사소통 수단은 성인기까지 지속된다.
③ 유아는 대상과 사회적 상황에 따라 자신의 언어적 표현을 조정하지 못한다.
④ 초기 수용 언어 능력이 후에 발달할 읽기 능력과 쓰기 능력에 어떤 영향을 주는지는 연구 대상이다.

정답·해설
01 ③ 비고츠키는 언어발달이 사고발달에 우선한다는 입장이며, 피아제가 사고와 인지발달이 선행하고 언어발달이 이에 뒤따른다는 입장이다.
02 ③ 아동은 2세경부터 기본적인 언어적 의사소통 기술과 대상과 사회적 상황에 맞추어 자신의 언어를 적절하게 사용하는 화용론적 능력을 발달시켜 나간다.

제3장 | 실전연습문제

* 기출유형 은 해당 문제가 실제 시험에 출제된 유형임을 나타냅니다.

기출유형

01 다음 중 피아제의 이론에 대한 설명으로 옳지 <u>않은</u> 것은?

① 사고발달이 언어발달에 선행한다.
② 인지발달은 유기체와 환경 간의 연속적인 상호 작용에 의해 발생한다.
③ 인지발달이란 인지 구조의 계속적인 양적 변화의 과정이다.
④ 인지발달의 단계는 모든 문화권을 초월해서 일정 불변하다.

기출유형

02 다음의 설명과 일치하는 개념은?

> 눈앞에 보이던 사물이 갑자기 사라져도 그 사물의 존재가 소멸되지 않는다는 것을 인식할 수 있는 능력으로, 2세 정도의 영아가 이 개념을 확립하게 된다.

① 적응성   ② 가역성
③ 존재 확인성   ④ 대상 영속성

기출유형

03 피아제의 인지발달 이론에서 구체적 조작기에 나타나는 발달 현상의 하나는?

① 물질의 보존 개념을 습득한다.
② 가설 연역적인 추론 능력을 발휘한다.
③ 자기 중심적 사고가 발달하기 시작한다.
④ 대상 영속성의 개념을 습득한다.

기출유형

04 정사각형의 개념을 알고 있는 학생이 마름모를 보고 정사각형이라고 말했다면, 이것을 설명하는 인지 작용은 무엇인가?

① 조절   ② 동화
③ 투사   ④ 승화

기출유형

05 비고츠키(Vygotsky)의 언어와 사고발달에 대한 설명으로 옳지 <u>않은</u> 것은?

① 어려운 문제를 해결할 때, 내적 언어의 사용 빈도가 증가한다.
② 아동의 지적 발달은 내적 언어와 사회적 언어 모두 영향을 받는다.
③ 사고가 언어를 발달시키기보다는 언어가 사고의 발달을 촉진한다.
④ 사고발달은 언어발달에 선행하므로, 인지발달이 적절한 수준에 이르지 못하면 언어 학습은 효과가 없다.

06 다음 중 자기 중심적 언어에 대한 비고츠키의 견해로 옳지 <u>않은</u> 것은?

① 취학 전의 유치원 아동에게서 많이 나타나며, 특히 놀이 장면에서 발견된다.
② 자기 중심적 언어는 문제 해결을 위한 계획을 모색하는 사고의 중요한 도구이다.
③ 자기 중심적 사고의 반영이다.
④ 자기 중심적 언어가 사라지면 내적 언어 단계가 시작된다.

07 아동의 지적 발달에 있어서 현재의 상태뿐만 아니라 미래의 잠재 가능성도 설명하는 개념은?
① 스키마 ② 직관적 사고
③ 발달 과업 ④ 근접발달 영역

10 다음 중 학자와 지능에 대한 연구를 연결한 것으로 옳지 않은 것은?
① 길포드(Guilford) – 복합 요인설
② 스턴버그(Sternberg) – 삼원 지능설
③ 스피어만(Spearman) – 2 요인설
④ 가드너(Gardner) – 다요인설

[기출유형]
08 다음 중 감각 기억에 대한 설명으로 옳은 것은?
① 감각 시스템으로부터 들어온 정보를 영구적으로 저장하는 기억이다.
② 자극을 저장하는 시간은 대략 20초 이내이다.
③ 감각 기억의 수용량에는 제한이 있다.
④ 다음 단계의 단기 기억으로 넘어가기 전에 사라진다.

[기출유형]
11 다음 중 카텔(Cattell)이 제시한 결정적 지능의 특징으로 옳은 것은?
① 과거의 경험이나 능력이 도움이 안 되는 새로운 환경에 대한 과제 해결 능력이다.
② 속도, 기계적 암기, 지각력, 일반적 추리력 등의 능력에서 잘 나타난다.
③ 유전적·신경 생리적 영향에 의해 발달한다.
④ 학습과 함께 발달하는 능력으로, 성인 이후에도 계속 발달될 수 있으며 평생 교육에 의해 형성된다.

[기출유형]
09 다음 중 장기 기억에 대한 설명으로 옳지 않은 것은?
① 장기 기억은 무한한 정보를 영구적으로 저장할 수 있는 곳이다.
② 일상 기억은 주로 개인의 경험을 보유하는 저장소이다.
③ 장기 기억의 정보는 오랜 기간 사용하지 않을 경우 손실된다.
④ 일상 기억은 종종 인출에 실패하는 경향이 있는데, 이는 보다 최근에 발생한 정보로 인해 인출이 방해를 받기 때문이다.

12 지능을 가장 바르게 설명한 것은?
① 지능은 단일 능력 요인이다.
② 지능의 발달은 환경의 영향을 받는다.
③ 사람들의 지능 지수는 정적 편포를 이룬다.
④ 지능 지수는 '(생활 연령 ÷ 정신 연령) × 100'으로 표현한다.

13 다음의 속담 내용에 해당하는 학습 이론은?

> "자라 보고 놀란 가슴 솥뚜껑 보고 놀란다."

① 고전적 조건화 ② 조작적 조건화
③ 도구적 조건화 ④ 사회 학습 이론

14 다음 중 착한 일을 하면 교실 청소를 면제해 주는 경우와 관련된 강화 기법으로 적절한 것은?

① 정적 강화 ② 부적 강화
③ 정적 처벌 ④ 부적 처벌

15 다음 내용에 해당하는 것은?

> 전 세계의 많은 사람들이 유튜브를 통해 시청한 BTS의 노래와 춤을 따라한다. 그러나 사람들은 BTS의 행동을 기계적으로 모방하는 것뿐 아니라 새로운 행동으로 창조해 내기도 한다.

① 자극 학습 ② 관찰 학습
③ 대리 학습 ④ 인지 학습

16 다음 중 관찰 학습의 과정을 순서대로 나열한 것은?

① 주의 집중 – 운동 재생 – 파지 – 동기화
② 주의 집중 – 파지 – 운동 재생 – 동기화
③ 주의 집중 – 운동 재생 – 파지 – 동기화
④ 동기화 – 주의 집중 – 운동 재생 – 파지

[기출유형]

17 언어를 인간 종 특유의 현상으로 보며 인간의 언어발달이 후천적인 학습이 아니라 선천적 언어 획득 기제(LAD)에 의해 이루어진다고 주장한 학자는?

① 피아제(Piaget) ② 브루너(Bruner)
③ 촘스키(Chomsky) ④ 반두라(Bandura)

18 언어발달에 대한 행동주의적 관점에서 강조하는 기제는?

① LAD ② 정교화
③ 모방과 강화 ④ 신속 표상 대응

19 기억 책략에 대한 설명으로 옳지 않은 것은?

① 시연(rehearsal)은 기억 과제를 반복적으로 수행하는 것으로, 초등학교 1학년 이후로 급속하게 발달한다.
② 조직화(organization) 전략이란 자료들이 갖고 있는 의미 있는 관계성을 파악하고 이에 따라 재구성하여 기억하는 전략이다.
③ 정교화(elaboration) 전략은 기억 자료에 의미적 관계를 부여하는 책략이다.
④ 인출(retrieval) 전략은 기억된 정보를 찾으려 할 때 사용하는 방법으로, 청소년기에 발달한다.

20 영유아기의 기억발달에 대한 설명으로 옳지 않은 것은?

① 영아의 회상 기억은 재인 기억보다 먼저 발달한다.
② 영아의 회상 기억발달에 관한 연구는 주로 피아제 이론에서 설명한 '지연 모방' 과제를 사용한다.
③ 기억 전략은 유아기에 출현하지만 초기에는 효율적이지는 않고 아동기에 크게 발달한다.
④ 유아기 기억 능력이 발달하는 이유는 정보 저장 공간의 크기와 기억 용량이 증가하기 때문이다.

제3장 | 실전연습문제 정답·해설

01	02	03	04	05
③	④	①	②	④
06	07	08	09	10
④	④	④	③	④
11	12	13	14	15
④	②	①	②	②
16	17	18	19	20
②	②	③	④	①

01 ③

피아제에게 인지발달이란 인지 구조의 계속적인 질적 변화의 과정이다.

참고 피아제 인지발달 이론의 특징
- 인지발달이란 인지 구조의 계속적인 질적 변화의 과정이다.
- 인지발달의 단계는 모든 문화권을 초월해서 일정 불변하다.
- 발달의 속도에는 개인차가 있지만 발달 순서는 개인차가 없이 일정 불변하다.
- 발달 단계에 있어 사고가 언어에 반영된다(행동 → 사고 → 언어).

02 ④

대상 영속성에 대한 설명이다.

참고 대상 영속성(object permanence)
- 환경에 존재하는 외부 대상이나 물체가 직접적으로 지각되지 않아도 지속적으로 존재하고 있다는 것에 대한 인식을 말한다.
- 생후 4개월 미만의 영아는 사물이나 사람이 시야에서 사라지거나 감추어지면 그 대상이 존재하지 않는 것으로 인식한다.
- 반면 8개월 이상의 영아는 사물이나 사람이 시야에서 사라지고 자신의 존재와 분리되더라도 지속적으로 존재하며 다른 시간이나 장소에서 찾아낼 수 있다는 것을 인식하게 된다.
- 대상 영속성에 대한 개념을 확고하게 발달시킨 영아는 외부에 존재하는 물리적인 실체뿐만 아니라 자기 자신이 세상에 존재하는 독립적인 개체라는 것을 명확하게 깨닫게 된다.

03 ①

구체적 조작기에는 탈중심화, 가역적 사고, 중다분류, 서열화 등을 할 수 있다.

오답분석
② 형식적 조작기의 특징이다.
③ 전조작기의 특징이다.
④ 감각운동기의 특징이다.

04 ②

동화는 인간이 외부와 환경에서 새로운 사물이나 정보를 받아들일 때 자기가 이미 가지고 있는 도식에 맞춰 받아들이는 것을 의미한다.

05 ④

비고츠키는 언어발달이 사고발달에 선행한다고 보았다.

06 ④

비고츠키는 자기 중심적 언어가 7세쯤 사라진다는 견해를 부정하고, 자기 중심적 언어의 감소는 내적 언어 단계의 시작을 나타내는 것으로 파악한다.

참고 비고츠키의 자기 중심적 언어
- 취학 전의 유치원 아동에게서 많이 나타나며, 특히 놀이 장면에서 발견된다.
- 자기 중심적 언어는 아동이 주변에 다른 사람이 존재하는가의 여부에 관계없이 자신이 활동하는 것에 독백을 하는 형태로 나타난다.
- 자기 중심적 언어는 단순히 긴장의 완화나 활동의 표현적 부산물에 그치는 것이 아니고, 문제 해결을 위한 계획을 모색하는 사고의 중요한 도구로서 개념적·언어적 사고가 형성되기 시작한다.

07 ④

근접발달 영역은 실제적 발달 수준과 잠재적 발달 수준의 사이 영역을 의미하는 것이다.

08 ④

감각 기관으로 유입된 정보는 잠시 저장되며 단기 기억으로 넘어가기 전에 사라진다.

오답분석

① 감각 시스템으로부터 들어온 정보를 순간적으로 저장하는 기억이다.
② 시각 정보의 경우 약 0.5~1초, 청각의 경우 2~4초 정도 정보를 저장한다.
③ 감각 기억의 수용량에는 제한이 없다.

09 ③

장기 기억은 무한한 정보를 영구적으로 저장할 수 있는 곳으로, 일상 기억과 의미 기억 두 부분으로 구성되어있다고 가정한다.

10 ④

가드너는 지능을 다중 지능 이론으로 설명한다.

11 ④

④는 결정적 지능의 특징으로 옳은 설명이다.

오답분석

①, ②, ③ 유동적 지능에 대한 설명이다.

참고 결정적 지능

- 과거의 학습과 경험을 적용시켜서 획득한 판단력이나 습관이다.
- 환경적·문화적·경험적 영향에 의해 발달하며, 가정 환경이나 교육 정도, 직업 등의 영향을 받는다.
- 언어 능력, 문제 해결력, 논리적 추리력, 상식 등에서 잘 나타난다.

12 ②

지능은 환경과의 상호 작용을 통해 발달한다.

오답분석

① 지능은 복합적인 요인 또는 능력을 지니고 있다.
③ 사람들의 지능 지수는 정상분포를 이룬다.
④ 지능 지수는 '(정신 연령 ÷ 생활 연령)×100'으로 표현한다.

13 ①

고전적 조건화에서 자극의 일반화에 관한 내용이다. 자극의 일반화는 일단 조건이 형성되고 난 직후 유기체가 유사한 조건 자극에 대해서 모두 반응하는 것을 의미한다.

14 ②

부적 강화는 혐오 사항을 제거하는 것이고, 정적 강화는 선호 사항을 제시하여 강화를 하는 것이다.

참고 벌

종류	내용
제1차 벌(적극적 벌, 수여성 벌)	혐오 사항을 제시하는 것
제2차 벌(소극적 벌, 제거성 벌)	선호 사항을 제거하는 것

15 ②

관찰 학습은 다른 사람(모델)의 행동을 관찰한 결과 행동이 변화하는 것을 말한다. 관찰 학습의 과정은 반두라(Bandura)가 체계적으로 연구하였는데, 관찰 학습은 '주의 집중 → 파지 → 운동 재생 → 동기화' 과정을 통해 일어난다.

16 ②

관찰 학습의 과정은 주의 집중, 파지, 운동 재생, 동기화순으로 이루어진다.

참고 관찰 학습의 과정

과정	내용
주의 집중	• 모방하려는 모델의 행동에 주의를 기울이는 과정 • 모델의 특성과 관찰자의 특성에 영향을 받음
파지	모델을 관찰한 후 일정 기간 동안 모델의 행동을 언어적 방법이나 상징적인 형태로 기억하는 것
운동 재생	모방하려는 것을 실제 행동으로 옮겨 정확하게 재생하는 단계
동기화	• 강화를 통해 행동의 동기를 높여주는 단계 • 강화는 관찰자로 하여금 모델과 같이 행동하면 자기도 강화를 받는다는 기대를 갖게 하고 학습의 수행으로 유인하는 구실을 함

17 ③

촘스키(Chomsky)는 복잡한 인간의 언어를 아동들이 제한된 언어적 경험을 바탕으로 복잡한 문장 구조를 빠르게 습득하고 구사하는 사실에 주목하여 인간은 선천적으로 LAD(언어 획득 기제)를 갖추고 있다고 가정하였다.

18 ③

행동주의 학습 이론적 관점에서는 조작적 조건화에 의한 강화와 모방이 언어 학습에 주된 역할을 한다고 보고 있다.

19 ④

인출(retrieval) 전략은 기억된 정보를 찾으려 할 때 사용하는 방법이며, 필요한 정보를 탐색해서 사용할 수 있게 만드는 과정으로, 외적 정보 탐색 능력이 급격하게 진전하는 입학 전 아동기에 발달한다.

20 ①

영아의 재인 기억이 회상 기억보다 먼저 발달한다.

무료 학습자료 제공 · 독학사 단기합격 **해커스독학사**
www.haksa2080.com

전문가가 분석한 출제경향 및 학습전략

제4장 사회정서 발달은 간단한 개념에 가까운 내용이 많으므로 각 이론의 개념들을 잘 이해하는 것이 중요하다. 특히 기질 및 애착, 도덕성 발달 등의 출제 경향성이 높다. 보울비(Bowlby)의 애착 형성 단계와, 애인스워스(Ainsworth)의 애착 유형의 특징을 혼동하지 않도록 잘 숙지하는 것이 중요하며, 콜버그(Kohlberg)의 도덕성 발달 단계는 암기에 그치지 않고 단계별 특징을 잘 이해하여 학습하는 것이 필요하다.

제4장 | 핵심 키워드 Top 10   핵심 키워드 Top 10은 본문에도 동일하게 ★로 표시하였습니다.

01	보울비(Bowlby)의 애착 형성 단계 ★★★	p.156
02	애인스워스(Ainsworth)의 애착 유형 ★★★	p.157
03	콜버그(Kohlberg): 도덕성 발달 단계 ★★★	p.179
04	바움린드(Baumrind)의 부모 유형 ★★★	p.185
05	토마스(Thomas)와 체스(Chess): 기질을 구성하는 9가지 요소 ★★	p.153
06	조망 수용 능력 발달 단계 ★★	p.166
07	기질의 3가지 유형 ★	p.154
08	마샤(Marcia)의 정체감 상태 ★	p.164
09	공격성의 개념 및 유형 ★	p.175
10	차별 접촉 이론(차별 연합 이론) ★	p.201

제4장

사회정서 발달

- **제1절** 정서, 기질, 애착
- **제2절** 자기와 사회 인지
- **제3절** 성차와 성 역할
- **제4절** 공격성, 이타성, 도덕발달
- **제5절** 가족 관계
- **제6절** 아동기 심리적 장애
- **제7절** 청소년 문제 행동

제1절 정서, 기질, 애착

01 정서

1. 정서발달의 접근법
(1) 생물학적 성숙 접근
① 정서발달에서의 생물학적 요인을 강조한다.
② 유전인자 속에 정서가 생물학적으로 프로그램 된 것이다(Izard, 1971).

(2) 인지발달 접근
① 정서는 인지 변화의 결과이다(Sroufe, 1979).
② 연령에 따른 인지발달 특성
  ㉠ 4~8개월: 가면 쓴 낯선 사람과 가면 쓴 엄마에 대한 반응이 다르다.
  ㉡ 8개월: 대상 영속성 개념을 습득하고, 다른 사람의 행동을 예측하고 의도를 이해하면서 분화된 정서를 경험한다.
  ㉢ 8~12개월: 계획과 기억 능력이 발달하여 예기치 않은 일에 대해 놀라는 반응을 보인다.
  ㉣ 연령에 따른 변화는 어떤 상황에서 어떤 정서를 표현해야 하는지를 인지적으로 평가할 수 있음을 보여주는 것이다.

(3) 사회적 경험(학습) 접근
① 사회화 역할의 강조(Malatesta, 1985): 정서의 사회화는 모방 과정과 강화 과정을 통해 이루어진다.
  ㉠ 모방 과정: 어머니의 표정 모방을 통해 정서를 표현한다.
  ㉡ 강화 과정: 영아의 표정에 어머니가 미소로 반응함으로써 강화를 제공한다.
② 모방과 강화는 부정적인 반응을 감소시키고, 긍정적인 정서 반응을 증가시키는 역할을 한다.

2. 정서 표현의 발달 [기출개념]
(1) 1차 정서: 기쁨, 분노, 공포 등
① 생후 2개월 전에 나타나는 정서적 반응은 흥분과 불쾌함의 표현일 뿐이다. 생후 2~3개월경부터 영아는 1차 정서를 표현하기 시작한다.
② 기쁨
  ㉠ 미소, 웃음 등으로 표현하며, 건강한 영아일수록 기쁨을 자주, 명확하게 표현한다.

📋 **개념 Plus**

여러 자극 상황에 따른 영아의 얼굴 표정 관찰(Izard)
- 출생: 호기심, 혐오감
- 3~4개월: 화, 놀람, 슬픔
- 5~7개월: 공포
- 6~8개월: 수치심, 수줍음
- 2세 이후: 모욕감, 죄책감

- ㉡ 미소
  - ⓐ **출생 직후**: 배냇 미소를 짓고, 선천적·반사적 반응을 보인다.
  - ⓑ **4주**: 움직이는 물체와 같은 외부 자극에 대하여 미소를 짓는다.
  - ⓒ **6~10주**: 사람 얼굴에 대해 사회적 미소를 짓는다.
  - ⓓ **3개월**: 친숙한 사람과 그렇지 않은 사람에 대해 다른 미소를 지으며, 사회적 상호 작용이 이루어질 경우에 자주 미소를 짓는다.
  - ⓔ **9~12개월**: 놀이 상황(예 까꿍 놀이) 등에 미소를 짓는다.
  - ⓕ **1년 이후**: 자신이 원인을 제공한 사건에 대해 미소를 짓는다.
- ㉢ 웃음
  - ⓐ **3~4개월**: 강한 자극 후에 유발된다. 웃음을 유발하기 위해서는 미소를 유발하는 자극보다 더 강해야 한다.
③ 분노
- ㉠ 자신이 원하는 바를 쉽게 만족시키는 가장 보편적 방법이다.
- ㉡ 출생 초기에 불쾌한 경험(예 배고픔, 고통)에 대하여 울음으로 표현하며, 이후에 욕구의 좌절로 인한 분노가 발생한다.
- ㉢ 분노 표현 방식
  - ⓐ **출생 초기**: 울음으로 분노를 표현한다.
  - ⓑ **4~6개월**: 성난 목소리로 소리를 지르며 분노를 표현한다.
  - ⓒ **2세**: 분노 표현이 최고조에 도달한다. 사랑과 수용으로 대치되지 않으면 공격성으로 발전할 수 있다
  - ⓓ **2세 이후**: 언어를 사용하여 사회적으로 수용되는 방식으로 분노를 표현한다.
  - ⓔ **영아기 말**: 자신의 분노를 숨기는 것이 필요하다는 것을 알게 된다.
④ 공포
- ㉠ 신체적·심리적 위험에 대한 반응이다.
- ㉡ 선천적인 공포 유발 요소
  - ⓐ 심한 고통이나 큰 소리
  - ⓑ 새로운 사람이나 장소
  - ⓒ 높은 장소나 어둠
  - ⓓ 다른 사람과의 위협적인 상호 작용
- ㉢ **출생 초기**: 공포 유발 자극이 주변에 별로 존재하지 않는다.
- ㉣ **6개월**: 인지발달로 인해 새로운 공포감이 형성된다.
  - ⓐ 친숙하지 않은 대상에 경계심을 가진다.
  - ⓑ 애착 대상과의 분리, 낯선 사람과의 만남이 공포 유발 원인이다.

(2) **2차 정서**: 당황, 수치, 죄책감, 질투, 자긍심 등
① 1차 정서보다 늦게 나타나며, 복잡한 인지 능력이 요구된다.
② 자아 인식과 자신의 행동을 평가할 수 있어야 2차 정서를 만들어낼 수 있다.
③ 거울을 보거나 사진으로 자신을 인식하면서 발달한다.
④ 12개월경에 자신과 타인의 구분이 가능해진다.

📋 **개념 Plus**

불안
- 공포 반응과 밀접한 관련이 있다.
- 영아기의 불안은 애착 행동과 낯가림, 어머니와의 분리(분리 불안) 등으로 나타난다.
- 낯선 사람, 사물, 상황에 민감한 아동은 공포 상황의 극복에 어려움을 겪고 불안 장애로 발전할 가능성이 있다.

✅ **핵심 Check**

정서 표현의 발달
- 1차 정서는 선천적인 정서로, 아동발달 과정에서 점차 분화되어 경험하는 정서의 종류가 증가한다.
- 1차 정서: 기쁨, 행복, 분노, 슬픔, 놀람, 공포 등
- 2차 정서: 수치, 죄책감, 자부심, 질투 등
- 부정적 정서를 사회적으로 허용되는 방식으로 분노를 표현한다.
- 긍정적인 정서가 과장되기도 한다.
- 2차 정서발달은 보다 복잡한 인지 능력이 필요하다.

개념 Plus

시각 벼랑 실험(Gibson & Walk, 영아의 깊이 지각에 대한 실험)
- 엄마의 긍정적·부정적 표정에 대한 아동의 반응(시각 벼랑을 건널 수 있는지)을 살펴보았다.
- 아이가 시각 벼랑 앞에 있을 때 엄마가 무표정한 표정을 짓고 있으면, 아이는 주춤하다가 결국 시각 벼랑을 건너지 못하고 제자리로 돌아갔다.
- 반대로 엄마가 함박웃음을 지으며 아이 이름을 정답게 불러주었더니, 아이는 엄마의 환한 표정을 보자마자 시각 벼랑으로 돌진하는 모습을 보였다.

핵심 Check

정서 인식 능력의 발달
- 영아는 다른 사람의 정서에 의해 영향을 받는다(엄마의 표정에 따라 영아의 표정도 변화).
- 학령기가 되어야 어떤 상황에 대해 여러 가지 정보를 고려하여 타인의 정서를 이해하는 능력이 나타난다.
- 한 번에 한 가지 이상의 정서를 경험할 수 있다.
- 사람의 표정이 진짜 감정을 나타내지 않을 수도 있음을 안다.
- 조망 능력의 발달로 직접적 고통뿐 아니라 전반적 상황에 대한 공감 반응이 가능해진다.

정서 조절 능력의 발달
- 초등학교 입학 후 자기 조절이 급속하게 발달한다.
- **10세경 아동**: 정서를 조절하는 적응적인 기법을 지닌다.
  - **통제 가능 상황**: 문제 해결과 사회적 지지를 구한다.
  - **통제 불가 상황**: 상황을 재정의하거나 기분 전환을 하는 방안 선택한다.
- **고학년 아동**: 예기치 않은 일상적인 스트레스를 잘 다룬다.
- **사춘기**: 학령기보다 정서 조절이 어렵고 충동적으로 반응하는 경향이 나타나기도 한다. 이는 성 호르몬의 영향으로 1차 정서를 담당하는 편도체가 지나치게 활성화되기 때문이다.

3. 정서 이해의 발달 [기출개념]

(1) 타인의 정서 이해
① 4개월: 타인의 정서를 인식하기 시작한다.
② 6개월: 정서 관련 표정을 구별하기 시작한다.
③ 12개월: 타인의 정서 표현에 나타난 메시지를 사용하여 상황을 이해하는 사회적 참조 능력이 나타난다.

(2) 정서의 원인 이해
① 유아는 타인의 감정이 주로 외적 상황에 의해 일어난다고 생각한다.
② 조금 더 나이가 들면 소망이나 바람, 믿음과 같은 내적 요인이 보다 중요한 정서의 원인이라는 것을 이해한다.

(3) 정서의 외양과 실제를 구별하기
5~6세 유아들은 숨겨진 정서를 이해하며, 숨겨진 정서를 이해하는 것은 정서 표현 규칙과 같은 사회적 규칙의 획득과 관련이 있다.

(4) 혼합 정서 및 양가 감정의 이해
혼합 정서의 이해는 아동기 초기부터 후기에 이르기까지 오랜 발달을 통해 가능하다.

4. 정서 조절의 발달

① 정서 조절은 정서를 표현해도 되는 상황과 표현하지 말아야 하는 상황이 있다는 사회적 규칙을 이해하는 것으로 사회적 적응에 도움이 된다.
② 규칙 습득 시기: 일찍부터 영아는 정서 표현 규칙을 습득하는 것으로 보고되었다.

시기	내용
12개월	부정적 정서 유발을 감소시키는 책략이 발달 예 입술 깨물기, 앞뒤로 몸 흔들기
18개월	부정적 정서를 숨김 예 넘어졌을 때 어머니가 있을 때에만 울음을 터트림
3세	능숙하게 자기 감정을 통제함 예 마음에 들지 않는 선물을 받았을 때 상황에 따라 반응이 다름

5. 정서발달과 관련된 양육 행동

① 아동기 초기에 부모와 긍정적 관계를 맺은 아동은 자신과 타인의 정서를 명료하게 이해하고, 자신의 정서를 솔직하고 풍부하게 표현하면서도 적절하게 조절하는 경향성이 높다.
② 부모의 양육 행동
  ㉠ 부모의 정서 표현
  ㉡ 아동의 정서 표현에 대한 부모의 반응
  ㉢ 정서에 대해 이야기하기

02 기질

1. 기질의 개념
① 한 개인의 행동 양식과 정서의 반응 유형을 의미한다.
② 활동 수준, 사회성, 과민성과 같은 특성을 포함한다.
③ 기질 형성의 심리적 특성은 성인기 성격의 토대가 되며, 유전적 영향을 많이 받으나 환경도 중요한 역할을 한다.

2. 기질의 구성 요소와 기질의 측정 〔기출개념〕

(1) NYLS(New York Longitudinal Study) 모형
① 유아기 기질에 대한 가장 초기 연구 가운데 유명한 연구는 토마스(Thomas)와 체스(Chess)가 시행한 뉴욕 장기 종단 연구의 결과이다(Thomas & Chess, 1977). 이들은 부모와의 심층 면접을 토대로 총 9가지의 기질 차원을 제안했다.
② 기질을 구성하는 9가지 요소 ★★

요소	내용
활동 수준 (activity level)	아이가 잠을 잘 때 얼마나 많이 움직이는지, 적극적인 놀이 활동을 얼마나 좋아하는지 여부
접근과 철회 (approach/withdrawal)	새로운 장소, 음식, 이방인, 새로운 활동 등에 얼마나 쉽게 접근하고 관심을 가지는지 여부
정서의 질 (quality of mood)	긍정적 혹은 부정적 정서를 얼마나 많이, 강하게 표현하는지 여부
반응 강도 (intensity of reaction)	마음에 들지 않은 상황에 접했을 때 얼마나 강한 반응을 보이는지 여부
반응의 역치 (threshold of responsiveness)	큰 소리에 얼마나 반응하는지, 혼자서 얼마나 잘 잠자리에 드는지, 음식은 얼마나 잘 먹는지 등의 여부
리듬성 (rhythmicity)	먹고 자는 시간이나 양이 얼마나 규칙적인지 여부
주의 분산도 (distractibility)	한 자극에 얼마나 집중할 수 있는지, 혹은 다른 자극에 의해 주의가 얼마나 잘 분산되는지 여부
적응성 (adaptability)	새로운 환경이나 활동에 얼마나 빠르게 잘 적응하는지 여부
주의력과 끈기 (attention span and persistence)	과제나 특정 활동, 놀이 등을 끝까지 하려고 하는지, 혹은 금세 포기하려고 하는지 여부

③ 기질의 3가지 유형 ★

유형	내용
순한(easy) 아이	• 수유, 배설, 수면 등의 생활 습관이 규칙적이며, 환경 변화에 잘 적응함 • 새로운 경험에 쉽게 적응하고 유별난 행동적 특성이 없는 편이며, 사람들과 잘 어울림 • 전체 약 40%가 순한 아이에 해당
까다로운(difficult) 아이	• 생물학적 리듬이 불규칙해 수유, 배설, 수면 등의 생활 습관이 불규칙함 • 새로운 경험에 적응이 어렵고 주로 울음이나 저항 등의 부정적 반응을 보임 • 낯선 사람을 보면 피하고 울며, 새로운 음식을 주면 뱉어내는 등 환경 자극에 대한 반응의 강도가 강하고 부정적이며, 달래기도 힘들어 키우기에 까다로움 • 전체 약 10% 정도가 까다로운 아이에 해당
반응이 느린 (slow-to-warm-up) 아이	• 환경 변화에 대한 적응이 늦고, 낯선 사람이나 새로운 사물에 대해 부정적인 반응을 보임 • 까다로운 아이와는 달리 새로운 음식을 주면 뱉어내지는 않고 그냥 흘러내리게 두는 등 새로운 자극에 대한 반응 강도는 약함 • 전체 15% 정도가 반응이 느린 아이에 해당

(2) EAS 모형

NYLS 모형에서 35%의 미분류된 영아를 지적하며 EAS 모형을 제시하였다.

모형	내용
정서성 (E; Emotionality)	• 자극에 대한 정서적 반응 정도 • 정서성이 높으면 쉽게 놀라거나 쉽게 잠에서 깨어나고, 큰 소리에 움 • 정서성의 개인차는 신경계의 차이로 나타남
활동성 (A; Activity)	• 일상생활에서 나타나는 행동의 속도와 강도 • 어떤 영아는 끊임없이 격렬하게 움직이며 새로운 것을 추구하는 것을 좋아하지만, 어떤 영아는 조용하고 정적인 활동을 선호함
사회성 (S; Sociability)	• 타인과 함께하는 것을 선호하는 정도 • 어떤 영아는 혼자 있는 것을 싫어하고 사람들과 함께 있는 것을 좋아하며 낯선 사람에게도 쉽게 접근하는가 하면, 어떤 영아는 다른 사람들과 함께 하는 것을 꺼리고 낯선 사람에 대해 불편함을 드러냄

(3) 로스바트(Rothbart) 모형

① 생물학적 영향과 함께 환경과 상호 작용하여 사회적 상호 작용의 질을 결정하였다.
② 반응성
   ㉠ EAS의 정서성과 유사하다.
   ㉡ 반응성은 자극에 대해 얼마나 쉽게, 강렬하게 반응하는가를 나타낸다.
   ㉢ 정서성과의 차이는 긍정적인 반응까지를 포함하고 있다는 점이다.
③ 자기 조절: 스스로 자신의 반응을 증가 또는 감소시키는 통제 능력이다.
   예) 새로운 장난감을 보고 어떻게 접근하며, 어떻게 탐색해야 하는지에 대한 통제 능력

핵심 Check

부스(Buss)와 플로민(Plomin)의 연구(1984, 1986)
NYLS 모형에서 35%의 미분류된 영아를 지적하며 EAS 모형을 제시하였다.

핵심 Check

로스바트(Rothbart) 모형
• 구성 요소: 반응성(reactivity), 자기 조절(self-regulation)
• 생물학적 영향과 더불어 환경과 상호 작용하여 사회적 상호 작용의 질을 결정하였다.

3. 기질의 역할 및 안정성

(1) 기질의 역할
① 기질의 역할은 일생에 걸쳐 나타난다. 그러나 아동이 사회적으로 유능하고 건강하게 발달하는 데 있어 기질이 유일한 요인은 아니다.
② 아동의 기질이 자신의 사회적 환경과 이루는 조화의 적합성이 중요하다.
③ 기질적으로 취약하게 태어난 아동도 지지적이고 일관된 양육 환경이 제공되면 큰 문제 없이 사회적 적응을 할 수 있다.

(2) 기질의 안정성
① 기질의 모든 측면이 안정적인 것은 아니다.
② 활동 수준, 공격적 정서성, 두려움과 같은 차원은 다른 기질적 차원보다 변화 가능성이 높다.
③ 일반적으로 신생아나 영아의 경우 전반적인 기질의 안정성이 낮았으나, 유아기에 이르면 기질의 안정성을 어느 정도 유지하게 된다.

03 애착

1. 애착의 개념 [기출개념]
① 애착: 특별한 두 사람 간에 형성되는 친밀한 정서적 유대감이다.
② 영아기 때 발생하는 가장 중요한 사회적 발달로, 인지·정서·사회성 발달에 중요한 영향을 미친다.
③ 종족 보존을 위해 주위 환경에 적응하기 위한 필수 요소이다.
④ 애정, 사랑 등과 같은 긍정적 정서의 의미를 지닌다.

2. 애착 이론

(1) 정신분석 이론
① 프로이트(Freud, 1938)
  ㉠ 애착에 대하여 심리성적 발달의 관점으로 설명한다.
  ㉡ 어머니가 영아에게 수유를 함으로써 빨기와 같은 구강 성적 자극에 대한 만족감이라는 본능적 욕구를 충족시키고, 어머니는 영아의 애정의 대상이 되어 정서적 관계를 유지한다.
② 에릭슨(Erikson, 1963)
  ㉠ 기본적 욕구가 충족되면 애착 관계, 세계에 대한 신뢰감을 형성한다.
  ㉡ 욕구에 대한 전반적 반응이 수유 자체보다 중요함을 강조하였다.
  ㉢ 영아의 생리적 욕구를 조절하는 어머니의 역할이 긍정적 애착을 형성하는 데 바탕이 된다.

(2) 학습 이론
① 애착 행동은 학습 경험의 축적이다.
② 정신분석 이론과 동일하게 수유를 애착발달의 중요한 요인으로 설명한다.
③ 눈 맞춤, 청각적·촉각적 자극을 제공할 경우, 영아는 어머니와 즐거운 감정을 연결시키게 되어 어머니가 2차적 강화인이 된다.
④ 영아는 강화인의 관심을 얻기 위한 행동을 한다.
  예 옹알이, 울기, 미소 짓기, 따라 하기 등

(3) 인지발달 이론
① 영아의 지적 발달이 선행되어야 특정 인물에 대한 애착이 형성된다.
② 애착 형성 조건
  ㉠ 낯선 이와 친숙한 사람을 구별할 수 있어야 한다.
  ㉡ 대상 영속성 개념을 획득하는 7~9개월에 애착 현상을 보인다.

(4) 동물행동학적 이론
① 애착은 생존 유지 및 보호 본능의 반응 결과이다.
② 보울비(Bowlby, 1973) 애착 이론
  ㉠ 영유아를 어머니에게서 떨어뜨리면 분리에 의한 박탈, 상실 등으로 혼란을 겪게 되고, 그 영향이 심리적으로 큰 영향을 끼친다는 것을 강조하였다.
  ㉡ 애착 관계의 특징

구분	내용
근접성 유지 영아	애착 대상과 가까이 있기를 원함
안전한 피난처 영아	애착 대상에게 위안이나 확신을 얻기 위해 의지함
이별 고통 영아	애착 대상과 예기치 못한 분리 혹은 장기간의 이별을 경험할 때 고통을 느낌
안전 기지 영아	애착 대상이 세상을 적극적으로 탐색하고 활동하는 기반이 됨

  ㉢ 애착 행동은 생득적 반응으로 내재적 특별 양식이 있어 모자간의 사회적 상호작용을 통해 발달한다.
    ⓐ 영아: 빨기, 울기, 미소, 매달리기, 따라다니기 등의 초기 사회적 신호 체계
    ⓑ 부모: 영아를 안거나 접촉을 통한 만족감
③ 할로우(Harlow, 1958) 애착 실험
  ㉠ 철사 어미 vs. 헝겊 어미
  ㉡ 수유와 상관없이 헝겊 어미를 선호하고, 불안감을 느끼면 더욱 선호한다.
  ㉢ 애착은 1차적 욕구 충족과 관계없이 발달한다.

3. 보울비(Bowlby)의 애착 형성 단계 ★★★ 기출개념

(1) 전 애착 단계(출생 후부터 6주)
① 붙잡기, 미소, 울기, 눈 응시하기 등 다양한 신호 체계를 통하여 주위 사람과의 관계를 유지한다.
② 애착 형성이 안 된 시기로, 낯선 사람과 혼자 있어도 상관하지 않는다.

📝 **개념 Plus**

할로우(Harlow, 1958) 애착 실험
- 실험 대상: 붉은 털 원숭이
- 실험 과정: 어미로부터 격리시킨 갓 태어난 원숭이를 4마리씩 2개의 다른 우리에 넣었다.
  – 우리 1: 우유가 나오는 철사 어미가 있다.
  – 우리 2: 우유가 나오지 않는 헝겊 어미가 있다.
- 실험 결과
  – 이후 두 우리에서 키워진 원숭이들에게 두 어미 중 한 어미를 선택하게 했을 때 두말없이 헝겊 어미 쪽을 선택했다.
  – 배가 고프면 철사 어미 쪽으로 가서 우유를 먹고서는 하루 종일 헝겊 어미 쪽에서 시간을 보냈다.
  – 공포 상황을 연출하였을 때 원숭이들은 헝겊 어미 쪽으로 향했다.

(2) 애착 형성 단계(6주부터 6~8개월)
① 친숙한 사람과 낯선 사람에게 다른 반응을 보인다.
　　예 어머니에게 웃어주거나 옹알이하는 횟수가 더 많음
② 자신의 행동이 다른 사람에게 영향을 준다는 것을 인식한다.
③ 신뢰감이 발달하여 자신의 필요 상황에서 어머니가 언제나 반응할 것으로 믿는다.
④ 친숙한 얼굴과 낯선 얼굴을 구별하지만, 부모가 혼자 남겨 놓고 자리를 떠나도 분리 불안을 보이지 않는다.

(3) 애착 단계(6~8개월부터 18개월)
① 애착이 형성된 사람에게 적극적으로 접근한다.
② 애착 대상이 떠나면 분리 불안을 보인다.
③ 분리 불안은 12~15개월에 형성되는데, 이는 대상 영속성 개념 획득의 증거로 볼 수 있다(대상 영속성 개념이 없는 아동은 분리 불안을 보이지 않음).

(4) 상호 관계의 형성 단계(18개월부터 2세)
① 정신적 표상과 언어발달을 통해 이미 애착이 형성된 사람의 행동을 예측한다.
② 분리 불안이 감소한다.
③ 양육자와 협상할 수 있고, 양육자의 행동을 수정하려고 한다.

4. 애인스워스(Ainsworth)의 애착 유형 ★★★ 기출개념

(1) 안정 애착(secure attachment)
① 전체의 약 65%가 해당된다.
② 양육자를 안전기지로 삼고 자신감과 호기심을 갖고 환경을 적극적으로 탐색한다.
③ 신호를 보냈을 때 양육자가 신속하게 반응할 것으로 신뢰한다.
④ 낯선 사람보다 어머니와 함께 놀 때 밀접한 관계를 유지한다.
⑤ 어머니와의 분리 시 능동적인 방법으로 위안을 찾고 다시 탐색 과정으로 나가며, 어머니가 돌아오면 반갑게 맞이하고 쉽게 편안해진다.

(2) 회피 애착(avoidant attachment)
① 전체의 약 20%가 해당된다.
② 어머니에게 반응을 많이 보이지 않는다.
③ 어머니가 방을 떠나도 울지 않고, 돌아와도 무시하거나 회피한다.
④ 어머니와의 관계에서 친밀감을 추구하지 않으며, 낯선 사람과의 관계에서도 어머니와 비슷한 반응을 보인다.

(3) 저항 애착(resistant attachment)
① 전체의 약 10~15%가 해당된다.
② 양육자를 안전 기지로 여기지 못하면서도 떨어지지 않으려고 하는 양가적 특성을 보인다.
③ 어머니가 방을 나가면 심한 분리 불안을 보이고, 어머니가 돌아오면 접촉하려고 시도는 하지만 쉽게 안정감을 얻지 못하고 분노를 보이며 저항하는 양면성을 띤다.

개념 Plus

애인스워스의 낯선 상황 실험
애인스워스는 낯선 상황 실험을 고안하여 애착의 개인차를 측정하였다. 낯선 상황 실험에서 영아 반응의 개인차를 근거로 4가지 애착 유형을 제안하였다.

안정 애착을 형성한 영아
- 유아기에 자신감, 호기심, 타인과의 관계에서 긍정적 성향을 보인다.
- 아동기에 도전적 과제를 잘 해결하고, 좌절을 잘 참으며, 문제 행동을 덜 보인다.
- 주변 세계에 대하여 신뢰감을 형성한다.

(4) 혼란 애착(disorganized attachment)
① 전체의 약 5~10%가 해당된다.
② 불안정 애착의 가장 심한 형태로, 학대의 경험이 있거나 양육자가 심리적 문제를 가지고 있는 경우가 많다.
③ 어머니와 재결합 시 얼어붙은 표정으로 접근하며, 안아줘도 먼 곳을 쳐다본다.

5. 애착 반응 기출개념

(1) 개념
특정 인물과 애착을 형성했다는 증거로 나타나는 현상이다.

(2) 낯가림(stranger anxiety)
① 익숙한 얼굴과 낯선 얼굴의 불일치에서 보이는 반응이다.
② 낯가림은 6~8개월에 나타나 1세에 최고조에 다다르며, 이후에 서서히 감소한다.
③ 낯가림의 정도는 기질, 환경 요인에 따라 달라진다.

(3) 분리 불안(separation anxiety)
① 애착을 느끼는 대상과 분리될 때 느끼는 불안이다.
② 12개월 전후에 발생하며, 20~24개월에 사라진다.
③ 안정 애착 형성 영아가 불안정 애착 형성 영아보다 분리 불안을 덜 느낀다.

6. 애착과 영향 요인

(1) 영아의 기질
① 적응력이 낮고 활동적인 아동은 까다롭게 인식하고 불안정 애착을 보인다.
② 영아의 기질이나 특성이 애착 유형과 관련이 없을 수 있다.
③ 조산, 발달 지체, 신체 장애, 심리적 장애: 불안정 애착과 상관 관계가 있다.
④ 조화의 적합성: 기질, 특성과 관계없이 기질에 적합한 양육을 할 경우 안정 애착을 형성한다.

(2) 어머니의 특성
① 성격, 연령, 사회·경제적 지위와 관련이 있다.
② 어머니 자신의 양육 과정: 성장 과정에서의 안정된 관계 형성을 못한 경우, 세대 간 전이가 발생한다.
③ 어머니의 성격 요인 중 영아의 신호에 대한 민감성과 반응성 요인

구분	내용
안정된 애착 형성 어머니	신호에 빨리 반응하고, 적절한 도움 제공하는 등의 민감한 상호 작용을 함
불안정·회피 애착 어머니	화, 신체 접촉 회피, 감정 표현에 어려움이 있음

④ 분만에 대한 준비 여부, 산고, 모유 수유, 임신 우울증 여부도 영향을 미친다.

> **개념 Plus**
>
> **다인수 애착(multipie attachment)**
> 취업모의 경우에 그러하듯이 실제로 많은 영아들이 어머니에게서 지속적인 보살핌을 받지 못하고 동시에 여러 사람에 의해 양육된다. 탁아소나 보육원에 맡겨지는 경우도 마찬가지다. 이 경우 영아는 불가피하게 어머니와 함께 다른 대상에게도 동시에 애착을 형성하게 되는 다인수 애착(multipie attachment)에 놓이게 되며, 불안정 애착이 형성될 가능성이 높다.

(3) 아버지 특성

① 어머니는 언어를 사용하는 놀이나 장난감을 사용하는 놀이를 사용하고, 아버지는 신체적 놀이를 주로 한다.
② 영아는 스트레스를 받을 때는 어머니를, 재미있는 자극을 찾을 때는 아버지를 찾는데, 이는 문화와 사회의 변화에 따라 양상이 달라진다.
③ 영아의 아버지에 대한 애착 역시 양육의 질, 전반적인 관계의 영향을 받는다.

7. 애착의 안정성

① 애착 이론가는 영아기의 애착이 인생 전반에 걸쳐 영향을 미치는 것은 '내적 작동 모델'이라는 심리적 틀이 형성되었기 때문이라고 설명한다.
② 내적 작동 모델이란 자기 자신과 타인, 일반적 관계에 대한 정신적 표상이다. 양육자가 자신의 요구를 얼마나 만족시켜 주어 안정감을 제공하였는가에 근거하여 아이는 자신과 타인, 관계에 대한 생각과 개념을 발달시킨다.
③ 영아기 애착은 이후 부모의 양육 행동 변화를 통해 조절될 가능성이 있다.

기출개념확인

01 다음 중 정서에 대한 설명으로 옳지 않은 것은?
① 정서 인식 능력에 의해 한 번에 한 가지 이상의 정서를 경험할 수 있다.
② 1차 정서는 기쁨, 행복, 분노, 슬픔, 놀람, 공포 등이다.
③ 2차 정서 발달은 보다 복잡한 인지 능력이 요구된다.
④ 사춘기는 학령기보다 정서 조절 능력이 더 우수하다.

02 애착에 대한 설명으로 옳지 않은 것은?
① 애착을 형성한 유아는 자신감, 호기심, 타인과의 관계에서 긍정적인 성향을 보인다.
② 애착 반응은 특정 인물과 애착을 형성했다는 증거로 나타나는 현상이다.
③ 영아는 스트레스를 받을 때는 어머니를, 재미있는 자극을 찾을 때는 아버지를 찾는데, 이는 사회·문화적 차이가 없다.
④ 영아기 애착은 이후 부모의 양육 행동 변화를 통해 조절될 가능성이 있다.

정답·해설

01 ④ 사춘기는 학령기보다 정서 조절이 어렵고 충동적으로 반응하는 경향이 나타나기도 하는데, 이는 성 호르몬의 영향으로 1차 정서를 담당하는 편도체가 지나치게 활성화되기 때문이다.

02 ③ 영아는 스트레스를 받을 때는 어머니를, 재미있는 자극을 찾을 때는 아버지를 찾는데, 이는 문화와 사회의 변화에 따라 양상이 달라진다.

제2절 자기와 사회 인지

01 자아 개념(self concept)

1. 자아 개념의 개념
① 성공을 계속해 온 학생은 자신을 긍정적으로 보고, 실패를 계속해 온 학생은 자신을 부정적으로 보는 경향이 있다. 이와 같이 자기 자신에 대한 관점을 '자아 개념'이라고 한다.
② 자아 개념은 사회적인 것으로, 환경과의 관계 속에서 나타나는 자기 자신에 대한 태도 즉, 자아상(self-image)이다.

2. 자기 인식의 출현
① 신생아도 주변의 물리적 환경으로부터 자신을 분리할 수 있으며, 생후 2~6개월에는 자신의 신체 움직임을 인식할 수 있다.
② 18~24개월에는 거울에 비친 자신의 모습을 인식할 수 있지만, 현재의 자기에만 한정되어 있다.
③ 4세가 되어야 과거의 자신도 이해하게 된다.

3. 자아 개념의 특성
① 조직화·구조화되어 있다.
② 다면적인 특징을 지닌다. 다면적 구조는 일반성의 차원에서 보면 위계적이다.
③ 안정적이고 발달적이다.
④ 평가적 특성을 지니고 있다.
⑤ 다른 개념들과 독립적이다.

4. 자아 개념의 발달
① 내·외적 환경에 의하여 형성되고 발달한다.
② 어린이의 자아 개념은 주위의 성인에 의해서 형성된다.
③ 성인의 경우 자기 자신에 대한 탐색 활동을 통해서 형성될 수도 있다.

5. 자아 개념의 종류

개념	내용
긍정적 자아 개념	• 자기 자신을 가치 있고 유능하다고 생각하며 자신을 신뢰하는 경향 • 자신을 긍정적으로 평가하는 개념
부정적 자아 개념	• 자기 자신을 가치 없고 무능하다고 생각하며 자신을 불신하려는 경향 • 자신을 부정적으로 평가하는 개념

6. 자아 개념의 구조

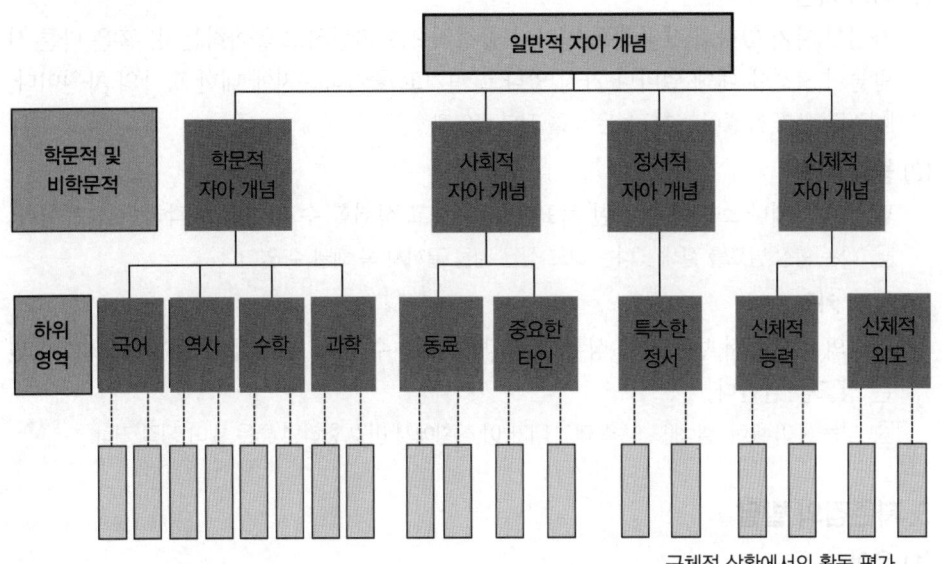

[그림 4-1] 자아 개념의 위계적 구조 모형

(1) 일반적 자아 개념

구분	내용
학문적 자아 개념 [블룸(Bloom)]	특정 교과나 학습과 관련된 생각
사회적 자아 개념	자신에게 중요한 타인들(예 가족, 교사, 친구 등)과 자신이 어떤 관계에 있다고 생각하는 것
정서적 자아 개념	자신의 정서 상태, 성격, 도덕성 등에 관한 생각
신체적 자아 개념	자신의 외모와 신체적 능력에 대한 생각

02 자존감(self-esteem)

1. 자존감의 개념
스스로에 대한 존엄성이 타인의 외적인 인정이나 칭찬에 의한 것이 아니라, 자신 내부의 성숙된 사고와 가치에 의해 얻어지는 개인의 의식을 말한다.

2. 자존감의 3가지 차원(Curry & Johnson, 1990)
(1) 가치 차원
자신이 가치 있다고 생각해서 얼마나 긍정적으로 판단하고 좋아하는지, 혹은 다른 사람들이 자신에 대해 얼마나 가치 있다고 여기고 좋아하는지에 대한 평가의 차원이다.
예 '나는 내가 참 좋아.', '친구들은 나를 진짜 좋아해.'

(2) 능력 차원
맡겨진 과제나 스스로가 정한 목표를 완수하고 성취할 수 있다고 생각하는 믿음이다.
예 '나는 항상 발표를 잘해.', '나는 하고 싶은 일을 끝까지 꼭 해낼 수 있어.'

(3) 통제 차원
자신의 주변에서 벌어지는 상황에 영향을 미칠 수 있고 통제할 수 있다고 느끼며 믿는 정도를 말한다.
예 '나는 운이 좋아, 뭘 해도 다 잘돼.', '내가 이 상황에서 이걸 한다면 좋은 일이 생길 거야.'

3. 자존감의 발달
(1) 유아기
① 걸음마기와 학령 전기의 아동은 어떤 분야에서든지 자신이 타인보다 월등하며 능숙하게 해낼 수 있다고 생각한다(Harter, 2003).
② 유아기의 아동은 자신의 실제 능력을 과대평가하고 자신이 해야 하는 과제는 과소평가하는 경향이 있다.
③ 유아기의 자아 개념은 현재 상태에 중점을 두고 있기 때문에 상황에 따라 자신에 대한 평가가 달라진다.

(2) 학령기
① 학령 전기와 학령 초기의 아동은 다양한 영역에 따라서 자신을 다르게 평가한다(Harter, 2006).
② 만 5~7세 아동은 자신을 긍정적으로 평가하기 때문에 자신의 능력을 실제나 기대보다 높게 평가하지만, 타인과의 관계나 학교 생활에서 부정적인 경험을 하면 과대평가했던 자신의 가치와 능력을 낮게 평가하기 시작한다.
③ 만 8세가 되면 자신의 능력을 더 현실적으로 평가하기 시작하며, 다양한 분야에서의 자기 지각을 바탕으로 자기 평가를 한다. 이것은 유능하지 않다는 자기 평가로 인해 자존감이 낮아지는 것이 아니며, 특정 영역에 대한 자기 평가가 분화된다는 의미이다.

(3) 청소년기
① 청소년기가 되면 전반적으로 자존감이 떨어지는 경향이 있다(Robin 등, 2002).
② 청소년기로 진입하는 과정에서 사춘기 변화에 잘 적응하지 못하는 일부 청소년은 자존감의 수준이 하락하지만, 대부분의 청소년은 잘 적응하여 자존감이 유지된다.
③ 성(gender)에 따라 청소년기의 자존감의 패턴이 달라지기도 한다.
④ 청소년기의 남자 아이보다 여자 아이의 자존감이 더 크게 떨어지는 경향이 있음을 발견했다(Kling 등, 1999).

4. 자존감에 영향을 미치는 요인

요인	내용
인지발달과 생물학적 발달	자존감은 아동의 학업 능력, 사회 능력, 운동 능력과 외모 등에 의해 정해지는 것
부모의 양육 방식과 또래와의 상호 작용	부모의 지지적 양육 태도와 또래와의 원만한 상호 작용은 자존감 형성에 긍정적인 영향을 미침
문화 (culture)	문화권마다 강조하고 중요하게 생각하는 가치는 아동이 자신을 평가하는 방식에 영향을 미침
성차 (gender difference)	• 일반적으로 여자 아이보다는 남자 아이가 자기에 대한 평가를 더 높게 하는 경향이 있음 • 여자 아이는 외모에 대한 높은 관심 때문에 타인과 자신의 외모를 자주 평가·비교하게 되며, 이 과정에서 자아 존중감이 점차 떨어질 가능성이 있음

> **핵심 Check**
>
> **자존감에 영향을 미치는 요인**
> • 인지발달
> • 생물학적 발달
> • 부모의 양육 방식
> • 또래와의 상호 작용
> • 문화
> • 성차

03 자아 정체감(ego identity)

1. 자아 정체감의 개념
① 자아 정체감은 '나는 누구인가'에 대한 총체적인 느낌 및 인지를 의미한다.
② 자아 정체감은 과거와 현재, 미래를 잇는 일관성에 대한 느낌으로, 유아기의 자기에 대한 개념에서 발달하여 청소년기에 특히 중요하게 대두된다.
③ 청소년기의 자아 정체감 형성은 에릭슨에 의해 이 시기의 핵심 발달 과제로 규정되었다.

2. 에릭슨(Erikson)의 자아 정체감 이론(심리사회성 발달 이론)
① 에릭슨에 따르면 청소년은 현재 자신이 누구인지, 또 앞으로 어떤 존재가 되어야 하는지에 대해 결정하는 과정에서 혼란과 불안을 느끼게 되는데, 이러한 불안한 상태를 '정체성 위기'라고 하였다.
② 10대들은 다양한 역할을 탐색하고 그 역할을 실천하는 것에 전념해 본 후 그 결과를 평가하는 실험 과정을 통해 정체성을 형성해 나간다.

③ 일부 청소년은 정체성에 대한 고민을 하지 않거나 해결하려고 노력하지 않고 초기에 부정적으로 결정함으로써 미래의 삶의 방향과 역할에 대해 계획하지 못한다. 이러한 부정적 결과가 '정체성 혼미'이다.
④ 청소년기는 사회적 요구와 생물학적 성숙이 최고조에 이르는 시기이다. 이에 따른 역동의 결과로 정체감 형성이 필요하다.
⑤ 정신분석학적 관점에서는 청소년기의 급격한 신체적·성적 성숙을 자아가 위협을 감지하는 근본적인 생물학적 원인에 의한 것으로 본다.
⑥ 청소년기는 사회와 문화에서 요구하는 가치에 대한 갈등이 커지고, 아동과 성인 중간 단계에 있는 청소년에 대한 상충적인 요구와 모호한 기대가 늘어나는 시기이기도 하다. 이러한 생물학적·사회적·문화적 변화로 인해 청소년은 '나는 누구인가'라는 고민을 하게 되며, 다양한 맥락을 통해 자신이 누구인지를 탐색한다.

3. 마샤(Marcia)의 자아 정체감 지위 이론 `기출개념`

① 에릭슨의 이론을 경험적으로 적용하고자 하는 연구 중, 가장 대표적인 이론이다.
② 마샤는 에릭슨의 이론을 경험적으로 연구하기 위해 정체감 개념 중 '위기'와 '개입'의 두 요소에 주목했다.

요소	내용
위기 (crisis)	개인이 자신의 정체감 확립을 위해 얼마나 큰 위기를 겪었는가, 즉 자아 정체감 형성의 기회를 제공받았는가 여부
개입 (commitment)	자아 정체감의 확립을 위해 개인이 실제로 노력을 개입시켰는가의 유무

③ 마샤는 위기와 개입에 근거하여 정체감 지위를 정체감 성취(achievement), 유예(moratorium), 유실(foreclosure), 혼미(diffusion)의 4가지로 선정했다.
④ 마샤(Marcia)의 정체감 상태 ★

구분	내용
정체감 혼돈(혼미) (identity diffusion)	자신이 누구인지, 인생에 있어 무엇을 하고 싶어 하는지 모르고, 삶에 대한 방향감이 결여되어 있는 상태
정체감 유실 (identity foreclosure)	선택 사항에 대한 고려 없이 부모와 같은 다른 사람이 선택해 준 결정을 수용하는 상태
정체감 유예 (identity moratorium)	선택을 위한 노력 중에 있는 상태
정체감 성취 (identity achievement)	직업이나 이성, 신앙 등을 자유롭게 고려해 본 후에 스스로 선택하여 선택한 삶에 전념하는 상태

4. 자아 정체감 형성의 영향 요인

영향 요인	내용
인지적 영향	인지발달이 정체감 성취에 중요한 역할을 함

영향 요인	내용
부모 양육 태도의 영향	부모와의 관계가 청소년의 자아 정체감 형성에 영향을 미침
사회·문화적 영향	자아 정체감 형성은 사회적·역사적 상황에 의해 강한 영향을 받음

04 사회 인지 발달

1. 사회 인지의 개념
① 사회 인지: 타인과의 상호 작용 행동 및 견해를 이해하는 것과 관련한 인지이다.
② 타인의 표정, 행동, 감정 등을 이해하고 추론하여 행동을 결정하는 능력이다.
③ 대인 관계나 사회적 조직 내에서 사회적 행동을 결정하는 내재적 과정이다.
④ 사회 인지의 대상은 자기(self), 타인(other), 사회적 관계(social relationship)이고, 사회 인지의 범주는 자신과 타인에 관한 지식, 자신과 타인과의 사회적 관계, 사회 조직과 제도에 관한 지식이 포함된다(Flavell, Miller, & Miller, 1993).
⑤ 사회 인지 구성 요소에는 자기 인식, 자아 개념, 자존감, 자기 효능감, 자아 인지, 성취 동기, 정체성, 타인 지각, 정서 이해 능력, 행동 원인 추론 능력 등이 있다.

2. 사회 인지 발달 단계

단계	구분	내용
1단계	존재에 대한 인식	다른 사람이 자신과 다른 생각과 감정이 있다는 사실에 대한 인식과, 사회 조직에는 준수해야 할 나름대로의 규범이 있다는 사실에 대한 인식
2단계	사회 인지를 지향하는 욕구	다른 사람의 관점, 생각, 판단, 감정 등을 이해하고자 하는 욕구
3단계	추론	사회 인지를 정확하게 수행할 수 있는 기술이나 역량으로, 탈중심화된 조망 수용 능력의 발달과 더불어 점차적으로 획득

3. 마음 이론(theory of mind)

(1) 마음 이론의 정의
① 마음 이론이란 경험, 내재적 상태 및 행동 간의 관계를 이해하는 아동의 사고 체계를 의미한다(Wellman, 1979).
② 실제 세계의 경험을 행동으로 이행하는 과정 속에는 경험을 바탕으로 형성되는 신념, 지식, 동기, 정서, 의도 등의 내재적 상태인 '마음'이 존재한다.
③ 마음이 행동을 매개하고 결정하게 된다. 이 과정에 대해 아동이 생각하고, 판단하며, 이해하는 양상이다.
④ 아동이 타인의 생각, 욕구, 감정 등을 정확하게 추론하는 능력과, 이러한 추론을 바탕으로 특정 상황에서 타인의 행동을 정확하게 예언하는 능력의 발달 과정을 보여준다.

📋 **개념 Plus**

마음 이론(theory of mind)
타인이 자신과는 다른 생각, 감정, 의도를 가질 수 있다는 것을 이해하는 능력으로, 마음과 행동의 관계에 대한 이해를 의미한다.

(2) 마음 이론의 발달 과정

연령	내용
2세 이전	2세 이전의 영아도 타인의 내재적 상태에 대한 초보적인 표상을 가지고 있음
2~3세	• 타인의 욕구·정서 등 내재적 상태를 언급하기 시작 • 타인의 욕구에 근거한 행동이나 정서를 예측할 수 있으나, 타인의 신념에 근거한 행동을 예측하는 것은 불가능함
3~4세	• 타인의 지각적 경험을 바탕으로 타인의 생각이나 신념 등 내재적 상태를 자신의 신념과 구분하여 표상하는 능력을 갖게 됨 • 내재적 상태와 실재를 구분하는 능력을 갖게 됨
4~5세	• 초보적인 마음 이론의 발달이 완성되는 시기 • 유아는 실재가 아니라 신념이 행동을 주도한다는 사실을 이해함 • 자신의 욕구와 타인의 신념을 구분할 수 있게 됨 • 타인의 행동은 타인의 지각적 경험에 근거한 신념이나 지식에 의해 결정된다는 것을 이해하며, 이를 자신의 신념과 구분하는 탈중심화된 마음 이해 능력을 갖게 됨 • 4세경부터 마음 이론이 발달한다는 것은 아동의 사회 인지 발달이 피아제의 견해보다 훨씬 빨리 이루어지고 있다는 사실을 시사함

4. 셀만(Selman)의 조망 수용(perspective-taking) 이론 [기출개념]

(1) 조망 수용 능력의 개념
① 조망 수용 능력은 '역할 취득(role-taking)'이라고도 한다. 타인의 입장에 놓인 자신을 상상하는 것에 의해 타인의 의도, 태도, 감정, 욕구 등을 추론하는 능력이다.
② 아동은 마음 이론의 발달을 통해, 타인의 다른 감정과 경험을 갖고 있어서 다른 관점을 가질 수 있음을 점차 이해할 수 있게 되는 조망 수용 능력을 발달시킨다.
③ 타인이 어떻게 생각하고 느낄 것인지를 이해할 수 있는 조망 수용 능력은 긍정적인 사회적 행동을 장려하는 데 중요하다.

(2) 조망 수용 능력 발달 단계 ★★

단계	연령	특징
수준 0 미분화된 조망 수용	3~6세	• 아동들은 자신과는 다른 어떤 조망도 인식하지 못함 • 타인이 동일한 사건이나 행위에 대해 자신과 다르게 해석할 수 있다는 것을 알지 못함
수준 1 사회 정보적 조망 수용	6~8세	사람들이 다른 정보를 받게 되면 다른 관점을 가질 수 있다는 것을 인식하기 시작함
수준 2 자기 반영적 조망 수용	8~10세	• 같은 정보를 받았을 때도 자신과 타인의 관점이 다를 수 있다는 것을 앎 • 타인의 관점을 고려할 수 있으며, 자신의 행동에 대한 타인의 반응을 예측할 수 있음 • 자신의 관점과 타인의 관점을 동시에 고려할 수는 없음

단계	연령	특징
수준 3 제3자적 조망 수용 (상호적 역할 수용)	10~12세	• 자신과 타인의 관점을 동시에 고려하고 타인도 같은 일을 할 수 있다는 것을 인식할 수 있음 • 자신과 상대방이 제3자의 공평한 입장에서 어떻게 보이는지를 사고할 수 있음
수준 4 사회 관습적 조망 수용	12~15세	• 사회적 가치 체계에 근거해서 타인의 입장을 이해하고 판단할 수 있음 • 사회 집단에서 대부분의 사람들이 취하게 될 조망을 추정할 수 있음

기출개념확인

01 타인의 외적인 인정이나 칭찬에 의한 것이 아니라, 자신 내부의 성숙된 사고와 가치에 의해 얻어지는 개인의 의식은?

① 자아 개념
② 자존감
③ 자아 정체감
④ 자신감

02 마음 이론에 대한 설명으로 옳지 <u>않은</u> 것은?

① 마음이 행동을 매개하고 결정한다.
② 2세 이전의 영아도 타인의 내재적 상태에 대한 초보적인 표상을 가지고 있다.
③ 2~3세는 타인의 욕구에 근거한 행동이나 정서를 예측할 수 있다.
④ 3~4세는 초보적인 마음 이론의 발달이 완성되는 시기이다.

정답·해설

01 ② 자존감이란 자신에 대한 존엄성이 타인들의 외적인 인정이나 칭찬에 의한 것이 아니라, 자신 내부의 성숙된 사고와 가치에 의해 얻어지는 개인의 의식을 말한다.

<u>오답분석</u>
① 자아 개념은 사회적인 것으로, 환경과의 관계 속에서 나타나는 자기 자신에 대한 태도, 즉 자아상(self-image)이다.
③ 자아 정체감은 '나는 누구인가'에 대한 총체적인 느낌 및 인지를 의미한다.
④ 자신감은 어떤 일을 해낼 수 있다거나 어떤 일이 꼭 그렇게 되리라는 데에 대한 믿음이다.

02 ④ 초보적인 마음 이론의 발달이 완성되는 시기는 4~5세 사이이다.

제3절 성차와 성 역할

01 성차

1. 초기의 성차
① 여아는 남아보다 상대적으로 더 건강하며 발달이 빠르다. 반면에 남아는 자궁 안에서부터 더 활동적이고, 출생 후에도 오래 깨어있으며, 운동 활동이 많다.
② 여아는 오른쪽 반사가 빠른 반면, 남자는 왼쪽 반사가 더 강하다. 이는 뇌의 기능 분화와 연관이 있다.

2. 남녀의 심리적 차이
(1) 언어 능력
① 보통 여아의 언어 표현력이 남아보다 우수하다.
  ㉠ 여아는 말을 더 빨리 시작하고, 많은 어휘를 사용하며, 복잡한 말을 할 수 있다.
  ㉡ 이는 청소년까지 유지되며, 대학 수학 능력 시험 국어 성적에서도 여학생이 높은 점수를 받는 경향성이 있다.
② 언어 이해 및 언어 추리에는 성차가 없다.
③ 청년 후기에 이르면 언어 능력의 성차가 없다.

(2) 수학 능력
① 수학 능력은 대체로 남성이 여성보다 우수하지만, 그 차이는 적으며 영역에 따라 다르다.
② 계산 영역에서는 여성이 우수하고, 수리적 문제 해결에서는 남성이 우수하다.

(3) 공간 능력
① 공간 능력에서 남녀의 능력 차가 가장 두드러지게 나타난다.
② 공간 능력은 공간 지각, 정신적 회전, 공간적 시각화 등 공간 내 사물을 표상하여 저장하고 다른 사물 및 공간적 위치와 관련시키는 능력이다.
③ 수학 능력의 성취는 상당 부분 공간 능력의 성차에 기인한다.

(4) 공격성
① 남성이 모든 문화권에서 여성보다 상대적으로 더 공격적이다.
  ㉠ 남성의 범죄가 전체 범죄의 80% 이상을 차지하며, 특히 신체적인 공격성에서 성차가 가장 크고 일관된다.
  ㉡ 청소년기의 폭력 범죄 비율이 여성의 10배 정도로, 이는 남성 호르몬의 폭발에 기인한다.

② 여성은 보통 관계적·사회적 공격성이 높다.
  ㉠ 남성은 직접적 공격이 많지만 여성은 간접적·언어적 공격이 많다.
  ㉡ 청년기에는 남성도 신체적 공격성이 감소하고 간접적 공격성이 증가하는데, 이는 사회화와 생물학적 성숙의 영향 때문이다.

3. 활동 수준/탐색 행동
① 남아가 여아보다 적극적·활동적이며, 조작을 많이 하고 호기심이 많다.
  ㉠ 남아는 어머니가 놀이를 방해하지 않고 놓아둘 때 독립적인 탐색을 많이 한다.
  ㉡ 여아는 어머니가 가까이 있고 가끔 개입할 때 더 탐색적이며, 탐색 중에도 어머니의 존재를 확인한다.
② 공포, 소심성 및 위험감: 여아는 두려움과 겁이 많다. 낯선 상황에서 더 조심스럽고 자기 주장이 적으며, 모험 행동이 적다.
③ 정서 표현과 민감성
  ㉠ 여아는 생리적 활성도가 민감하고, 정서 표현이 더 많으며, 정서 관련 단어를 더 많이 구사하고, 정서 조절 능력도 더 발달했다.
  ㉡ 여성은 상대적으로 감정을 이해하고 이입하는 능력이 우수하다.
    ⓐ 행복감 읽는 능력에는 성차가 없으나, 슬픔을 읽는 능력에서는 차이가 있다.
    ⓑ 여성은 남녀의 슬픔은 모두 90% 감지하지만 남성은 여성의 슬픔을 70%만 감지한다.
    ⓒ 한편으로는 남성의 감정 이입 능력이 여성과 차이가 없다는 연구도 있다 (Zahn–Waxler 등, 1992).

4. 질병
남성이 여성에 비해 유전 질병이 많고 질병에 취약하며 사망률이 높다. 이는 유전 정보가 많은 X 염색체가 하나이기 때문이다.

02 성 역할

1. 성 역할의 발달
① 성 역할: 남성과 여성에 따라 각기 다르게 기대되는 행동 양식을 의미한다.
② 아동이 자신의 성 역할을 인식하고 이에 적합하게 행동하고자 하는 경향은 아동기 사회화의 중요한 부분이다.
③ 남성과 여성의 구분에 대한 인지가 발달함에 따라 아동은 점차 어떠한 특성이나 대상 또는 활동이 전형적으로 남성 또는 여성에게 국한되어 적용된다는 성 역할 지식을 획득하게 된다.

핵심 Check

연령에 따른 성 역할의 발달
- 만 2세경의 유아는 옷이나 소품 등을 남성용과 여성용으로 구분할 수 있다.
- 만 3세가 되면 장난감을 성에 따라 구분할 수 있다.
- 만 4세에는 남자 색깔과 여자 색깔로 색을 분류한다.
- 만 5세가 되면 성과 관련된 사회적 행동에 관한 지식이 나타나기 시작한다.

2. 성 역할 고정관념

① 성 역할 고정관념: 특정 행위나 활동이 남성 또는 여성에게 배타적으로 적용되는 것으로, 판단하는 사고를 의미한다.
② 성 역할 고정관념은 아동이 자신의 성을 구분할 때와 거의 유사한 시기에서부터 발달하기 시작한다.
③ 성 역할 고정관념과 성 역할 이해의 발달에 관한 상관 관계 연구 결과에 따르면, 성 역할 고정관념에 따라 자신의 성에 적합한 활동을 선호하는 경향이 성 역할 이해에 앞서 나타난다.

3. 성 역할 고정관념의 발달

① 2세 아동 대부분이 성 역할 고정관념을 알고 있어서 장난감이나 놀이에 대한 선호, 행동 특성을 성별 특성과 연관시킨다.
② 학령기 초기부터 성격, 사교성, 정서 등 심리적 차원에서 남녀를 구분하여 남성은 주장적·공격적이지만 여성은 정서적이고 자애롭다는 고정관념을 인식한다.
③ 2세경에도 남자는 주도성, 여성은 친교성과 연결됨을 알고 있다.
④ 4세경에는 말괄량이 여자, 계집애 같은 남자를 싫어하는 등 성 유형화된 행동을 선호한다.
⑤ 성 역할 고정관념이 점차 감소하다가 사춘기부터 다시 유연성이 감소한다. 이는 2차 성징의 변화에 남녀의 신체 차가 확연해지면서 자신을 여성 또는 남성으로 보려는 자의식이 증가하기 때문이다.
⑥ 성 역할 정체성이 어느 정도 확립되는 청년기 후기나 성인기에는 성 역할 규준에 대해 보다 융통성 있는 사고를 갖게 된다.

4. 성 역할 발달 이론 [기출개념]

(1) 생물학적·진화심리학적 이론

① 진화와 생물학적 과정이 성차 발달의 원인이다(Buss, 1995).
② 수태 시 Y 염색체 및 태내에서의 테스토스테론의 분비 여부가 성기 발달, 신체 및 뇌의 발달에 영향을 미친다.
③ Y 염색체는 임신 6주경에 원시생식선을 변화시켜 고환을 만든다.
④ 사춘기의 여성 호르몬(에스트로겐, 프로게스테론, 옥시토신), 남성 호르몬(테스토스테론, 안드로겐) 분비가 성차의 발달을 촉진한다.
⑤ 남성과 여성의 차이는 성 선택과 생식의 방략을 다르게 진화시켰다. 남성은 생식 투자에 부담이 없는 반면 여성은 생식 투자의 부담이 있다.

(2) 정신분석 이론

① 남근기에 남아는 오이디푸스 갈등으로 거세 불안을 경험하며, 아버지와 동일시를 통해 성차가 발생한다.
② 남근기에 여아는 남근 선망과 거세를 인식하며, 결핍을 보상받고 아버지의 사랑을 받기 위해 어머니와 동일시하는 과정에서 성차가 발생한다.

개념 Plus

오이디푸스 콤플렉스
아들이 동성인 아버지에게는 적대적이지만 이성인 어머니에게는 호의적이며 무의식적으로 성(性)적 애착을 가지는 복합 감정이다.

③ 프로이트의 이론은 남녀의 심리적 차이가 해부학적 차이에서 비롯된다는 점에서 생물학적·진화심리학적 이론과 관련이 있다.

(3) 사회 학습 이론
① 문화가 남녀에게 허용하는 행동이 다르며, 이를 내면화하는 과정에서 성 정체감 및 성 역할이 형성된다.
② 부모가 성 전형적인 행동에 차별적 강화를 제공하는 것, 즉 성에 적절한 놀이를 할 때 강화를 하고 부적절한 놀이를 하면 무시 또는 처벌을 함으로써 성 역할에 영향을 미친다(Mischel).
③ 자신의 성별을 인식·명명할 수 있기 시작하면서 동성의 행동을 더 주의 깊게 관찰하고, 더 잘 기억·실행하여 동성 모델을 모방할 때 더 자주 강화를 받는다.
④ 대중매체의 영향
   ㉠ **TV 폭력물**: 남아의 공격 행동은 증가시키지만 여아에게는 영향이 없다. 이는 공격 행동의 모델에 남성이 많고, 여성은 대개 희생자나 수동적 관찰자이고 신체적 매력이 높은 인물로 등장하는 경향이 많기 때문이다.
   ㉡ **동화책**: 남성은 도구적·주도적인 반면, 여성은 수동적·피해자로 묘사되는 경향이 있다.
⑤ 부모의 영향
   ㉠ 출산 시 가장 큰 관심은 성별로, 아기의 환경을 성별에 기초하여 제공한다. 여아는 분홍색을 제공하는 반면, 남아는 파란색을 제공받는 경향이 많다.
   ㉡ 남아는 자율성과 활동을 장려하고, 여아는 순종과 정서 교환을 장려한다.
   ㉢ 남아가 여성적 행동을 하면 부정적 반응을 보이며 더욱 성 전형화된 행동을 요구하는 반면, 여아의 남성적 행동은 비교적 허용적이다.
   ㉣ 어머니가 높은 지위를 갖거나 남성적 직업인 경우 성 역할에 유연성을 갖지만, 여성적 직업을 가진 경우 더욱 고정적인 태도를 보인다.
⑥ 학교의 영향
   ㉠ 교사가 남학생은 도구적·독립적일 때 보상하며, 여학생은 친근하고 순응적일 때 보상을 한다.
   ㉡ 여학생에 대한 학업 기대가 상대적으로 더 낮다.
   ㉢ 이러한 차이가 시간이 지나면서 성 역할의 차이를 점차 심화시킨다.
⑦ 또래의 영향
   ㉠ 집단 사회화 이론에 의하면 아동에게는 부모보다 또래가 더 중요한 성 유형화 전달자이다(Harris, 1995).
   ㉡ 또래 집단이 문화적 지식과 행동의 여과기 역할을 한다.
   ㉢ 학령기의 또래들은 성에 부적절한 놀이를 하면 놀리거나 방해하고 비판하며, 전통적인 성 역할에 충실한 아동과 놀기를 선호한다.

(4) 인지발달 이론
① 성 정체감 및 성 유형의 발달은 인지발달 및 사회에 대한 인지적 구조화 결과이다.
② **성 정체감**: 물리적 차이에 기초하여 자신을 남자 또는 여자로 범주화하고 인식하는 성 정체감이 3세경에 가장 처음 획득된다.

③ 성 항상성: 3세경에는 보존 개념이 획득되지 못해 외모를 바꾸면 다른 성이 될 수 있다고 생각하며, 성기 차이에 기인함을 이해하지 못한다. 보존 개념이 생기면서 6~7세 즈음에 성기 차이로 인하여 성이 바뀌지 않는다는 항상성을 이해한다.
④ 성 고정관념: 전조작기에는 성 고정관념이 엄격하다가 구체적 조작이 가능한 7세 이후에는 성 항상성을 이해하고 고정관념이 감소한다. 그러나 청소년기에 다시 엄격해진다.
⑤ 콜버그는 성 유형화된 특성의 발달은 자아 일관성과 자존감 때문으로, 자신의 성 정체감과 일관된 것을 선호하기 때문이라고 하였다.

(5) 성 도식 이론
① 아동의 성 유형화 발달을 정보 처리적 관점에서 설명하는 이론이다.
② 남자와 여자에 대한 도식(schema)을 발달시키려는 선천적 동기가 있고, 이것이 성 유형화에 영향을 미친다.
③ 성 도식은 인지적 이해의 선천성 및 문화가 성적 이분법을 강조하여 발달한다.
  ㉠ 2~3세에 기본적인 성 정체감의 확립이 성 도식을 형성하도록 동기화한다.
  ㉡ 성 관련 정보를 적극적으로 찾아 성 도식에 통합시키며, 내외 집단 도식과 자기 성 도식(own sex schema)을 발달시킨다.

03 성 유형화의 발달

1. 성 정체감의 발달
① 성별은 아동이 가장 먼저 분류하는 범주 체계이다. 이는 성별이 지각적으로 현저하며, 이분법적·상호 배타적 범주이기 때문이다.
② 영아도 낯선 여자보다 낯선 남자에게 더 불안을 느끼며, 남성보다 여성을 선호한다.
  ㉠ 6개월경에는 목소리의 높낮이로 남녀를 구분한다.
  ㉡ 1세경에는 사진을 보고 남녀를 구분하며 목소리와 사진을 연합시킨다.
  ㉢ 2~3세경에는 남녀와 관련된 명칭을 정확하게 사용하고 자신의 성별을 정확하게 인식한다. 즉 성 정체감이 형성된다.

2. 성 유형화 행동의 발달
① 자신을 성별로 범주화하여 동성을 선호하고 동성에 대한 동일시 욕구가 증가한다.
② 유전적·생물학적 선천성이 있고, 자신의 성에 적합한 과제를 더 잘 수행한다.
③ 성 정체감이 형성되기 이전부터 성 고정관념에 따른 장난감을 선호한다.
  예 남아는 트럭, 자동차 등을 더 좋아하는 반면에, 여아는 인형이나 부드러운 장난감을 선호한다.
④ **성별 분리**
  ㉠ 2세경부터 여아는 여아를 선호하고, 3세경부터 남아는 남아를 선호한다.
  ㉡ 4~5세경에는 이성 놀이 친구를 거부하고, 6세이면 동성과 노는 시간이 10배 증가한다.

ⓒ 남아는 큰 집단을 이루어 성인의 눈에 띄지 않는 공공장소에서 노는 반면, 여아는 2~3명의 작은 집단을 이루어 성인 곁에서 노는 경향성이 있다.
　　ⓔ 남아는 규칙, 지배, 지도 등의 주제가 포함된 게임을 주로 하는 반면, 여아는 구성원의 동등한 참여를 강조하고 규칙 위반에 허용적이다.
　⑤ 성 전형화의 압력
　　㉠ 대부분의 문화권에서 남성의 역할을 더 높이 평가하며, 더 분명하게 규정하고, 남성에 대한 성 전형화의 압력이 더 강하다.
　　㉡ 부모는 남아에게 더 일찍 여아 장난감 사용을 금지하고, 남아 역시 성 전형화된 행동을 여아보다 더 일찍 받아들이다.
　　㉢ 대부분의 문화권에서 남성에게는 부양, 책임 등의 도구적 역할을, 여성에게는 양육, 관계, 가사 등의 표현적 역할을 강조한다.

3. 심리적 양성성(Androgyny: Bem, 1974)

① 남성·여성의 특성은 상호 배타적이다. 남녀 특성은 동일 차원의 양극에 있는 특성이 아니라 두 개의 각기 다른 차원이다. 개인은 두 특성을 모두 가지고 있지만 정도의 차이가 있으며, 여러 속성이 필요와 상황에 따라 표출될 수 있다.
② 벰(Bem)의 성 역할 척도(BSRI; Bem Sex Role Inventory)에 따라 검사한 결과, 대학생의 66%는 성 전형적이었고, 30%는 양성적이었다.
③ 양성성이 높은 사람은 성 역할에 구애받지 않고 다양한 상황에 적응적이며, 대처 능력이 높고 자존감이 높다.
　㉠ 양성성이 높은 여성은 성취 원인을 노력이나 운보다 능력에서 찾고, 실패 원인을 능력이 아닌 노력 부족으로 찾아 위축되지 않았다(Huston, 1983).
　㉡ 그러나 이는 많은 문화에서 남성성을 여성성보다 선호하기 때문이라는 비판이 있으며, 남성적 특질을 강조하는 사회에서는 양성성의 적응력과 자존감이 더 낮을 수 있다는 비판도 있다.
④ 성 역할이 열성적인 커플은 관계 만족도가 높으며, 만족감을 결정하는 것은 양성성 중 여성적 요소이다(Mayer 등, 1996).

기출개념확인

01 성차에 대한 설명으로 옳은 것은?
① 계산 영역에서는 남성이 우수하며, 수리적 문제 해결에서는 여성이 우수하다.
② 남녀의 능력 차이가 가장 두드러지게 나타나는 것은 공간 능력이다.
③ 남성이 모든 문화권에서 여성보다 공격적이지는 않다.
④ 남아는 생리적 활성도가 민감하며, 정서 관련 단어를 더 많이 구사한다.

02 성 역할 발달 이론에 대한 설명으로 옳지 않은 것은?
① 생물학적 이론 관점에서는 태내에서의 테스토스테론의 분비 여부가 성기 발달에 영향을 미친다고 본다.
② 정신분석 이론 관점에서는 남아는 아버지와 동일시하면서 성차가 발생한다고 본다.
③ 사회 학습 이론 관점에서는 어머니가 남성적 직업인 경우 성 역할에 고정적인 태도를 갖는다고 본다.
④ 성 도식화 이론 관점은 아동의 성 유형화 발달을 정보 처리적 관점에서 설명하는 이론이다.

정답·해설

01 ② 공간 능력은 공간 지각, 정신적 회전, 공간적 시각화 등 공간 내 사물을 표상하여 저장하고 다른 사물 및 공간적 위치와 관련시키는 능력으로, 남녀의 능력 차이가 가장 두드러지게 나타난다.

[오답분석]
① 계산 영역에서는 여성이 우수하며, 수리적 문제 해결에서는 남성이 우수하다.
③ 남성이 모든 문화권에서 여성보다 공격적이다.
④ 여아는 생리적 활성도가 민감하고, 정서 표현이 더 많으며, 정서 관련 단어를 더 많이 구사하고 조절 능력도 더 발달했다.

02 ③ 사회 학습 이론 관점에서는 어머니가 높은 지위를 갖거나 남성적 직업인 경우 성 역할에 유연성을 갖지만, 여성적 직업을 가진 경우 더욱 고정적인 태도를 보인다고 본다.

제4절 공격성, 이타성, 도덕발달

01 공격성(aggression)

1. 공격성의 개념 및 유형 ★

(1) 공격성
① 타인을 해치려는 의도를 갖고 행하거나 시도하는 신체적·언어적 행동을 말한다.
② 타인을 해치려는 의도에는 신체적으로 가하는 위해와 심리적으로 상처와 고통을 주는 위해 등이 포함되며, 고의로 상대방의 질문을 무시하거나 악의적인 헛소문을 퍼뜨리는 행동 역시 공격 행동에 속한다.

(2) 공격성 표출 방법에 따른 분류(Kaufman, 1989)

유형	내용
직접적 공격성	직접적으로 언어 또는 신체적 공격 행위를 가하는 것
수동적 공격성	직접 공격 행위를 하는 것이 두려워서 간접적 행동(예 고집 부리기, 무조건 거부하기, 무조건 반대하기, 상대방 무시하기 등)으로 표출하는 것
자기 회피적 공격성	상대방을 공격하는 것이 두려워서 자해 행동과 같은 가학적 행동을 하는 것

(3) 공격성이 가해지는 형태에 따른 분류(Macklem, 2003)

유형	내용
신체적 공격 행동	때리기, 발로 차기, 꼬집기와 같이 신체적 해를 입히는 것
언어적 공격 행동	놀리기, 협박하기, 약 올리기, 욕하기 등으로 상대방에게 심리적 해를 가하는 것
사회적 공격 행동	따돌림, 소문 내기, 이간질하기 등 대인 관계에 해를 입히는 것

(4) 공격 행동의 의도성에 따른 분류(Macklem, 2003)

유형	내용
도구적 공격성	자신의 이익을 얻기 위하여 다른 사람에게 피해를 입히는 것
적의적 공격성	오로지 타인을 괴롭히기 위하여 공격적 행위를 저지르는 것

개념 Plus
공격성의 종류

종류	내용
신체적 공격	물리적인 힘을 가하여 신체에 상해를 입히는 것
언어적 공격	해가 되는 말을 하는 것으로서 욕설을 하거나 악의적인 별명을 부르는 것
관계적 공격	누군가에게 공격적인 행동을 하기 위해 또래 관계를 이용해 집단에서 제외시키거나 친구 관계를 철회, 악의의 소문을 퍼뜨리는 것으로, 청소년기에 남아보다 여아에게서 더 잘 나타남
도구적 공격	자신의 욕구를 충족시키거나, 가치 있다고 여기는 것을 획득하기 위한 수단으로 공격 행동이 일어나는 경우
적대적 공격	고통이나 불쾌감 등에 의해 유발되는 것으로서 감정적이거나 충동적으로 공격 행동이 일어나는 경우

2. 공격성 발달 이론

(1) 행동주의 관점: 보상 이론(Patterson 등, 1967)
유치원 아동의 연구 결과, 공격적 행동이 긍정적 결과를 가져다주기 때문에 공격적 행동이 증가한다. 공격적 행동으로 인한 긍정적 결과는 이후에 공격적 행동의 결과에 대하여 긍정적 기대감과 높은 가치를 부여함으로써 공격적 행동이 지속된다.

(2) 사회 학습 이론: 모방 이론
공격성은 공격적 행동을 하는 모델을 관찰하여 학습된다(Bandura, 1973).

(3) 사회 인지 이론
① 잘못된 사회 인지적 판단에서 공격성이 형성된다(Dodge, 1986).
② 공격적인 아동은 우연히 던진 공에 얼굴을 맞을 경우 공을 던진 아동이 자신에게 적의를 가지고 있다고 여기는 것과 같은 잘못된 귀인 편향으로 인해 상대방에게 적의적 행동을 하게 되어 상호 공격적 관계를 형성한다.
③ 적의적인 귀인이 강화되면 공격성이 지속적으로 유지되는 결과를 초래한다.
④ 부모의 강압적인 양육 태도, 기질적 요인, 공격적인 사회 환경과 매체 등이 공격성 형성에 영향을 미친다.

3. 공격성의 발달
① 아동의 공격적 특성은 연령과 함께 급격하게 변화한다.
② 12개월 된 영아는 서로 장난감을 가지고 다툰다.
③ 3~5세가 되면 신체적 공격이 줄어드는 반면, 언어적 공격은 증가한다.
④ 아동은 다른 사람의 동기와 의도를 추론할 수 있는 역할 수행 능력을 획득하고, 그에 대해 보복하려는 경향이 증가하기 때문에, 적대적 공격성이 연령과 함께 증가한다.
⑤ 적대적 공격성과 보복적 공격성은 13~15세경에 절정에 이르렀다가, 그 이후에 점차 감소한다.
⑥ 청소년은 외적으로 공격적 행동을 하는 직접적인 공격보다는 반사회적인 형태로 표현하는 경향이 있다.

4. 공격성의 개인차
① 공격적인 사람은 공격적인 행동 결과에 대해 더 높은 기대를 가지고 있으며, 공격성이 자신의 자존감을 높여준다고 생각한다.
② 공격적인 사람은 '적의적 귀인 편향'을 갖고 있다. 상대방의 공격적 의도를 과대하게 해석하며, 이러한 해석이 그들을 분노하게 만들고 보복적인 행위를 하게 한다.
③ 공격적인 사람은 적의적인 경향으로 인하여 다른 사람들로부터 비우호적인 반응을 유발시키는 경우가 많다.

5. 공격성의 성차
① 일반적으로 남성이 여성보다 공격적이다.
② 남성은 신체적으로 공격하는 반면, 여성은 언어적으로 공격한다.

③ 공격성의 성차 원인으로는 1차적으로 호르몬이나 생물학적인 차이가 있으며, 2차적으로 사회적 영향, 부모의 양육 태도 등이 있다.
④ 공격성이 생물학적 요인에 의해 작용한다고 하더라도, 공격성의 성차는 대부분이 성 유형화 과정과 사회 학습 과정에 의존한다.

6. 공격성의 안정성
① 공격성은 비교적 안정되어 잘 변하지 않는 속성을 띤다.
② 공격적인 유아가 공격적인 아동이 될 가능성이 크지만, 그렇다고 절대 변화할 수 없다는 것은 아니다.

7. 공격성 통제법
① 심리 정화법: 장난감 같은 무생물을 대상으로 표출하는 방법이다.
② 보상 제거법: 공격성의 결과로 생기는 보상을 제거하는 방법이다.
③ 대체 반응법: 공격적 행동은 무시하고 친사회적 행동을 강화하는 방법이다.
④ 일시 격리법: 스스로 통제할 수 있도록 그 상황에서 격리하는 방법이다.
⑤ 모델링과 직접 지도법
⑥ 비공격적 환경 조성
⑦ 공감 훈련

02 이타성(altruism)

1. 이타성의 개념
이타성은 타인의 행복이나 안녕 등에 신경을 쓰고, 타인이 곤경에 처해 있거나 도움을 필요로 할 때 자발적으로 도우려는 태도 또는 행동을 의미한다.

2. 이타성 이론
(1) 사회 교환 이론
① 이타성은 일종의 거래 혹은 기회비용의 측면에서 볼 수 있으며, 이타적인 행동은 이를 통해 개인이 얻는 이익이 손해보다 클 때 일어난다.
② 남을 돕는 행위를 통해 자신이 좋은 사람이라고 느끼거나 정서적인 만족감, 행복감 등을 얻을 수 있는 등 일종의 내적 보상으로 작용하기 때문에 이타성이 나타난다.

(2) 공감적 이타성
타인의 고통이나 아픔에 대한 공감에서 이타성이 나타난다.

(3) 학습 이론
남을 돕는 사람들의 모습을 관찰하여 모방 학습하거나, 사회적 규범을 내재화하는 과정에서 도덕적 기준이 설정되고, 이에 따라 생각·행동하는 이타성이 나타난다.

(4) 진화심리학

협동을 통한 생존에서의 유익으로 인하여 이타성이 체화된 것이다.

3. 이타성의 발달

① 12~18개월: 다른 영아에게 장난감을 내밀고 엄마가 청소할 때 도와주는 척을 한다.
② 23~25개월: 자기 인식이 있는 영아는 다른 아이가 울 때 같이 운다.
③ 3세 말: 자신에게 장난감을 준 아이에게 자기 장난감을 빌려준다(상호성).
④ 아동의 연령이 증가함에 따라 이타적 행동도 증가하는 경향이 있지만, 자발적인 자기 희생적 행동은 드물게 나타난다.
⑤ 타인에 대한 관심에 기인한 자발적인 자기 희생적 행동은 초등학교 초기부터 보편적으로 나타난다.

4. 이타성 관련 정서적·인지적 요인

구분	내용
감정 이입	이전에 학습한 이타적 교훈(예 사회적 책임감, 규범)을 불러일으킴으로써 남을 도와야 한다는 이타적 행동을 촉진시킴
책임감 느끼기	남을 도와야 한다는 책임감을 느낄 때, 양심의 의무를 하지 않으면 죄책감을 느낌
역할 맡기	타인의 고통을 인식하고 이해하는 데 도움이 되는 요인
이타적인 도덕적 추론	이타적인 도덕적 추론은 이들의 이타적 행동을 예측할 수 있게 하는 요인 중 하나임
자신을 이타적으로 보는 것	자기 개념에서 이타성을 중요시하는 사람, 자신이 동정심이 많고 관대하다고 생각하는 사람이 이타적으로 행동하는 경향이 많음

03 도덕성 발달(morality development)

1. 콜버그(Kohlberg)의 도덕성 발달 이론 [기출개념]

개념 Plus

콜버그의 도덕성 발달 이론
콜버그는 피아제(Piaget)의 인지 발달 이론에 초점을 맞추어, 주로 아동을 연구 대상으로 하던 것에서 성인까지 확대하여 독자적인 도덕성 발달 단계 이론을 구축하였다.

(1) 이론의 개요

① 콜버그는 도덕성의 문제를 담고 있는 여러 가지 도덕적 딜레마를 설정하여 이에 대한 사람들의 응답에 따라 도덕성 발달 과정을 설명하였다.
② 도덕적 판단은 도덕적 행위를 결정하는 가장 중요한 요인이다.
③ 도덕성 발달에는 인지발달이 필수적이며, 인지발달은 도달할 수 있는 도덕적 단계를 한정한다.
④ 도덕성 발달은 단계적으로 이루어지며, 모든 사람은 동일한 순서로 도덕성 발달 단계를 거친다.
⑤ 도덕성 발달은 어떤 국가나 문화에 관계없이 일정한 발달 단계를 거친다.
⑥ 도덕적 발달 수준을 인습(因習)을 기준으로 3수준 6단계로 구분하였다.

(2) 도덕성 발달 단계 ★★★

수준	단계	특징

제1수준
인습 이전 수준
(전도덕기,
0~6세)
	• 1단계 – 주관화
	  – 벌과 복종에 의한
	    도덕성
	  – 벌과 복종 지향
		• 신체적·물리적 힘이 복종이나 도덕적 판단의 기준이 됨
		• 신체적 처벌을 피하기 위하여 규칙을 지킴
		• 행동 결과의 의미나 가치가 문제가 되지 않고 표면적인 결과만으로 도덕적 판단을 함
		• 하인즈의 딜레마
		  – 약을 훔쳐야 함
		    → 아내를 죽게 두면 신으로부터 벌을 받기 때문
		  – 약을 훔쳐서는 안 됨
		    → 도둑이라고 잡혀서 벌을 받기 때문

	• 2단계 – 상대화
	  – 욕구 충족을 위한 수단
	    으로서의 도덕성
	  – 도구적 상대주의 지향
		• 상이나 보답을 받기 위해 규칙을 지키거나 남에게 도움을 줌
		• 자기 자신의 개인적 욕구를 충족시키거나 이익과 보상을 얻을 수 있는 일은 옳음
		• 인간 관계는 상호 호혜의 원칙에 의해 행동의 가치를 결정함
		• 하인즈의 딜레마
		  – 약을 훔쳐야 함
		    → 생활하는 데 아내의 도움이 필요하기 때문
		  – 약을 훔쳐서는 안 됨
		    → 감옥에 가는 것은 아무 이익이 안 되기 때문

제2수준
인습 수준
(타율적 도덕기,
6~12세)
	• 3단계 – 객체화
	  – 대인 관계에서 조화를
	    위한 도덕성
	  – 착한 아이 지향
		• 타인의 비난을 피하고 인정받기 위해 규칙을 지킴
		• 다수의 의견이나 사회적 인습에 따름
		• 하인즈의 딜레마
		  – 약을 훔쳐야 함
		    → 부인을 돌보는 일이 이기적인 일이 아니기 때문
		  – 약을 훔쳐서는 안 됨
		    → 남의 것을 훔치는 것은 나쁜 일이기 때문

	• 4단계 – 사회화
	  – 법과 질서를 준수하는
	    도덕성
	  – 법과 사회 질서 지향
		• 법과 질서는 정해진 의무이기 때문에 무조건 지켜야 함
		• 하인즈의 딜레마
		  – 약을 훔쳐야 함
		    → 부인이 죽으면 책임을 져야하기 때문
		  – 약을 훔쳐서는 안 됨
		    → 도둑질을 하는 것은 법을 어기는 것이기 때문

핵심 Check

콜버그의 도덕성 발달 단계
'주관화 – 상대화 – 객체화 – 사회화 – 일반화 – 궁극화'의 6단계로 진행된다.

개념 Plus

하인즈의 딜레마
(Heinz's dilemma)

유럽의 어느 마을에 사는 하인즈의 아내는 무서운 암에 걸려 죽어 가고 있었다. 그 병을 치료하는 데는 오직 한 가지 약밖에 없는 것으로 알려져 있었다. 그 약은 같은 마을에 사는 약사가 개발한 라듐 종류의 약이었다. 그 약사는 약값으로 재료비의 10배에 해당하는 2,000달러를 요구했다. 하인즈는 약값을 구하기 위하여 여기 저기 돈을 빌리러 다녔지만 약값의 절반에 해당하는 1,000달러 밖에 구하지 못했다. 하인즈는 약사를 찾아가서 지금 아내가 죽어가고 있으니 그 약을 싸게 1,000달러에 팔거나, 외상으로 자기에게 팔면 약값을 다음에 갚겠다고 사정했다. 그러나 그 약사는 하인즈의 청을 거절했다. 절망에 빠져 돌아온 하인즈는 결국 약국 문을 부수고 들어가 약을 훔쳤다. 과연 하인즈의 행동은 정당한 것인가?

수준	단계	특징

제3수준
인습 이후 수준
(자율적 도덕기,
12세 이후)
	• 5단계 – 일반화
	– 사회 계약 정신으로서의 도덕성
	– 사회 계약 지향
		• 법의 목적은 인간의 권리나 복지를 보장하기 위한 것
		• 법은 사회적 계약이므로 생명이나 자유 등의 기본적 권리가 침해되지 않는 한 수정 가능
		• 타인의 의지와 권리에 의해 위배되는 행동은 피하고 대다수의 의지와 복지에 따라 행동함
		• 하인즈의 딜레마
		– 약을 훔쳐야 함
		  → 그 상황에 처했다면 누구나 약을 훔칠 수밖에 없을 것
		– 약을 훔쳐서는 안 됨
		  → 약을 훔치는 것은 약사의 권리를 침해하기 때문

	• 6단계 – 궁극화 – 양심 및 보편적 도덕 원리에 대한 확신으로서의 도덕성 – 보편적 도덕 원리 지향	• 자기 자신의 양심에 따라 규칙을 지킴 • 도덕 원리는 포괄적·보편적·일관성이 있어야 함을 인정하지만 도덕적 규제자로서 자신의 양심의 소리를 우선적으로 들음 • 하인즈의 딜레마 – 약을 훔쳐야 함 → 생명권이 재산권보다 중요하기 때문

(3) 콜버그의 도덕 교육 방법
① 교사가 아동에게 구체적인 덕목이나 가치를 직접적으로 가르쳐서는 안 된다.
② 도덕적 딜레마에 대한 개방적인 토론 분위기를 조성하여 타인과의 관계 속에서 학생 스스로의 사고를 점검·평가하여 도덕성 발달이 함양될 수 있도록 한다.
③ 도덕적 딜레마에 대한 효과적 토론을 위한 제언
　㉠ 교사는 먼저 보다 구체적인 갈등 상황과 갈등 해결의 다양한 방식을 계획한다.
　㉡ 학생이 타인의 역할과 관점을 생각하도록 격려한다.
　㉢ 학생이 자신의 선택을 논리적으로 변론할 수 있도록 한다.
　㉣ 찬반 토론을 통해 학생 개개인의 다른 행동 과정을 분석하도록 한다.

(4) 콜버그 이론에 대한 비판
① 도덕적 사고와 도덕적 행위가 반드시 일치하는 것은 아니다. 단계가 높은 수준에 있다고 해서 낮은 수준에 있는 사람보다 반드시 도덕적으로 행동하는 것은 아니다.
② 도덕성 발달 단계가 일정불변한 순서로 일어나며 퇴행은 없다고 하나, 개인의 도덕적 선택은 상황에 따라 다른 단계를 반영할 수 있다.
③ 인습 이후 수준의 단계는 특정 사회, 특정 계층(예 미국 중상류층)의 도덕성을 반영하고 있으므로 문화적 보편성에 문제가 있다.
④ 남성 중심 도덕관으로, 여성의 도덕적 추론과 도덕성 발달 단계에는 적절하지 않다.

2. 길리건(Gilligan)의 여성 도덕성 발달 이론 기출개념

(1) 이론의 개요
① 도덕성의 한 측면으로 여성에게 보다 강하게 나타나는 타인에 대한 배려가 있으며, 타인과의 관계를 고려하는 도덕적 사고를 중시한다.
② 추상적 도덕 원리를 강조하는 콜버그의 '정의 지향적 도덕성'을 반대하면서 인간 관계의 보살핌, 책임, 애착, 희생을 강조하는 '대인 지향성 도덕성'을 제시하였다.

(2) 여성의 도덕성 발달 단계(3단계 2과도기)

단계	특징
제1단계 자기 이익 지향 단계	• 여성이 자신의 이익과 생존에 자기 중심적으로 몰두하는 단계 • 어떤 상황이나 사건이 자신의 욕구와 갈등을 일으킬 때에만 도덕적 사고와 추론을 시작하며, 어느 쪽이 자신에게 중요한가가 판단의 준거가 됨 • 아동기의 미성숙한 대인 간 도덕적 사고의 수준
반성적 과도기	자신의 생존을 위주로 하는 판단이 이기적이라고 비판함
제2단계 타인에 대한 책임을 인식하는 단계	• 모성적 도덕기의 단계 • 자신의 욕구를 억제하고 타인의 요구에 응하려는 시도를 함 • 타인에 대한 배려, 책임감, 자기 희생을 지향함
반성적 과도기	무조건적인 자기 희생적인 모성적 도덕기에 대한 반성적 재고찰
제3단계 자기와 타인을 평등하게 다루는 단계	• 도덕적 판단의 보편적인 자기 선택적 원리의 단계 • 개인의 주장과 타인에 대한 책임이 조화를 이룸 • 자신을 무력하거나 수동적인 존재로 고려하지 않고 의사 결정 과정에 적극 참여함 • 개인 권리와 타인에 대한 배려가 조화를 이루는 도덕성 주요 지표: 비폭력, 평화, 박애 등

(3) 콜버그와 길리건의 이론 비교

콜버그(Kohlberg)	길리건(Gilligan)
• 남성적 도덕성 • 인간 관계보다 개인을 중시: 자율성 중시 • 권리의 도덕 • 정의의 윤리 • 형식적·추상적 해결책 중시 • 권리와 규칙에 대한 이해가 발달의 중심 • 과거 지향적 접근	• 페미니즘 윤리관 • 개인보다 인간 관계를 중시: 애착 중시 • 책임의 도덕 • 보살핌의 윤리 • 맥락적·서사적 해결책 중시 • 책임과 인간 관계에 대한 이해가 발달의 중심 • 미래 지향적 접근

개념 Plus

길리건의 여성 도덕성 발달 이론
길리건은 성적 갈등과 낙태 등의 문제와 관련되는 상황에서 청소년의 도덕적 판단을 분석하였다. 그 결과 여성의 도덕적 추론을 보여주는 '보살핌의 윤리'라는 도덕성 발달 단계를 제안하였다.

개념 Plus

피아제의 도덕성 발달 단계

피아제는 아동은 정신적 성숙을 통해 규칙을 이해할 수 있기 때문에 도덕성 발달은 인지발달에 병행한다고 생각하였으며, 본질적으로 도덕성은 단계별로 발달한다고 주장하였다.

3. 피아제(Piaget)의 도덕성 발달 단계 [기출개념]

(1) 1단계 – 도덕적 실재론의 단계: 타율적 도덕성의 단계(7세 이전)

① 이 시기의 아동은 이유를 찾거나 판단함이 없이 규칙에 무조건 복종한다.
② 이 단계에서 아동은 어른들이 정해 놓은 규칙에 그대로 따르며, 규칙이란 어른들에 의해서 만들어진 절대적이고 수정 불가능한 것으로 생각한다.
③ 이 단계에서 아동은 어떤 행동의 의도보다는 그것으로 인한 결과에 따라서 행동의 옳고 그름을 판단한다.

(2) 2단계 – 협동과 호혜에 의한 도덕성의 단계: 자율적 도덕성의 단계(7세 이후)

① 이 단계에서 아동은 어떤 행동의 이면에 놓여 있는 행위자의 의도를 고려하여 행동의 선악을 판단한다.
② 이 단계에서 아동은 도덕적 위반 사태가 발생했을 때, 그 당시의 구체적인 상황을 고려하기 시작한다.

기출개념확인

01 공격성 통제법 중 무생물을 대상으로 표출하는 방법은?

① 심리 정화법
② 보상 제거법
③ 대체 반응법
④ 일시 격리법

02 콜버그의 도덕성 발달 단계 중 타인의 비난을 피하고 인정받기 위하여 규칙을 지키는 단계는?

① 벌과 복종 지향 단계
② 도구적 상대주의 지향 단계
③ 착한 아이 지향 단계
④ 법과 사회 질서 지향 단계

정답·해설

01 ① 심리 정화법(감정 정화법)은 장난감 같은 무생물을 대상으로 표출하는 방법이다.

[오답분석]
② 보상 제거법은 공격성의 결과로 생기는 보상을 제거하는 방법이다.
③ 대체 반응법은 공격적 행동은 무시하고 친사회적 행동을 강화하는 방법이다.
④ 일시 격리법은 스스로 통제할 수 있도록 그 상황에서 격리하는 방법이다.

02 ③ 착한 아이 지향 단계는 대인 관계에서의 조화를 위한 도덕성으로, 타인의 비난을 피하고 인정받기 위해 규칙을 지키며, 다수의 의견이나 사회적 인습에 따른다.

[오답분석]
① 벌과 복종 지향 단계에서는 신체적 처벌을 피하기 위하여 규칙을 지킨다.
② 도구적 상대주의 지향 단계에서는 상이나 보답을 받기 위해 규칙을 지키거나 남을 돕는다.
④ 법과 사회 질서 지향 단계에서는 법과 질서는 정해진 의무이기 때문에 무조건 지킨다.

제5절 가족 관계

01 부모의 양육 행동

1. 사이먼즈(Symonds)의 부모 양육 태도

(1) **지배형**
① 부모는 자녀가 쉽게 도달하기 어려운 높은 수준을 설정하고 자녀가 도달하기를 바란다.
② 자녀는 수동적·의존적이며 예의가 바르지만, 반항적·투쟁적·자학적 행동이 많고 자립성·창의성이 부족하다.

(2) **보호형**
① 부모가 필요 이상으로 자녀를 보호한다.
② 자녀는 사회적 성숙이 늦고 의존심이 높으며 교우 관계가 활발하지 못하다.
③ 책임감이 부족하고 일의 마무리를 잘 못하며 분열적 성격이 형성되기도 한다.

(3) **복종형**
부모가 맹목적·익애적이며 대부분의 시간을 자녀를 위해 소비하고, 그로 인해 특유의 즐거움을 얻으려 한다.

(4) **거부형**
① 부모는 무관심, 처벌, 적대감정의 표출 및 조건 있는 애정을 보인다.
② 자녀는 애정의 요구, 주위를 끌려는 행동, 반항, 공격, 거짓말, 도둑질, 이상 행동, 신경증적 경향과 같은 문제 행동을 보이게 된다.

2. 쉐퍼(Schaefer)의 부모 양육 태도

(1) 애정적 – 자율적 태도
① 부모가 자녀에게 자율적·허용적·민주적·수용적인 태도를 보이는 유형이다.
② 이런 태도를 갖는 부모는 자녀에게 관심을 가지고 대화를 나누며 자녀의 의사를 존중함으로써 독단적인 의사 결정을 피한다.
③ 자녀에 대하여 허용적·관용적이며 통제나 복종을 피하고 부정적인 감정도 자유롭게 표현하게 함으로써 자녀의 정서적인 안정을 돕는다.
④ 이 유형의 부모 밑에서 성장한 자녀는 능동적·독립적이며 외향적일 뿐만 아니라 사회 적응 능력이 높다. 창의적·사교적이며 자신은 물론 타인에게도 적대감을 가지지 않기 때문에 원만한 사회생활을 하게 되고 인정받는 사람이 된다.

(2) 적의적 – 자율적 태도
① 부모가 자녀를 수용하고 허용하지 못하면서도 자녀를 마음대로 행동하도록 하는 유형이다.
② 이 유형의 부모는 자녀에 대해 거리감, 무관심, 태만, 냉담적인 태도를 보인다.
③ 이 유형의 부모 밑에서 성장한 자녀는 공격적·충동적이며 자아의 행동 조절 능력이 미약하다.

(3) 애정적 – 통제적 태도
① 부모가 애정을 주면서도 자녀의 행동에 대해 많은 제약을 하는 유형이다.
② 이 유형의 부모는 의존성 조장, 과보호, 소유적인 태도를 보이는 경향이 있다.
③ 자녀를 소유물로 생각하여 자녀가 독립적인 행동을 할 때 좌절감을 느끼게 되며, 새로운 탐색을 제한함으로써 새로운 반응 습득의 기회를 축소시키기도 한다.
④ 이 유형의 부모는 대개 통제의 방법으로 심리적·언어적 통제를 포함하여 다양한 방법의 통제 기법을 활용하지만, 체벌은 되도록 금기시하는 특성을 지닌다.
⑤ 이 유형의 부모 밑에서 성장한 자녀는 애정적 – 자율적 태도의 부모 밑에서 성장한 자녀보다 더 의존적이고 창의성, 사교성 등이 낮은 편이다.

(4) 적의적 – 통제적 태도
① 이 유형은 자녀 교육에 있어서 사랑으로 용납하고 허용하지도 않을 뿐만 아니라 체벌을 포함한 신리적·언어적 통제를 특징으로 보인다.
② 이 유형의 부모는 권위적·독재적·요구 반복적·거부적인 태도를 보인다. 특히 정서적으로 미성숙하고 불안정하여 일관성이 없는 태도로 심하게 훈육하며, 절대적인 기준에 따라 아동의 행동과 태도를 평가하고 복종을 요구하며 체벌을 가하는 경향이 있다.
③ 이 유형의 부모 밑에서 성장한 자녀는 자아에 대한 분노와 함께 내면적으로 많은 갈등과 고통을 지니게 되어 사회에 잘 적응하기 못하게 된다. 특히 정신 질환을 보이는 아동의 부모에게서 이 유형이 많이 나타나며, 경우에 따라서는 이런 유형의 부모 밑에서 자라난 아이는 자학적·퇴행적이 될 가능성이 매우 높다고 보고되고 있다.

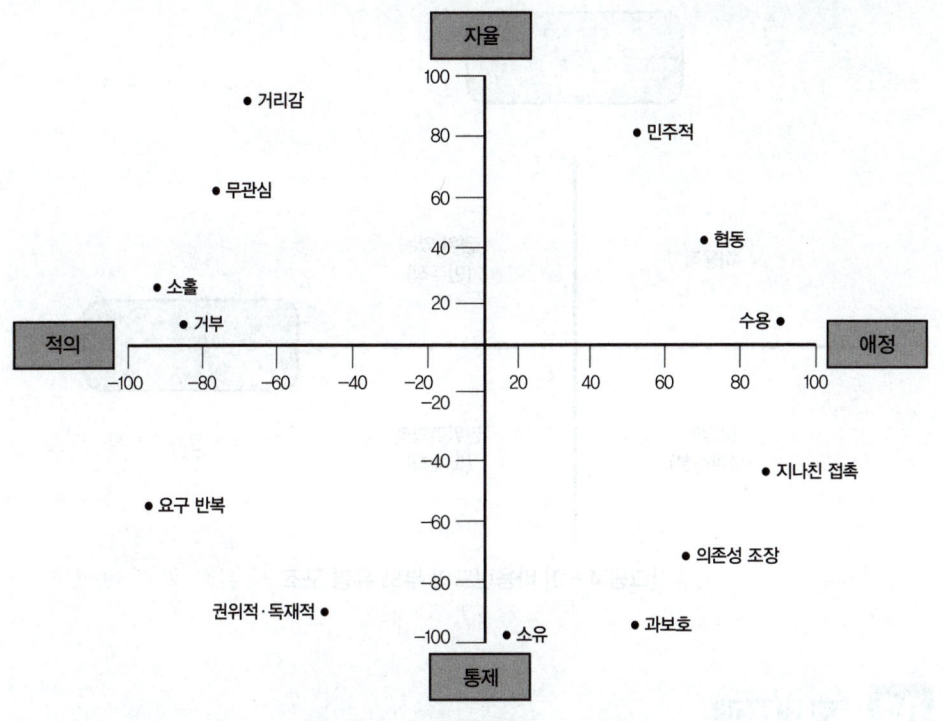

[그림 4-2] 쉐퍼의 양육 태도 모형

3. 바움린드(Baumrind)의 부모 유형 ★★★

(1) 권위 있는
① 애정적·반응적이고 자녀와 항상 대화를 갖는다.
② 자녀의 독립심을 격려하고 훈육 시 논리적인 설명을 사용한다.
③ 자녀는 책임감, 자신감, 사회성이 높다.

(2) 권위주의적
① 엄격한 통제와 규칙을 강요한다.
② 훈육 시 처벌을 사용하고, 논리적인 설명을 잘 하지 않는다.
③ 자녀는 비효율적 대인 관계를 맺고, 사회성이 부족하며, 의존적·복종적·반항적이다.

(3) 허용적
① 애정적·반응적이나 자녀에 대한 통제가 거의 없다.
② 일관성 없는 훈육을 한다.
③ 자녀는 자신감이 높고 적응을 잘 하지만, 규율을 무시하고 제멋대로 행동한다.

(4) 방임적
① 애정이 없고 냉담하며 엄격하지도 않고 무관심하다
② 자녀는 독립심이 없고 자기 통제력이 부족하며, 문제 행동을 많이 보인다.

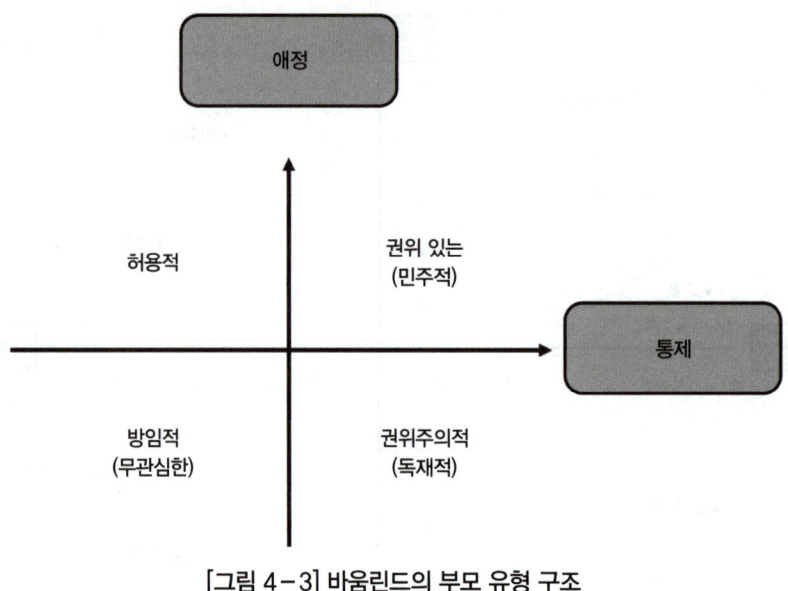

[그림 4-3] 바움린드의 부모 유형 구조

02 형제자매

1. 자아 정체감 형성
① 형제자매 관계에서 인격적으로 존중받고 고유의 개성과 능력을 인정받은 경험이 많은 아이는 건강한 자아 정체감이 형성된다.
② 형제자매 관계에서 무시와 비난, 차별을 경험하고 비교당하거나 실패를 지속적으로 겪은 아이는 건강하지 못한 자아 정체감이 형성될 수 있다.

2. 역할의 발달
대체로 이성의 형제자매가 있는 경우에 이성의 형제자매가 없는 경우보다 이성에 대한 현실적 인식을 하게 되고 이성에 대한 자연스러운 태도와 기술이 길러진다.

3. 가족 내 역할 분담
① 집안일을 도울 일이 있을 때 형제자매들은 집안일을 분담하게 된다.
② 성인기의 형제자매는 집안 행사와 의례, 노부모 부양과 간병, 가족 전체의 일을 분담하는데, 이때도 출생 순위, 성별, 성격 특성과 직업, 경제 수준, 형제자매 간의 관계 등에 따라 역할 분담 형태가 달라진다.

4. 사회성 발달

① 형제자매 간에도 지켜야 할 규율과 규준이 존재함에 따라 공정성, 평등성, 책임감을 갖게 된다.
② 형제자매 간에 갈등이 있을 때, 자기 주장을 하며 싸우기도 하고 협상과 양보와 화해하는 일들을 경험하면서 부모와의 관계에서 경험하지 못하는 동년배 집단에서 지켜야 할 의사소통 기술과 협동성, 대인기술을 배우고 적응하여 사회성을 발달시키게 된다.

5. 친밀감

① 형제자매 간의 지속적인 상호 작용을 통하여 편안함과 우애, 정서적 지지를 경험하게 된다.
② 형제자매 관계의 친밀도는 부모의 자녀에 대한 공정성에 따라 차이가 날 수 있다.
③ 일반적으로 형제자매 관계는 연령이 증가할수록 경쟁심, 질투, 분노 등의 부정적 감정이 감소하고 친밀감, 일치감, 감정적 지지 등의 긍정적 감정이 증가하기 때문에 노년기의 형제자매 관계가 보다 중요하다.

6. 돌봄과 보살핌

① 일반적으로 형제자매 중의 손위가 동생을 보살피고 돌보는 일을 하게 된다.
② 도움을 구하는 형제에게 일상적인 도움의 손길을 주는 일이 반복되면 형제자매 간의 유대감과 단합이 증가된다.
③ 성인기와 노년기의 형제자매 사이에도 여러 가지 지원과 보살피는 행동이 교환되며 우애 관계를 유지하기도 한다.

7. 권력 관계 형성

① 형제자매는 상호 작용을 계속하면서 권력 관계를 형성하게 되는데, 권력 형성에 가장 큰 영향을 주는 것은 부모가 부여하는 합법성이다.
② 권위는 흔히 맏이에게 주어지며, 이들은 동생을 지도하고 감독하며 돌보는 책임을 갖게 되고, 동생은 순종할 것이 기대된다.
③ 지식, 기술, 외모와 매력적 특성, 신체적·물리적 힘, 경제 능력 등의 자원에 따라 권력이 형성된다.

03 출생 순위

1. 첫째 아이
① 부모의 사랑과 관심을 받지만, 둘째 아이가 태어나면 '폐위된 왕'이 된다.
② 첫째 아이는 권위의 중요성을 동생보다 더 잘 이해한다.
③ 퇴행적인 행동, 권위적 인물이나 규율에 쉽게 동조하는 행동, 책임감, 타인 배려의 모습이 나타난다.

2. 중간 아이
① 중간 아이의 가장 큰 특성은 '경쟁'이다.
② 둘째는 태어나면서 첫째와, 막내가 태어나면서 막내와의 경쟁적인 관계에 있게 된다.
③ 경쟁적인 성향, 승부욕, 적응력, 소유욕이 강하게 나타난다.

3. 막내 아이
① 막내는 과잉 보호될 가능성이 크며, 과잉 보호 때문에 의존적 성향이 크다.
② 특징으로는 응석받이 행동, 낮은 독립심, 열등감 등이 있다.

4. 외동 아이
① 가족 내에서 경쟁할 사람이 없기 때문에 경쟁 대상이 될 가능성은 약하다.
② 과보호로 인한 이기적 성향, 수줍음, 무기력을 보이기도 하고, 보다 많은 관심을 받고 자기보다 유능한 사람들 속에서 성장하여 지적인 경향이나 성인과 같은 행동 특성을 보인다.
③ 외동으로서 이들은 관심의 중심이 되고 자신의 중요성에 대하여 과장된 견해를 갖고 있다.

기출개념확인

01 쉐퍼(Schaefer)의 양육 태도에 대한 설명으로 옳지 않은 것은?

① 자율과 통제, 애정과 적대의 정도에 따라 양육 태도를 설명한다.
② 애정적 – 자율적 태도는 부모가 자녀에게 자율적·허용적·민주적·수용적인 태도를 보이는 유형이다.
③ 적대적 – 자율적 태도는 부모가 자녀를 수용하고 허용하지만 자녀를 마음대로 행동하도록 하지 못하도록 하는 유형이다.
④ 애정적 – 통제적 태도는 부모가 애정을 주면서도 자녀의 행동에 대해 많은 제약을 하는 유형이다.

02 형제자매의 출생 순위 중에서 관심의 중심이 되고 자신의 중요성에 대해 과장된 견해를 갖고 있는 아이는?

① 첫째 아이
② 중간 아이
③ 외동 아이
④ 막내 아이

정답·해설

01 ③ 적대적 – 자율적 태도는 부모가 자녀를 수용하고 허용하지 못하면서도, 자녀를 마음대로 행동하도록 하는 유형이다.

02 ③ 외동 아이는 가족 내에서 경쟁할 사람이 없기 때문에 경쟁 대상이 될 가능성은 약하다. 외동으로서 이들은 관심의 중심이 되고 자신의 중요성에 대해 과장된 견해를 갖고 있다.

제6절 아동기 심리적 장애

01 불안 장애

1. 불안 장애의 개념
① 불안 장애는 만성적으로 걱정이나 근심이 많아 여러 신체적·정신적 증상이 나타나는 질환을 의미한다.
② 불안 증상은 주로 무슨 나쁜 일이 곧 일어날 것 같은 두려움과 초조감이 주요 증상으로 나타나지만, 가슴이 답답하고 숨이 가빠지고 심장이 두근거리는 등의 신체 증상이 함께 나타나기도 한다.
③ 걱정, 불안, 근심의 대상이 건강, 경제적 문제, 실직, 학업 성취, 취직 등과 같이 구체적인 경우도 있지만, 무언가 끔찍한 일이 발생할 것 같다는 막연한 느낌처럼 근거 없는 불안을 느끼기도 한다.
④ 불안감은 정상적인 사람들도 간헐적으로 느끼는 경험이다. 하지만 그 정도가 지나치게 심한 경우에는 부적응으로 본다.

2. 아동기 불안 장애의 유형

(1) 분리 불안 장애(separation anxiety disorder)
① 애착 대상으로부터 분리될 때 혹은 분리될 것으로 예상될 때 느끼는 불안의 정도가 발달 수준에 비해 부적절하게 심한 수준의 공포, 불안 반응을 보여 일상생활을 위협할 정도로 심하고 지속적인 경우를 말한다.
  예 유치원에 가는 것을 거부하며 심하게 울거나 매달리는 행동, 분리될 때 위통, 두통, 복통 등의 신체적 통증의 호소, 지나친 비현실적 걱정들
② 분리 불안 장애 진단 기준(DSM-V)

> A. 집 또는 애착 대상과의 분리에 대한 불안이 발달 수준에 부적절하게 과도한 정도로 나타나며, 다음 중 최소한 3가지 이상의 상황에서 드러난다.
> (1) 집 또는 주된 애착 대상과 분리되거나 분리가 예상될 때 반복적으로 심한 불안을 느낀다.
> (2) 중요한 애착 대상을 상실하거나 그들에게 해로운 일이 일어날 것에 대해 지속적으로 과도하게 걱정한다.
> (3) 운 나쁜 사고(예 길 잃기, 납치, 사고, 질병)가 발생해 중요한 애착 대상과 분리될 것이라는 비현실적이고 지속적인 걱정을 한다.
> (4) 분리에 대한 불안 때문에 학교나 그 밖의 장소에 지속적으로 가기 싫어하거나 거부한다.

핵심 Check

아동기 불안 장애 유형
- 분리 불안 장애(separation anxiety disorder)
- 회피성 장애(avoidance disorder)
- 과불안 장애(overanxious disorder)

⑤ 혼자 있거나 중요한 애착 대상 없이 지내는 것에 대해 지속적이고 과도한 두려움을 느끼거나 거부한다.
⑥ 중요한 애착 대상이 가까이 있지 않은 상황이나 집을 떠나는 상황에서는 잠자기를 지속적으로 싫어하거나 거부한다.
⑦ 분리를 주제로 하는 악몽을 반복적으로 꾼다.
⑧ 중요한 애착 대상과의 분리가 예상될 때 반복적인 신체 증상(예 두통, 복통, 오심, 구토)을 호소한다.

B. 두려움, 불안, 회피가 아동과 청소년의 경우 최소 4주 이상, 성인의 경우 전형적으로 6개월 이상 지속된다.
C. 장해가 임상적으로 유의한 고통감을 초래하거나 사회적, 학업적, 직업적 또는 다른 중요한 영역에서 기능 손상을 초래한다.
D. 장해가 다른 정신 장애로 더 잘 설명되지 않는다. 예를 들어, 자폐 스펙트럼 장애에서 보이는 변화에 대한 지나친 저항으로 집을 떠나는 것을 회피하는 것, 정신증적 장애에서 보이는 분리에 대한 망상, 환각, 광장 공포증에서 보이는 믿을 만한 사람을 동반하지 않은 상태에서 외출을 거절하는 것, 범불안 장애에서 보이는 중요한 사람이 병에 걸리거나 위험에 빠지는 것에 대한 염려, 질병 불안 장애에서 보이는 병에 걸리는 것에 대한 염려 등으로 더 잘 설명되지 않는다.

(2) 회피성 장애(avoidance disorder)
낯선 사람과의 접촉을 지나치게 회피하며 수줍음과 망설임을 보이는 장애이다. 그러면서도 애착 대상과 여전히 친밀한 관계를 유지하고자 하는 욕구가 있다.

(3) 과불안 장애(overanxious disorder)
아동이 지나치게 불안이나 걱정을 많이 하고 자신이 한 행위에 지나치게 집착하며 남들의 평가에 민감한 반응을 보이는 장애이다. 그러나 비교적 타인과의 관계 형성은 쉽게 한다.

3. 학교 공포증(school phobia)

(1) 개념
집을 떠나 등교하는 것에 대해 심한 불안감을 느껴 등교를 기피하는 것이다.

(2) 특성
① 학교 공포증은 사회적 공포의 특성과 관련이 있다.
② 또래 집단이나 대중 앞에서 말하는 것에 대한 두려움에서 비롯되기도 한다. 이들은 모욕을 당하거나 당황함을 느끼는 상황에 대해 극도의 공포심을 갖는다.
③ 다른 사람의 판단에 지나치게 집착한다. 특히 또래 집단의 판단이 큰 비중을 차지한다.
④ 사회적 공포는 11~12세경 아동이 서로에게 모욕을 가하고 괴롭힐 때 시작되며, 이는 예민한 아동에게 심각한 영향을 미치게 된다.
⑤ 등교 거부 행동(school refusal behavior)
  ㉠ 학교 생활에 두려움과 불안을 느끼면 가벼운 신체적 불편 등으로 나타난다.
  ㉡ 등교 거부 행동은 남아와 여아 모두에게 공통적이다. 흔히 5~6세경, 10~11세경에 가장 많이 발생한다.

ⓒ 등교 거부는 어느 때라도 일어날 수 있다. 방학 후에 일어나거나, 교사의 변화, 가까운 사람의 죽음 등의 스트레스 사건 후에도 일어난다.
ⓓ 등교를 거부하는 대부분의 아동은 평균 또는 그 이상의 지능을 가지고 있다. 학교 생활의 불편 때문에 학교를 거부하는 몇몇 아동을 제외하고는 대부분 실제로 그들의 부모를 떠나는 것에 대한 공포 - 분리 불안(separation anxiety)을 지니고 있다.

02 우울증

1. 우울증의 개념
① 우울 장애는 슬픔을 느끼고 우울해 보이며 참기 힘든 불행한 기분, 저하된 감정, 정서 상태가 지속적으로 나타나게 되는 현상이다.
② 낮은 자존감, 사회적 위축, 신체적 고통, 성취감 상실 및 생리적 기능의 이상 증상이 나타난다.
③ 초조, 불안, 분노 등의 부정적인 감정이 점차 늘어나면서 심한 경우 자살에 이르기도 한다.

2. 특성
우울증은 아동의 일상생활, 사회적 관계, 학업 수행, 전반적인 기능을 방해한다. 우울한 아동은 슬픔을 빨리 회복하지 못하고, 우울한 청소년은 종종 불안이나 품행 장애와 같은 문제를 수반한다.

구분	내용
기분	정상적인 슬픔보다 더 과장되고 더 지속적인 흥분감, 죄책감, 수치심, 비판에 과민함이 동반됨
행동	• 침착하지 못함, 초조함, 감소된 활동성, 느린 말 표현, 심한 울음을 보임 • 우울한 청소년은 언어적인 빈정거림, 소리침, 파괴적 행동과 같은 부정적인 행동을 통해 슬픔을 표현하고, 기분 전환을 위해 알코올이나 다른 약물을 남용할 수 있음
태도 변화	• 무가치감, 낮은 자아 존중감을 경험함 • 스스로 부적절하다고 생각하고, 다른 사람들도 그렇게 보고 있다고 믿음 • 걱정, 두려움, 자살 행동에 대한 위험도 증가
사고	• 내적 사고와 긴장에 집착함 • 자기에 집중하고 극도의 자기 비판과 자기 의식을 느낌 • 사고 패턴은 느리고, 논리적 사고는 왜곡되고, 미래에 대해 염세적인 관점을 표시하며, 집중·기억·결정을 어려워 함
신체 변화	• 섭식과 수면의 어려움을 경험함 • 피곤함 호소, 두통, 위통, 메스꺼움과 같은 신체 질환으로 인한 불편과 계속되는 통증으로 일상의 에너지를 상실함

3. 원인

(1) 유전 및 가족 위험
① 유전적 영향은 기분 장애의 절반 가량의 변량을 설명한다.
② 가족의 근심이 불안 장애를 가져 오고, 불안 장애가 이후 우울의 위험 요인이 될 수 있다.
③ 부모의 양육 방식에 의한 경험이 중요하다.

(2) 신경생리학적 영향
① 뇌의 전두엽은 기분과 정서를 조절하는 데 결정적인 역할을 한다. 우울한 어머니의 영아들은 그렇지 않은 어머니의 영아들에 비해 전두엽의 전기적 활동성이 덜하며 스트레스 호르몬의 수준이 더 높다.
② 우측 전두엽 활동이 더 많은 영아들이 어머니와의 분리를 더 힘들어한다는 것이 관찰된 보고도 있다.

📋 **개념 Plus**

전두엽(이마엽)
대뇌반구의 앞에 있는 부분으로 기억력, 사고력 등을 주관하고 다른 연합 영역으로부터 들어오는 정보를 조정하고 행동을 조절하는 기관이다.

(3) 가족의 영향
① 우울한 아동의 가족
  ㉠ 가족 구성원들은 우울한 아동에 대해서 더 부정적·비난적인 행동을 나타내며, 그 가족 내의 형제들과 비교해 볼 때 덜 온정적이고, 더 많은 분노 충돌 통제를 하며, 덜 지지적이고, 빈약한 의사소통이 이루어지며, 과도하게 간섭하고, 더욱 비난적이다.
  ㉡ 우울한 아동은 가족에 대한 친밀감이 부족하다.
② 우울한 부모의 아이
  ㉠ 우울한 부모의 아이들은 우울증 출현 시기가 빠르다. 사춘기 이전에 출현할 가능성이 더 높다.
  ㉡ 다른 손상에 대해 위험이 더 높고 부정적인 에피소드를 나타낼 가능성이 3배나 더 높은데, 그 위험률은 15~45% 정도이다.
  ㉢ 우울증뿐 아니라, 불안 장애, 파괴적인 행동 장애, 관련된 장애를 포함한 다른 형태의 정신병리를 발달시킬 위험성이 증가한다.

(4) 스트레스를 유발하는 생활 사건
이사, 전학, 사랑하는 사람의 죽음, 심각한 사고, 가족의 질병, 가족 자원이 극도로 부족할 때, 폭력적인 가정 환경, 부모와의 갈등, 이혼 등과 같은 부정적인 생활사건이 우울의 위험 요인이 된다.

(5) 인지 요인
① 낮은 자기 존중감과 인지적 왜곡, 부정적 귀인, 절망, 과도한 자기 비난, 부정적인 생활 사건들을 통제하기 위한 이해의 부족 등을 포함하는 부정적인 인지 양식은 우울증 원인과 관련이 있다.
② 인지 – 취약성 모델에서는 스트레스가 있는 생활 사건들(예 낮은 성적, 친구로부터의 거절 등)을 경험하고, 스트레스를 해석·대처하는 데 부정적인 양식을 가지고 있는 청소년은 우울 장애를 발달시킬 가능성이 높음을 시사한다.

기출개념확인

01 DSM-V 분리 불안 장애 진단 기준으로 옳지 않은 것은?
① 분리를 주제로 하는 악몽을 반복적으로 꾼다.
② 분리에 대한 불안 때문에 학교나 그 밖의 장소에 지속적으로 가기 싫어하거나 거부한다.
③ 중요한 애착 대상과의 분리가 예상될 때 반복적인 신체 증상을 호소한다.
④ 두려움, 불안, 회피가 아동과 청소년의 경우 최소 6개월 이상, 성인의 경우 전형적으로 4주 이상 지속된다.

02 우울한 아동의 특성에 대한 설명으로 옳지 않은 것은?
① 우울한 아동은 정상적인 슬픔보다 더 과장되지만 흥분감이 오래 유지되지 않는다.
② 우울한 아동은 무가치감, 낮은 자아 존중감 경험을 한다.
③ 우울한 아동은 자기에 집중하고 극도의 자기 비판과 자기 의식을 느낀다.
④ 우울한 아동은 섭식과 수면의 어려움을 경험한다.

정답·해설
01 ④ 두려움, 불안, 회피가 아동과 청소년의 경우 최소 4주 이상, 성인의 경우 전형적으로 6개월 이상 지속된다.
02 ① 우울한 아동은 정상적인 슬픔보다 더 과장되고 더 지속적인 흥분감, 죄책감, 수치심, 비판에 대한 과민함이 동반된다.

제7절 청소년 문제 행동

01 청소년 문제

1. 청소년 문제의 정의

(1) 비행
'청소년 문제'라고 하면 보통 청소년 비행을 연상할 만큼 비행의 개념이 폭넓게 적용되고 있다.
① '비행'이라는 말은 라틴어의 '과오를 범하다, 의무를 태만하다'는 뜻에서 유래된 것으로, 그 사전적 의미가 도리나 도덕 또는 법규에 어긋나는 행위를 나타낸다.
② 비행은 본래 법률적인 용어로써 주로 청소년에게만 적용되고, 성인인 경우에는 '범죄'라는 단어를 사용한다.
③ 비행과 유사한 말로 청소년에겐 '일탈'이라는 말을 많이 사용하기도 한다.
④ 비행은 매우 광범위한 의미로 사용된다. 청소년이 저지른 법규에 저촉되는 행위는 물론 가정과 사회에서 말썽을 피우는 행위, 무단 결석, 음주, 약물 남용, 가출 등 광범위한 사회 생활 및 법률 준수와 관련된 것들 역시 내포한다.

(2) 부적응
문제 행동과 관련하여 '부적응'이라는 말을 사용하기도 한다.
① 부적응은 정신적·행동적 비정상과 관련된 개념으로써 심리학과 정신의학에서 많이 사용되고 있다.
② 일반적으로 청소년 문제와 관련된 용어들은 '청소년 비행'과 '부적응 행동'으로 나눌 수 있다.
③ 부적응 행동은 주어진 문제 상황이나 사회적 조건에 적절히 대처하지 못함으로써 나타나는 이상 반응 또는 적응 장애를 말한다.
④ 부적응 행동은 청소년 개인의 정서 장애를 초래하며, 이것은 불안, 우울, 낮은 자기 존중감, 충동성 장애, 섭식 장애, 자살 생각 등을 강화한다.
⑤ 부적응 청소년들은 개인 내적 장애와 더불어 사회적 장애를 경험하며, 이는 곧 교우 관계와 가족 관계를 비롯한 대인 관계의 악화와 사회 적응의 실패를 초래하게 된다.

2. 청소년 비행의 원인 기출개념

(1) 개인 관련 요인
① 행위자의 내재적 특성에 초점을 두는 입장은 신체적 특성, 유전적 특성, 성격 특성 등 개인차 요인에서 청소년 비행의 원인을 찾는다.

② 그동안 선행 연구들에서 다루어진 개인 특성 요인은 성과 성적인 발달, 우울성, 공격성과 충동성, 자기 통제력, 자아 개념, 자아 존중감, 신체상 등 여러 요인들이 비행과 관계가 있음을 밝히고 있다.

(2) 가정 관련 요인: 부모의 양육 태도, 부모와의 관계
① 부모의 학력이 높을수록 자녀의 문제행동은 감소하며, 어머니의 교육 수준이 높을수록 자녀의 행동에 대한 감독이 강하고 자녀의 비행 행동은 감소한다.
② 가정 소득이 낮을수록, 부의 직업이 단순 노무직일수록, 결손 가정일수록, 가정 불화나 갈등이 많을수록 문제 행동을 낳는다.
③ 가정의 구조적·지위적 환경도 중요하지만 부모와 자녀 간의 상호 작용의 중요성, 부부간의 결혼 만족, 훈육의 유형이나 정도 등과 같은 가정의 질적인 요소인 기능적 측면이 비행과 더 강한 관계가 있다.

(3) 학교 관련 요인: 성취도, 학교 애착
① 현대 사회에서 학교는 청소년이 성인이 될 준비를 하는 데 중요한 역할을 수행하는 곳이다. 불량 가정이나 가정 훈육의 부족이 청소년 비행과 관련되어 있는 것처럼, 학교 교육의 부족이나 학교의 실패도 청소년 비행의 원인이라고 볼 수 있다.
② 청소년 비행은 학교 생활에의 부적응(예 낮은 성취도, 낮은 학교 애착, 학습 무능력, 학교에서의 잘못된 경험 등)과 깊은 관계를 지닌다.
③ 학교에 대한 애착, 수용, 참여도가 높을수록, 즉 유대가 높을수록 비행은 그만큼 줄어들게 된다.

(4) 동료와 개인 경험 요인
① 청소년들은 친구라는 수평적 인간 관계를 통해 가정과 학교에서 얻지 못하는 다양한 정보뿐만 아니라 심리적 안정감을 얻으며, 생활 속에서 스트레스에 효과적으로 대처할 수 있는 기술 역시 얻게 된다.
② 비행 하위 문화 이론이나 문화 전달 이론 등
  ㉠ 청소년이 비행적 가치나 태도를 비행 친구로부터 얻게 된다고 지적해 왔다.
  ㉡ 가정의 애정적 유대와 훈육 기능이 약화되고, 학교가 관습적 가치를 적절하게 내면화시키지 못하는 시점에서, 학교에서 실패한 학생들은 정서적으로 동일한 동료를 찾게 된다.
  ㉢ 이는 비행 친구와의 접촉 가능성을 증가시키고, 비행적 가치를 학습하게 함으로써 비행을 낳게 된다.
③ 통제 이론
  ㉠ 비행의 성향을 지닌 청소년이 비행 친구를 찾고 비행을 하게 된다.
  ㉡ 특히 이러한 모습은 자기 통제력이 낮은 청소년들에게 주로 나타난다고 본다.
④ 비행 청소년들은 가정과 학교의 복합적인 여러 요인과 결부되어 반 학생들과 우정을 나누기보다는, 학교 생활에 불만을 가지고 있거나 학교 생활에서 소외된 학생들이나 비진학반 학생들을 친구로 사귀며, 학교 밖의 친구들과 어울리는 경우가 많다.

02 청소년 문제의 원인에 관한 이론

1. 생물학적 접근
(1) 개관

생물학적 접근은 청소년 문제의 원인을 사람의 유전인자나 신체적 모습과 관련지어 설명하는 것이다. 인간 행동은 신경 계통의 기능과 밀접한 관계가 있으므로 개인의 신체적 발달의 결함과 정상인과 구별되는 특수 체질이 비행의 원인이 된다고 본다.

(2) 관련 이론

이론	내용
롬브로소(Lombroso)의 골상학론	범죄인의 특성을 특정한 유전인자로 구별함 예 골상학적으로 두뇌의 크기, 두개골의 형태, 팔의 길이, 귀의 크기, 머리털의 색깔, 신체 유형 등
쉘든(Sheldon)의 신체형론	• 인간의 신체형을 내배엽형, 중배엽형, 외배엽형으로 구분 • 이 중 신체 긴장형의 성격을 보이는 중배엽형에 비행 청소년이 많다고 봄
염색체 이론	XYY 염색체를 가진 사람이 공격적이며 범죄자가 많다고 봄

(3) 생물학적 이론의 모순점
① 특정한 범죄와 특정한 신체적 장애를 연관 지을 수 없다.
② 청소년 비행은 대부분 신체적으로 결함이 없는 청소년에 의해 발생하고 있다.

2. 심리학적 접근 기출개념
(1) 좌절 – 공격 이론
① 개인의 욕구가 충족되지 않을 때 인간은 거의 본능적으로 그것을 방해하는 것에 공격적인 행동으로 반응한다고 본다.
② 어떤 장애물 때문에 욕구가 저지되는 경우
  ㉠ 그 욕구가 강하지 않으면 우회 행동을 취하게 된다.
  ㉡ 장애물의 저항력이 강하고 욕구도 강하면 욕구 불만의 상태에 빠져 결국 공격 행동을 한다.
③ 욕구 좌절과 불만의 축적으로 인한 여러 가지 반응
  ㉠ 인간은 생리적·심리적 갈등과 긴장을 완화하고 제거하기 위해 여러가지 반응을 보인다.
  ㉡ 가장 초보적인 공격 행동인 개인적 언쟁·폭력부터 계급 투쟁 및 전쟁과 같은 사회 집단 간에 벌어지는 대규모 공격에 이르기까지 그 질이나 규모에 차이가 있다.
  ㉢ 욕구 좌절의 대상이 자기보다 강력하거나 그 원인을 찾지 못하면 대리 공격물을 찾아 분풀이할 때도 있다.

(2) 프로이트의 일탈 행동론
① 일탈 행동은 충동적·동물적인 무의식 속의 원초아(id)와 사회적 욕구 사이의 갈등에서 빚어지는 것이다.
② 죄의 원인은 억제 요인이 내재적인 공격성이나 파괴적 성향을 억제하기에 너무 약할 때 일어난다는 것이다.
③ 인간은 문화적 차이나 사회화 정도에 관계없이 생태적으로 탈선 가능성이 있다는 것이다.
④ 범죄의 양상이 다른 것은 고의성, 계획성 및 복잡화된 행동의 여부에 달린 것이라고 한다.

3. 사회학적 접근

(1) 개관
① 사회적 구조나 상황에 관심을 두고 비행, 범죄 행동, 이탈 행동 등을 설명한다.
② 관련 이론

구분	세부 이론
거시적 이론	아노미 이론, 하위 문화 이론, 갈등 이론
미시적 이론	사회 통제 이론, 차별 접촉 이론, 낙인 이론

(2) 아노미 이론
① 뒤르켐(Durkheim)에 의해 시작된 것으로 머튼(Merton)의 사회 구조 이론에 기초하여 정립된 이론이다.
② 사회 구조가 특정 집단의 사람에게는 정당한 방법으로 문화적으로 규정된 목표를 달성할 수 없게 되어 있어 비행이 일어난다.
③ 하위 집단에 속하는 사람은 상위 집단에 속하는 사람들보다 자기의 목표를 추구할 기회가 제한되어 있어 정당한 수단을 부여받기 어렵기 때문에 아노미(사회적 긴장)가 발생한다.
㉠ 사람들의 욕구는 생태적인 것이 아니라 사회적 관습이나 문화적 전통에 의해서 형성되는 것이며, 개인적인 욕구 충족 정도에 따라서 욕구 수준이 달라진다.
㉡ 사람들이 추구하는 목표는 문화적으로 형성되며, 이를 달성하는 수단 역시 문화적으로 규정된다.
㉢ 사회적 기회 구조에 접근하기 어려운 개인이나 집단은 정상적이지 않은 방법으로 자신의 목표를 달성하고자 하는 경우가 있으며, 결과적으로 위법이지만 효과적인 방법을 선택하는 이들은 범죄로 빠져들 개연성이 크다.
④ 머튼은 개인이 문화적 목표와 제도화된 수단에 어떻게 적응하는가에 따라 5가지 적응 양식을 제시하였다.

> **📖 개념 Plus**
> **아노미(아노미 현상)의 정의**
> • 뒤르켐: 무규범 상태 또는 규칙의 붕괴 사태
> • 머튼: 한 사회의 문화 목표와 제도화된 수단 간의 괴리 현상

구분	내용
동조형 (conformity)	• 정상적인 기회 구조에 접근할 수는 없지만, 문화적 목표와 제도화된 수단을 수용하는 적응 방식 • 정상적인 방법으로 목표를 달성하고자 노력하며, 반사회적이지 않음
혁신형 (Innovation)	• 문화적 목표는 수용하지만 제도화된 수단은 거부하는 적응 방식 • 비합법적인 수단으로 사회적으로 가치 있는 목표를 달성하려 하는 대부분의 일탈 행동이 이 유형에 해당됨 예 횡령, 탈세, 매춘, 강도, 절도 등
의례형 (ritualism)	문화적 목표를 거부하고 제도화된 수단만을 수용하는 적응 방식 예 조직의 목표보다는 절차적 규범이나 규칙만을 준수하는 데 치중하는 무사 안일한 관료 등
도피형 (retreatism)	문화적 목표와 제도화된 수단을 모두 거부하고 사회로부터 후퇴 내지는 도피해버리는 적응 양식 예 만성적 알코올 중독자 또는 마약 상습자 등
반역형 (rebellion)	기존의 문화적 목표와 제도화된 수단을 모두 거부하면서 동시에 새로운 문화적 목표와 제도화된 수단으로 대치하려는 적응 양식 예 사회 운동가, 히피 등

⑤ 일탈 행동의 원인을 사회 구조의 모순에서 찾으려고 하는 것으로, 하류 계층에 일탈 행동이 많은 이유를 설명하고자 하는 이론으로 볼 수 있다.

⑥ 비판점
  ㉠ 많은 사람들이 기회 구조가 차단되지 않은 상황에서 일탈 행동을 하는 것을 설명하지 못한다.
  ㉡ 재산 범죄에 대한 설명력은 강하나, 폭력 범죄에 대한 설명력은 약하다.

(3) 하위 문화 이론
  ① 아노미 이론과 사회 해체론의 절충 형태로, 밀러(Miller, 1958)가 경제적으로 열악한 지위에 있는 하층 남성 조직의 비행에 관심을 가지고 연구한 것이다.
  ② 해체된 지역 사회에는 하위 계층의 독자적인 문화가 발전하고, 나름의 가치와 신념 체계가 존재한다.
   ㉠ 하위 문화: 중류 계층의 행동 기준을 충족시킬 수 없는 도시 지역 하위 계층이 선택할 수 있는 매력적인 대안으로, 통상적인 사회 규범과 마찰이 발생할 수 있다.
   ㉡ 슬럼 지역의 거주자들은 무규범 때문이 아니라 하위 문화의 규범에 동조하기 때문에 일탈 행동을 하게 된다.
  ③ 일탈 행동
   ㉠ 하위 계층 문화에 따른 젊은이들의 선택으로, 하위 계층 문화의 기준에 따라 인정을 받기 위해 선택하는 한 가지 방법이다.
   ㉡ 하위 계층 청소년들은 하위 계층 문화의 '중점 관심'에 따라 학습하고 행동하며, 비행 청소년들은 특히 이를 과장된 방법으로 표현하고 행위로 나타낸다.
   ㉢ 하위 계층 청소년들은 중점 관심에 포함되는 특징을 강조하거나 보여줌으로써 길거리 집단에 소속되고 지위를 획득한다.

④ 하위 계층의 중점 관심

구분	내용
말썽(trouble)	법을 위반하면서 문제 행위를 일삼음
사나움(toughness)	육체적인 힘이 있으며 두려움이 없다는 것을 과시함
영악함(smartness)	길거리 세계에서 필요한 실제적인 지식을 가지고 있으며, 상대방을 능가할 수 있다는 이미지를 갖고 있음
흥분(excitement)	스릴을 찾아 위험을 감수함
숙명(fatalism)	운명을 좌우하는 강한 정신적 힘에 의해 생이 좌우된다는 신념을 가지고 있음
독자성(autonomy)	경찰, 교사, 부모 등의 권위로부터 독립적임

(4) 갈등 이론
① 정치적 요인에 의해 비행이나 범죄가 발생한다는 이론이다.
② 주요 학자

학자	내용
마르크스(Marx)	경제 이론에 연결되는 것으로, 지배 계급에 의한 비행과 범죄의 규정과 통제 방식을 분석하려는 데 목적이 있음
마이어(Myers)	지배 계급이 피지배 계급에 대한 통제와 억압의 수단으로서의 현행법을 어떻게 이용하고 있는가를 감시하려는 데 그 의의가 있다고 본다(새 범죄학 이론).
퀸네이(Quinney)	자본주의는 자본가 계급을 위한 것으로 노동자 계급에게는 불리하게 만들어졌으며, 지배 계급과 피지배 계급 사이에 범죄는 조성되고 만들어진다는 주장임

③ 주요 이론

구분	내용
가치 갈등론	• 특정 집단이 자신들의 가치관을 사회에 전파하는 과정에서 다른 집단의 가치관과 관련된 문제들을 사회 문제로 규정(상충하는 가치관의 대립)한다고 봄 • 집단 간의 가치와 이해 관계의 차이가 사회 문제의 원인 • 해결 방안은 합의와 타협
사회 긴장론	개인 간 혹은 집단 간의 불화, 대립, 투쟁 등으로 나타나는 긴장 상태가 갈등의 원인

(5) 사회 통제 이론(사회 유대 이론)
① 허쉬(Hirschi)가 주장한 것으로, 비행을 개인과 그가 속한 사회의 속박과 관련시켰다.
② 사람들은 보편적으로 일탈 경향이 있는 잠재적 범죄자라는 것을 전제로, 일탈은 관습적인 신념과 규범에 관한 사회의 일반적인 합의에 기초한 사회 통제 기제의 결함 또는 부재 때문에 발생한다는 이론이다.

📝 **개념 Plus**

사회 유대 요인
- **애착**: 애정과 정서적 관심을 통하여 개인이 사회와 맺고 있는 유대 관계를 의미하며, 부모와의 사랑이나 학교 선생님에 대한 존경심 등에 의하여 형성된다. 허쉬(Hirschi)는 사회의 가치나 규범을 개인이 내면화하기 위해서는 다른 사람들에 대한 애착 관계가 형성됨으로써 가능하다는 점에서 애착을 가장 강조하였다.
- **관여**: 규범 준수에 따른 사회적 보상에 얼마나 관심을 갖는가에 관한 것으로, 충실한 학교 생활은 이후에 안락한 생활을 보장해 줄 수 있다는 정서 등을 의미한다.
- **참여**: 행위적 측면에서 개인이 사회와 맺고 있는 유대의 한 형태로, 관습적 목표에 얼마나 많은 시간을 투자하고 있는지로 평가될 수 있다.
- **신념**: 사회 가치를 받아들이는 것이다. 관습적인 규범의 내면화를 통하여 개인이 사회와 맺고 있는 유대의 형태로 사회 규범을 준수해야 한다고 믿는 정도에 따라 비행의 발생 가능성이 다르다는 것 등으로 구성된다.

③ 허쉬는 사회 유대 요인이 잘 유지되어야만 사회가 결속되어 비행을 저지르지 않게 된다고 보며, 비행은 사회적으로 하위 계층에 속하거나 경제적으로 빈곤하다는 것보다 사회적 유대의 약화에서 비롯된다고 보고 있다.
④ 사회적 억제력이 약화되면 비행의 확률이 높아진다.
⑤ 일탈의 동기보다는 어떠한 시점에서 사회 통제가 무너짐으로써 일탈의 여지가 생기는지 그 조건을 분석하는 데 강조점을 둔다.
⑥ 비슷한 생리·심리적 특성을 지닌 개인들이 비슷한 환경 속에서 살다가도 일탈 행동을 저지르는 것은 결국 외적인 사회 통제의 메커니즘이 깨지거나 내적 규제 능력이 약화될 때일 것으로 본다.
⑦ 사회인들이 비행 또는 일탈 행동을 하지 않고 규범을 준수하는 것은 비행 동기가 없기 때문이 아니라 내·외적인 사회 통제에 연유한다는 이론이다.

(6) 차별 접촉 이론(차별 연합 이론) ★
① 가장 많이 적용되는 비행 이론으로, 서덜랜드(Sutherland)에 의해 이론으로 성립되고 그레시(Gresey)에 의해 알려졌다.
② 모든 종류의 범죄나 비행을 학습된 것으로 보고, 이러한 범죄나 비행 행위는 타인(범죄자, 비행자)과의 상호 작용을 통해 학습된다는 것이다.
  ㉠ 일탈 행동은 개인 성향이나 사회·경제적 지위 발현으로 나타나는 것은 아니다.
  ㉡ 일탈 행동도 일반적인 행위와 마찬가지로 학습을 통해서 배우게 되고, 일탈 행위자 역시 일반인과 마찬가지의 학습 과정을 가진다.
  ㉢ 학습은 주로 친밀한 사람들과의 상호 작용을 통해 일어나며, 일탈에 대한 부정적 정의보다 긍정적 정의에 많이 노출될수록 일탈 가능성이 높다.
③ 비판점
  ㉠ 맨 처음의 범죄자나 비행자가 누구에게 어떻게 배웠는지 밝히지 못한다.
  ㉡ 상당수의 범죄나 비행을 합리적·체계적으로 보지 않는다.
  ㉢ 이론에서 사용하는 용어들이 애매하다.

(7) 낙인 이론
① 상징적 상호 작용 이론에 기초한 것으로 레머트(Lemert)와 베커(Becker)가 대표적 학자이다.

학자	내용
레머트(Lemert)	• 사회적 반응으로 인하여 비행자로서 스스로를 인정하게 되면 제2의 비행을 저지르게 됨 • 1차적 비행은 다양한 맥락에서 일어날 수 있으나, 2차적 비행의 중요한 원인은 '낙인'임 • 모든 1차적 비행이 2차적 비행으로 연결되는 것이 아니고, 1차적 비행이 낙인에 의해 사회적 냉대나 제재로 연결될 때 2차적 비행이 발생함
베커(Becker)	• 비행자라는 낙인은 하나의 사회적 지위와 같고, 개인이 가지고 있는 여러 가지 지위 중 대표되는 지위가 됨 • 비행자는 처음에는 이를 거부하지만 계속적인 사회적 반응은 그로 하여금 스스로 비행자라는 자아 개념을 갖게 만듦

> **핵심 Check**
>
> **서덜랜드의 9가지 명제**
> • 일탈 행동은 학습된다.
> • 일탈 행동은 타인과의 상호 작용 속에서 의사소통 과정을 통해 학습된다.
> • 일탈 행동의 학습의 주된 부분은 친밀한 1차 집단들 내에서 일어난다. 라디오·TV·영화·신문·잡지 등과 같은 비인격적 매체는 범죄 행위의 학습과 관련이 없다.
> • 일탈 행동이 학습될 때 그 학습은 일탈 행동의 기술(때로는 매우 복잡하고 또는 매우 단순한 기술에 이르기까지 다양함), 동기, 충동, 합리화 및 태도의 특정한 지향을 포함한다.
> • 동기와 충동의 특정한 지향은 법규에 의해 긍정적 혹은 부정적인 것으로서 학습된다.
> • 어떤 사람이 일탈자가 되는 이유는 규범 위반에 대한 긍정적 정의가 부정적 정의를 초과하기 때문이다.
> • 차별 접촉은 빈도(frequency), 기간(duration), 우선 순위(priority), 강도(intensity)에 있어 다양한 형태를 띤다.
> • 일탈적·반일탈적 패턴과의 접촉을 통해 일탈 행동을 학습하는 과정은 일상 생활 속에서 이루어지는 다른 행위의 학습 과정과 동일한 메커니즘을 이룬다.
> • 일탈 행동은 사회의 일반적 욕구와 가치의 표현이기는 하지만, 그것만으로 설명될 수 없다. 왜냐하면 준법 행동도 동일한 욕구와 가치의 표현이기 때문이다.

② 자기 자신을 비행자로 인식하는 데에는 남들이 그 사람을 비행자라고 낙인찍는 것에 크게 영향을 받는다.
③ 낙인 과정에 의해 비행이 낙인 되어 의식적으로 비행을 저지르게 된다.
④ 낙인 과정은 '모색 단계 → 명료화 단계 → 공고화 단계'으로 이뤄진다.

(8) 중화 이론

① 사이크스(Sykes)와 마이짜(Matza)의 견해를 종합한 자기 합리화 이론, 사회 통제 무력화 이론이다.
② 비행은 기존 규범에 대항하는 가치관 때문에 발생하는 것이 아니라, 학습된 변명과 정당화를 통해 발생한다.
③ 청소년들은 전통적인 도덕 가치를 부정하는 것이 아니라, 여러 상황에서 그것을 중화시키는 기술을 가지고 있으며 그럼으로써 별 죄의식 없이 비행을 저지른다.
④ 중화의 기술

구분	예시
책임의 부정	"내 잘못이 아니야."
상해의 부정	"부자놈들은 훔친 게 많으니까 내가 훔친 건 아무것도 아니야."
피해자의 부정	"나쁜 놈한테서 훔친 것은 괜찮은 거야."
비난자에 대한 비난	"우리를 잡아들이는 검사 놈들이 더 도둑놈들이야."
더 높은 충성심에의 호소	"우리의 불법 시위는 숭고한 조국 통일을 위한 일이야."

> 📝 **개념 Plus**
>
> **품행 장애(conduct disorder)**
> - 반사회적·공격적·도전적 행위를 반복적·지속적으로 행하여 사회·학업·작업 기능에 중대한 지장을 초래하는 장애를 의미한다.
> - 사회적으로 용납되지 않는 행동을 지속하는 것이 품행 장애의 주된 증상으로 비행, 공격성이 동반된다. 가족뿐만 아니라 대인 관계 전반에서 나타날 수 있으며, 주로 가정과 학교, 사회에서 나타난다.
> - 심리적 관점으로는 품행 장애로 보지만, 사회적 관점으로는 일탈 행동(misbehavior, deviant behavior), 법률적 관점으로는 청소년 비행(juvenile delinquency)에 해당된다.
> - 품행 장애는 남자에게서 훨씬 높게 나타난다.
> - 청소년기 여아에게는 성적 일탈이 두드러지며, 남아는 폭력적 성향이 두드러진다. 주로 청소년 초기에 처음 발현된다.

기출개념확인

01 청소년 문제의 원인을 '개인의 욕구가 충족되지 않을 때에는 그것을 방해하는 것에 대해 공격적인 행동으로 반응하는 것'으로 보는 입장은?

① 염색체 이론
② 좌절 – 공격 이론
③ 일탈 행동론
④ 하위 문화 이론

02 차별 접촉 이론에 대한 설명으로 옳지 <u>않은</u> 것은?

① 일탈 행동은 타인과의 상호 작용 속에서 의사소통 과정을 통해 학습된다.
② 어떤 사람이 일탈자가 되는 것은 규범 위반에 대한 긍정적 정의가 규범 위반에 대한 부정적 정의를 초과하기 때문이다.
③ 라디오·TV·영화·신문·잡지 등과 같은 비인격적 매체는 범죄 행위의 학습과 관련이 많다.
④ 동기와 충동의 특정한 지향은 법규에 의해 긍정적 혹은 부정적인 것으로서 학습된다.

정답·해설

01 ② 좌절 – 공격에 대한 설명이다.

오답분석
① XYY 염색체를 가진 사람이 공격적이며 범죄자가 많다는 이론이다.
③ 일탈 행동을 충동적이고 동물적인 무의식 속의 원초아(id)와 사회적 욕구 사이의 갈등에서 빚어지는 결과라는 이론이다.
④ 하위 문화는 중류 계층의 행동 기준을 충족시킬 수 없는 도시 지역 하위 계층이 선택할 수 있는 매력적인 대안으로, 통상적인 사회 규범과 마찰이 발생할 수 있다는 이론이다.

02 ③ 차별 접촉 이론에서 일탈 행동의 학습의 주된 부분은 친밀한 1차 집단들 내에서 일어난다. 라디오·TV·영화·신문·잡지 등과 같은 비인격적 매체는 범죄 행위의 학습과 관련이 없다.

제4장 | 실전연습문제

* 기출유형 은 해당 문제가 실제 시험에 출제된 유형임을 나타냅니다.

01 보울비(Bowlby)의 애착 형성 단계 중 애착 대상이 다시 돌아온다는 사실을 알게 되며, 분리 불안이 감소하는 단계에 해당하는 것은?

① 애착 이전 단계
② 애착 형성 단계
③ 애착 단계
④ 상호 관계 형성 단계

02 다음의 설명에 해당하는 애인스워스(Ainsworth)의 애착 유형은?

> 철수는 어머니가 없으면 울고, 어머니가 돌아왔을 때 어머니에게 안기려고 울음을 멈춘다. 처음 보는 사람에게 낯을 많이 가리며 어머니에게 두드러지게 편애를 보이는 경향이 있다.

① 안정 애착   ② 회피 애착
③ 저항 애착   ④ 혼란 애착

03 다음 중 애착 형성을 위한 전략으로 적절한 것을 모두 고른 것은?

> ㄱ. 아이의 행동에 대해 즉각적이며 일관성 있게 반응한다.
> ㄴ. 아이와 지속적인 신체 접촉을 유지한다.
> ㄷ. 아이의 신호를 아이의 관점에서 해석한다.
> ㄹ. 아이와의 놀이에서 잘못된 행동에 대해 즉시 훈육한다.

① ㄱ, ㄴ   ② ㄱ, ㄷ
③ ㄱ, ㄴ, ㄷ   ④ ㄱ, ㄴ, ㄷ, ㄹ

04 다음 중 청소년기 정서발달에 대한 설명으로 옳은 것을 모두 묶은 것은?

> ㄱ. 감정의 변화 폭이 커서 질풍노도의 시기라고 불린다.
> ㄴ. 성서적 자극 상황에 자유 선택의 여지가 없을 때 정서 통제가 어렵다.
> ㄷ. 청소년기의 극단적인 정서 변화는 성적 성숙과 많은 관련성을 가지고 있다.
> ㄹ. 성 의식이 높아짐에 따라 이성에 대한 호기심과 성적 수치심이 강해진다.

① ㄱ, ㄴ   ② ㄱ, ㄷ
③ ㄱ, ㄴ, ㄷ   ④ ㄱ, ㄴ, ㄷ, ㄹ

05 토마스(Thomas)와 체스(Chess) 연구의 기질 구성 요소에 해당하지 않는 것은?

① 활동 수준(activity level)
② 접근과 철회(approach/withdrawal)
③ 반응 강도(intensity of reaction)
④ 자기 조절(self-regulation)

06 전아동기(학령전기, 4~6세) 아동의 발달 특성에 대한 설명으로 옳지 않은 것은?

① 자신과 타인을 구분할 수 있지만 타인의 관점을 고려할 수 없다.
② 신체의 양적 성장이 급증하는 시기이다.
③ 초기적 형태의 양심인 초자아가 발달한다.
④ 기초적인 수준에서 가족과 사회의 도덕적인 규칙을 내면화한다.

07 바움린드(Baumrind)의 부모 유형에 대한 설명으로 옳지 않은 것은?

① 권위주의적 유형은 자녀의 독립심을 격려하고 훈육 시 논리적 설명을 사용한다.
② 권위 있는 유형은 애정적·반응적이고 자녀와 항상 대화를 갖는다.
③ 허용적 유형은 일관성 없는 훈육을 한다.
④ 방임적 유형은 애정이 없고 냉담하며 엄격하지도 않고 무관심하다.

08 자아 개념의 특성에 대한 설명으로 옳지 않은 것은?

① 자아 개념은 조직화·구조화되어 있다.
② 자아 개념은 다면적이다.
③ 자아 개념은 불안정적이며 발달적이다.
④ 자아 개념은 평가적 특성을 지니고 있다.

09 우울한 아동의 특성에 대한 설명으로 옳지 않은 것은?

① 우울한 아동은 차분한 편이다.
② 우울한 아동은 낮은 자아 존중감을 경험을 한다.
③ 우울한 아동은 자기에 집중하고 극도의 자기 비판과 자기 의식을 느낀다.
④ 우울한 아동은 신체 질환으로 인한 불편을 자주 경험한다.

10 다음 중 청소년기 심리사회성 발달로 가장 적절한 것은?

① 신뢰감
② 주도성
③ 근면성
④ 자아 정체감

11 다음 중 에릭슨의 전 생애에 걸친 정체성 발달 단계에 대한 설명으로 옳은 것은?

① 신뢰감 대 불신감 - 사회와 문화에 대한 기초적인 인지 능력과 사회적 기술을 습득해야 하는 시기
② 주도성 대 죄책감 - 어머니의 수유 방법 등의 구체적인 양육 행동이 내면화되면서 성격이 형성되는 시기
③ 정체감 대 역할 혼미 - 타인이 자신을 어떻게 생각하는지에 대하여 관심이 크고, 독립은 주장하지만 안정과 보살핌을 원하는 시기
④ 통합감 대 절망감 - 자녀를 출산하고 양육하며 후세대를 지도하는 것에 직접적으로 관여하는 시기

기출유형

12 마샤가 제시한 청소년기의 정체감 상태 중에서 다음에 해당하는 것은?

- 정체감 위기를 경험하지 못했다.
- 삶에 대한 방향감이 결여되어 있다.
- 어떤 일을 하더라도 왜 하는지 모른다.
- 타인들이 일을 왜 하는지에 관심이 없다.

① 정체감 혼돈　　② 정체감 유실
③ 정체감 유예　　④ 정체감 성취

기출유형

13 셀만(Selman)의 조망 수용(perspective-taking) 이론에 대한 설명으로 옳지 않은 것은?

① 조망 수용은 타인의 입장에 놓인 자신을 상상하는 것에 의해 타인의 의도나 태도 또는 감정, 욕구를 추론하는 능력이다.
② 제1수준은 사람들이 다른 정보를 받게 되면 다른 관점을 가질 수 있다는 것을 인식하기 시작한다.
③ 제2수준은 타인의 관점을 고려할 수 있으며, 자신의 행동에 대한 타인의 반응을 예측할 수 있다.
④ 제3수준은 사회적 가치 체계에 근거해서 다른 사람의 입장을 이해하고 판단할 수 있게 된다.

14 사회적 억제력이 약화되면 비행의 확률이 높아진다는 비행 이론은?

① 하위 문화 이론　　② 아노미 이론
③ 사회 통제 이론　　④ 차별 접촉 이론

15 성 역할 발달 이론에 대한 설명으로 옳지 않은 것은?

① 진화심리학적 관점은 수태 시 Y 염색체가 성기 발달에 영향을 미친다고 본다.
② 프로이트는 남녀의 심리적 차이가 해부학적 차이에서 비롯된다고 보았다.
③ 사회 학습 관점은 문화가 남녀에게 허용하는 행동이 다르며, 이를 내면화하면서 성 정체감 및 성 역할이 형성된다고 보는 견해이다.
④ 인지발달 관점은 성 유형화 발달을 정보 처리적 관점에서 설명한다.

16 자기 성별에 적합하다고 생각되는 행동과 태도를 발달시키는 과정을 나타내는 개념은?

① 성 정체감　　② 성 역할
③ 성 역할 고정관념　　④ 성 유형화

17 공격성에 대한 설명으로 옳지 않은 것은?

① 직접적 공격성은 공격성을 표출할 대상에게 직접 언어 또는 신체적 공격 행위를 가하는 것이다.
② 언어적 공격성은 따돌림, 소문 내기, 이간질 하기 등 대인 관계에 해를 입히는 것이다.
③ 도구적 공격성은 자신의 이익을 얻기 위하여 다른 사람에게 피해를 입히는 것이다.
④ 적의적 공격성은 오로지 다른 사람을 괴롭히기 위하여 공격적 행위를 저지르는 것이다.

18 이타적인 행동을 '개인이 얻는 이익이 손해보다 클 때 나타나는 것'으로 보는 견해는?

① 사회 교환 관점
② 공감적 관점
③ 학습 이론 관점
④ 진화심리학적 관점

기출유형

19 콜버그(Kohlberg) 도덕성 발달 이론에서 후인습적 수준의 내용에 해당하지 않는 것은?

① 원만한 대인 관계의 유지
② 생명 존중
③ 인간의 존엄성
④ 절대적 자유

20 인간 관계의 보살핌, 책임, 애착, 희생을 강조하는 '대인 지향성 도덕성'을 강조한 학자는?

① 콜버그(Kohlberg)   ② 피아제(Piaget)
③ 에릭슨(Erikson)   ④ 길리건(Gilligan)

제4장 | 실전연습문제 정답·해설

01	02	03	04	05
④	①	③	④	④
06	07	08	09	10
②	①	③	①	④
11	12	13	14	15
③	①	④	③	④
16	17	18	19	20
④	②	①	①	④

01 ④

상호 관계 형성 단계(18~24개월)는 24개월 전후로 정신적 표상 능력과 언어 능력이 발달하기 때문에 아기는 애착 대상의 행동을 예측할 수 있다. 즉 엄마가 언제 다시 돌아올 지 예측할 수 있으므로 분리 불안이 감소하게 된다.

참고 보울비(Bowlby)의 애착 형성 단계

단계	내용
애착 이전 단계 (출생부터 6주)	아직 애착이 형성되지 않아 낯선 사람에게 혼자 남겨져도 별로 개의치 않음
애착 형성 단계 (6주부터 6~8개월)	낯선 얼굴과 친숙한 얼굴을 구별할 수 있음에도 불구하고, 부모가 자기를 혼자 남겨놓고 자리를 떠나도 아직 심한 분리 불안을 보이지 않음
애착 단계 (6~8개월부터 18개월)	영아는 이미 애착이 형성된 사람에게 적극적으로 접근하며, 애착 대상이 떠나면 분리 불안을 보임
상호 관계 형성 단계 (18개월부터 24개월)	애착 대상의 행동을 예측할 수 있어 분리 불안이 감소함

02 ①

안정 애착(secure attachment)은 어머니와 분리 시 능동적인 방법으로 위안을 찾고 다시 탐색 과정으로 나가며, 어머니가 돌아오면 반갑게 맞이하고 쉽게 편안해진다.

오답분석

② 회피 애착(avoidant attachment): 어머니와의 관계에서 친밀감을 추구하지 않으며, 낯선 사람과의 관계에서도 어머니와 비슷한 반응을 보인다.
③ 저항 애착(resistant attachment): 어머니가 방을 나가면 심한 분리 불안을 보이고, 어머니가 돌아오면 접촉하려고 시도는 하지만 쉽게 안정감을 얻지 못하고 분노를 보이면서 저항하는 양면성을 보인다.
④ 혼란 애착(disorganized attachment): 어머니와 재결합 시 얼어붙은 표정으로 접근 또는 안아줘도 먼 곳을 쳐다본다.

03 ③

ㄱ, ㄴ, ㄷ. 애착 형성을 위한 전략으로 옳은 설명이다.

오답분석

ㄹ. 아이와의 놀이나 상호 작용에서 가급적 아이가 이끄는 대로 따르는 것이 애착 형성을 위해 바람직하다.

04 ④

청소년기는 제2성장 급등기로서(사춘기), 2차 성징과 생식 기관의 성숙이 뚜렷하게 나타나는 시기이다. 이성 문제, 진로 문제 등의 다양한 선택과 결정을 내리는 과정에서 자아 정체감을 형성한다. 정서가 매우 강하고 변화가 심하며, 극단적인 정서 경험을 한다. 청소년기는 질풍노도의 시기, 심리적 이유기, 사회적 주변인의 시기, 심리사회적 유예 기간에 해당한다.

05 ④

토마스와 체스의 기질의 9가지 요소는 활동 수준, 접근과 철회, 정서의 질, 반응 강도, 반응의 역치, 리듬성, 주의 분산도, 적응성, 주의력과 끈기이다.
로스바트(Rothbart) 모형에서 기질의 구성 요소로 반응성(reactivity), 자기 조절(self-regulation)을 제시하였다.

06 ②

신체의 양적 성장은 감소하나 지속적으로 이루어지는 시기이다.

> **참고** 전아동기(학령 전기, 4~6세)의 특징
> - 프로이트의 남근기, 에릭슨의 학령 전기, 피아제의 전조작기 중 중·후기에 해당된다.
> - 직관적·비가역적 사고를 한다.
> - 초기적 형태의 양심인 초자아가 발달한다.
> - 성 역할을 학습하며, 집단 놀이를 통해 사회적 관계를 형성한다.

07 ①

바움린드의 부모 유형 중 권위 있는 유형은 애정적, 반응적이고 자녀와 항상 대화를 가지며, 자녀의 독립심을 격려하고 훈육 시 논리적 설명을 사용한다.

08 ③

자아 개념은 안정성이 있고 발달적이다.

09 ①

우울한 아동은 침착하지 못하다. 초조함, 감소된 활동성, 느린 말 표현, 심한 울음과 같은 특징을 보인다. 우울한 청소년은 언어적인 빈정거림, 소리침, 파괴적 행동과 같은 부정적인 행동을 통해 슬픔을 표현한다.

10 ④

자아 정체감은 '나는 누구인가'에 대한 총체적인 느낌 및 인지를 뜻하는 심리학적 용어이다. 자아 정체감은 과거와 현재, 미래를 잇는 일관성에 대한 느낌으로, 유아기의 자기에 대한 개념에서 발달하여 청소년기에 특히 중요하게 대두된다.

11 ③

정체감 대 역할 혼미는 청소년기에 해당되며, 독립을 주장하면서도 인정과 보살핌을 원한다.

오답분석
① 근면성 대 열등감 단계이다.
② 신뢰감 대 불신감 단계이다.
④ 생산성 대 침체성 단계이다.

> **참고** 에릭슨의 정체성 발달 8단계

구분	내용
신뢰감 대 불신감	어머니의 수유 방법 등의 구체적인 양육 행동이 내면화되면서 성격이 형성되는 시기로, 성격발달에 가장 중요한 시기
자율성 대 수치감 및 회의감	부모에 의해 사회적으로 적합한 행동을 하도록 훈련될 시기
주도성 대 죄책감	인지가 급격히 발달하며 놀이와 자기가 선택한 행동에 많은 관심을 보이는 시기
근면성 대 열등감	사회와 문화에 대한 기초적인 인지 능력과 사회적 기술을 습득해야 하는 시기
자아 정체감 대 역할 혼미	타인이 자신을 어떻게 생각하는지에 대하여 관심이 크고, 독립은 주장하지만 안정과 보살핌을 원하는 시기
친밀감 대 고립감	자유와 책임을 가지고 스스로의 삶을 영위하는 시기
생산성 대 침체성	후세 교육에 관심을 두어 자녀의 성공적인 발달을 돕는 것이 최대의 관심사인 시기
자아 통정감 대 절망감	지나온 생애를 돌아보고 성찰하는 시기

12 ①

정체감 혼돈(혼미) 상태는 자신이 누구인지, 인생에 있어 무엇을 하고 싶어 하는지 모르고, 삶에 대한 방향감이 결여되어 있다.

> **참고** 마샤(Marcia)의 정체감 상태

구분	내용
정체감 혼돈 (identity diffusion)	자신이 누구인지, 인생에 있어 무엇을 하고 싶어 하는지 모르고, 삶에 대한 방향감이 결여되어 있음
정체감 유실 (identity foreclosure)	선택 사항들에 대한 고려 없이 부모와 같은 다른 사람이 선택해 준 결정을 수용하는 상태
정체감 유예 (identity moratorium)	선택을 위한 노력 중에 있는 상태
정체감 성취 (identity achievement)	직업이나 이성, 신앙 등을 자유롭게 고려해 본 후에 스스로 선택하여 선택한 삶에 전념하는 상태

13 ④

제4수준에 대한 설명이다.

참고 조망 수용 능력 발달 단계

단계	연령	특징
수준 0 미분화된 조망 수용	3~6세	• 아동들은 자신과는 다른 어떤 조망도 인식하지 못함 • 다른 사람들이 동일한 사건이나 행위에 대해 자신과 다르게 해석할 수 있다는 것을 알지 못함
수준 1 사회정보적 조망 수용	6~8세	사람들이 다른 정보를 받게 되면 다른 관점을 가질 수 있다는 것을 인식하기 시작함
수준 2 자기 반영적 조망 수용	8~10세	• 같은 정보를 받았을 때도 자신과 타인의 관점이 갈등할 수 있다는 것을 앎 • 타인의 관점을 고려할 수 있으며, 자신의 행동에 대한 타인의 반응을 예측할 수 있음 • 자신의 관점과 타인의 관점을 동시에 고려할 수는 없음
수준 3 제3자적 조망 수용 (상호적 역할 수용)	10~12세	• 자신과 타인의 관점을 동시에 고려하고 타인도 같은 일을 할 수 있다는 것을 인식할 수 있음 • 두 사람의 상황 밖에 서서 자신과 상대방이 제3자의 공평한 입장에서 어떻게 보이는지를 사고할 수 있음
수준 4 사회 관습적 조망 수용	12~15세	• 사회적 가치 체계에 근거해서 다른 사람의 입장을 이해하고 판단할 수 있음 • 사회 집단에서 대부분의 사람들이 취하게 될 조망을 추정할 수 있음

14 ③

사회 통제 이론(사회 유대 이론)은 사회 유대 요인이 잘 유지되어야만 사회가 결속되어 비행을 저지르지 않게 된다고 보며, 비행은 사회적으로 하위 계층에 속하거나 경제적으로 빈곤하다는 것보다 사회적 유대의 약화에서 비롯된다고 보고 있다.

오답분석

① 하위 문화 이론은 하위 문화가 중류 계층의 행동 기준을 충족시킬 수 없는 도시 지역 하위 계층이 선택할 수 있는 매력적인 대안이며, 통상적인 사회 규범과 마찰이 발생할 수 있다고 본다.

② 아노미 이론은 사회 구조가 특정 집단의 사람에게는 정당한 방법으로 문화적으로 규정된 목표를 달성할 수 없게 되어 있어 비행이 일어난다고 본다.

④ 차별 접촉 이론은 모든 종류의 범죄나 비행을 학습된 것으로 보고, 이러한 범죄나 비행 행위는 타인(범죄자, 비행자)과의 상호 작용을 통해 학습된다고 본다.

15 ④

인지발달 이론에서는 성 정체감 및 성 유형의 발달을 인지발달 및 사회에 대한 인지적 구조화 결과로 본다. 성 유형화 발달을 정보 처리적 관점에서 설명하는 것은 '성 도식 이론'이다.

참고 성 도식 이론

아동의 성 유형화 발달을 정보 처리적 관점에서 설명하는 이론이다. 남자, 여자에 대한 도식(schema)을 발달시키려는 선천적 동기가 있고, 이것이 성 유형화에 영향을 미친다.

16 ④

성 유형화에 대한 설명이다.

참고 성별과 연관된 개념

개념	내용
생물학적 성(sex)과 사회적 성(gender)의 구분	남녀의 차이는 생물학적 성을 가진 아동이 사회가 부여하는 성 역할을 습득하는 성 유형화 과정(gendering, doing gender)을 거쳐 발달함
성 정체감 (gender identity)	자신이 여성 아니면 남성이며, 성별이 변하지 않는다는 인식
성 역할 (gender role)	특정 문화에서 남성이나 여성에게 적절하다고 고려하는 행동 집합
성 역할 고정관념	사회의 성별 고정관념을 습득하여 성별 지식이 공고해지는 과정
성 유형화 (gender typing)	아동이 자기 성별에 적합하다고 생각되는 행동과 태도를 발달시키는 과정
성 전형화된 행동 양식	이성의 행동보다 동성의 행동을 선호하는 경향성

17 ②

따돌림, 소문 내기, 이간질 하기 등 대인 관계에 해를 입히는 것은 사회적 공격 행동이다. 언어적 공격 행동은 놀리기, 협박하기, 약 올리기, 욕하기 등으로 상대방에게 심리적 해를 가하는 것이다.

18 ①

사회 교환 관점에 대한 설명이다.

> 오답분석

② 공감적 관점은 이타성이 타인의 고통이나 아픔에 대한 공감에서 비롯된다고 본다.
③ 학습 이론 관점은 이타성은 남을 돕는 사람들의 모습을 관찰하여 모방 학습하거나, 사회적 규범을 내재화하는 과정에서 도덕적 기준이 설정되고, 이에 따라 생각하고 행동하는 것으로 본다.
④ 진화심리학적 관점은 협동을 통한 생존에서의 유익으로 인하여 이타성이 체화된 것으로 본다.

19 ①

원만한 대인 관계의 유지는 인습적 수준의 내용에 해당된다.

> 참고 콜버그의 도덕성 발달 단계

구분	단계	내용
전인습적 수준 (4~10세)	1단계	벌과 강제에 의한 도덕성 기준(힘)
	2단계	욕구 충족 수단으로서 도덕성 기준(자신의 욕구 충족)
인습적 수준 (10~13세)	3단계	대인 관계 유지를 위한 도덕성 기준(원만한 대인 관계 유지)
	4단계	법과 질서에 의한 도덕성 기준(법과 질서)
후인습적 수준 (13세 이상)	5단계	사회 계약으로서의 도덕성 기준(다수)
	6단계	보편적 도덕 원리 기준(생명 존중, 인간의 존엄성, 절대적 자유, 절대적 평등)

20 ④

길리건(Gilligan)의 여성 도덕성 발달 이론은 도덕성의 한 측면으로 여성들에게 보다 강하게 나타나는 타인에 대한 배려가 있으며, 타인과의 관계를 고려하는 도덕적 사고를 중시한다. 추상적인 도덕 원리를 강조하는 콜버그의 '정의 지향적 도덕성'을 반대하면서 인간 관계의 보살핌, 책임, 애착, 희생을 강조하는 '대인 지향성 도덕성' 이론이다.

무료 학습자료 제공 · 독학사 단기합격 **해커스독학사**
www.haksa2080.com

전문가가 분석한 출제경향 및 학습전략

제5장 성인발달과 노화 영역은 성인 초기부터 성인 후기까지 각 시기마다 인지적·심리적·신체적 발달을 주로 다루고 있다. 각 시기를 구분하여 시기마다 다른 발달의 특징을 잘 이해하는 것이 중요하다. 특히 각 시기에 따른 감각 능력의 변화와 인지 능력의 변화가 중요하므로 시기별로 정리하여 이해하는 것이 좋다.

제5장 | 핵심 키워드 Top 10
핵심 키워드 Top 10은 본문에도 동일하게 ★로 표시하였습니다.

01	SOC 이론(보상을 수반한 선택적 적정화 모델, Baltes & Baltes) ★★★	p.218
02	샤이에(Schaie): 성인기 인지발달 단계 ★★	p.217
03	성인 초기: 감각의 발달 ★★	p.220
04	죽음에 대한 비애 과정(Kubler-Ross, 1969) ★★	p.235
05	레빈슨(Levinson)의 사계절 발달 이론 ★	p.215
06	노화 이론 ★	p.217
07	성인 중기의 발달 과업 ★	p.227
08	노화의 특성 ★	p.230
09	노화 과정에 적응하는 다섯 가지 성격 유형(Reichard 등, 1962) ★	p.233
10	노인 학대 유형 ★	p.242

제5장

성인발달과 노화

제1절 성인발달과 노화
제2절 성인 초기 발달
제3절 성인 중기 발달
제4절 노년기 발달
제5절 인생의 마무리
제6절 노인 부양과 학대

제1절 성인발달과 노화

01 성인기 발달의 관점

1. 획득과 상실
① 아동기와 청년기는 여러 심리적 특성이 형성·획득되고 성인기는 획득된 특성이 단순하게 유지되거나 쇠퇴하는 것으로 생각되기 쉬우나, 실제로 성인기 발달은 획득과 상실을 동시에 내포하는 과정이다.
② 노년기에 신체적 노쇠라는 상실과 삶의 지혜의 심화라는 획득이 있는 것처럼, 성인기 발달 과정에서 획득과 상실의 두 가지 측면을 이해하는 것은 중요한 요인이다.

2. 다차원성과 다방향성
① 성인기 발달은 여러 특성이 각기 다른 과정과 방향으로 나타난다.
예 성인기 지적 능력의 발달을 하나의 차원으로 이해해서는 안 된다. 지적 능력의 어떤 특성은 생애 초기부터 나타나지만, 어떤 특성은 노인기까지 지속적이고 긍정적인 발달을 보이기도 한다.
② 성인기 발달의 다차원성과 다방향성에 대한 이해는 성인기 발달의 특징을 이해하는 데 중요한 요인이다.

3. 개인 내적 변화
① 성인기 발달은 어떤 특성이 연령에 따라 변화되어가는 양상이나 과정을 밝히는 개인 내적 변화에 관심을 가진다.
② 성인기의 인지적·정서적 특성의 변화와 그 요인에 대한 탐구는 개인내적 변화를 연구하는 것이다.

02 성인기 발달 이론

1. 에릭슨(Erickson)의 심리사회적 발달 이론 [기출개념]
(1) 친밀감 대 고립감 단계
① **친밀감**: 두 사람의 정체감 융합을 의미한다.
② **고립감**: 타인과의 관계에서 소외를 느끼는 것을 의미한다.
③ 진실하고 오래 지속되는 친밀감의 필수 요소인 자아 정체감을 획득한다.

④ 친밀감 시기에 일어나는 것은 '우리가 서로 사랑하는가?'에 관한 것이며, '우리'라는 복수가 사용된 것은 관계의 상호성을 반영하는 것이다.
⑤ 친밀감 대 고립감 단계의 결과
  ㉠ 긍정적 결과: 성, 우정, 사랑, 안정적인 결혼 생활과 같은 친밀감
  ㉡ 부정적 결과: 소외와 외로움

(2) 생산성 대 침체성 단계
① 생산성: 직업이나 전문적 측면에서 사회에 공헌하는 생산적인 창조성을 의미한다.
② 침체성: 사회 공헌에 무관심하고 이기적 행위를 의미한다.
③ 생산성 대 침체성 단계의 결과
  ㉠ 긍정적 결과: 직업적 창조성, 생산성, 후세대를 위한 사회 봉사 등
  ㉡ 부정적 결과: 무관심, 이기심, 허위 등

(3) 통합감 대 절망감 단계
① 통합감: 자신의 삶에 후회가 없고 가치 있다고 생각하는 것을 의미한다.
② 절망감: 자신의 삶이 무의미한 것이었다고 생각하는 것을 의미한다.
③ 통합감 대 절망감 단계의 결과
  ㉠ 긍정적 결과: 인생의 마지막을 후회 없이 받아들이고 자신을 수용하여 독립성, 자율성, 성숙의 상태로 나아가는 것이다.
  ㉡ 부정적 결과: 혼란, 무기력함, 쓸모 없고 다 끝났다는 느낌을 갖는 것, 자신의 인생이나 자기 자신과 다른 것에 대한 불만족, 죽음에 대한 두려움, 아동기의 의존으로 퇴행한다.

> **✓ 핵심 Check**
> **에릭슨의 심리사회적 발달 단계**
> • 신뢰감 대 불신감
> • 자율성 대 수치감 또는 회의감
> • 주도성 대 죄책감
> • 근면성 대 열등감
> • 자아 정체감 대 역할 혼미
> • 친밀감 대 고립감
> • 생산성 대 침체성
> • 자아 통합감 대 절망감

2. 레빈슨(Levinson)의 사계절 발달 이론 ★ 기출개념

시기	특징
성인 이전 시기 (0~17세)	레빈슨은 이 시기에 대해 언급하지 않았음
성인 초기 전환기 (17~22세)	• 성인으로 진입하기 위한 준비를 하는 시기 • 주변의 정리를 통하여 새로운 단계로 들어서는 전환점의 시기
성인 초기 입문기 (22~28세)	• 성인으로서 자신의 삶을 계획하고 시작하는 시기 • 직업 선택, 배우자 선택, 독립 등 중요한 선택의 시기이기도 함 • 이 시기에 꿈과 멘토는 인생 구조 형성에 큰 영향을 줌 • 성인 전기 초보 인생 구조를 성립함
30대 전환기 (28~33세)	• 성인 전기보다 현실적이고 이전 시기의 계획이나 선택 등에 대해 보완·재평가하며 다음 구조에서 필요한 새로운 계획들을 탐색함 • 인생을 돌아보며 보완·재평가하고 새로운 선택을 하기 때문에 성인발달에서 중요한 시기라고 할 수 있음
성인 초기 절정기 (33~40세)	• 이전 시기의 계획들이 실행되어 어느 정도 이루어진 시기 • 더 나은 위치로 가고자 노력하고 그것을 안정화시키는 단계 • 사람의 허리에 해당하는 중심적이고 중요한 위치에 도달하게 됨 • '자기 자신 되기'가 이루어짐

> **📖 개념 Plus**
> **레빈슨의 사계절 발달 이론**
> • 레빈슨은 35~45세의 각계각층의 남성 40명을 대상으로 그들의 삶에 대한 심층적인 면접으로 얻은 자료와 유명인의 자서전 등을 분석·이용하여 인생 사계절론을 제시하였다.
> • 레빈슨 이론의 가장 중요한 개념은 '인생 구조'이다.
> • 인생 구조란 '일정한 시기에 있어서의 개인의 삶의 양식과 설계'를 의미하는 것이다. 즉, 인생 구조는 개인의 사회·문화적인 배경, 개인 자아의 특성, 주변 세계에 대한 개인의 참여도에 따라 결정된다고 하였다.
> • 레빈슨은 이 인생 구조의 변화에 따라 발달 단계를 구분하였고, 나이로 단계를 표현하는 것에는 한계가 있다고 여겨 각 단계마다 한 시기의 끝과 다른 시기의 시작을 5년 정도로 겹쳐 과도기를 두어 표현하였다.

시기	특징
성인 중기 전환기 (40~45세)	• 중년기로 접어드는 시기 • 자신의 삶에 대한 재평가를 하며 지나온 삶에 대한 의문을 갖게 됨 • 그로 인해 '중년의 위기'를 겪게 될 수도 있는 시기임
성인 중기 입문기 (45~50세)	• 새로운 인생을 맞이하는 시기로서, 다양한 변화들이 일어남 • 결실의 계절에 비유되기도 하며, 배우자와 주변 사람들과의 관계 재정립이 필요한 시기임 • 또한 스스로에게 몰입하며 이루어 놓은 업적들에 나름 만족하는 시기임
50대 전환기 (50~55세)	• 성인 중기의 인생 구조를 재평가하며, 다음 인생 구조를 위한 준비를 하는 시기 • 그러나 성인 중기에 해당하는 10~15년 사이에 삶의 변화가 없었거나 부적절한 경험을 겪은 사람들에게는 위기가 올 수도 있음
성인 중기 절정기 (55~60세)	성인 초기 절정기처럼 성인 중기의 계획과 목표를 실현하는 시기
성인 후기 전환기 (60~65세)	새로운 인생 구조로 전환하는 시기로서, 노년기의 시작에 해당하는 시기
성인 후기(65세~)	• 새로운 인생 구조를 확립하는 시기 • 신체적 노화나 질병에 잘 대응하며 젊음을 잃은 것에 대한 심리적 충격에 대비해야 함

3. 베일란트(Vaillant)의 성인기 적응 이론 기출개념

(1) 베일란트의 그랜트 연구(Grant study) 개요
  ① 연구 목적: 성인기 발달의 각 단계에서 성공적인 삶을 살아가는 사람들의 단계별 변화 양상, 성공적인 삶에 관여하는 요인들, 개개인이 각각의 상황에 독특하게 적응하는 양식을 식별하기 위함이다.
  ② 성인기 발달에는 개인에 따라 큰 연령차가 있으나, 성공적인 삶을 살아가는 사람이 이행하는 과정은 유사하다.
  ③ 성공적인 삶을 결정하는 가장 중요한 요인은 삶에 중요한 의미를 갖는 사람과 지속적인 관계를 맺는 것이다.
  ④ 베일란트는 에릭슨의 심리사회적 발달 단계를 기본적인 발달의 틀로 수용하여 '직업 강화'라고 부르는 단계를 친밀감과 생산성의 단계 사이에 추가하였다.
  ⑤ 베일란트는 발달 방향에 대해서만 설명하고, 발달 속도에 대해서는 모든 사람들이 동일하게 발달하지 않는다고 보았다.

(2) 성인 전기의 발달 양상
  ① 20대: 부모로부터 독립하여 자율성을 획득하고 가정을 이루며, 직업에 몰두하는 단계이다.
  ② 25~35세: 직업 강화 단계로 청년기의 이상과 열정을 버리고 현실적인 삶을 살아가는 시기이다.
  ③ 40세: 자신의 내부로 시선을 돌릴 여유를 얻게 될 때, 직업 강화 단계는 끝난다.

(3) 성인 중기의 발달 양상
① 35~49세: 인생에 있어서 가장 평온하고 행복한 시기이다.
② 45~55세: 자신의 과거를 재평가하고 인간 관계를 재정립하는 전환기이다.
③ 중년기의 가장 큰 과업은 생의 의미 유지이다.

4. 샤이에(Schaie) 성인기 인지발달 이론 기출개념

피아제(Piaget)의 인지발달 이론은 '지식 획득'을 설명하지만, 샤이에는 '지식 사용 능력'에 주목했다. 아동 및 청소년기의 지식 획득 과정과는 다른 새로운 인지발달로 지식 사용 능력을 제시하였으며, 이 능력은 성인기 동안 발달적 변화가 일어난다.

(1) 성인기 인지발달 단계 ★★

단계	시기	내용
성취 단계	성인 전기	• 성취, 독립의 목표를 지향하는 인지적 행동을 함 • **과업**: 사고 능력 배양, 독자적으로 의사 결정이 가능한 지적 기능의 사용 능력 개발
책임 단계/ 실행 단계	성인 중기	• 문제 해결에 있어서 개인의 목표, 가족 및 사회적 책임을 통합 • 보다 복잡한 조직적 위계와 책임을 갖는 문제를 해결함 • **과업**: 자신의 사고, 판단, 의사 결정에 책임을 질 수 있는 지적 기능 확립
재통합 단계	성인 후기	• 장기적인 목표를 설정할 필요가 없으며, 사회적 책임이 급격히 감소하는 시기 • 자신의 흥미, 가치에 적합한 문제와 과제를 선택함 • **과업**: 자신의 지적 기능을 선택적으로 사용하여 재통합 능력 확립

03 노화 이론 ★

1. 분리 이론
① 늙어가면서 사회와 노인들 사이에서 일어나는 현상으로서, 노인들은 사회로부터 분리 혹은 은퇴한다는 것이다.
② 노인들이 서로 떨어지거나 사회적으로 분리되는 것은 자연적 현상 또는 의도적인 현상임을 설명한다.

2. 활동 이론
① 노년은 중년의 연장일 뿐이므로 활동을 중단할 것이 아니라 지속할 것을 당연하게 보는 관점으로, 노년기의 생의 만족은 적정 수준의 사회적 활동을 유지할 때 가능하다는 견해이다.
② 사회적 활동은 성공적인 노화에 필요 조건이 되는 것으로, 신체적·정신적으로 활동에 적극 참여하면 노년기의 기능을 유지하는 데 도움이 된다고 본다.

3. 지속성 이론
① 노년기의 성격은 젊을 때의 성격 성향을 지속하는 것이지 바뀌는 것이 아니라는 견해이다.
② 노년기의 신체적·정서적 역량의 감소는 선택적으로 사회 활동에 참여하게 하며, 자기 자신에게 보다 많은 관심을 두고 특정 취미에 몰두하게 되는 경향을 보인다. 이러한 행동이 마치 노인들이 자기 중심적이고, 고집 세고, 사회에 무관심한 성격으로 변한 것처럼 보이게 하기도 한다.

4. 사회 교환 이론
① 개인과 집단 간의 교환은 교환에 참여하는 사람이 그 상호 작용에서 이득을 얻는 한 지속되는데, 노인이 되면 사회적 상호 작용에서 이득이 감소하므로 사회적 교환활동이 감소한다는 견해이다.
② 노인이 되면 건강, 대인 관계, 수입 등 권력의 원천이 줄어들어 사회와 노인 간에 불균형 교환이 일어나게 된다. 따라서 노인의 사회 내 상호 작용이 감소 또는 단절된다.

5. 현대화 이론
① 현대화는 인간의 기본 관념을 변화시키고 노인의 지위와 역할에도 영향을 미친다.
② 과거 전통 농경사회에서는 노인이 전문 직업인, 전통 문화의 전수자, 전문 정치가 및 종교가로 군림하였다. 그러나 산업화 사회에서는 노동력이나 인력보다는 고도의 기술이 생산을 지배하게 되면서 노인이 독점하던 지식도 젊은이에게 이전되고, 과거 노인이 독점하던 전문가의 역할도 교육받은 의사, 교사, 기타 전문가에게로 이관되었다.

6. 기타 노화 이론
(1) SOC 이론(보상을 수반한 선택적 적정화 모델, Baltes & Baltes) ★★★
① 노년학을 오랫동안 연구해온 발테스와 발테스(Baltes & Baltes, 1990)는 전 생애에 걸쳐 일어나는 발달심리학의 관점에서 성공적인 노화 이론으로, SOC 모델(model of Selective Optimization with Compensation)을 제시했다.
② SOC 모델은 성공적 노화를 비롯한 인간 개발 연구 및 인간의 전 생애 발달이 선택(selection), 적정화(optimization), 보상(compensation)이라는 세 가지 생애 전략과 관련된 과정으로 보았다.
③ 선택, 적정화, 보상 모델은 한 개인이 노화 과정에 따라 어떻게 적절하게 대응하고 활용하느냐하는 문제에 있어, 생애 과정에서 노화의 손실을 최소화하는 것이 성공적 노화 수준을 연구하는 데 효과적이라는 견해이다.
　㉠ 선택: 주어진 환경 속에서 개인의 생활 목표(신체적 건강, 가치 등)에 대한 기회와 기능, 역할의 범위를 고려해 활동의 양과 질 및 종류를 선택하는 것이다.

ⓒ **적정화**: 선택한 목표 달성을 위해 최선의 노력을 다하는 적정화를 중시한다. 적정화란 다양한 수단과 방법으로 개인이 선택한 목표와 영역을 최대한 달성하는 것으로, 자신의 강점과 잠재적 기능을 동원해 성공적인 사회 활동은 물론 건강 관리, 레저 생활, 사회 봉사 등으로 노후 생활을 활기차게 만드는 일이다.

ⓒ **보상**: 생물학적·사회적·인지적 기능의 상실이 일어났을 때, 어떠한 학습이나 보조 기구, 외부적 도움, 심리적 보상 기제 등으로 상실을 보완하는 것을 말한다. 활동의 제약과 질병으로 인한 손실을 최소화하면서 긍정적인 역할을 이끌어 내고, 주위의 자원을 활용하여 지속적인 성장을 이뤄나가는 것이다. 이렇게 될 때 노화의 주관적인 요소인 정서적인 웰빙, 삶의 만족이라는 보상을 얻게 된다.

기출개념확인

01 베일란트(Vaillant)의 성인기 적응 이론에서 직업 강화 단계에 해당하는 시기는?

① 20대
② 25~35세
③ 35~49세
④ 45~55세

02 발테스와 발테스(Baltes & Baltes)의 SOC 이론에서 제시하는 모델이 아닌 것은?

① 선택
② 적정화
③ 보상
④ 강화

정답·해설

01 ② 25~35세 사이는 청년기의 이상과 열정을 버리고 철저히 현실적인 삶을 살아가는 시기로, 베일란트는 이 시기를 '직업 강화 단계'라 지칭하였다. 40세에 자신의 내부에 시선을 돌릴 여유를 얻게 될 때 직업 강화 단계는 끝난다고 보았다.

02 ④ SOC 모델은 성공적 노화를 비롯한 인간 개발 연구 및 인간의 전 생애 발달이 선택(selection), 적정화(optimization), 보상(compensation)이라는 세 가지 생애 전략과 관련된 과정으로 보았다.

제2절 성인 초기 발달

01 신경 및 생물학적 변화

1. 신체적 특성
① 성인 초기는 신체적인 건강 상태와 체력이 최고조에 달하는 시기이다. 19세경부터 20대에 걸쳐 신체의 근육과 내부 기관의 발달이 최적의 상태에 도달하고 면역 체계의 발달로 인해 이전의 발달 단계보다 질병 발생률도 낮다.
② 근육의 발달은 성인기에 완전히 이루어지며, 근력의 절정이 25~30세 사이에 나타나 육체적인 힘이 최고조에 달한다.
③ 근력은 30세 이후부터 감소되기 시작한다. 주로 등과 다리 근육부터 약해지기 시작하며, 팔 근육의 약화는 덜하다.
④ 수공 능력의 정교성은 성인기에 가장 효율적인 상태로 발달하지만, 손가락과 손 움직임의 민첩성은 30대 후반부터 감소되기 시작한다.
⑤ 성인 초기에 신체적 건강 상태를 계속 잘 유지하기 위해서는 규칙적인 운동과 적절한 영양 공급이 필수적이다.
⑥ 과도한 스트레스, 흡연과 음주, 약물 사용 등은 성인 초기의 건강 유지에 매우 해로운 요소이다.

2. 감각의 발달 ★★
① 감각은 가장 예민한 상태이며 성인 초기 동안 거의 변하지 않는다.
② 시각적 예민성은 20세경이 가장 좋으며 40세까지는 감소하지 않는다.
③ 청각은 20세경에 가장 좋은데, 이 시기 이후 점진적으로 하강하게 된다.
④ 미각, 후각, 촉각, 온도 및 고통에 대한 감수성은 안정적이어서 50세 정도까지 둔화되지 않는다.
⑤ 뇌의 무게는 성인 초기에 최대치에 도달한다.

02 인지적 변화

1. 인지적 발달 특성
① 일반적으로 인간의 인지발달은 대략 25세경부터 하강 곡선을 그리는 것으로 알려져 있다. 그러나 보다 최근의 연구 결과에 의하면 연령의 증가에 따른 인지 기능의 쇠퇴가 거의 없거나 매우 적으며, 인지 기능의 쇠퇴가 있다고 하더라도 종류에 따라 변화의 정도는 다르다는 주장이 제기되고 있다.
② 인간의 인지발달은 성인기 이후 특정한 영역의 인지적 능력만 감소하며 많은 부분은 계속 유지된다.
③ WAIS(웩슬러 성인용 지능 검사)를 사용한 베일리의 연구에서 성인의 동작성 검사 점수는 26세를 정점으로 점점 하강하는 것으로 나타나는 것에 비해 언어적 검사 항목의 점수는 청년기에 오히려 상승하는 것으로 보고되었다.
④ 연령에 따른 지능의 변화에서도, 시각 운동적 융통성은 25세를 정점으로 쇠퇴하였으나 인지적 융통성에는 변화가 없었고, 결정성 지능과 시각표상 점수는 연령이 증가함에 따라 오히려 향상되었다.
⑤ 혼(Horn)과 도날드슨(Donaldson, 1980)은 성인기의 지적 능력을 결정성 지능(crystallized intelligence)과 유동성 지능(fluid intelligence)으로 구분하여 살펴보아야 한다고 주장하였다. 이 두 가지 지능은 각각 절정에 도달하는 시기가 다른데, 유동성 지능은 10대 후반에 절정에 도달하고 성인 초기부터 점차 감소하는 반면, 결정성 지능은 성인기의 교육 경험의 결과로 생의 말기까지 지속적으로 증가한다.
⑥ 창조성의 발달은 25세경에 창조적 발명, 발견, 예술 작품 등을 통해 최고 정점에 도달하며, 이로부터 약 10년 동안 최고의 생산성을 보인다.

> **핵심 Check**
> **결정성 지능과 유동성 지능**
> - **결정성 지능**: 과거의 학습과 경험을 적용시켜서 획득한 판단력이나 습관이다. 환경적·문화적·경험적 영향에 의해 발달하며, 가정 환경·교육 정도·직업 등의 영향을 받는다.
> - **유동성 지능**: 선천적으로 타고난 학습 능력과 문제 해결 능력으로 유전적·신경생리적 영향에 의해 발달한다. 주로 비언어적이고, 특정한 문화적 환경에 국한되지 않고, 학교 학습에 관련되지 않는 지능이다.

03 성격 및 사회적 변화

1. 친밀감의 형성
에릭슨(Erikson)은 성인 초기의 중요한 심리적 발달 과업으로 가족 및 가족 이외의 사람들과의 친밀한 관계 형성을 제시하였다.

2. 성인으로서의 독립성 확립
① 청소년기의 발달 과업은 '나는 누구이고 나의 삶의 가치는 무엇인가'와 같은 기초적이고 포괄적인 의미의 자아 정체감을 확립하는 것이다. 그러나 인간의 자아 정체감 형성은 한 번으로 완성되지 않는다. 청소년기에 이루어진 자아 정체감은 성인 초기에 접어들면서 다시 검토된다.

> **개념 Plus**
> **친밀감 형성**
> 친밀감 형성은 자신의 자아 정체성 확립을 기초로 이루어진다.

② 30대는 권위, 독립, 지기 충족감 등을 이루는 것에 대한 관심이 증가하는 시기이다.
③ 레빈슨(Levinson)은 30세가 되면 삶을 심각하게 바라보고 지금 자신이 살고 있는 삶이 진정으로 자신이 바라던 것인가 하는 물음을 스스로에게 하기 시작하는 시기라고 하였다.
④ 성인 초기에 자신에 대한 성찰과 성인으로서의 자신을 만들어가지 못한다면 결혼 문제, 직업의 변화, 불안과 우울 등의 위기를 겪기도 한다.
⑤ 굴드(Gould)는 성인 초기의 발달 과업을 '어린 시기의 환상에서 벗어나는 것'으로 규정하였다.
  ㉠ 성인기의 성숙은 자립(self-reliance)과 자기 수용(self-acceptance)을 위해 유아기의 환상과 잘못된 가정에서 벗어나는 과정이다.
  ㉡ 16~22세: 부모의 영향에서 벗어나 성인으로서의 정체성을 구축한다.
  ㉢ 22~28세: 부모의 도움에 대한 기대에서 완전히 벗어나 성인으로서의 삶을 적극적으로 구성한다.
  ㉣ 28~34세: 자신의 한계에 대한 인정을 바탕으로 능력을 계발해야 한다.
  ㉤ 35~45세: 명확한 성인 세계에 합류하여 성인으로서의 권위와 자율성을 확보해야 한다.
⑥ 성인 초기는 부모에 대한 의존에서 전환하여 비로소 성인으로서의 독립성을 확보하는 시기이다. 그러나 성인 초기의 이러한 발달이 순조롭지 못하면 부모로부터 독립된 자신의 삶의 목표를 세울 수 없고, 미래에 대한 두려움과 시간에 대한 압박감, 무가치함의 혼란에 빠지게 된다.

기출개념확인

01 성인 초기 발달에 대한 설명으로 옳지 않은 것은?

① 청각은 20세경에 가장 좋다.
② 성인 초기의 중요한 심리적 발달 과업은 친밀감 형성이다.
③ 근육의 발달은 성인기에 완전히 이루어지며, 육체적인 힘이 최고조에 달한다.
④ WAIS를 사용한 베일리의 연구에서 일반적으로 성인 초기에는 동작성 영역이 언어성 영역보다 우수한 것으로 나타난다.

02 성인 초기 인지발달에 대한 설명으로 옳은 것은?

① 인간의 인지발달은 성인기 이후 대부분 영역의 인지적 능력이 감소된다.
② 시각 운동적 융통성은 25세를 정점으로 쇠퇴하고 인지적 융통성에 변화가 있다.
③ 유동성 지능은 성인기의 교육 경험의 결과로 생의 말기까지 지속적으로 증가한다.
④ 창조성의 발달은 25세 이후에 점차 쇠퇴한다.

정답·해설

01 ④ 베일리의 연구(WAIS 사용)에서 성인의 동작성 검사 점수는 26세를 정점으로 점점 하강하는 것으로 나타나지만, 언어적 검사 항목의 점수는 청년기에 오히려 상승하는 것으로 보고되었다.

02 ③ 유동성 지능은 10대 후반에 절정에 도달하고 성인 초기부터 점차 감소하는 반면, 결정성 지능은 성인기의 교육 경험의 결과로 생의 말기까지 지속적으로 증가한다.

오답분석
① 인간의 인지발달은 성인기 이후 특정한 영역의 인지적 능력만 감소하며 많은 부분은 계속 유지되는 것으로 보고된다.
② 시각 운동적 융통성은 25세를 정점으로 쇠퇴하였으나 인지적 융통성에는 변화가 없다.
④ 창조성의 발달은 25세경에 창조적 발명, 발견, 예술 작품 등을 통해 최고 정점에 도달하며 이로부터 약 10년 동안 최고의 생산성을 보이는 것으로 보고된다.

제3절 성인 중기 발달

01 신경 및 생물학적 변화

1. 신체 기능의 변화
① 청년기에 최고조에 도달했던 신체적 기능은 40대가 되면서 점차 감퇴되고 건강도 약화된다.
② 점차 육체적인 일을 하는 능력이 약화되고 질병에 걸리는 비율도 높아지고 회복하는 데 걸리는 시간도 길어진다.
③ 에너지 수준도 점차 감소하고 작업 능력도 저하된다.
④ 성인 중기에도 규칙적인 운동과 좋은 식습관을 계속 유지한다면 여전히 청년기의 신체적 기능을 유지할 수 있고 노화의 속도도 늦출 수 있다.

2. 감각 기관의 변화
① 성인 중기에는 시각과 청각의 감퇴가 가장 뚜렷하게 느껴진다.
② 시각의 감퇴는 대체로 40~49세 사이에 나타난다. 노안이 대표적 징후로, 실제로 성인 중기 동안 가까운 것을 보는 데에도 어려움이 생긴다.
③ 눈으로 가는 혈액 공급이 감소되어 시각의 범위가 좁아지는 반면, 사각 범위는 커지며 밝기에 대한 망막의 민감성이 감퇴된다.
④ 청각은 가장 빨리 감퇴가 나타나는 감각 기관으로, 40세경에 고음에 대한 민감성의 감퇴가 먼저 나타나고, 50대에는 저음에 대한 감퇴가 시작된다.
⑤ 직업적 소음으로 인해 남성이 고음 민감성 감퇴가 여성에 비해 빨리 나타나기도 한다.

3. 외모의 변화
① 40대 초반 이후 신진대사가 저하되어 기초 대사량이 줄기 때문에 체중이 늘고 허리 중심으로 피하지방의 축적이 누적되는 경향을 보인다.
② 피부와 근육의 탄력이 줄어들고 주름이 생기기 시작한다.
③ 흰머리가 나기 시작하고 머리카락이 빠져 탈모가 시작되기도 한다.
④ 규칙적인 운동과 적절한 식이요법으로 노화의 진행을 늦출 수 있기 때문에 성인 중기의 외모 변화에는 개인차가 있다.

4. 질병에 대한 취약성

① 중년기 이후에는 신체 전반의 노화로 인하여 질병에 걸릴 위험성이 높아진다.
② 신진대사가 저하 및 호르몬의 변화로 인해 건강상의 문제에 취약하다.
③ 청년기까지는 사고가 사망의 가장 큰 원인이지만 중년기 이후에는 질병에 의한 사망이 가장 큰 비중을 차지한다.
④ 당뇨, 고혈압, 순환기 질환, 암, 류머티즘, 디스크 등의 발병률이 청년기보다 월등히 높으며, 여성의 경우 여성 호르몬의 감소로 골다공증에 걸리기 쉽다.
⑤ 남성들은 위험한 직종에서 일할 가능성이 높고, 남성다움을 강조하는 분위기에 영향을 받으며, 질병을 가볍게 여기는 경향이 있기 때문에 여성들보다 질병에 노출될 확률이 더 높다.
⑥ 공격적이고 성취 지향적인 성격을 가진 사람은 심장 관련 질환에 걸릴 확률이 높다.
⑦ 성인기 이후 삶의 질을 높이고 유지하기 위한 정기적인 건강 검진과 규칙적인 운동은 매우 중요한 요인이 된다.

5. 성적인 변화

① 성인 중기에는 호르몬의 변화로 인해 광범위한 신체적·정서적 변화를 겪게 되는 갱년기를 경험하게 된다.
② 여성의 경우는 폐경을 맞게 되어 많은 생리적인 변화가 일어난다.
   ㉠ 여성의 폐경은 평균 50세를 전후하여 일어나지만 개인차가 있다.
   ㉡ 갱년기가 되면 여성 호르몬인 에스트로겐의 분비가 감소되어 번열증, 두통, 성교통, 요실금과 같은 신체적 증상들이 나타난다.
   ㉢ 여성 갱년기 대표적 증상이 번열증이다. 이는 얼굴이나 상체에 갑자기 열이 나고 땀이 나는 증상으로 수초 내지 수분 동안 지속되다가 오한이 뒤따르기도 한다.
   ㉣ 일부 여성들은 더 이상 아이를 낳을 수 없다는 점과 중년기 신체 증상들 때문에 중년기 우울증에 빠지기도 한다.
③ 남성은 여성의 폐경만큼 급격한 변화는 없으나, 완만한 성적 감퇴 현상이 나타난다.
   ㉠ 남성의 생식 능력은 계속 유지되지만, 남성 호르몬의 감소로 성기능이 약화되고 성적 무력감, 우울 등을 경험한다.
   ㉡ 테스토스테론 분비의 감소는 근육 조직의 손실과 근력 감소, 심장 질환의 위험성을 증가시킨다.
   ㉢ 이 시기에 많은 남성들이 발기 불능과 배뇨 장애를 경험한다.
   ㉣ 남성도 노화를 두려워하고 성적인 힘이 사라져간다고 인식하면서 우울증을 경험하기도 한다.
④ 갱년기에 겪게 되는 생리적 증상들은 심리적인 요인들과 복합적으로 작용하여 여성과 남성 모두에게 자신감을 떨어뜨리고 피로감, 우울, 분노감을 증가시킬 수 있다.
⑤ 성인 후기의 신체적인 변화에 적응하는 것도 이 시기의 중요한 발달 과업이다.

개념 Plus

성인 중기의 질병

- **알츠하이머**: 치매를 일으키는 가장 흔한 퇴행성 뇌질환으로, 기억력을 포함한 인지 기능의 악화가 점진적으로 진행되는 병이다. 환자는 뇌 내에 존재하는 중요 신경 전달 물질 중의 하나인 '아세틸콜린'이라는 물질이 정상인에 비해 두드러지게 감소되어 있다고 한다.
- **파킨슨 병**: 뇌의 흑질(substantia nigra)에 분포하는 도파민의 신경세포가 점차 소실되어 발생하며 안정 떨림, 경직, 운동 완만(운동 느림) 및 자세 불안정성이 특징적으로 나타나는 신경계의 만성 진행성 퇴행성 질환이다. 파킨슨병 환자는 60세 이상에서 인구의 약 1% 정도로 추정된다.
- **헌팅턴 병**: 헌팅턴의 질병으로 알려진 유전병이다. 우성 유전자에 의해 유전되며, 유전자를 물려받은 자손에 절반의 영향을 준다. 증상으로는 환각, 망상, 우울증, 심각한 정서 변화, 치매, 무도병 동작(경직되고 변덕스러우며, 무의식적인 몸짓)과 같은 정신의 퇴보 등이 있는데, 대개 30세 이전에는 나타나지 않는다. 환자 본인이나 자손들을 위해서는 유전 상담(genetic counseling)이 중요한 역할을 한다.

개념 Plus

갱년기

인체가 성숙기에서 노년기로 접어드는 시기로 여성은 에스트로겐의 분비가 감소되고, 월경을 시작한 지 30~40년이 지나 난자가 거의 다 배출되어 생리가 중지되며, 생식기능이 사라진다. 남성은 테스토스테론의 분비가 감소되고 성기능의 감퇴가 나타난다.

02 인지적 변화

1. 지능의 변화
① 횡단적 연구 방법에 의한 결과
  ㉠ 인간의 지능은 중년기 이후에는 하강 곡선을 보이는 것으로 인식되어 왔다.
  ㉡ 성인의 지능에 관한 전통적인 연구들은 나이 들수록 지능은 감소한다고 보고하였다.
② 종단적 연구 방법에 의한 결과
  ㉠ 지능이 연령이 증가함에 따라 오히려 향상 또는 유지되는 것으로 보고되었다.
  ㉡ 동일한 사람을 대상으로 연령 변화에 따라 지능을 측정한 종단적 연구 결과, 20대 때의 지능 지수가 50대 때도 동일하게 지속되는 것으로 보고되었다.
③ 성인 중기 이후에도 지능의 감퇴는 없으며 청년기의 지능을 유지한다고 볼 수 있다.

2. 기억 능력
① 성인 중기 동안 기억 능력의 감퇴는 거의 일어나지 않는다. 단기 기억 부분에서는 감퇴가 일어나는 것으로 보고되지만 장기간에 걸쳐 정보를 보유하는 장기 기억 능력은 큰 변화 없이 지속된다.
② 인지적 반응 속도는 성인 중기 이후 다소 늦어지는 것으로 보고된다.
  ㉠ 50세 이후에 저장되어 있는 기억 정보를 인출하고 활성화하는 데 걸리는 시간은 20대가 필요로 하는 시간보다 60% 정도 증가한다.
  ㉡ 성인 중기에 기억 능력의 감퇴가 거의 없는데도 불구하고 감퇴하는 것처럼 보이는 이유는 정보 처리 시간이 길어지는 데 기인하는 것으로 해석된다.
  ㉢ 성인 중기 이후 정보 처리 시간이 길어지는 이유가 중추신경계의 기능 저하 때문인지 혹은 조심성, 심사숙고, 불안 등의 요인에 의한 것인지에 대해서는 아직 논란이 되고 있다.

3. 유동성 지능 대 결정성 지능
① 유동성 지능과 결정성 지능의 발달은 연령에 따라 다르게 나타난다.
② **유동성 지능**(fluid intelligence): 청소년기 후기까지 증가하다가 이후 미세한 점진적 감퇴가 이루어진다. 그러나 감퇴의 정도가 적어서 성인 중기가 끝나는 시기까지도 거의 비슷한 수준을 유지한다고 할 수 있다.
③ **결정성 지능**(crystalized intelligence): 유동성 지능과 달리 생애 전반을 통해 증가한다. 특히 단어의 유창성, 공간 지각 능력 등은 오히려 성인 중기에 정점에 도달한다.

4. 인지 양식

① 정보 처리 과정에서 나타나는 개인의 특징적인 유형을 의미한다.
② 어떤 사람은 사려 깊고 반성적인 데 비해 어떤 사람은 충동적이다. 또 어떤 사람은 수렴적 사고를 많이 하는 데 비해 어떤 사람은 확산적 사고를 주로 한다.
③ 개인의 인지 양식은 아동기에 형성되지만 성인기에 지속적으로 개별화되고, 성인 중기 이후에는 경직되는 경향이 있다.
④ 성인 중기의 사람들은 새로운 것을 학습하는 데 어려움을 느끼게 되는데, 그 이유는 지적 능력의 감소 때문이 아니라 경직된 개인의 인지 양식 때문이라고 할 수 있다. 반면에 오랜 경험을 통해 습득된 지혜가 있기 때문에 이 시기에 문제 해결 능력은 오히려 높아진다.

03 성격 및 사회적 변화

1. 전환의 시기 – 중년기 위기

① 중년기가 되면 자신의 일생을 돌아보고 재평가해보게 된다. 그동안의 삶을 재정비하고 새로운 헌신과 성장의 기회로 삼기도하나, 현재의 생활 방식에 회의를 느끼고 새로운 인생을 살고 싶어 하지만, 그 방법을 알지 못해 고민하기도 한다. 따라서 이 시기를 '전환의 시기'라고도 하며, 이 전환은 위기가 될 수도 있고 기회가 될 수도 있다.
② 중년기 위기는 심리적 후회감, 불안감, 초조감, 허탈감과 함께 과거 및 현재의 삶과 활동에 대한 재평가 및 부정적 견해를 동반하는 종합적인 개념이다.
③ 남성은 직업에 대한 불만이 증가하기도 하고 일상의 지루함과 성취감의 상실을 경험하기도 한다.
④ 여성은 자녀의 학업이나 진로와 같은 자녀 문제나 노부모 봉양 문제, 자신의 존재와 인생에 대한 무의미와 우울감을 느낄 수 있는데, 이는 폐경이라는 신체적 변화와 함께 동반되어 나타나는 반응인 경우가 많다.
⑤ 레빈슨(Levinson)은 이 시기의 회의와 탐색, 수정에의 욕구는 발달상의 정상적이고 보편적인 과정으로서 자아의 가장 건강한 측면에서 유래된 적절한 현상이라고 평가하여, 중년기 위기감을 부정적인 현상으로 국한하지 않았다.

2. 성인 중기의 발달 과업 ★

① 성인 중기는 인생의 나머지 절반의 시작점이자 전환점으로, 중·장년기는 생물학적으로나 사회적으로나 많은 변화가 생기기 때문에 한 개인이 그동안 해왔던 역할들에 큰 변화가 일어나는 시기이다.

> **핵심 Check**
>
> **성인 중기에 성취해야 하는 3가지 발달 과제(Levinson, 1978)**
> - 자신의 과거에 대하여 재평가함으로써 남은 인생을 새롭게 계획할 수 있는 토대를 마련해야 한다.
> - 인생의 나머지 부분을 새로운 시기로 시작하기 위하여 지난 삶의 부정적인 요소들을 검토 수정하여 새로운 선택이 이루어져야한다.
> - 개별화(individualization)를 성취해야 한다.

② 에릭슨(Erikson)의 생산성 대 침체성
  ㉠ 생산성
    ⓐ 직업이나 전문적인 측면에서 사회에 공헌하는 생산적인 창조성을 의미하며, 사회와 가정에 필요한 사람이 되고자하는 것을 의미한다.
    ⓑ 배우자나 친구와 같은 최소한의 친밀한 관계를 넘어서 다음 세대에 관심을 가지고 보다 이타적인 태도를 지니는 것을 의미한다.
    ⓒ 자녀를 양육하고 가족을 돌보는 일뿐만 아니라 사회와 인류를 위한 공헌이 모두 포함된다.
  ㉡ 침체성
    ⓐ 이 시기에 생산성이 원활하게 획득되지 못한다면 침체에 빠지게 된다.
    ⓑ 침체는 심리적인 움직임이나 성장이 결여되어 가정이나 사회에서 이타적인 공헌을 하지 못하는 것이다.
    ⓒ 자기 중심적이고 타인의 입장에 관심이 없으며, 자신의 욕구 이상의 것을 바라거나 다음 세대의 발전을 고려하지 않기 때문에 침체감에 빠지게 되고 발달적 위기에 처하게 된다.
③ 성인 중기에 벗어나야 할 5가지 비합리적 가정(Gould, 1978)
  ㉠ 안전이 영원히 지속될 것이라는 가정: 실제로 성인 중기에는 부모의 사망을 겪거나 성인 자녀가 부모를 돌보는 역할 전도가 일어난다.
  ㉡ 자신과 자기가 사랑하는 가까운 사람들에게 죽음이 일어나지 않을 것이라는 가정: 실제로는 많은 성인 중기의 사람들이 부모의 죽음을 겪고 자신의 죽음도 예견받는다.
  ㉢ 배우자 없이 사는 것이 불가능하다는 가정: 장년기의 여성들은 배우자의 보호 없이 살 수 없다는 사고를 버림으로써 더 광범위한 사회적 접촉을 경험하게 되고 인격발달을 도모할 수 있다.
  ㉣ 가족 밖에서는 어떠한 삶이나 변화도 존재할 수 없다는 가정: 성인 중기에 자신을 재정의하고 결혼 생활에 대한 새로운 협상과 실험을 통해서 가족 밖의 생활과 자신의 변화 가능성을 발견하는 경우는 흔히 볼 수 있고, 이는 개인의 인생에 의미 있는 일이다.
  ㉤ 자신이 순수하다는 가정: 많은 성인들이 탐욕, 시기, 경쟁과 같은 속성들이 존재한다고 인식한다. 성인 중기에는 이러한 속성이 자신에게도 있음을 깨닫고, 자신의 장점뿐만 아니라 약점도 있음을 인식한다.

기출개념확인

01 성인 중기의 신체적 발달에 대한 설명으로 옳지 않은 것은?

① 시각과 청각은 성인 중기에 가장 뚜렷하게 감퇴가 느껴지는 기능이다.
② 시각은 가장 빨리 감퇴가 나타나는 감각 기관이다.
③ 시각의 범위가 좁아지는 반면 사각 범위는 커진다.
④ 40대 초반 이후 신진대사가 저하되어 기초 대사량이 줄어든다.

02 성인 중기의 심리사회성 발달 과업에 해당하는 것은?

① 근면성
② 친밀감
③ 생산성
④ 자아 통합감

정답·해설

01 ② 청각은 가장 빨리 감퇴가 나타나는 감각 기관으로 40세경에 시작되며, 고음에 대한 민감성의 감퇴가 먼저 나타나고, 50대에는 저음에 대한 감퇴가 시작된다.

02 ③ 생산성은 직업이나 전문적인 측면에서 사회에 공헌하는 생산적인 창조성을 의미하며, 사회와 가정에 필요한 사람이 되고자하는 것으로 성인 중기의 심리사회성 발달 요소이다.

오답분석
① 근면성은 학령기에 해당된다.
② 친밀감은 성인 초기에 해당된다.
④ 자아 통합감 노년기에 해당된다.

제4절 노년기 발달

01 노년기의 개념

1. 노년기의 의미
인생의 마지막 발달 단계로, 보편적으로 65세부터 노년기가 시작되는 것으로 본다.

2. 평균 수명의 변화

구분	1970	1980	1990	2000	2005	2010	2020	2030	2050
기대수명계	61.93	65.69	71.28	76.02	78.63	79.60	81.45	83.13	86.02
남자	58.67	61.78	67.29	72.25	75.14	76.15	78.04	79.79	82.87
여자	65.57	70.04	75.51	79.60	81.89	82.88	84.68	86.27	88.92

3. 현대의 노년학 연구
① 신체 재생 능력이 저하되는 원인과 결과, 신체적 노화의 영향, 신체적 노화와 관련하여 발생하는 질병의 예방, 치료, 재활을 연구하는 생물학적 노화 관련 영역이 있다.
② 노화에 따른 감각 처리 과정, 지각, 조정, 정신 기능, 인간발달, 성격, 대처 능력에 초점을 둔 심리적 노화 관련 영역이 있다.
③ 환경과의 상호 작용, 노인에 대한 태도, 가치, 신념, 사회적 역할, 자아상, 노화에 관한 적응, 개인적 노화가 이루어지는 사회의 속성, 사회가 개인의 노화에 미치는 영향, 노인이 사회에 미치는 영향 등의 사회적 노화에 관한 영역이 있다.

02 노화의 특성 ★

1. 노화의 특성
① 노화는 유기체에 내재되어 있는 필연적인 것으로 인간이 출생하여 죽음에 이르는 전 과정에 걸쳐서 일어나고 노년기에는 특히 그 속도가 빨라진다.
② 노화는 신체의 구조나 기능 변화뿐 아니라 인간의 적응이나 행동 변화도 포함한다.

③ 노화는 생물학적 변화뿐만 아니라 심리적·사회적 변화까지 모두 포함하는 복합적인 과정이다.
④ 노화는 병리적인 현상 또는 질환이 아닌 누구에게나 일어나는 보편적인 현상이다.

03 신경 및 생물학적 변화

1. 신체적 변화

① 노년기의 신체적 노화는 외부적으로 관찰 가능한 신체 구조의 변화와 내적으로 진행되는 신체적 기능상의 변화로 진행된다.
② 피부는 탄력을 잃어 주름이 잡히고 반점이 생기며, 정맥이 튀어나온다.
③ 남녀 모두 머리카락이 많이 성글게 되고, 백발이 된다.
④ 척추의 디스크 수축으로 인해 신장이 감소하고, 척추 사이에 있는 콜라겐의 감소로 인해 허리를 구부러지게 만들어 체격이 줄어들기도 한다.
⑤ **노년기 감각 기능의 변화**
  ㉠ **시각**: 중년기에 이미 대부분 노화가 시작된다. 즉 중년기부터 노안이 나타난다. 노년기의 노화된 눈에 가장 흔한 병리 현상은 백내장과 녹내장으로, 백내장을 가진 노인은 완전히 불투명해진 수정체로 인해 고통을 받는다. 녹내장은 안압이 증가하여 망막과 시신경에 손상을 끼치는 질환이다.
  ㉡ **청각**: 청각 기능이 감퇴하여 청각적 민감성이 줄어든다.
  ㉢ **미각**: 맛을 느끼는 미뢰의 숫자가 줄어들게 되어 맛에 대한 민감성이 줄어든다.
⑥ 노화가 진행되면서 효소 작용, 위액, 타액이 양이 줄어들면서 소화가 힘들어진다. 폐의 크기도 줄어들게 되어 호흡 활동에 장애가 오기도 한다. 심장의 크기 역시 축소하여 심장의 지방분이 늘어나고, 심장의 기능이 현저하게 떨어지면서 심장 질환에 걸릴 확률이 높아진다.
⑦ 신체 기능의 저하는 노년기 질환의 발병률을 높여준다.
  ㉠ 대부분의 노인은 고혈압, 당뇨병, 심장병, 관절염, 신경통, 신장 질환 등의 만성 질환을 갖고 있다.
  ㉡ 각종 질환은 노년기 삶에 많은 영향을 미친다. 신체적 고통, 경제적 비용 부담, 사회적 활동의 감소 등으로 인해 노인을 보다 의존적으로 만들고 자아 존중감을 낮추는 것으로 알려져 있다.

04 인지적 변화 [기출개념]

1. 인지적 변화
① 노년기에 인지적 기능이 쇠퇴한다는 명확한 증거는 없다.
  ㉠ 청소년, 성인보다 노인의 지능이 낮다는 연구 결과는 노인의 지능 검사 수행 능력이 쇠퇴하는 것이지 실제로 인지적 능력이 저하된다는 것을 의미하는 것은 아니다(노년기가 되면 지각과 청각 능력이 감소하여 문제를 지각하고 과제를 수행하는 데 시간이 오래 걸리는데, 속도는 지능 검사의 중요한 요인이기 때문에 이러한 연구 결과가 도출됨).
  ㉡ 기존의 지능 검사가 청소년이나 성인 대상으로 개발이 되어 노인에게는 익숙하지 않으므로 지능 검사 수행에 장애 요인이 될 수 있다.
② 혼(Horn)은 인지적 능력이 인생 전반에 걸쳐 동일하게 유지되지 않는다고 보았다.
  ㉠ 어떤 능력은 강화되기도 하지만 다른 능력은 후퇴하기도 한다는 것이다.
  ㉡ 일반적으로 노년기의 유동성 지능 감퇴는 결정성 지능의 향상에 의해 보완되는 경향이 있다.

> **핵심 Check**
> **노년기 기억 감퇴에 영향을 미치는 요인**
> 노년기에는 정보 처리 능력의 결함으로 문제 해결에 불필요한 정보를 차단하는 능력이 감소된다.

> **개념 Plus**
> **노년기의 인지적 변화에 대한 연구 결과(Schaie, 1989)**
> 다음과 같은 경우에 노년기에도 높은 인지적 기능을 보유하고 있는 것으로 나타났다.
> • 심장혈관계 및 다른 만성 질환이 없는 경우
> • 사회·경제적 지위가 높은 경우
> • 인지적 자극을 제공해 주는 환경인 경우
> • 융통성 있는 성격 유형을 갖고 있는 경우
> • 높은 인지적 기능을 보유한 배우자가 생존해 있는 경우
> • 지각 처리 속도가 성인기와 마찬가지로 일정하게 유지되는 경우

05 성격 및 사회적 발달

1. 에릭슨(Erikson)의 자아 통합감 대 절망감 [기출개념]
① 자아 통합감이란 성격의 완전한 통일감을 의미하는 것으로 자신의 인생을 만족감과 안정감을 가지고 바라보며, 만족스러운 사회적 관계와 생산적인 생활을 통한 행복감을 갖고 생활 양식의 존엄성을 지키는 것이다.
② 자아 통합감의 부족은 흔히 죽음에 대한 공포와 함께 삶이 너무 짧다는 느낌을 동반한다. 절망감을 경험하는 사람은 시간이 고갈되어 가고 있고, 다른 인생을 시작하는 것이 너무 늦었다고 느끼며, 인생 초기에 수립했던 목표들을 달성하기 위해 자신의 잠재력을 충분히 사용했더라면 하는 아쉬움을 갖는다.
③ 노년기에 발달하는 미덕은 지혜이다. 지혜는 죽음에 직면했을 때 나타나는 인생 그 자체에 대한 박식하고 초연한 관심이며, 노년기의 인지적인 능력뿐 아니라 중요한 심리적 자원이다.

2. 유리 이론과 활동 이론
(1) 유리 이론
① 노화를 노인과 그가 속한 사회 체계 간의 상호 후퇴의 과정으로 본다.
② 사회로부터의 점진적인 후퇴가 노인에게 부정적인 경험이 되는 것이 아니라, 오히려 많은 노인들이 사회로부터의 유리를 긍정적인 관점에서 바라본다고 주장한다.

③ 이는 노년기가 내성이 증대하고 자아에 전념하게 되며, 사람이나 사물에 정서적인 투자를 줄이는 연령이 되기 때문이라고 설명한다.
④ 유리는 강제된 과정이라기보다는 자연적인 과정이다. 은퇴 및 배우자와의 사별은 유리가 시작되는 대표적인 예이다.
⑤ 노화가 진행되는 세 가지 측면

구분	내용
생활 공간의 축소	연령이 증가함에 따라 교류하는 사람과 수행하는 역할이 더 적어짐
개인주의의 증대	타인과의 상호 작용이 줄어들고, 내성이 증가하여 관계와 역할로부터 유리됨
변화의 수용	이전 시기보다 덜 엄격하면서도 기대치가 낮은 역할과 관계를 형성함

(2) 활동 이론
① 활동 이론은 은퇴한 노인이 계속 생산적·활동적이고 싶어 한다고 바라본다.
② 유리 이론과는 반대로 노인이 자아에 전념하고 사회로부터 심리적 거리를 갖는 것에 저항한다고 주장하면서, 삶에 대한 행복과 만족감은 사회생활에 대한 참여와 변화에 대한 노인의 적응 능력에서 나온다고 한다.
③ 은퇴와 같이 종결되는 역할들을 대치할 수 있는 활동을 발견하는 것이 노년기를 잘 보내는 데 핵심적 관건이 된다고 설명한다.

06 성공적 노화

1. 노화 과정에 적응하는 다섯 가지 성격 유형(Reichard 등, 1962) ★

(1) 성숙형
① 가장 이상적인 유형으로 자신의 강점뿐만 아니라 약점도 인정하며 지나온 삶을 긍정적으로 받아들인다.
② 전반적인 삶에 대한 만족도가 높고, 자신의 인생을 값진 것으로 평가하며 과거에 대한 후회나 미래에 대한 두려움이 없다.

(2) 흔들의자형
① 성숙형에 비해 수동적이기는 하지만 높은 수준의 자아 수용을 보인다.
② 타인에 대해 의존적이며 노년기를 책임으로부터 자유로운 시기로 인식한다.

(3) 무장형
① 노화에 대한 불안을 방어하기 위해 사회적 활동과 기능을 계속 유지하려 노력한다.
② 이 유형의 노인은 노년기의 수동성과 무기력함을 그대로 받아들일 수 없어 계속적으로 활동을 유지함으로써 노화의 과정을 막아보려고 한다.

> **핵심 Check**
>
> **성공적인 노화의 세 가지 요인 (Rowe와 Kahn, 1998)**
> - 성공적인 노화란 '신체적 건강, 인지적 기능의 보유, 사회적·생산적인 활동에의 지속적인 참여'라는 세 가지 요인으로 구성된다고 본다.
> - 일반적으로 성공적인 노화는 높은 생활 만족도, 사회적 지원망의 긍정적 기능, 좋은 신체적·정신적 건강 상태, 경제적 안정, 삶에 대한 높은 통제감과 관련이 있는 것으로 알려져 있다.

(4) 분노형
① 젊은 시기에 인생의 목표를 달성하지 못한 채 노년기를 맞이하였다는 것에 대해 비통해 한다.
② 인생의 실패의 원인을 자신이 아니라 불행한 시대, 경제 상황, 부모나 형제, 또는 자녀의 탓으로 돌림으로써 현재의 자신을 받아들이지 않으려 애쓴다.

(5) 자학형
① 현재의 시기를 인생의 실패로 보고, 그 원인을 자신에 돌리며 자신을 원망한다.
② 시간이 흐르면서 더욱 심한 우울에 빠지고, 자신이 쓸모없는 존재라고 생각하며, 심한 경우 자살을 시도하기도 한다.

기출개념확인

01 노년기 발달에 대한 설명으로 옳지 않은 것은?
① 척추의 디스크 수축으로 인해 신장이 감소한다.
② 청각적 민감성이 떨어진다.
③ 맛을 느끼는 미뢰의 숫자는 변화가 없다.
④ 질환은 노인을 보다 의존적인 사람으로 만든다.

02 노화 과정에 적응하는 성격 유형에 대한 설명으로 옳은 것은?
① 성숙형은 자신의 강점뿐 아니라 약점도 인정한다.
② 흔들의자형은 타인에 대해 독립적이다.
③ 무장형은 노화에 대한 불안을 방어하기 위해 사회적 활동을 하지 않으려 한다.
④ 분노형은 인생 실패의 원인을 자신에 돌리며 자신을 원망한다.

정답·해설

01 ③ 맛을 느끼는 미뢰의 숫자가 줄어들게 되어 맛에 대한 민감성이 줄어든다.

02 ① 성숙형은 가장 이상적인 유형으로, 자신의 강점뿐 아니라 약점도 인정하며 지나온 삶을 긍정적으로 받아들인다.

[오답분석]
② 흔들의자형은 타인에 대해 의존적이며 노년기를 책임으로부터 자유로운 시기로 인식한다.
③ 무장형은 노화에 대한 불안을 방어하기 위해 사회적 활동과 기능을 계속 유지하려 노력한다.
④ 자학형은 현재의 시기를 인생의 실패로 보고, 그 원인을 자신에 돌리며 자신을 원망한다.

제5절 인생의 마무리

01 죽음에 대한 비애 과정(Kubler-Ross, 1969) ★★

1. 죽음에 대한 비애 과정 [기출개념]

(1) 개관

퀴블러-로스(Kubler-Ross)는 200명의 암 환자를 대상으로 한 연구를 토대로 죽음의 5단계인 부정, 분노, 타협, 우울, 수용의 단계를 제시하였다.

(2) 죽음의 5단계

단계	내용
부정 (denial)	자신의 죽음이 임박하였다는 것을 알게 되는 단계로, 대부분의 사람들은 의사의 진단이 잘못되었다거나, 뭔가 착오가 있다고 믿음
분노 (anger)	자신의 죽음에 대한 생각에서 나온 분노나 격노의 감정이 의료진이나 가족 또는 세상으로 향해지는 단계
타협 (bargaining)	이 단계에서는 의료진이나 가족 또는 신에게 죽음의 시기를 늦춰줄 것을 간구하게 됨
우울 (depression)	죽음을 늦추기 위한 어떤 노력도 소용이 없음을 알게 되어, 임박한 죽음을 직면하면서 슬픔에 빠지게 됨
수용 (acceptance)	이 단계에 이르면 적극적으로 죽음에 대응하면서, 죽음이 예상된 결과이고 감수해야 하는 과정임을 받아들임

> **개념 Plus**
>
> **죽음에 대한 비애 과정**
> 정신의학자인 퀴블러-로스는 죽음에 타협하게 되는 과정에 대해 부정(denial), 분노(anger), 타협(bargaining), 우울(depression), 수용(acceptance)의 5단계의 정서적 반응을 제시하였다.

02 사별과 애도 단계(Bowlby, 1961)

1. 사별과 애도 단계

(1) 개관

① 노년기의 사별은 슬픔, 죄의식, 후회감, 혼돈감, 목표 상실, 동기나 흥미의 상실 등과 같은 다양한 정서적 반응을 보이게 하며, 애도(mourning)의 과정을 거치게 한다.

② 보울비(Bowlby)는 애도 과정으로 무감각의 단계, 그리움의 단계, 혼란과 절망의 단계, 재조정의 단계를 제시하였다.

③ 이러한 애도의 과정은 죽음의 형태나 남은 사람들의 특성과 환경에 따라 다르게 나타날 수 있지만, 평균 6개월~2년 정도의 적응 기간이 걸리는 것으로 알려져 있다.

(2) 애도 단계

단계	내용
무감각의 단계	죽음을 목격한 사람은 멍하고 어리둥절해하며, 특히 예기치 못한 죽음이었던 경우 며칠 동안 이러한 정서적 반응이 지속됨
그리움의 단계	고인을 되찾으려고 고인을 보았거나 사랑했던 사람을 찾아다니는 과정으로 좌절감, 분노, 죄의식을 느끼면서 격렬한 슬픔을 경험하거나 통제할 수 없을 정도로 울기도 하고, 식욕 부진이나 불면증을 경험하기도 함
혼란과 절망의 단계	사랑하는 사람의 죽음을 수용하지만 무력감, 절망, 우울감이 동반됨. 절망, 혼란의 단계를 지나면서 극도의 피로감을 경험하기도 하고, 수면 시간이 증가할 수도 있음
재조정의 단계	애도의 마지막 단계에 이르러서는 가정이나 직장에서 정상적인 생활을 회복함. 우울증이 사라지고 수면 습관을 회복하며, 고인에 대한 생각으로 슬퍼지기도 하지만 그 생각에 붙잡히지는 않음

> **핵심 Check**
>
> **사별과 애도 단계**
> 무감각의 단계 → 그리움의 단계 → 혼란과 절망의 단계 → 재조정의 단계로 이루어진다.

기출개념확인

01 죽음에 대한 비애 과정을 5단계로 제시한 학자는?
① 레빈슨(Levenson)
② 샤이에(Schaie)
③ 보울비(Bowlby)
④ 퀴블러 – 로스(Kubler – Ross)

02 보울비(Bowlby)의 사별과 애도 단계 중 마지막 단계는?
① 그리움의 단계
② 재조정의 단계
③ 혼란과 절망의 단계
④ 무감각의 단계

정답·해설
01 ④ 퀴블러 – 로스(Kubler – Ross)는 죽음에 대한 비애 과정을 '부정 – 분노 – 타협 – 우울 – 수용'의 5단계로 제시하였다
02 ② 보울비(Bowlby)는 사별과 애도 단계를 '무감각의 단계 – 그리움의 단계 – 혼란과 절망의 단계 – 재조정의 단계'순으로 제시하였다.

제6절 노인 부양과 학대

01 노인 부양

1. 노인 부양의 개념
① 부양이란 노인과 부양자 양측 모두 전 생애를 통하여 상호 작용의 관계를 맺는 것이다. 어려서 부모에서 부양을 받았던 자녀들이 그들의 부모가 노인이 되어 독립적인 생활을 할 수 없을 때, 물질적·신체적·정서적 지원을 하는 인간의 인생 역사를 통한 상호 작용이다.
② 광의의 개념으로서 노인 부양은 노인 세대가 자녀에 대하여 갖는 의존성 정도나 그들의 신체적·정서적·정신적 기능의 상실 여부 및 정도와 상관없이, 자녀 세대가 노인 세대와 상호 관계를 통하여 수행하는 제반 행동 모두를 포함하는 의미로 정의할 수 있다.

2. 노인 부양 유형

(1) 부양 주체에 따른 유형
① 공적 부양
  ㉠ 노인 복지 정책에 해당하는 것(예 소득, 주택, 의료, 사회 복지 등)을 말한다.
  ㉡ 사회 보장 제도: 국민 생활의 경제적 보장을 국가적 차원에서 지원하는 것이다.
  ㉢ 공적 부조: 국가의 책임하에 조세와 같은 공공 비용 부담으로 국민의 최저 생활을 보장해주는 경제적 부조 제도이다.
② 사적 부양
  ㉠ 노인 개인이나 가족, 친척, 친구, 이웃 등이 부양 주체가 되는 경우이다.
  ㉡ 가족 부양의 유형
    ⓐ 자녀와 가구를 달리하면서 자녀로부터 정서적·경제적인 보조만을 받는 경우
    ⓑ 시설에 수용되어 자녀로부터 단지 경제적 지원만을 받는 경우
    ⓒ 자녀와 동일한 가구를 이루며 살면서 생계를 유지하고 정서적으로 의존하며 신체적 시중까지 받는 경우

(2) 부양 분담에 따른 유형
① 개별 부양
  ㉠ 부양 부담이 가장 적은 유형으로, 비교적 아직 건강하여 의료 서비스를 크게 필요로 하지 않는 가장 일반적인 부양 유형이다.

ⓒ 개인 부양
  ⓐ 노인 스스로 자신의 부양을 해결하는 유형이다.
  ⓑ 개인주의 중심인 선진국에서 주로 보이는 부양 유형이다.
ⓒ 가족 부양(3세대 동거 부양)
  ⓐ 가족 구성원이 노인 부양을 책임지는 유형이다.
  ⓑ 우리나라는 노후에 자녀와 동거함으로써 가족 내에서 노인 부양이 주로 이루어져왔다.
  ⓒ 현재는 세대 간의 가치관과 생활 양식의 차이로 인하여 다양한 부양 유형이 고려되고 있다.
ⓔ 노인 공동체 부양: 동년배의 노인들이 생활을 함께 함으로써 생활 문제를 해결하는 유형이다.
② 서비스형 부양
  ⓐ 노인을 위한 서비스가 제공되는 시설에서 생활함으로써 부양 문제를 해결하는 형태이다.
  ⓑ 시설과 서비스의 질과 규모에 따라 노인촌, 유료 노인 복지 주택, 실비 노인 복지주택 등에서의 부양이 포함된다.
③ 수용 시설 부양
  ⓐ 노인들의 부양을 집단적으로 양로원이나 요양원과 같은 수용 시설에서 해결하는 형태이다.
  ⓑ 수용 시설 부양은 서비스형 부양과 집단적인 규모는 유사하나 이주 방법과 서비스의 질에 차이가 있으며, 대체로 저소득층의 무의탁 노인에 대한 수용과 보호의 부양 성격을 띠고 있다.
  ⓒ 수용 시설에는 유료 양로원, 실비 양로원 및 요양원, 무료 양로원 및 요양원이 있다.
④ 의료 시설 부양
  ⓐ 의료 서비스가 중점적으로 제공되는 보건소, 노인 병원, 개인 병원 및 종합 병원 등의 시설에서 노인 부양이 제공되는 형태이다.
  ⓑ 호스피스 병동이나 혹은 장기 입원 후 임종을 맞게 되는 경우처럼 생의 마지막 단계에서의 부양 형태라고 볼 수 있다.
⑤ 일시적 부양: 경로당, 복지 회관, 노인 대학 및 주간 단기 보호 시설 등 노인 부양이 일시적 혹은 단기적으로 제공되는 형태이다.

(3) 부양 필요성에 따른 유형
① 경제적 부양
  ⓐ 노인이 필요로 하는 금전이나 물질을 제공하는 것으로 노인의 빈곤, 질병 및 소외감과 만족감 등에 관련된 것이다.
  ⓑ 노인기의 경제 문제는 건강이나 고독 문제보다 더 중요한 문제로서, 경제적 빈곤은 노인의 고질적 긴장 요인이 되며, 경제 수준이 낮을 때 스트레스를 받으며 우울해지기도 한다.

📝 **개념 Plus**
경제적 부양
• **자기 부양**: 스스로 경제적 자립을 할 수 있는 경우이다.
• **가족 부양**: 동거 또는 비동거 가족 구성원의 경제적 지원을 통해 생활비를 충당하는 경우이다.
• **공적 부양**: 공적 연금, 사적 연금 및 공공 부조에 의한 경우이다.

ⓒ 노인 개인의 주체성 회복과 자녀 세대와의 갈등 최소화, 가족 부양 기능 강화를 위해서는 노인의 경제적 자립이 매우 중요하다.
ⓔ 노후의 경제적 부양 방안으로 사적 저축이나 근로 소득, 공적 재원은 노인이 자녀나 가족에 대한 경제적인 의존으로부터 해방될 수 있는 가장 이상적인 방법이 될 수 있다.

② 신체·서비스 부양
ⓐ 가정 내에서 신체적 독립과 가사 운영 및 가정 생활에 필요한 청소, 심부름, 질병 시 부축 등을 제공하거나 병원 출입 등 원하는 곳에 모시고 나가는 일 등을 수행하는 것이다.
ⓑ 노인은 신체적·정신적 능력의 감퇴와 기능 저하로 개인 생활뿐 아니라 사회 생활을 위해서 타인의 도움이 필요하다.
ⓒ 노년기 삶의 질적인 측면에서 신체적 의존에 따른 신체·서비스 부양은 중요한 의미가 있다.
ⓔ 가정 봉사원 제도, 가정 간호 프로그램, 가사 지원 서비스 등은 노인의 신체·서비스 부양 부담을 감소시키는 방안 중 하나이다.

③ 정서적 부양
ⓐ 노인의 감정과 정서를 이해하고 외로움과 고독을 위로하는 등 심리·정서적 욕구 충족과 안정을 위해 도움을 제공하는 부양이다.
ⓑ 정서적 부양은 공적 부양 방법으로는 해결할 수 없는 영역이다.
ⓒ 은퇴로 인한 역할과 관계의 손실은 노년기 고독과 소외의 문제를 심화시키며, 경제적인 어려움과 배우자의 상실, 젊은 세대와의 갈등, 노인 자신의 건강 약화 등은 노인으로 하여금 쓸쓸함과 무의미함, 상실감을 갖게 한다.
ⓔ 노인들은 홀로 있는 고독한 시간을 피하려 하고 사랑과 애정 또는 사회적인 접촉을 원하지만 현실적으로 이러한 욕구는 충족되기가 쉽지 않다.

📋 개념 Plus
정서적 부양
- **가족 지지**: 배우자, 자녀, 친인척 등
- **사회적 지지**: 지역 사회 중심의 사회적 지원망

3. 노인 부양 이론

(1) 스트레스 이론
① 노부모에 대한 부양 행동은 부양 가족에게 경제적·심리적 부담이 된다.
② 주 부양자는 개인의 욕구를 무시하고 개인 생활 및 사회 생활에 많은 제약을 받게 되어 정서적·심리 사회적 스트레스에 처하게 된다.
③ 주 부양자뿐 아니라 가족 구성원 전체에게 중요한 스트레스 요인으로 작용한다.
④ 부양으로 인한 스트레스가 가족 구성원 간의 갈등의 원인이 되기도 한다.

(2) 사회 교환 이론
① 노인에 대한 가족 부양이 주 부양자 및 가족 구성원 전체에게 미치는 부정적 영향에도 불구하고 가족 구성원의 부양 행위가 지속되는 이유에 대한 의문에서 비롯된 이론이다.
② 부양 행위가 상호 간에 거래되는 행동에 대한 비용, 보상 유무, 유의미의 정도에 따라 부양자의 인식이 결정된다고 가정할 때, 부양의 비용보다 보상을 더 크게 인식하게 하는 요인이 무엇인지에 대하여 탐색할 필요가 있다.

4. 노인 부양 약화 요인

(1) 전통적 가치 체계의 붕괴
① 가족 가치관 및 의식의 변화에 따라 효의 개념이 변화하고 있다.
② 개인의 인격과 권리에 기초한 서구의 평등주의적 윤리 사상이 도입되어 효의 윤리에 대한 젊은 세대의 저항이 더욱 커지게 되었다.

(2) 가부장적 가족 기능의 약화
① 노인 문제 발생의 원인은 전통적 가족 부양의 기능 약화 또는 해체로부터 시작된다.
② 우리나라의 전통적 가족 관계에서는 노인에게 권한과 권위가 있었다.
③ 혈연으로 구성된 가족에서는 가족 문화의 연속성이 유지되며 이러한 가족에서는 가문과 가계의 중요성이 강조되고, 부자 관계가 가족 구성의 중심이 되므로 노인은 가족에 의해서 노후 생활을 보장받기가 비교적 용이했었다.

(3) 사회 구조와 생활 양식의 변화
① 사회가 근대화됨에 따라서 부자간에 이러한 귀속적 신분 질서를 유지할 수 없는 요인들이 나타났다.
② 산업 사회에서는 부모와 자식의 직업이 달라지고, 부모가 자식에게 가르쳐 줄 것과 물려줄 것이 없어짐에 따라서 자식을 통제할 힘이 없어진다.
③ 우리나라는 가족 구성원 간의 인간 관계에 있어서도 사회적인 변화의 영향을 받기 시작했다.
④ 물질 문명과 민주화의 물결은 부모와 자녀 관계에 대등한 위치, 또는 부모가 자식에게 예속되는 상황으로 변모하는 경향이 나타나게 하기도 한다.

(4) 친족법에 규정된 노부모 부양 의무
① 노인 부양에 관한 우리나라의 현재 정책은 가족 우선주의에 입각한다.
② 노인 부양과 관련된 법률들을 살펴보면, 공법, 형법 모두가 친족 부양의 제1차적 책임은 가족에게 있다고 규정하고 있다.
③ 사법에 해당하는 친족법 제974조에 의하면 '직계 혈족과 그 배우자 간에는 부양의 의무가 있다'고 규정하고 있는데, 이는 직계 존속에 해당하는 부모는 자녀들로부터 부양받을 권리가 있음을 의미한다.
④ 친족법 제975조에는 부양을 받을 수 있는 조건이 명시되어 있는데, 부양을 받을 수 있는 자는 자력으로 생계를 유지할 수 없는 경우에만 부양 의무가 있는 것으로 되어 있다.
⑤ 가족법에 규정된 부양 의무 중에는 절대적 부양 의무와 상대적 부양 의무가 있다. 직계 혈족인 부모, 배우자, 자녀 간의 부양은 절대적 부양 의무에 속하고, 형제자매간의 부양은 상대적 부양 의무에 해당한다.

(5) 주거 형태의 분리 현상
전통적인 주거 형태인 '장남 부부와 동거하는 3대 가족'의 유형은 계속 줄어들고 있는 반면, 노인 혼자서 살거나 노부부끼리만 생활하는 주거 형태의 비율이 증가하고 있다.

핵심 Check

부양 대상자
(부산가정법원 2020. 2. 17. 자 2019느단2243 심판 판례 기반)
- 직계 혈족에 대한 부양을 제1차적 부양 대상자와 제2차적 부양 대상자로 분류한다.
- 제1차적 부양 대상자는 부부와 미성년 자녀들로 국한시키고 노부모는 제2차적 부양 대상자로 분류하고 있다.
- 제2차적 부양 의무는 부양 의무자가 생활 능력이 있는 범위 내에서 부양하면 된다는 뜻이다.

(6) 수명 연장 추세와 가족 부양

장수하는 노인이 자녀와 동거하는 경우 가족 구성 형태는 3대 가족이 아니라 4대 가족이 된다. 4대 가족에서는 젊은 부부가 위로 60대의 부모와 80대의 조부모 등 4인의 노인을 동시에 부양해야 하고, 밑으로는 학령기에 있는 어린 자녀들의 양육과 교육을 책임져야 하는 과중한 부담을 갖게 된다.

5. 부양 스트레스에 영향을 주는 요인

(1) 객관적 스트레스 요인
노인의 일상생활 수행 능력이 낮을수록 부양 스트레스는 증가한다.

(2) 부양자와 가족의 개별적 요인
부양에 대한 태도나 부양 부담에 대한 대처 전략과 관련된 부양자와 가족의 개별적 요인은 성별, 부양자의 건강 상태, 가족 관계, 경제적 수준, 사회 서비스 이용 여부 등에 따라서 달라진다.

(3) 사회적 지지
사회적 지지망에 의해 제공되는 사회적·심리적·물질적 도움으로, 상호 호혜적인 특성을 지닌 복합적·다차원적 개념이다.

02 노인 학대

1. 노인 학대의 정의

① 노인에 대하여 신체적·정신적·정서적·성적 폭력 및 경제적 착취 또는 가혹 행위를 하거나 유기 또는 방임을 하는 것을 말한다(노인복지법 제1조의2 제4호).
② 노인 스스로 자기를 돌보지 않거나, 노인의 부양이나 수발을 담당하고 있는 부양자가 의도적 또는 비의도적으로 노인에게 신체적·정서적·성적·재정적인 손상을 가하거나 부양 의무를 소홀히 하는 것이다.
③ 노인 학대의 범위
  ㉠ 가볍게는 노인에게 말을 함부로 하거나 자존심을 상하게 하는 말을 하는 언어적 학대와 노인의 심기를 불편하게 하는 정서적 학대에서부터, 심하게는 노인에게 구타와 폭력을 행하는 신체적 학대와 노인의 재산을 착취하는 재정적 학대까지 포함된다.
  ㉡ 좁게는 증거가 명백한 신체적 학대에서부터 넓게는 방임, 자기 방임 학대까지 포함되고 있다.

2. 노인 학대 유형 ★

(1) 신체적 학대
① 개념: 물리적 힘 또는 도구를 이용하여 노인에게 신체적 손상, 고통, 장애 등을 유발시키는 것이다.
② 행위: 때리기, 치기, 밀기, 차기, 화상, 신체 구속, 상처나 멍, 타박상, 골절, 탈구 등을 가하는 것이 해당된다.
③ 구체적 학대 행동의 예
  ㉠ 노인을 폭행한다.
  ㉡ 노인을 제한된 공간에 강제로 가두거나, 노인의 거주지 출입을 통제한다.
  ㉢ 노인의 신체를 강제로 억압한다.
  ㉣ 신체적 해를 가져올 위험성이 큰 행위로 노인을 협박하거나 위협한다.
  ㉤ 노인의 신체적 생존을 위협할 수 있는 행위를 한다.
  ㉥ 약물을 사용하여 노인의 신체를 통제하거나 생명을 저해한다.
  ㉦ 노인이 원하지 않거나 수행하기 어려운 노동을 하게 한다.

(2) 언어적 학대
① 개념: 언어로 정신적인 고통을 주는 것이다.
② 행위: 욕설, 모욕, 협박, 질책, 비난, 놀림, 악의적인 놀림 등이 해당된다.
③ 구체적 학대 행동의 예
  ㉠ 노인에게 수치심을 느끼게 하는 모욕적인 말을 한다.
  ㉡ 노인에게 집을 나가라는 폭언을 한다.
  ㉢ 노인에게 욕설을 하거나 고함을 지른다.
  ㉣ 노인에게 쓸모없는 늙은이라고 하는 등 자존심을 상하게 하는 말을 한다.
  ㉤ 신체 기능의 저하(예 요실금, 실변)로 인한 노인의 실수를 비난하고 꾸짖는다.
  ㉥ 노인을 양로원 등의 시설로 보내겠다고 위협한다.

(3) 성적 학대
① 개념: 노인의 의사에 반하여 강제적으로 행하는 모든 형태의 성적 접촉 또는 강제적 성행위이다.
② 행위: 성적 수치심 유발 및 성희롱, 성추행, 성폭력 및 강간 등의 모든 행위가 해당된다.
③ 구체적 학대 행동의 예
  ㉠ 노인에게 성폭력을 행한다.
  ㉡ 노인에게 성적 수치심을 주는 표현이나 행동을 한다.

(4) 정서적·심리적 학대
① 개념: 비난, 모욕, 위협, 협박 등의 언어 및 비언어적 행위를 통하여 노인에게 정서적으로 고통을 주는 것이다.
② 행위: 모멸, 겁주기, 자존심에 상처 입히기, 위협, 협박, 굴욕, 어린애 취급하기, 의도적인 무시, 멸시, 비웃기, 대답 안하기, 고립시키기, 짓궂게 굴기, 감정적으로 상처 입히기 등이 해당된다.

③ 구체적 학대 행동의 예
  ㉠ 노인과의 접촉을 기피한다.
  ㉡ 노인의 사회 관계 유지를 방해한다.
  ㉢ 노인을 위협·협박하는 언어적 표현이나 감정을 상하게 하는 행동을 한다.
  ㉣ 노인과 관련된 의사 결정 과정에서 소외시킨다.
  ㉤ 노인에게 위협적이고 무례한 태도를 취한다.
  ㉥ 거동이 불편한 노인에게 청소나 빨래 등 어려운 일을 강요한다.
  ㉦ 노인의 친구나 친지 등이 방문하는 것을 싫어한다.
  ㉧ 노인이 가족을 타이르거나 의견을 말하면 간섭한다고 불평하거나 화를 낸다.
  ㉨ 노인의 일상적 사회 활동이나 종교 활동 등을 노골적으로 방해한다.

(5) **재정적·물질적 학대**
  ① **개념**: 노인의 자산을 노인의 동의 없이 사용하거나 부당하게 착취하여 이용하는 행위 및 노동에 대한 합당한 보상을 제공하지 않는 것이다.
  ② **행위**: 재산이나 돈의 악용, 훔치기, 경제적으로 의존하기, 재산을 함부로(무단으로) 사용하기, 허가 없이 또는 속이고 자기 명의로 변경하는 것, 경제적으로 곤란한 노인에게 생활비나 용돈 등을 주지 않는 것 등이 해당된다.
  ③ **구체적 학대 행동의 예**
    ㉠ 노인의 소득 및 재산, 임금을 가로채거나 임의로 사용한다.
    ㉡ 노인의 재산에 관한 법률적 권리를 침해하는 행위를 한다.
    ㉢ 노인의 재산 사용 또는 관리에 대한 결정을 통제한다.
    ㉣ 생활이 어려운 노인에게 생활을 유지하는 데 필요한 용돈이나 생활비 등을 주지 않는다.

(6) **방임**
  ① **개념**: 부양 의무자로서의 책임이나 의무를 의도적 혹은 비의도적으로 거부하거나 불이행 혹은 포기하여 노인의 의식주 및 의료를 적절하게 제공하지 않는 것이다.
  ② **행위**: 필요한 생활비, 병원비 및 치료, 의식주를 제공하지 않는 행위 등이 해당된다.
  ③ **구체적 학대 행동의 예**
    ㉠ 거동이 불편한 노인에게 의식주 등 일상생활 관련 보호를 제공하지 않는다.
    ㉡ 경제적 능력이 없는 노인의 생존을 위한 경제적 보호를 제공하지 않고 방치한다.
    ㉢ 의료 관련 욕구가 있는 노인에게 의료적 보호를 제공하지 않고 방치한다.

(7) **자기 방임**
  ① **개념**: 노인 스스로가 의식주 제공 및 의료 처치 등의 최소한의 자기 보호 관련 행위를 의도적으로 포기 또는 비의도적으로 관리하지 않아 심신이 위험한 상황이나 사망에 이르게 하는 것이다.
  ② **행위**: 자신을 돌보지 않거나, 돌봄을 거부하는 것 등이 해당된다.

기출개념확인

01 노인 부양 유형에 대한 설명으로 옳지 않은 것은?

① 개별 부양은 부양 부담이 가장 적은 유형이다.
② 가족 부양은 우리나라에서 주로 이루어진 분양이다.
③ 수용 시설 부양에는 노인촌, 유료 노인 복지 주택, 실비 노인 복지 주택 등이 있다.
④ 의료 시설 부양은 생의 마지막 단계에서의 부양 형태라고 볼 수 있다.

02 다음의 행위에 해당하는 노인 학대는?

> 노인을 제한된 공간에 강제로 가두거나, 노인의 거주지 출입을 통제한다.

① 신체적 학대
② 언어적 학대
③ 정서적 학대
④ 방임

정답·해설

01 ③ 서비스형 부양은 노인을 위한 서비스가 제공되는 시설에서 생활함으로써 부양 문제를 해결하는 형태이다. 시설과 서비스의 질과 규모에 따라 노인촌, 유료 노인 복지 주택, 실비 노인 복지 주택 등에서의 부양이 포함된다.

02 ① 신체적 학대는 물리적 힘 또는 도구를 이용하여 노인에게 신체적 손상, 고통, 장애 등을 유발시키는 행위이다.

오답분석
② 언어적 학대는 언어로 정신적인 고통을 주는 것이다.
③ 정서적 학대는 비난, 모욕, 위협, 협박 등의 언어 및 비언어적 행위를 통하여 노인에게 정서적으로 고통을 주는 것이다.
④ 방임은 부양 의무자로서의 책임이나 의무를 의도적 혹은 비의도적으로 기부하거나 불이행 혹은 포기하여 노인의 의식주 및 의료를 적절하게 제공하지 않는 행위이다.

제5장 | 실전연습문제

* 기출유형 은 해당 문제가 실제 시험에 출제된 유형임을 나타냅니다.

기출유형
01 다음 중 에릭슨(Erikson)의 성인기 발달 과업에 대한 설명으로 옳은 것은?

① 성인 초기의 발달 과업은 생산성이다.
② 성인 중기는 결혼이 중요한 발달 과업이다.
③ 성인 중기는 사랑이 덕목이다.
④ 성인 후기는 지혜가 덕목이다.

기출유형
02 에릭슨(Erikson)이 말하는 '생산성'에 대한 설명으로 옳지 <u>않은</u> 것은?

① 생산성은 물적·인적 자원의 생산을 포함한다.
② 출산, 후속 세대 양성은 생산성으로 볼 수 없다.
③ 생산성이 제대로 구현되지 못했을 때 침체성이 나타난다.
④ 생산성 구축을 위해서는 가족 관계와 직업 세계를 두루 확립할 필요가 있다.

기출유형
03 성인기의 인지발달 단계를 '성취 단계 – 책임 단계 – 재통합 단계'로 구분하여 피아제의 인지발달을 보완하는 논의를 편 학자는?

① 홀랜드(Holland) ② 샤이에(Schaie)
③ 베일란트(Vailant) ④ 에릭슨(Erikson)

기출유형
04 샤이에의 인지발달 단계 중 '실행 단계'라고도 불리며, 주로 성인 중기에 나타나는 단계는?

① 획득 단계 ② 성취 단계
③ 재통합 단계 ④ 책임 단계

05 레빈슨(Levinson)의 성인발달 이론에 관한 설명으로 옳지 <u>않은</u> 것은?

① 인생 구조를 사계절에 비유하여 설명하였다.
② 성인 중기 입문기는 40~45세로 인생 계획을 안정화시키는 단계이다.
③ 인생 구조의 단계마다 과도기를 두어 설명하였다.
④ 성인 중기 전환기는 중년의 위기를 겪게 될 수도 있는 시기이다.

06 레빈슨(Levinson)의 발달 이론에서 성인 전기의 구분에 대한 설명으로 옳지 <u>않은</u> 것은?

① 성인 초기 전환기는 17~22세에 해당한다.
② 30대 전환기는 성인으로서의 삶을 준비하는 과도기이다.
③ 성인 초기 절정기에는 '자기 자신 되기'가 이뤄진다.
④ 22~28세 사이의 시기에는 성인 전기 초보 인생 구조를 성립한다.

07 다음의 내용과 연관된 이론은?

> 노년기의 신체적·정서적 역량의 감소는 선택적으로 사회 활동에 참여하게 하며, 자기 자신에게 보다 많은 관심을 두고 특정 취미에 몰두하게 되는 경향을 보인다는 이론이다.

① 활동 이론 ② 교환 이론
③ 현대화 이론 ④ 지속성 이론

10 노인 부양 약화의 요인으로 적절하지 않은 것은?
① 전통적 가치 체계의 붕괴
② 가부장적 가족 기능의 강화
③ 사회 구조와 생활 양식의 변화
④ 친족법에 규정된 노부모 부양 의무

[기출유형]
08 발테스와 발테스(Baltes & Baltes)의 SOC 이론에 관한 설명으로 옳지 않은 것은?
① 발달심리학의 관점으로 성공적인 노화에 관한 연구이다.
② 생애 전략과 관련된 과정으로 선택, 적정화, 보상을 제시하였다.
③ 주어진 환경 속에서 기회와 기능, 역할의 범위를 고려한 선택 과정이 필요하다.
④ 노화에 따른 상실이 일어났을 때 주위의 도움 없이 스스로 상실에 대처해야 한다.

[기출유형]
11 성인기 이후의 인지발달의 특징에 대한 설명으로 옳지 않은 것은?
① 결정적 지능은 성인기 이후에도 계속 발달될 수 있으며 평생 교육에 의해 형성된다.
② 성인 중기에 장기 기억 부분에서는 감퇴가 일어나지만 단기적 기억 능력은 큰 변화 없다.
③ 성인 중기에 기억 능력이 감퇴하는 것처럼 보이는 이유는 정보 처리 시간이 길어지기 때문이다.
④ 성인 중기 이후에 인지 양식은 경직되는 경향이 있다.

09 다음 중 청년기에 대한 설명으로 가장 옳은 것은?
① 사회적 역할의 변화와 함께 2차 성징을 포함한 신체 변화를 경험한다.
② 기성 세대에게 반항하기도 하고 스스로 심한 좌절감을 맛보기도 한다.
③ 급격한 신체발달이 이루어지며 인격의 기본적인 토대가 형성된다.
④ 결혼을 통해 새로운 가족을 형성하며 활발한 사회 활동을 경험한다.

[기출유형]
12 노년기의 인지발달의 특징에 대한 설명으로 옳지 않은 것은?
① 의미 기억보다 일화 기억이 더 많이 쇠퇴한다.
② 노년기의 인지적 기능은 사회·경제적 수준과 관련이 있다.
③ 노년기의 인지적 기능은 지각 처리 속도와 관련이 있다.
④ 노년기의 결정성 지능 감퇴는 유동성 지능의 향상에 의해 보완되는 경향이 있다.

13 비난, 모욕, 위협, 협박 등의 언어 및 비언어적 행위를 통하여 노인에게 정서적으로 고통을 주는 행위는?

① 신체적 학대
② 언어적 학대
③ 정서적·심리적 학대
④ 재정적·물질적 학대

[기출유형]
14 다음 실험은 노년기의 인지 변화와 관련된 것이다. 이 실험 결과에 나타난 인지 변화의 특징이 아닌 것은?

> 다양한 연령대의 사람들을 대상으로 검사를 실시하였다. 7년마다 원래의 피험자들을 재검사하고, 새로운 피험자들을 연구에 첨가시키면서, 동의어 찾기, 공간적 관계에 관한 이해, 어휘력, 논리적 문제, 수리력 문제와 같은 시간 제한이 있는 과제에 대해 검사를 실시하였다.

① 노년의 인지 변화는 문화적·환경적 영향을 받는다.
② 노년의 유동성 지능은 감소하는 경향을 보인다.
③ 노년의 모든 지적 능력에서 연령과 관련하여 일정한 패턴이 있다.
④ 노년은 지적 능력의 변화에서 개인차가 크다.

15 다음은 노년기 기억 감퇴에 영향을 미치는 요인 중 어떤 요인에 대한 설명인가?

> 노년기에 도달하면 불필요한 생각이나 정보를 차단하는 능력이 감소한다. 불필요한 정보나 생각이 성공적인 문제 해결에 장애가 된다.

① 환경적 요인
② 정서적 요인
③ 생물학적 요인
④ 정보 처리의 결함 요인

[기출유형]
16 다음 내용과 관련있는 질병은?

> 중년기가 되어 신경 세포가 손상되기 시작하면서 환각, 망상, 우울증, 성격 변화를 포함한 정신 장애와 근육이 무력해지는 운동 기능 장애가 나타난다.

① 헌팅턴 병
② 다운 증후군
③ 에드워드 증후군
④ 파타우 증후군

[기출유형]
17 성인기 신체발달에 대한 설명으로 옳지 않은 것은?

① 성인 초기는 면역 체계의 발달로 인해 이전의 발달 단계보다 질병 발생률도 낮다.
② 근력은 30세 이후부터 감소하기 시작한다.
③ 감퇴가 가장 빨리 나타나는 감각 기관은 시각이다.
④ 중년기 이후에는 신체 전반의 노화로 인하여 질병에 걸릴 위험성이 높아진다.

[기출유형]
18 성인 중기 신체적 변화에 대한 설명으로 옳은 것은?

① 40세경에 고음에 대한 민감성의 감퇴가 먼저 나타나고, 50대에는 저음에 대한 감퇴가 시작된다.
② 눈으로 가는 혈액 공급이 감소되어 시각의 범위가 좁아지고 시각 범위는 커진다.
③ 기초 대사량이 줄기 때문에 체중이 감소한다.
④ 남성의 경우 남성 호르몬의 감소로 골다공증에 걸리기 쉽다.

19 다음 중 폐경기 여성에 대한 설명이 옳지 않은 것은?

① 월경을 시작한 지 30~40년이 지나 난자가 거의 다 배출된다.
② 폐경은 평균 60세를 전후하여 일어난다.
③ 폐경 바로 전 에스트로겐의 분비가 감소하기 시작한다.
④ 진땀이 나면서 머리, 목, 가슴의 화끈거리는 현상이 발생하기도 한다.

기출유형

20 다음 중 퀴블러 – 로스(Kubler – Ross)가 제시한 임종의 5단계를 순서대로 올바르게 나열한 것은?

① 분노 – 부정 – 타협 – 우울 – 수용
② 분노 – 부정 – 우울 – 타협 – 수용
③ 부정 – 우울 – 타협 – 분노 – 수용
④ 부정 – 분노 – 타협 – 우울 – 수용

제5장 | 실전연습문제 정답·해설

01	02	03	04	05
④	②	②	④	②
06	07	08	09	10
②	④	④	④	②
11	12	13	14	15
②	④	③	③	④
16	17	18	19	20
①	③	①	②	④

01 ④

성인 후기는 지혜가 덕목이다.

> 오답분석

① 성인 초기의 발달 과업은 친밀감이며, 성인 중기의 발달 과업이 생산성이다.
② 성인 초기는 결혼이 중요한 발달 과업이다.
③ 성인 초기는 사랑이 덕목이다.

02 ②

생산성은 직업이나 전문적 측면에서 사회에 공헌하는 생산적인 창조성으로, 후세 교육에 관심을 두어 자녀들의 성공적인 발달을 돕는 것이 최대 관심사이다.

03 ②

성인기의 인지발달 단계를 성취 단계 – 책임 단계 – 재통합 단계로 구분해 피아제의 인지발달을 보완하는 논의를 편 학자는 샤이에(Schaie)이다.

> 참고 샤이에의 성인기 인지발달 이론

피아제(Piaget)의 인지발달 이론은 '지식 획득'을 설명하는 반면, 샤이에는 '지식 사용 능력'에 주목했다. 아동 및 청소년기의 지식 획득 과정과는 다른 새로운 인지발달로 지식 사용 능력을 제시하였으며, 이 능력은 성인기 동안 발달적 변화가 일어난다.

04 ④

샤이에의 성인기 인지발달 단계는 아래와 같다.

단계	시기	내용
성취 단계	성인 전기	• 성취, 독립의 목표를 지향하는 인지 행동 • 과업: 사고 능력 배양, 독자적으로 의사 결정이 가능한 지적 기능의 사용 능력 개발
책임 단계/ 실행 단계	성인 중기	• 문제 해결에 있어서 개인의 목표, 가족 및 사회적 책임의 통합 • 보다 복잡한 조직적 위계와 책임을 갖는 문제 해결 • 과업: 자신의 사고, 판단, 의사 결정에 책임을 질 수 있는 지적 기능 확립
재통합 단계	성인 후기	• 장기적인 목표를 설정할 필요가 없으며 사회적 책임이 급격히 감소하는 시기 • 자신의 흥미, 가치에 적합한 문제와 과제 선택 • 과업: 자신의 지적 기능을 선택적으로 사용하여 재통합 능력 확립

05 ②

성인 중기 입문기(45~50세)는 새로운 인생을 맞이하는 시기로서 다양한 변화들이 일어난다. 이 시기는 결실의 계절에 비유되기도 하며, 배우자와 주변 사람들과의 관계 재정립이 필요한 시기이다. 또한 스스로에게 몰입하며 이루어 놓은 업적들에 나름 만족하는 시기이다.

06 ②

30대 전환기(28~33세)는 성인 전기보다 현실적이어서 이전 시기의 계획이나 선택 등에 대해 보완·재평가하며 다음 구조에서 필요한 새로운 계획들을 탐색한다. 이처럼 30대 전환기는 인생을 돌아보며 보완·재평가하고 새로운 선택을 하기 때문에 성인발달에서 중요한 시기라고 할 수 있다.

> 오답분석

① 성인 초기 전환기(17~22세)는 성인으로 진입하기 위한 준비를 하는 시기로서 주변의 정리를 통하여 새로운 단계로 들어서는 전환점의 시기이다.

07 ④

지속성 이론은 노년기의 성격은 젊을 때의 성격 성향을 지속하는 것이지 바뀌는 것이 아니라는 견해이다.

참고 노화 이론

구분	내용
분리 이론	늙어가면서 사회와 노인들 사이에서 일어나는 현상으로서, 노인들은 사회로부터 분리 혹은 은퇴한다는 것
활동 이론	노년은 중년의 연장일 뿐이므로 활동을 중단할 것이 아니라 지속할 것을 당연하게 보기 때문에, 노년기의 생의 만족은 적정 수준의 사회적 활동을 유지할 때 가능하다는 견해
사회 교환 이론	개인과 집단 간 교환은 교환에 참여하는 사람이 그 상호 작용에서 이득을 얻는 한 지속되는데, 노인이 되면 사회적 상호 작용에서 이득이 감소하므로 사회적 교환 활동이 감소한다는 견해
현대화 이론	현대화가 사람들의 기본 관념을 변화시키고 노인의 지위와 역할에도 영향을 미친다는 견해

08 ④

SOC 이론에서 보상은 생물학적·사회적·인지적 기능의 상실이 일어났을 때, 어떠한 학습이나 보조 기구, 외부적 도움, 심리적 보상 기제 등으로 상실을 보완하는 것을 말한다. 활동의 제약과 질병으로 인한 손실을 최소화하면서도 긍정적인 역할을 이끌어 내고, 주위의 자원을 활용하여 지속적인 성장을 이뤄나가는 것이다. 이렇게 될 때 노화의 주관적인 요소인 정서적인 웰빙, 삶의 만족이라는 보상을 얻게 된다는 주장이다.

09 ④

청년기에는 결혼을 통한 새로운 가족 형성, 사랑의 실현, 정서적 안정, 성적 만족, 자녀 출산을 경험한다.

10 ②

가부장적 가족 기능의 약화로 인해 노인 부양이 약화된다.

참고 가부장적 가족 기능의 약화
- 노인 문제 발생의 원인은 전통적 가족 부양의 기능 약화 또는 해체로부터 시작된다.
- 우리나라의 전통적 가족 관계에서는 노인에게 권한과 권위가 있었다.
- 혈연으로 구성된 가족에서는 가족 문화의 연속성이 유지되며 이러한 가족에서는 가문과 가계의 중요성이 강조되고, 부자 관계가 가족 구성의 중심이 되므로 노인은 가족에 의해서 노후 생활을 보장받기가 비교적 용이했다.

11 ②

성인 중기 이후에 단기 기억 부분에서는 감퇴가 일어나는 것으로 보고되지만, 장기간에 걸쳐 정보를 보유하는 장기적 기억 능력은 큰 변화 없이 지속된다.

12 ④

노년기의 유동성 지능 감퇴는 결정성 지능의 향상에 의해 보완되는 경향이 있다.

13 ③

정서적으로 고통을 주는 행위는 정서적·심리적 학대에 해당한다.

오답분석
① 신체적 학대는 물리적 힘 또는 도구를 이용하여 노인에게 신체적 손상, 고통, 장애 등을 유발시키는 것이다.
② 언어적 학대는 언어로 정신적인 고통을 주는 것이다.
④ 재정적·물질적 학대는 노인의 자산을 노인의 동의 없이 사용하거나 부당하게 착취하여 이용하는 행위 및 노동에 대한 합당한 보상을 제공하지 않는 것이다.

14 ③

혼(Horn, 1979)은 인지적 능력이 인생 전반에 걸쳐 동일하게 유지되지 않는다고 보았다. 어떤 능력은 강화되기도 하지만 다른 능력은 후퇴하기도 한다는 것이다. 일반적으로 노년기의 유동성 지능 감퇴는 결정성 지능의 향상에 의해 보완되는 경향이 있다.

15 ④

노년기에는 정보 처리 능력의 결함으로 문제 해결에 불필요한 정보를 차단하는 능력이 감소된다.

16 ①

헌팅턴 병(Huntington's disease)은 헌팅턴의 질병으로 알려진 유전병을 말한다. 이 병은 우성 유전자에 의해 유전되며, 유전자를 물려받은 자손에 절반의 영향을 준다. 그 증상은 환각(hallucination), 심각한 정서 변화, 치매, 무도병 동작(경직되고, 변덕스러우며, 무의식적인 몸짓)과 같은 정신의 퇴보 등으로서 대개 30세 이전에는 나타나지 않는다. 이 병을 가진 사람이나 자손들을 위해서는 유전 상담(genetic counseling)이 중요한 역할을 한다.

17 ③

감퇴가 가장 빨리 나타나는 감각 기관은 청각이다.

> **참고** 청각의 감퇴
> 청각은 가장 빨리 감퇴가 나타나는 감각 기관으로, 40세경에 시작되며 고음에 대한 민감성의 감퇴가 먼저 나타나고, 50대에는 저음에 대한 감퇴가 시작된다.

18 ①

청각은 가장 빨리 감퇴가 나타나는 감각 기관으로, 40세경에 시작되며 고음에 대한 민감성의 감퇴가 먼저 나타나고, 50대에는 저음에 대한 감퇴가 시작된다.

> **오답분석**
> ② 눈으로 가는 혈액 공급이 감소되어 시각의 범위가 좁아지는 반면 사각 범위는 커지며 밝기에 대한 망막의 민감성이 감퇴된다.
> ③ 40대 초반 이후 신진대사가 저하되어 기초 대사량이 줄기 때문에 체중이 늘고 허리를 중심으로 피하 지방의 축적이 누적되는 경향을 보인다.
> ④ 여성의 경우 여성 호르몬의 감소로 골다공증에 걸리기 쉽다.

19 ②

여성의 폐경은 평균 50세를 전후하여 일어나지만 개인차가 있다.

20 ④

죽음에 대한 비애 과정(Kubler-Ross)은 부정-분노-타협-우울-수용이다.

> **참고** 죽음에 대한 비애 과정(임종의 5단계)

과정	내용
부정	자신이 곧 죽는다는 사실에 충격을 받고 이를 믿지 않으려고 부인함
분노	부정 단계가 지나면 죽음의 이유에 대해 분노를 가짐
타협	죽음을 받아들이며 고통 감소를 위해 여러 약속을 하며 인생 과업을 마칠 때까지 생이 지속되기를 희망함
우울	죽음을 앞두고 우울한 감정을 느낌
수용	거의 감정이 없는 상태로 죽음을 맞을 준비를 함

무료 학습자료 제공 · 독학사 단기합격 **해커스독학사**
www.haksa2080.com

독학학위제 전공기초과정 심리학과

기출동형모의고사

기출동형모의고사 **제1회**
기출동형모의고사 **제2회**
기출동형모의고사 **제3회**

잠깐!

기출동형모의고사는 독학사 시험의 기출 유형 문제를 철저히 분석하여 구성한 실전 대비 모의고사입니다. 본 교재의 맨 뒤에 제공되는 총 3장의 OMR 카드를 활용하여 문제를 풀이해 주세요.

기출동형모의고사 풀이 전 아래 사항을 확인하세요.

☐ 휴대전화의 전원을 꺼주세요.
☐ 컴퓨터용 사인펜을 준비하세요.
☐ OMR 카드에 과목명과 성명을 기재한 후, 문제풀이를 시작하세요.
☐ 시험시간 50분 내에 문제풀이와 OMR 카드 작성까지 완료하세요.

기출동형모의고사 제1회

응시과목	시험시간	점수
발달심리학	50분	

01 브론펜브레너(Bronfenbrener)의 생태 이론에서 아동이 직접적으로 접촉하지 않지만 아동에게 영향을 미치는 체계에 해당하는 것은?

① 중간 체계
② 외 체계
③ 거시 체계
④ 미시 체계

02 다음 중 인간발달에 관한 설명으로 옳지 않은 것은?

① 발달 과정에서 문화적·환경적 요인은 중요하다.
② 일정한 방향으로 이루어지므로 개인적 차이는 없다.
③ 특정 단계에서 발달은 이전 단계의 발달 과업 성취와 관련이 있다.
④ 태아기에서 노년기에 이르기까지 시간적인 흐름에 따라 일어나는 변화이다.

03 마태 효과로 설명될 수 있는 발달의 기제는?

① 적기성
② 기초성
③ 누적성
④ 불가역성

04 다음 설명 중에서 옳지 않은 것은?

① 상관 연구란 인간의 심리 및 발달에 영향을 미치는 여러 변인들의 상호 관련성을 밝히기 위한 연구이다.
② 실험 연구는 인간의 심리에 영향을 미치는 변인들 간의 인과 관계를 밝히기 위한 연구이다.
③ 사례 연구란 한두 명의 조사 대상자를 대상으로 얻은 연구 결과를 바탕으로 발달 및 심리 기제의 일반적인 양상을 추론하는 연구 방법이다.
④ 자연 관찰법은 자신의 생각, 태도, 관점 등을 스스로 평가·보고하는 형식으로서, 개인의 심리적 특성에 관한 자료를 수집하는 데 많이 사용되는 방법이다.

05 투사법에 대한 설명으로 옳은 것을 모두 고른 것은?

ㄱ. 검사 결과의 수량화가 어렵다.
ㄴ. 구조화된 자극을 활용한다.
ㄷ. 내담자의 내면 세계가 자유롭게 표현된다.

① ㄱ, ㄴ
② ㄱ, ㄷ
③ ㄴ, ㄷ
④ ㄱ, ㄴ, ㄷ

06 다음 내용에 해당하는 표집 방법은?

모집단 목록에서 구성 요소에 대해 규칙적인 순서에 따라 매 K번째 요소를 추출하는 방법이다.

① 단순무선 표집
② 체계적 표집
③ 유층 표집
④ 군집 표집

07 다음 중 발달의 원리에 대한 설명으로 옳은 것은?
① 발달은 미분화 운동에서 분화 운동으로 이루어진다.
② 인간발달이 반드시 과거와의 연결을 포함하는 것은 아니다.
③ 발달은 적절한 환경과 자극만 제공되면 언제든지 이루어진다.
④ 인간발달에는 퇴행적 개념은 포함되지 않는다.

08 갑작스러운 큰 소리나 급격한 위치 이동 등 평형 감각의 상실로 깜짝 놀라는 신생아의 반사 행동은?
① 걷기 반사
② 경악 반사
③ 모로 반사
④ 바빈스키 반사

09 애착을 인간에게서 나타나는 종 특유의 행동으로 간주하여 유아가 자신의 어머니에게 애착을 형성하는 과정을 이론적으로 제시한 학자는?
① 로렌츠(Lorenz)
② 왓슨(Watson)
③ 보울비(Bowlby)
④ 게젤(Gesell)

10 다음 중 횡단적 연구에 대한 설명으로 옳은 것은?
① 연구 대상자를 특정 집단의 대표성이 있는 비교적 소수의 표본으로 추출한다.
② 연구 목적 외의 유의미한 정보를 획득할 수 있다.
③ 연구 초기의 자료와 후기 자료의 인과 관계 규명에 용이하다.
④ 동시에 여러 연령층을 연구할 수 있어 시간과 경비가 절감되어 경제적이다.

11 다음 중 후기 아동기(학령기, 6~12세) 아동의 발달 특성에 해당하는 것을 옳게 묶은 것은?

| ㄱ. 피아제의 구체적 조작기 |
| ㄴ. 보존의 개념 획득 |
| ㄷ. 논리적인 사고 |
| ㄹ. 성 역할 학습 |

① ㄱ, ㄴ, ㄷ
② ㄱ, ㄷ, ㄹ
③ ㄴ, ㄷ, ㄹ
④ ㄱ, ㄴ, ㄷ, ㄹ

12 다음 중 청소년기의 인지발달 특성으로 옳은 것은?
① 추상적·연역적·상대론적 사고
② 자기 중심적 사고의 시작
③ 대상 영속성의 획득
④ 서열화의 능력과 분류 능력의 출현

13 다음 중 프로이트의 성격발달 이론에서 관심을 갖는 주제가 아닌 것은?

① 의식의 구조 ② 심리성적 결정론
③ 생리적 욕구 ④ 유전적 요인

14 다음 설명에 해당하는 장애는?

> 염색체 이상과 관련이 있는 장애로서 성염색체의 이상으로 남자에게 X 염색체가 2개 이상 나타나는 장애이다. 고환 기능 저하, 학습 및 지능 저하 등의 특징을 보인다.

① 터너 증후군(Turner syndrome)
② 파타우 증후군(Patau syndrome)
③ 에드워드 증후군(Edward syndrome)
④ 클라인펠터 증후군(Klinefelter syndrome)

15 다음 중 에릭슨의 심리사회적 발달 단계에서 정체감 형성 시기에 대한 설명으로 옳지 않은 것은?

① 성 역할과 직업 선택에서 안정성을 획립할 수 없다면 혼미감을 느끼고 정체감의 위기에 빠지게 된다.
② 타인이 자신을 어떻게 생각하는지에 대하여 관심이 크고, 독립은 주장하지만 안정과 보살핌을 원하기도 하는 시기이다.
③ 자아 정체감 형성의 위기를 성공적으로 극복하게 되면 사회적 관습, 윤리, 가치를 지각하고 지키는 능력인 성실성이 발달한다.
④ 정체감 발달에는 동일시하고자 하는 인물이나 사회 집단의 영향력이 중요한 것이 아니라 스스로의 판단이 중요하다.

16 다음은 콜버그(Kohlberg)의 도덕성 발달 단계 중 일부 단계의 도덕적 판단 근거를 기술한 것이다. 발달 순서대로 바르게 나열한 것은?

> ㄱ. 물질적 보상과 벌
> ㄴ. 타인의 칭찬과 인정
> ㄷ. 사회적 관습과 법
> ㄹ. 보편적 도덕 원리와 양심

① ㄱ - ㄴ - ㄷ - ㄹ
② ㄱ - ㄷ - ㄴ - ㄹ
③ ㄱ - ㄴ - ㄹ - ㄴ
④ ㄷ - ㄱ - ㄴ - ㄹ

17 다음 중 게젤(Gesell)의 성숙 이론에 의한 발달의 원리로 옳지 않은 것은?

① 발달은 기능상 비대칭을 이루어야 효과적이다.
② 성숙은 외적 요인에 의해 영향을 많이 받는다.
③ 발달의 영향은 성숙에 의해 지속적으로 지시를 받는다.
④ 아동은 자기 규제를 통해 자신의 수준과 능력에 맞게 성장을 조절해 나간다.

18 다음 현상을 설명할 수 있는 개념은?

> 태어난 지 6개월 된 송이는 공을 가지고 놀다가 그 공이 안 보이는 곳으로 굴러가 버리면 공이 자기 손에 쉽게 닿는 가까운 곳에 있더라도 그 공을 찾으려 하지 않는다.

① 자기 중심성 ② 대상 영속성
③ 반사 행위   ④ 불가역성

19 지능 검사에 관한 설명으로 옳은 것을 모두 고른 것은?

> ㄱ. 지능 검사는 지적 능력이 뛰어난 아동을 선별하기 위해 제작되기 시작하였다.
> ㄴ. 비네-시몬(Binet-Simon) 검사에서 IQ 점수는 편차 점수이다.
> ㄷ. 지능 검사는 다양한 인지 능력을 측정한다.
> ㄹ. 지능 검사 점수는 학업 성취뿐만 아니라 사회 정서적 적응과도 관련이 있다.

① ㄱ, ㄴ ② ㄷ, ㄹ
③ ㄴ, ㄷ, ㄹ ④ ㄱ, ㄴ, ㄷ, ㄹ

20 영아기 기억 상실증의 원인에 관한 설명으로 옳지 않은 것은?

① 영아기에 언어적 부호화 능력이 발달하지 못했기 때문이다.
② 영아기의 기억은 오래 되어 소멸되었기 때문이다.
③ 영아기에 명시적 기억이 충분히 발달하지 않았기 때문이다.
④ 영아기에 기억과 관련된 신경 구조가 충분히 성숙되지 않았기 때문이다.

21 청소년기 품행 장애에 관한 설명으로 옳지 않은 것은?

① 여자보다 남자에게 더 빈번하게 나타난다.
② 자기 통제력 부족과 관련이 있다.
③ 방임적이고 일관적이지 않은 양육과 관련이 있다.
④ 아동기에 시작된 품행 장애보다 청소년기에 시작된 품행 장애의 예후가 더 나쁘다.

22 프로이트(Freud)의 심리성적 발달 단계와 에릭슨(Erikson)의 심리사회적 위기의 연결이 옳지 않은 것은?

① 구강기 – 신뢰감 대 불신감
② 항문기 – 자율성 대 수치감 및 회의감
③ 남근기 – 주도성 대 죄책감
④ 잠복기 – 생산성 대 침체성

23 다음 중 아버지와의 애착에 관한 설명으로 옳은 것을 모두 고른 것은?

> ㄱ. 아버지의 민감하고 반응적인 양육은 안정 애착 발달에 기여한다.
> ㄴ. 어머니와 불안정 애착을 형성한 경우, 아버지와는 안정 애착을 형성할 수 없다.
> ㄷ. 아버지와의 안정 애착은 자녀의 정서적 안정 및 사회적 유능성에 긍정적인 영향을 준다.
> ㄹ. 아버지는 주로 신체적 놀이를 통해서 자녀와 애착 관계를 형성한다.
> ㅁ. 아버지는 어머니의 양육을 지원하는 간접적 방식으로만 애착 형성에 기여한다.

① ㄱ, ㄴ, ㄷ ② ㄱ, ㄷ, ㄹ
③ ㄱ, ㄴ, ㄷ, ㄹ ④ ㄱ, ㄷ, ㄹ, ㅁ

24 청소년기에 남자보다 여자에게서 더 높은 수준으로 나타나는 공격 유형은?

① 신체적 공격 ② 적대적 공격
③ 관계적 공격 ④ 도구적 공격

25 에릭슨(Erikson)의 심리사회적 발달 이론에 기초할 때, 청소년기에 정체감을 형성하는 것이 중요한 이유로 옳지 않은 것은?

① 내적인 충동의 질적·양적 변화가 일어나기 때문이다.
② 추상적 사고를 하게 되면서 자신의 미래와 존재에 대해 고민하는 기회가 많아지기 때문이다.
③ 이성과의 진실한 관계를 희망하고, 성 역할의 고착화가 일어나기 때문이다.
④ 진로나 중요 과업에 대해 자기 선택을 강요받기 때문이다.

26 친사회적 행동에 관한 설명으로 옳지 않은 것은?

① 이타적 자기 도식과 관련성이 높다.
② 다른 사람보다 자신의 욕구에 더 관심을 갖는다.
③ 아동기에 연령과 함께 증가하며 인지 능력의 발달을 반영한다.
④ 사회적 조망 수용 능력과 높은 관련성이 있다.

27 태내 발달에 관한 설명으로 옳지 않은 것은?

① 배아기는 주요 신체 기관과 신경계가 형성되는 시기이다.
② 배아기는 기형 발생 물질에 민감하게 영향을 받는 시기이다.
③ 태아기는 신체 기관의 분화가 일어나는 시기이다.
④ 태아기는 중추 신경계가 더 빠르게 발달하는 시기이다.

28 길리건(C. Gilligan)은 남성과 여성이 지향하고 선호하는 도덕성이 다르다고 본다. 남성과 여성의 도덕성 특징이 바르게 연결된 것은?

	남성	여성
①	정의	배려
②	원칙	친밀감
③	책임감	우정
④	정의	친밀감

29 기질에 관한 설명으로 옳지 않은 것은?

① 발달은 영아의 기질과 부모의 기질 간 상호 작용의 산물이다.
② 영아의 기질과 부모의 양육 행동이 조화를 이루지 못하면 부모와 영아 모두 갈등을 경험하게 된다.
③ 토마스와 체스(Thomas & Chess)의 연구를 통해 세 가지 기질 유형이 발견되었다.
④ 까다로운 아동은 낯선 상황에서 처음에는 움츠러들지만 곧바로 불안이 없어지고 흥미를 갖는다.

30 비고츠키(Vygotsky)의 인지발달 이론에 관한 설명으로 옳은 것을 모두 고른 것은?

> ㄱ. 인지발달을 촉진시키는 데 부모나 교사의 역할을 중시한다.
> ㄴ. 아동보다 유능한 사람의 도움을 받으면 아동은 현재보다 더 잘할 수 있다.
> ㄷ. 아동의 인지는 같은 수준의 친구와의 놀이를 통해 주로 발달된다.
> ㄹ. 인지발달을 촉진시키는 방법으로 비계 설정(scaffolding)과 유도된 참여가 있다.

① ㄱ, ㄴ, ㄷ ② ㄱ, ㄴ, ㄹ
③ ㄴ, ㄷ, ㄹ ④ ㄱ, ㄴ, ㄷ, ㄹ

31 발테스와 발테스(Baltes & Baltes)의 SOC(Selective Optimization with Compensation) 이론에 관한 설명으로 옳지 않은 것은?

① 전 생애적 관점에서 연령에 따른 획득의 최대화와 상실의 최소화를 적응적 발달로 본다.
② 선택, 최적화, 보상을 발달적 조절의 세 가지 중심적 과정으로 제안한다.
③ 선택한 목표 달성을 위해 최선의 노력을 다하는 최적화를 중시한다.
④ 노화에 따른 상실을 보상하기 위해서는 타인의 도움이나 부가적 자원의 동원 없이 스스로 대응해야 한다고 제안한다.

32 다음 설명에 해당하는 효과는?

> 시간이 지나고 세대가 바뀌면서 지능 점수는 점점 높아지고 있다. 가령, 1940년 이후 IQ 점수는 10년마다 3점씩 높아졌다.

① 환경 증진의 효과
② 플린(Flynn) 효과
③ 평균으로의 회귀 효과
④ 극단 효과

33 행동주의 이론에 관한 설명으로 옳지 않은 것은?

① 아동발달에서 생물학적 요인보다 환경적 요인을 더 강조한다.
② 관찰 학습은 고전적 조건 형성의 원리를 이용하여 학습을 설명한다.
③ 행동주의 이론에서는 자극과 반응 간의 관계를 강조한다.
④ 조작적 조건 형성 이론에서는 강화와 처벌의 역할을 강조한다.

34 레빈슨(Levinson)의 성인발달 이론에 관한 설명으로 옳지 않은 것은?

① 인생 주기를 네 개의 계절로 구분한다.
② 성인 초기의 주요 과업은 꿈의 형성과 멘토 관계의 형성이다.
③ 안정기는 삶을 침체시키거나 새롭게 만드는 시기이다.
④ 인생 구조에는 직업, 가족, 결혼, 종교와 같은 요소들이 포함된다.

35 다음에 해당하는 언어의 구성 지식은?

> • 의사소통을 효율적으로 하기 위해서는 언어가 어떻게 사용되어야 하는지에 대한 규칙을 알아야 한다.
> • 7세 장우가 4세 동생에게 새로운 게임에 대하여 설명할 때 동생의 수준에 맞추어 말한다.

① 구문론적 지식   ② 화용론적 지식
③ 음운론적 지식   ④ 의미론적 지식

36 다음 발달 단계 중 아동기(6~12세)에 해당하는 것을 모두 고른 것은?

> ㄱ. 에릭슨(Erikson)의 주도성 대 죄책감
> ㄴ. 프로이트(Freud)의 잠복기
> ㄷ. 피아제(Piaget)의 구체적 조작기

① ㄱ, ㄴ   ② ㄱ, ㄷ
③ ㄴ, ㄷ   ④ ㄱ, ㄴ, ㄷ

37 아동·청소년의 사회성 발달에 관한 설명으로 옳지 <u>않은</u> 것은?

① 셀만(Selman)의 조망 수용 이론에서 미분화된 자기 중심적 단계에 있는 청소년들은 자신과 타인의 행동을 제3자의 관점에서 생각할 수 있다.
② 아동기는 유아기에 비해 대체로 연합 놀이나 협동 놀이의 비중이 증가한다.
③ 아동기는 유아기에 비해 대체로 이타적인 행동이 증가한다.
④ 언어 능력과 가상 놀이는 마음 이론의 발달에 영향을 준다.

38 샤이에(Schaie)가 제시한 성인기 인지발달 단계를 순서대로 나열한 것은?

① 획득 → 성취 → 책임(실행) → 재통합
② 획득 → 책임(실행) → 재통합 → 성취
③ 획득 → 책임(실행) → 성취 → 재통합
④ 성취 → 획득 → 재통합 → 책임(실행)

39 반두라(Bandura)의 관찰 학습에 관한 설명으로 옳지 않은 것은?

① 모델의 행동에 집중한다면 반드시 모방하게 된다.
② 모델은 반드시 실제 인물이 아니어도 효과가 있다.
③ 학습이 이루어지기 위해서는 모델의 행동을 기억해야 한다.
④ 행동, 환경, 개인은 서로 양방향적 영향을 미친다.

40 감각 등록기(sensory register)에 관한 설명으로 옳은 것은?

① 정보의 저장 용량이 매우 제한되어 있다.
② 정보가 일단 유입되면 영구적으로 기억된다.
③ 이미 알고 있는 정보와 연결되어야 저장된다.
④ 정보를 작동 기억(working memory)으로 넘기려면 주의를 기울여야 한다.

무료 학습자료 제공 · 독학사 단기합격 **해커스독학사**
www.haksa2080.com

기출동형모의고사 제2회

독학학위제
전공기초과정 **심리학과**

응시과목	시험시간	점수
발달심리학	50분	

01 피아제(Piaget)가 제시한 구체적 조작기 시기의 사고에 대한 주요 특징으로 옳지 않은 것은?

① 미래의 가능성에 대해 이상적으로 공상한다.
② 타인의 입장, 감정, 인지 등을 추론하고 이해한다.
③ 문제 해결 과정에서 직관보다는 논리적 조작이나 규칙을 적용한다.
④ 두 가지 이상의 속성에 따라 대상을 비교해서 순서대로 배열이 가능하다.

02 반두라(Bandura)의 관찰 학습(모델링)의 과정 중 자기 효능감이 가장 중요한 역할을 하는 과정은?

① 파지 과정
② 인출 과정
③ 동기화 과정
④ 주의집중 과정

03 유전발달에 관한 설명으로 옳은 것은?

① 접합체의 발달은 감수분열을 통해 발생한다.
② 다운 증후군은 성염색체 장애이다.
③ 정상적인 인간 접합체는 48개의 염색체를 갖고 있다.
④ 생식세포는 22개의 상염색체와 1개의 성염색체를 갖고 있다.

04 다음 설명에 해당되는 인지 과정은?

- 생성 효과를 가져온다.
- 유사한 다른 정보와 혼동이 덜 되도록 한다.
- 새로운 아이디어, 개념, 정보, 해석 등을 덧붙인다.

① 부호화
② 정교화
③ 활성화
④ 유지 시연

05 상위 인지(meta cognition)에 관한 설명으로 옳은 것은?

① 대표적인 상위 인지 학습 전략은 '밑줄 긋기'이다.
② 어떤 지식이나 정보를 반복적으로 사용하는 것이다.
③ 성인이 되면 과제를 해결할 때 상위 인지를 항상 사용한다.
④ 과제 수행에 어려움이 있을 경우 자신의 전략을 점검한다.

06 조작적 조건 형성에 관한 설명으로 옳지 <u>않은</u> 것은?

① 강화 자극(reinforcing stimulus)은 변별 자극이 주어질 때 반응이 일어날 가능성을 증가시키는 자극이다.
② 하나 이상의 1차 강화물과 연합된 2차 강화물은 구체적 강화물(specific reinforcer)이다.
③ 학교에서 매주 금요일마다 30분의 자유 시간이 허용된 학생들은 고정 간격 강화를 받고 있는 것이다.
④ 수업 시간에 떠드는 학생을 짧은 시간 동안 다른 학생들로부터 격리시키는 것을 '일시 격리(time out)'라고 한다.

07 태내 발달에 관한 설명으로 옳지 <u>않은</u> 것은?

① 태내 발달은 발아기, 배아기, 태아기로 나뉜다.
② 태내 발달은 착상된 순간부터 시작된다.
③ 중배엽은 근육, 골격, 순환계가 된다.
④ 기형 발생 물질이 태내 발달에 영향을 미치는 민감한 시기가 있다.

08 학습의 개념에 대한 설명으로 옳지 <u>않은</u> 것은?

① 행동의 변화는 비교적 영속적으로 나타나야 한다.
② 행동 잠재력의 변화도 학습이다.
③ 행동의 변화는 경험이나 연습을 통해 얻어진다.
④ 정서의 변화는 학습에 포함되지 않는다.

09 다음 각 사례에 해당하는 청소년기의 자아 정체감 유형이 바르게 나열된 것은?

> A: 저는 요리하는 것을 좋아해서 장래 희망이 요리사예요.
> B: 저는 잘하는 것도 없고, 하고 싶은 것도 없어요. 아직 장래에 대해 생각해보지 않았어요.
> C: 부모님이 두 분 모두 선생님이시고 부모님도 제가 선생님이 되는 게 좋겠다고 하셔서 장래 희망은 선생님이에요.

	A	B	C
①	정체감 성취	정체감 유실	정체감 혼미
②	정체감 성취	정체감 혼미	정체감 유실
③	정체감 성취	정체감 혼미	정체감 유예
④	정체감 유예	정체감 유실	정체감 혼미

10 다음 설명에 해당되는 콜버그(Kohlberg)의 도덕성 발달 단계는?

> • 은희는 흥미와 욕구를 만족시키기 위해 규범을 준수한다.
> • 승재는 어머니가 약속한 선물을 받기 위해 찻길에서 뛰어다니지 않는다.

① 착한 아이 지향
② 벌과 복종 지향
③ 법과 질서 지향
④ 도구적 상대주의 지향

11 발달 연구의 자료 수집 방법에 관한 설명으로 옳지 않은 것은?

① 관찰법은 어떠한 개입 없이 일상적인 환경에서 참여자의 행동을 기록한다.
② 구조화된 면접은 모든 대상자에게 동일한 질문을 동일한 순서대로 물어본다.
③ 에믹(emic) 접근법은 다른 문화권에서도 일반화할 수 있는 행동을 묘사한다.
④ 사례 연구는 소수를 대상으로 관찰이나 면접을 통해 자료를 수집한다.

12 발달에 관한 설명으로 옳은 것을 모두 고른 것은?

> ㄱ. 생물학적·인지적 발달의 과정은 독립적으로 이루어진다.
> ㄴ. 상황에 따른 일시적인 변화도 발달에 속한다.
> ㄷ. 학습은 직접 또는 간접 경험의 산물로서 훈련이나 연습에 기인한다.
> ㄹ. 발달적 변화의 과정에는 신체, 운동 기능, 사고, 언어, 성격, 사회성 등이 포함된다.

① ㄱ, ㄴ   ② ㄷ, ㄹ
③ ㄱ, ㄴ, ㄷ   ④ ㄴ, ㄷ, ㄹ

13 다음의 설명에 부합하는 개념은?

> • 한 개인의 행동 양식과 정서적 반응 유형을 의미하는 것으로 활동 수준, 사회성, 과민성과 같은 특성을 포함한다.
> • 사회적 환경과 이루는 '조화의 적합성'은 아동이 유능하고 건강하게 발달하는 데 중요하다.
> • 토마스(Thomas)와 체스(Chess)는 이것을 세 가지 유형으로 구분하였다.

① 기질   ② 애착
③ 성향   ④ 정체성

14 기억하려는 정보를 의미적으로 관련 있는 것끼리 묶어서 범주화함으로써 기억의 효율성을 높이는 기억 전략은?

① 주의 집중   ② 시연
③ 정교화   ④ 조직화

15 애착에 관한 설명으로 옳지 않은 것은?

① 애착은 영아와 주 양육자 간에 형성되는 친밀한 정서적 유대감이다.
② 할로우(Harlow)는 원숭이 연구를 통해 수유가 애착 형성 과정에서 중요함을 밝혔다.
③ 안정 애착을 보이는 영아의 양육자는 자녀의 신호와 욕구에 민감하고 일관되게 반응하는 특성을 보인다.
④ 낯가림과 분리 불안을 통해 영아가 주 양육자와 애착을 형성했음을 알 수 있다.

16 영유아기의 언어발달에 관한 설명으로 옳은 것을 모두 고른 것은?

> ㄱ. 유아는 문법적 형태소를 획득하면서 구사하는 말의 길이가 길어진다.
> ㄴ. 옹알이에 대한 부모의 강화는 영아의 언어 습득을 촉진시킨다.
> ㄷ. 유아는 문법 규칙을 적용하는 과정에서 예외의 상황에서도 문법 규칙을 사용하는 과잉 적용을 한다.
> ㄹ. 대부분의 영아는 어휘 표현 능력이 어휘 이해 능력보다 먼저 발달한다.

① ㄱ, ㄴ, ㄷ   ② ㄱ, ㄷ, ㄹ
③ ㄴ, ㄷ, ㄹ   ④ ㄱ, ㄴ, ㄷ, ㄹ

17 태내 발달에 관한 설명으로 옳지 않은 것은?

① 발생기는 수정에서부터 수정란이 자궁벽에 착상하기까지 약 2주간의 기간이다.
② 일반적으로 태아기가 배아기보다 기형 발생 물질에 더 취약하다.
③ 임신 후기에 지방층의 발달로 태아의 체중이 급격히 증가한다.
④ 임신 중기에 손가락, 발가락, 피부, 지문, 머리카락 등이 형성된다.

18 다음과 같은 지능 이론을 주장한 학자는?

> 지능은 다요인 구조로 언어 이해 요인, 수 요인, 추리 요인, 공간 요인, 지각 속도 요인, 기억 요인, 언어 유창성 요인의 7개의 기본 정신 능력(PMA; Priamry Mental Ability)으로 구성되어 있다.

① 스피어만(Spearman)
② 써스턴(Thurstone)
③ 가드너(Gardner)
④ 스턴버그(Sternberg)

19 다음의 사례에 해당하는 인지발달의 개념으로 옳은 것은?

> 혜진이는 하얀색 털이 있는 동물은 강아지라고 알고 있었다. 친구 집에 놀러가서 하얀색 고양이를 보고 하얀색 털이 있는 동물이 모두 강아지가 아니라는 것을 이해하게 되었다.

① 동화
② 조절
③ 조직화
④ 평형

20 청소년기의 신체발달 특징에 관한 설명으로 옳은 것을 모두 고른 것은?

> ㄱ. 청소년의 성장 급등은 남학생보다 여학생에게서 먼저 나타난다.
> ㄴ. 청소년기에는 뇌의 발달이 두드러져 뇌의 무게가 크게 증가한다.
> ㄷ. 여학생의 사춘기 발달에 큰 영향을 미치는 호르몬은 테스토스테론이다.
> ㄹ. 청소년의 성적 성숙은 그 시기에 있어서 개인차를 보인다.

① ㄱ, ㄴ
② ㄱ, ㄹ
③ ㄱ, ㄴ, ㄹ
④ ㄱ, ㄷ, ㄹ

21 갑자기 큰 소리가 나거나 갑작스런 머리 위치의 변화에 대해 신생아가 팔과 다리를 쭉 벌리면서 무엇인가를 껴안으려고 하는 것 같은 자세를 취하는 반사는?

① 모로 반사
② 바빈스키 반사
③ 파악 반사
④ 빨기 반사

22 클라인펠터 증후군(Klinefelter syndrome)에 관한 설명으로 옳은 것은?

① 얼굴이 길고 당나귀 귀 모양의 신체적인 특징을 보인다.
② 여성 호르몬의 부족으로 2차 성징이 나타나지 않으며 생식 능력이 없다.
③ 남자에게 가슴과 엉덩이가 커지는 등의 여성적인 2차 성징이 나타난다.
④ 21번째 염색체가 3개의 염색체로 구성되어 있다.

23 다음 중 프로이트(Freud)의 성격 구조에 관한 설명으로 옳은 것은?
① 초자아는 일차적 사고 과정을 따른다.
② 자아는 자아 이상과 양심으로 구성되어 있다.
③ 자아는 현실 원리를 따르며, 개인이 현실에 적응하도록 돕는다.
④ 원초아는 옳고 그름에 대한 판단을 한다.

24 청소년기 자아 정체감에 관한 설명으로 옳은 것은?
① 자아 정체감에 대한 고민은 구체적 조작기의 인지적 특징과 관련이 깊다.
② 부모의 가치를 그대로 수용하여 비슷한 선택을 하는 경우를 '정체감 성취'라고 한다.
③ 정체감 위기의 상태에 있으면서 아직 의사 결정을 못한 상태를 '정체감 유예'라고 한다.
④ 청소년의 연령과 가족은 정체감 발달에 영향을 미치지 않는다.

25 에릭슨(Erikson)의 심리사회적 발달 단계에 관한 설명으로 옳지 않은 것은?
① 친밀성 대 고립감 – 타인을 이해하고 사랑의 관계를 형성한다.
② 주도성 대 죄책감 – 새로운 것을 시도하고 목표를 설정하며 그에 따라 활동한다.
③ 근면성 대 열등감 – 타인에 대한 믿음을 증가시키고 자신의 행동을 선택하고 통제한다.
④ 생산성 대 침체감 – 다음 세대에게 기술을 전수하고 지역 사회에 도움이 되는 일을 한다.

26 태내 발달에 관한 설명으로 옳은 것은?
① 산모의 흡연은 저체중아 출산의 가능성을 높인다.
② 배아기는 수정란이 자궁벽에 착상하는 시기이다.
③ 산모의 음주는 태아에게 거의 영향을 미치지 않는다.
④ 산모의 충분한 영양 섭취는 태아 과체중의 원인이 되어 산모의 건강을 해친다.

27 노년기 인지발달의 특징으로 옳지 않은 것은?
① 연령에 따른 지능 변화는 지능의 하위 영역에 따라 다르다.
② 지각과 청각 능력이 감소하여 문제를 지각하고 과제를 수행하는 데 어려움이 있다.
③ 일반적으로 노년기의 유동성 지능 감퇴는 결정성 지능의 향상에 의해 보완되는 경향이 있다.
④ 청소년, 성인들보다 노인들의 지능이 낮다는 연구 결과는 실제로 인지적 능력이 저하된다는 것을 의미한다.

28 다음 중 횡단 연구 설계에 관한 설명으로 옳은 것을 모두 고른 것은?

> ㄱ. 연구 결과는 연령 집단 간 차이를 기술한다.
> ㄴ. 연습 효과 때문에 결과가 왜곡될 수 있다.
> ㄷ. 동시대 집단(cohort) 효과의 영향을 받지 않는다.
> ㄹ. 피험자 손실의 문제가 거의 없다.

① ㄱ, ㄴ   ② ㄱ, ㄹ
③ ㄴ, ㄷ   ④ ㄴ, ㄹ

29 토마스와 체스(Thomas & Chess)가 제안하는 기질의 차원에 해당하지 않는 것은?

① 내향성 – 외향성   ② 접근과 철회
③ 정서의 질   ④ 반응 강도

30 에릭슨(Erikson)의 심리사회적 발달 이론에서 다음의 아동에 해당되는 단계는?

> 준우는 이제 5세가 되었다. 엄마는 준우에게 "이제 많이 컸으니 동생을 잘 보살펴주어야 해"라고 말씀하셨다. 준우는 혼자서 마음대로 놀고 싶은 생각이 있지만, 한편으로 동생을 잘 돌봐야 한다는 책임감도 느끼고 있다.

① 신뢰감 대 불신감
② 자율성 대 수치심
③ 주도성 대 죄책감
④ 근면성 대 열등감

31 프로이트(Freud)의 심리성적 발달 이론에 관한 설명으로 옳은 것은?

① 거세 불안은 아버지가 아동의 자율성을 침해하고 일상생활에 간섭하기 때문에 발생한다.
② 각 단계에서 심리적 욕구가 상당히 결핍되어도 아동은 다음 단계로 순탄하게 나아간다.
③ 항문 폭발적 성격은 배변 훈련이 원활하게 이루어질 때 형성된다.
④ 남아는 자신을 아버지와 동일시함으로써 오이디푸스 콤플렉스를 극복한다.

32 애착에 관한 설명으로 옳지 않은 것은?

① 영아가 지니고 있는 귀여운 모습은 애착을 이끌어내는 한 요인이 된다.
② 낯선 사람에 대한 불안과 분리 불안은 주 양육자에 대한 인지적 표상이 형성되었음을 말해준다.
③ 양육자와 분리될 때 아동이 보이는 반응은 양육 방식의 문화적 차이로 인해 달라질 수 있다.
④ 양육 방식은 애착 형성에 결정적인 영향을 주지만, 아동의 기질은 애착 형성에 영향을 주지 않는다.

33 다음의 사고 방식에 해당되는 피아제(Piaget)의 인지발달 단계는?

> • 자신이 좋아하는 만화 영화를 아빠도 좋아한다고 생각한다.
> • 동일한 양의 우유가 넓은 유리잔에 담겨있을 때보다 좁고 긴 유리잔에 담겨있을 때 더 많다고 말한다.
> • 구름은 움직이니까 살아있다고 생각한다.

① 감각운동기   ② 전조작기
③ 구체적 조작기   ④ 형식적 조작기

34 공격성에 관한 설명으로 옳지 않은 것은?

① 적대적 공격성은 개인적 목표를 획득하거나 힘을 과시하기 위한 전략으로 활용되는 공격성을 의미한다.
② 관계적 공격성은 남아에 비해 여아에게 많이 나타난다.
③ 부모의 비일관적 훈육과 애정 철회는 자녀의 공격성 발달에 영향을 미친다.
④ 관계적 공격성은 사회적 배척을 통해 또래 관계에 손상을 가하는 행동을 의미한다.

35 뇌에 관한 설명으로 옳은 것을 모두 고른 것은?

> ㄱ. 뇌의 발달 속도는 부위마다 다르다.
> ㄴ. 뇌의 발달은 환경적 자극의 양과 종류에 영향을 받는다.
> ㄷ. 뇌간의 기본적인 기능은 호흡, 심혈관 활동, 수면, 의식에 관계된다.
> ㄹ. 우반구는 신체 오른쪽을 통제하고 언어 능력, 청각, 정서 표현을 관장한다.

① ㄱ, ㄴ ② ㄷ, ㄹ
③ ㄱ, ㄴ, ㄷ ④ ㄱ, ㄴ, ㄷ, ㄹ

36 유아기 대근육 운동 기능의 발달이 연령대별로 바르게 연결된 것을 모두 고른 것은?

> ㄱ. 2~3세경 – 제자리에서 두 발로 깡충 뛸 수 있다.
> ㄴ. 3~4세경 – 몸을 앞뒤로 흔들며 한 쪽 팔로 공을 던질 수 있다.
> ㄷ. 4~5세경 – 곡선 길과 평균대 위를 걸을 수 있다.
> ㄹ. 5~6세경 – 높이뛰기와 멀리뛰기를 할 수 있다.

① ㄱ, ㄴ ② ㄴ, ㄷ
③ ㄱ, ㄴ, ㄷ ④ ㄱ, ㄴ, ㄷ, ㄹ

37 염색체 이상으로 인한 증후군이 아닌 것은?

① 터너 증후군(Turner syndrome)
② 슈퍼남성 증후군(supermale syndrome)
③ 영아 돌연사 증후군(sudden infant death syndrome)
④ 클라인펠터 증후군(Klinefelter syndrome)

38 발달의 개념 및 연구에 관한 설명으로 옳은 것은?

① 변화의 양상과 과정을 조작적으로 기술하는 것은 어떤 특징의 양적 증대와 구조의 정밀화, 기능의 유능화를 의미하며, 이들 특징의 부정적 변화도 함께 포함한다.
② 연령에 따른 발달적인 특징을 분석하는 것을 '발달 기제 연구'라고 한다.
③ 발달이란 출생부터 성인기까지의 전 생애를 통하여 이루어지는 모든 변화의 양상과 과정을 의미한다.
④ 발달적 변화가 일어나는 원인과 방법을 탐색하는 것을 '현상 기술적 연구'라고 한다.

39 해비거스트(Havighurst)의 발달 과업 중 성인 후기에 해당하는 것을 모두 고른 것은?

> ㄱ. 체력 감퇴 적응
> ㄴ. 수입 감소 적응
> ㄷ. 동년배와 친밀한 유대 관계 형성
> ㄹ. 사회적, 시민적 의무 이행

① ㄱ, ㄴ, ㄷ ② ㄱ, ㄷ, ㄹ
③ ㄴ, ㄷ, ㄹ ④ ㄱ, ㄴ, ㄷ, ㄹ

40 다음 중 인간의 발달에 영향을 미치는 환경에 대한 설명으로 옳지 않은 것은?

① 인간의 발달은 환경의 영향에 의해 특성과 발달의 범위가 결정된다.
② 아동의 양육 환경은 과정 환경이 구조 환경보다 더 큰 영향을 미친다.
③ 아동의 초기 경험은 지능과 태도 형성에 중요한 영향을 미친다.
④ 환경이 인간의 발달에 미치는 영향력은 시간이 지날수록 점차 증가한다.

기출동형모의고사 제3회

독학학위제
전공기초과정 **심리학과**

응시과목	시험시간	점수
발달심리학	50분	

01 다음 보울비(Bowlby)의 애착 형성 단계 중 애착 대상이 떠나면 분리 불안을 보이는 단계는?

① 애착 이전 단계
② 애착 형성 단계
③ 애착 단계
④ 상호 관계 형성 단계

02 같은 연령의 학생이라도 각 학생의 지적·정의적 특성에 맞는 지도를 해야 한다는 주장과 관련된 발달 원리는?

① 발달의 상관성   ② 발달의 분화성
③ 발달의 순서성   ④ 발달의 개별성

03 다음과 같은 신체적·심리적 문제를 나타내는 성염색체 이상은?

- 여성이지만 가슴은 넓고 유방이 발달되지 않는다.
- 생식 능력이 없다.
- 언어성 지능이 정상이다.
- 심적 회전(mental rotation)과 같은 공간 추론 능력이 평균 이하이다.

① 슈퍼남성(supermale) 증후군
② 취약 X(fragile X) 증후군
③ 클라인펠터(Klinefelter) 증후군
④ 터너(Turner) 증후군

04 인간의 성장발달 과정에서 특정한 심리적 특성이 학습되는 시기는?

① 결정적 시기   ② 적응 기제 시기
③ 문화 정체 시기 ④ 문화 실조 시기

05 다음 자료 수집 방법 중 관찰법에 대한 설명으로 옳지 않은 것은?

① 현재의 상태를 가장 생생하게 기록할 수 있다.
② 관찰 대상자의 변화 양상을 포착하기 쉬워 결과를 일반화할 수 있다.
③ 관찰 대상자의 내면적인 특성이나 사적 문제, 과거 사실에 대한 자료는 수집할 수 없다.
④ 응답 과정에서 발생 가능한 오차를 감소할 수 있다.

06 종단 설계에 대한 설명으로 옳지 않은 것은?

① 연구 대상자가 특정 집단을 대표하는 소수이기 때문에 일반화하는 데 어려움이 있다.
② 초기와 후기의 인과 관계 규명에 용이하다.
③ 조사 기간 중 탈락자가 발생할 수 있다.
④ 연령이 다른 여러 개인(또는 집단)을 어느 시점에서 동시에 실험하거나 조사하는 방식이다.

07 다음 설명에 모두 해당되는 브론펜브레너(Bronfenbrenner)의 생태학적 체계는?

> • 특정한 맥락이 아니라 문화적 가치, 법, 관습, 자원들로 구성된다.
> • 한국에서 태어난 아이가 미국으로 이민을 가서 그 문화권의 영향을 받는다.

① 미시 체계　　② 중간 체계
③ 거시 체계　　④ 외 체계

08 다음 중 인간발달에 대한 설명으로 옳지 않은 것은?

① 임신 4~6월에는 손가락, 발가락 등이 형성된다.
② 21번 염색체가 정상인보다 1개 더 많을 때 나타나는 장애는 다운 증후군이다.
③ 난자와 정자가 수정되면 인간의 염색체 수는 모두 46개가 된다.
④ 클라인펠터 증후군은 상염색체 이상으로 발생하며, 남성에게 여성적인 측면이 나타날 수 있다.

09 다음 중 전아동기(학령 전기, 4~6세) 아동 발달 특성에 대한 설명으로 옳은 것을 모두 고른 것은?

> ㄱ. 타인의 관점을 고려할 수 없다.
> ㄴ. 가역적 사고를 한다.
> ㄷ. 성 역할을 학습한다.
> ㄹ. 초자아가 발달한다.

① ㄱ, ㄴ, ㄷ　　② ㄱ, ㄷ, ㄹ
③ ㄴ, ㄷ, ㄹ　　④ ㄱ, ㄴ, ㄷ, ㄹ

10 다음 중 생애 단계에 대한 설명으로 옳은 것은?

① 영아기 - 영아에게는 신체적 보호뿐만 아니라 감각 자극이 필요하다.
② 학령기 - 일상적인 갈등을 해결하고 자기 자신이 누구인지를 발견한다.
③ 성인기 - 경제적인 보장과 건강에 대한 대비가 필요하다.
④ 노년기 - 집단이나 사회의 일원으로서 참여할 수 있는 기회가 필요하다.

11 다음 중 청소년기에 대한 특징으로 가장 옳은 것은?

① 프로이트의 생식기, 에릭슨의 청소년기, 피아제의 구체적 조작기에 해당한다.
② 자기 중심적·전조작기적 사고의 특성이 있다.
③ 사회적 주변인의 시기, 심리사회적 유예 기간에 해당한다.
④ 신체적 성숙이 거의 완성되어 최상의 신체적 상태를 유지하는 시기이다.

12 다음 중 다운 증후군에 대한 설명으로 옳지 않은 것은?

① 18번 염색체가 3개일 때 발생하는 장애이다.
② 일반인에 비해 수명이 짧다.
③ 출생 전에 기형이 발생한다.
④ 산모의 나이가 많을 수록 발병률이 높다.

13 다음 제시된 해비거스트의 발달 과업에 해당하는 인간 발달 단계는?

> - 성숙한 남녀 관계를 형성하며, 남녀의 사회적 역할을 학습한다.
> - 자신의 신체를 수용하고 신체적 효과를 조정한다.
> - 직업 선택을 설계하고 그에 맞는 준비를 한다.

① 후기 아동기 ② 청소년기
③ 성인 전기   ④ 성인 후기

14 다음에 해당하는 프로이트의 성격발달 단계는?

> - 이 시기의 아동은 남녀의 신체 차이, 아기의 출생, 부모의 성 역할 등에 관심을 갖는다.
> - 남자 아이는 어머니에 대한 이성애적 감정과 갈등을 경험하고 극복하게 되는데, 아버지와 동일시를 통해 대리 만족을 경험할 뿐만 아니라 성 역할 태도를 발달시키고 부모의 가치와 규범 등을 내면화하게 된다.

① 구강기 ② 항문기
③ 남근기 ④ 잠복기

15 에릭슨(Erikson)의 심리사회적 발달 단계 중 취업과 결혼이 주요 발달 과업인 시기는?

① 주도성 대 죄책감
② 생산성 대 침체성
③ 친밀감 대 고립감
④ 자아 정체감 대 역할 혼미

16 다음 중 비고츠키의 이론에 대한 설명으로 옳은 것은?

① 언어발달이 사고발달에 선행한다.
② 인지발달은 유기체와 환경 간의 연속적인 상호 작용에 의해 발생한다.
③ 인지발달이란 인지 구조의 계속적인 질적 변화의 과정이다.
④ 인지발달의 단계는 모든 문화권을 초월해서 일정 불변하다.

17 애착에 관한 설명으로 옳지 <u>않은</u> 것은?

① 영아기에 형성된 애착 유형은 성장 후에도 지속되는 경향이 있다.
② 불안정 애착은 정서발달에 부정적인 영향을 준다.
③ 안정 애착을 형성한 아동은 또래 관계, 주도성, 사회적 기술이 우수하다.
④ 다인수(multiple) 애착은 사회성과 정서발달에 긍정적 영향을 주며, 안정 애착으로 발전한다.

18 유아기 신체발달의 특징으로 옳지 <u>않은</u> 것은?

① 상부에서 하부로, 중심에서 말초로 발달이 이루어진다.
② 영아기만큼 빠른 속도는 아니지만 신장과 체중이 점진적으로 증가한다.
③ 성장함에 따라 활동량과 활동 반경이 확대된다.
④ 뇌와 머리는 다른 신체 부분보다 느리게 성장한다.

19 발달에 관한 설명으로 옳지 않은 것은?

① 다양한 맥락의 영향을 받지만 발달의 결과는 동일하다.
② 발달은 양적 변화와 질적 변화를 포함한다.
③ 기능과 구조가 쇠퇴하는 부정적 변화도 포함된다.
④ 신체적·도덕적·사회적 발달은 독립적이기보다는 통합적이고 총체적이다.

20 '아동의 학교 성적이 높을수록 자신감이 높다.'는 연구 결과에 관한 올바른 해석은?

① 자신감을 높여 주면 학교 성적이 올라간다.
② 아동이 자신감을 갖게 된 원인은 높은 학교 성적이다.
③ 학교 성적과 자신감은 정적 관련성이 있다.
④ 학교 성적과 자신감에 영향을 미치는 원인이 동일하다.

21 동물행동학적 이론과 애착에 관한 설명으로 옳지 않은 것은?

① 종 특유의 행동은 유기체의 생존 가능성을 높이며 진화의 산물이다.
② 어떤 동물이 생후 특정 시기에 어떤 대상을 뒤따르거나, 그 대상의 특정한 행동을 습득하게 되는 것을 '각인'이라고 한다.
③ 보울비(Bowlby)는 애착을 측정하기 위해 '낯선 상황 실험' 장치를 고안하였다.
④ 아기의 미소 짓기와 옹알이, 귀여움은 아기를 보살피는 어머니의 모성 행동을 유발하는 중요한 유발 자극이다.

22 성인기 정신 장애에 관한 설명으로 옳은 것을 모두 고른 것은?

> ㄱ. 우울증은 낮은 세로토닌 수준과 관련이 있다.
> ㄴ. 알츠하이머는 아세틸콜린의 부족과 관련 있다.
> ㄷ. 파킨슨 병에서는 매우 느리게 걷고 손을 떠는 증상이 나타난다.
> ㄹ. 헌팅턴 병에서는 팔과 다리가 불수의적으로 춤추듯이 움직이는 증상이 나타난다.

① ㄱ, ㄴ
② ㄱ, ㄴ, ㄷ
③ ㄴ, ㄷ, ㄹ
④ ㄱ, ㄴ, ㄷ, ㄹ

23 다음 내용에서 아동의 지적 발달은 피아제(Piaget) 발달 단계 중 어느 단계인가?

> 윤호는 과자를 한 개 가지고 있으면서 어머니에게 더 달라고 조르고 있다. 어머니는 윤호가 가지고 있는 과자를 둘로 쪼개어 윤호에게 돌려주었다. 그 결과 윤호는 더 달라고 하지 않고 만족하게 되었다.

① 감각운동기
② 전조작기
③ 구체적 조작기
④ 형식적 조작기

24 다음은 하인즈(Heinz) 딜레마 반응의 예이다. 콜버그(Kohlberg)의 도덕성 발달 단계 중 어디에 해당하는가?

> - 절도에 찬성하는 이유: 만일 약제사가 누군가를 죽게 내버려둔다면 잘못된 것이다. 그리고 자신의 아내를 구하는 것은 하인즈의 의무이다. 그러나 하인즈는 법을 어겨서는 안 된다. 그는 약제사에게 값을 치르고 훔친 것에 대한 벌을 받아야 한다.
> - 절도에 반대하는 이유: 하인즈가 아내를 구하려고 하는 것은 당연하다. 그러나 훔치는 것은 여전히 나쁜 것이다. 개인의 감정이나 특별한 상황에 상관없이 법을 따라야 한다.

① 벌과 복종 지향
② 착한 아이 지향
③ 법과 사회 질서 지향
④ 사회계약 지향

25 비고츠키(Vygotsky)의 인지발달 이론에 관한 설명으로 옳지 않은 것은?

① 근접발달 영역이란 혼자서 성취하기는 어렵지만 유능한 타인의 도움으로 성취 가능한 것의 범위이다.
② 인지발달을 촉진하는 방법에는 비계 설정(scaffolding)과 수평적 격차가 있다.
③ 인지발달은 사회·문화적 맥락(context)의 영향을 받는다.
④ 놀이가 인지발달에 중요한 역할을 한다.

26 써스턴(Thurstone)의 기초 정신 능력(PMA; Primary Mental Ability)에 포함되지 않는 것은?

① 언어 능력(verbal comprehension ability)
② 수리 능력(number facility ability)
③ 공간 능력(spatial visualization ability)
④ 신체 운동 능력(bodily kinesthetic ability)

27 다음의 특징을 나타내는 발달 개념은?

> - 변화에 대한 역량
> - 긍정적인 또는 부정적인 삶의 경험에 반응하여 변화할 수 있는 능력
> - 환경이 정상화되면 위축된 발달이 정상적으로 회복될 수 있는 역량

① 최적화(optimization)
② 가소성(plasticity)
③ 연속성(continuity)
④ 특수화(specification)

28 다음을 설명하는 개념은 무엇인가?

> - 다윤이는 강아지를 '멍멍이'라고 알고 있다.
> - 다윤이는 발이 네 개이고 털이 있는 동물을 '멍멍이'라고 부른다.

① 신속 표상 대응   ② 상호 배타성
③ 과잉 확대   ④ 과잉 축소

29 지능에 관한 설명으로 옳지 않은 것은?

① 결정성 지능과 유동성 지능이 절정에 달하는 시기는 각기 다르다.
② 유동성 지능에는 공간 지각 능력이 포함된다.
③ 결정성 지능에는 언어 이해력이 포함된다.
④ 유동성 지능은 생활 경험과 교육을 통하여 축적된 지식이다.

30 다음에서 설명하는 것은?

> 영아는 낯선 사람을 만났을 때 두려운지 아닌지 애매한 상황을 보다 정확하게 해석하기 위해 믿을만한 사람에게서 정서적 정보를 얻는다.

① 정서적 비교
② 정서적 참조
③ 사회적 비교
④ 사회적 참조

31 성인 중기의 발달 특징에 관한 설명으로 옳은 것을 모두 고른 것은?

> ㄱ. 연령이 증가함에 따라 자극에 대한 반응 속도가 느려진다.
> ㄴ. 청각 기능이 약화되고 저음보다 고음에 대한 감퇴가 먼저 일어난다.
> ㄷ. 결정성 지능은 유동성 지능에 비해 더 빨리 감퇴한다.
> ㄹ. 여성은 폐경으로 인해 골밀도 감소가 가속화된다.

① ㄱ, ㄴ, ㄷ
② ㄱ, ㄴ, ㄹ
③ ㄴ, ㄷ, ㄹ
④ ㄱ, ㄴ, ㄷ, ㄹ

32 가드너(Gardner)의 다중 지능 이론에 관한 설명으로 옳지 않은 것은?

① 지능을 하나의 일반 지능으로 기술하는 것을 비판한다.
② 타인의 기분이나 동기를 읽어내는 대인 관계 지능이 포함되어 있다.
③ 자연의 패턴을 관찰하고 자연의 체계를 이해할 수 있는 자연주의적 지능이 포함되어 있다.
④ 전통적 지능에서 다루지 않았던 맥락, 경험, 정보 처리 기술의 세 가지 요인을 강조한다.

33 신생아의 반사 행동에 관한 설명으로 옳지 않은 것은?

① 반사 행동은 선천적이고 자동적인 반응이다.
② 잡기 반사는 신생아의 손바닥에 물건을 놓으면 그것을 꽉 쥐는 행동이다.
③ 모로 반사는 큰 소리가 나거나 머리의 위치가 변하면 등을 구부리고 팔다리를 앞으로 뻗는 반사 행동이다.
④ 바빈스키 반사는 갑작스러운 자극이 다가오면 눈을 감는 것이다.

34 다음에서 설명하고 있는 아동의 사고 특성은?

> • 다른 사람의 입장을 고려하지 못한다.
> • 엄마의 생일 선물로 자신이 좋아하는 로봇을 고른다.
> • 숨바꼭질 놀이를 할 때, 자신이 술래를 못 보면 술래도 자신을 못 본다고 생각한다.

① 물활론적 사고
② 상징적 사고
③ 자아 중심적 사고
④ 보존 개념의 부재

35 질적 연구 방법에 관한 설명으로 옳지 않은 것은?

① 심리적 현상을 계량화하고 인과 관계를 검증한다.
② 사례 연구, 담화 분석, 행동 연구가 해당된다.
③ 인간 경험의 심미적 차원을 해석한다.
④ 현상을 가능한 자연 상태에서 연구해야 하고, 인위적인 연구 방법을 거부한다.

36 마샤(Marcia)가 자아 정체감 수준을 네 가지 지위로 구분하는 데 적용한 두 가지 기준(차원)은?

① 유실(foreclosure), 유예(moratorium)
② 유실(foreclosure), 관여(commitment)
③ 위기(crisis), 혼미(diffusion)
④ 위기(crisis), 관여(commitment)

37 고전적 조건 형성에 관한 설명으로 옳은 것은?

① 적절한 행동은 즉시 강화하고, 부적절한 행동은 무시함으로써 새로운 행동을 가르칠 수 있다.
② 중립 자극은 무조건 자극 직후에 제시되어야 한다.
③ 대부분의 정서적인 반응들은 고전적 조건 형성을 통해 학습될 수 있다.
④ 모든 자극에 대한 모든 반응들은 연쇄(chaining)를 사용하여 조건을 형성할 수 있다.

38 단기 기억에서 장기 기억으로의 정보 전환에 관한 설명으로 옳지 <u>않은</u> 것은?

① 집중 학습은 분산 학습보다 정보를 더 오래 기억하게 한다.
② 기억을 증진하기 위해서는 메타 기억 전략을 사용하는 것이 도움이 된다.
③ 반복 학습을 하면 해마(hippocampus)가 반복적으로 재활성화되면서 정보가 장기 기억 체계에 통합된다.
④ 주관적 조직화란 기억을 체제화할 때 각 개인에 따라 자유로운 방식을 사용하는 것을 말한다.

39 다음 사례에 해당하는 개념은?

> 어머니는 준영이에게 저녁 식사 전에 숙제를 끝내면 방 청소를 면제하기로 하였다. 그 결과, 저녁 식사 전 숙제를 마치는 준영이의 행동이 증가하였다.

① 소거   ② 정적 강화
③ 부적 강화   ④ 제거성 벌

40 뇌의 발달단계를 순서대로 나열한 것은?

① 전뇌 발달 → 전두엽 발달 → 측두엽 발달 → 후두엽 발달
② 전뇌 발달 → 후두엽 발달 → 전두엽 발달 → 측두엽 발달
③ 전두엽 발달 → 측두엽 발달 → 후두엽 발달 → 전뇌 발달
④ 측두엽 발달 → 전두엽 발달 → 전뇌 발달 → 후두엽 발달

무료 학습자료 제공 · 독학사 단기합격 **해커스독학사**
www.haksa2080.com

기출동형모의고사 정답·해설

독학학위제
전공기초과정 **심리학과**

제1회
p.254

01	02	03	04	05	06	07	08	09	10
②	②	③	④	②	②	①	③	③	④
11	12	13	14	15	16	17	18	19	20
①	①	④	④	④	①	②	②	②	②
21	22	23	24	25	26	27	28	29	30
④	④	②	③	③	②	③	①	④	②
31	32	33	34	35	36	37	38	39	40
④	②	②	③	②	③	①	①	①	④

01 ②

외 체계에 해당하는 설명이다.

참고 브론펜브레너(Bronfenbrener)의 생태 이론
- 생태 이론은 행동생물학의 보충 이론으로, 유전적 요소, 가정의 역사, 사회·경제적 수준, 가정 생활의 질, 문화적 배경과 같은 요인들이 발달과 관련된다고 보고 있다. 아동의 발달을 보다 정확하게 이해하기 위해서 아동에게 영향을 미치는 환경의 개념을 확장시켰다.
- 생태 체계

구분	내용
미시 체계 (microsystem)	직접적으로 접하는 환경에 대한 아동의 능동성과 상호 작용 패턴에 관심을 가짐 예 가정, 유치원, 학교, 또래 집단, 놀이터 등
중간 체계 (mesosystem)	미시 체계들 간의 상호 관계, 즉 아동이 적극적으로 참여하는 환경들 간의 관계성을 강조 예 가정과 학교의 관계, 가정과 또래의 관계
외 체계 (exosystem)	아동이 직접적으로 접촉하지는 않지만 아동에게 영향을 미치는 환경 예 이웃, 부모의 직장, 정부 기구
거시 체계 (macrosystem)	아동이 속해 있는 문화적 환경 전체 예 사회적 가치, 법, 관습

02 ②

발달의 개별성에 따르면, 발달에는 개인차가 있으며 개인 간 차이뿐만 아니라 개인 내적 차이도 있다.

03 ③

마태 효과는 선행 지식이 풍부한 학생은 갈수록 학업 성취가 높아지지만 선행 지식이 결여된 학생은 학업 성취가 낮아지는 현상을 의미한다. 이는 발달의 기제 중 누적성과 관련된다. 발달의 누적성은 앞 단계의 발달이 잘못되면 다음 단계에서는 더욱 잘못되고, 앞 단계에서 잘 되면 다음 단계에서도 잘된다는 것을 말한다.

04 ④

④는 자기 보고법에 대한 설명이다. 자연 관찰법은 일상적 장면에서 피험자의 행동을 있는 그대로 관찰하는 방법이다.

05 ②

ㄱ, ㄷ. 투사법에 대한 옳은 설명이다. 투사법은 개인적인 욕구, 지각, 해석 등이 밖으로 나타날 수 있는 자극을 피험자에게 제시함으로써 인성을 측정하는 방법이다.

오답분석

ㄴ. 투사법은 피험자의 욕구, 지각 등을 알아보기 위해 비구조적 자극을 활용한다.

06 ②

체계적 표집은 모집단의 각 표본에 일련번호를 붙인 다음 일정 간격으로 표집하는 방법이다. 일정한 간격이 정해지면 제비뽑기로 출발점을 결정하고 일정한 간격으로 표본을 추출하는 방법으로 계통적 표집, 동간적 표집이라고도 한다.

07 ①

발달은 중심에서 말초로, 상부에서 하부로, 전체 운동에서 특수 운동으로, 미분화 운동에서 분화 운동으로 진행되는 경향이 있다.

오답분석

② 발달은 비약적인 것이 아니라 연속적·점차적인 것으로, 이전 단계의 발달은 이후의 발달을 위한 기초를 제공하며 인간은 반드시 과거와의 연결을 가지고 발달한다.
③ 인간발달에는 결정적 시기나 최적의 시기가 있다.
④ 인간발달은 퇴행적 변화까지 포함하는 개념이다.

08 ③

모로 반사는 갑자기 큰 소리가 나거나 손에 자극을 받으면 양팔을 좌우로 벌리고 손가락을 쫙 펴며 허우적거리는 반사 행동이다.

09 ③

보울비(Bowlby)는 어린 시절 어머니와의 애착 관계 형성이 아동의 정서적인 문제를 비롯하여 아동발달에 영향을 미친다는 점을 강조하였다. 그는 유아가 양육자인 어머니에게 신호를 보내고, 어머니는 그러한 신호에 생물학적으로 반응함으로써 이들 간에 애착이 형성된다고 보았다. 이때 유아의 애착 행동은 선천적인 사회적 신호로 볼 수 있으며, 만약 어머니가 이러한 유아의 신호에 민감하게 반응하는 경우 이들 간의 유대 관계가 공고해지는 반면, 유아가 오랜 기간 어머니에게서 격리되어 신호에 대한 어떠한 반응도 얻지 못하는 경우 어머니에게는 물론 다른 대인 관계에 있어서도 부적응적인 양상을 보이게 된다는 것이다. 보울비는 사회적 관계의 질에 결정적인 영향을 미치는 민감한 시기를 '최적의 시기'로 보았다.

10 ④

④는 횡단적 연구에 대한 옳은 설명이다.

오답분석

①, ②, ③ 종단적 연구의 특징에 해당한다.

참고 **횡단적 연구**

- 일정 시점에서 여러 연령층의 대상들을 택하여 필요한 발달 특징들을 알아보는 방법으로, 가장 이상적인 연구 방법이다. 횡단적 연구는 연령이 다른 개인(집단) 간에 나타나는 발달적인 차이를 단기간에 한번에 비교할 때 유용하다.
- **장점**: 동시에 여러 연령층을 연구할 수 있어 시간과 경비가 절감되어 경제적이다.
- **단점**: 연령 차이뿐 아니라 출생 연대가 다름에 기인하는 상이한 시대적 배경이 혼합적으로 개입될 수 있다. 발달 과정을 일관성 있게 이해하는 데 어려움이 있다.

11 ①

ㄱ, ㄴ, ㄷ. 후기 아동기(학령기, 6~12세) 아동의 발달 특성이다.

오답분석

ㄹ. 성 역할 학습은 학령 전기(4~6세)의 특징이다.

참고 **후기 아동기(학령기, 6~12세)의 특징**

- 10세 이전에는 남아가 여아보다 키와 몸무게가 앞서지만, 11~12세경에는 여아의 발육이 남아보다 우세해진다.
- 프로이트의 잠복기, 에릭슨의 학령기, 피아제의 구체적 조작기에 해당된다.
- 보존의 개념을 획득하고, 서열화·유목화가 가능하며, 논리적인 사고를 한다.
- 동성의 친구와 친밀감을 유지하려고 한다.
- 집단 놀이를 통해 개인적 목표보다 집단적 목표를 우선시하며, 협동·경쟁·협상·분업의 원리를 체득한다.

12 ①

청소년기는 형식적 조작기에 해당하며, 형식적 조작기는 연역적 사고와 과학적 추리를 실행할 수 있는 단계이다. 추상적·연역적·상대론적 사고가 가능하다.

참고 **형식적 조작기의 특징**

- 추상적 개념의 이해(추상적 사고)
- 문제 해결에 있어 형식적 조작이 가능
- 사물의 인과 관계 터득
- 가설 검증 능력, 연역적 사고 가능
- 추리력과 적용력 발달
- **대표적 행동**: 조합적 사고

13 ④

프로이트는 인간을 과거의 경험에 의해 지배받는 수동적인 존재로 보고, 인간의 의식 구조를 세 단계로 나누어 설명하며, 생리적 욕구 충족의 정도에 따라 성격 형성이 결정된다고 보는 심리성적 결정론의 입장을 취한다.

14 ④

클라인펠터 증후군(Klinefelter syndrome)은 일반적으로 남자의 염색체는 '46, XY'이지만, X 염색체가 1개 이상이 더 존재하는 것이다. 염색체 형태는 '47, XXY', '48, XXXY', '46, XY/47, XXY' 등 다양하게 나타날 수 있다.

오답분석

① **터너 증후군(Turner syndrome)**: 성염색체인 X 염색체 부족으로 난소의 기능 장애가 발생하여 조기 폐경이 발생하며, 저신장증, 심장 질환, 골격계 이상, 자가 면역 질환 등의 이상이 발생하는 유전 질환이다.
② **파타우 증후군(Patau syndrome)**: 13번 상염색체가 3개 있어서 태어날 때부터 중추 신경계, 심장을 비롯한 중요한 신체 장기의 심한 선천성 기형을 보인다. 신생아 20,000~25,000명당 1명꼴로 발생하며, 생존 기간이 짧은 선천성 염색체 이상 질환이다.
③ **에드워드 증후군(Edward syndrome)**: 18번 3염색체 증후군으로, 정상적이라면 2개이어야 할 18번 염색체가 3개가 되어 발생하는 선천적 기형 증후군이다.

15 ④

청소년기의 중심 과제는 자아 정체감의 확립이며, 정체감 발달에는 청소년이 동일시 하고자 하는 인물이나 사회 집단의 영향력이 중요하다.

16 ①

콜버그의 도덕발달 단계는 아래와 같다.
- 1단계: 벌과 복종에 의한 도덕성(ㄱ)
- 2단계: 욕구 충족을 위한 수단으로서의 도덕성
- 3단계: 대인 관계에서 조화를 위한 도덕성(ㄴ)
- 4단계: 법과 질서를 준수하는 도덕성(ㄷ)
- 5단계: 사회계약 정신으로서의 도덕성
- 6단계: 양심 및 보편적 도덕 원리에 대한 확신으로서의 도덕성(ㄹ)

17 ②

성숙은 외적 요인에 의해 영향을 거의 받지 않는다.

참고 게젤(Gesell)의 발달 원리
- 기능적 비대칭의 원리
- 개별적 성숙의 원리
- 발달 방향의 원리
- 자기 규제의 원리
- 상호적 교류의 원리

18 ②

대상 영속성(object permanence)은 환경에 존재하는 외부 대상이나 물체가 직접적으로 지각되지 않아도 지속적으로 존재하고 있다는 것에 대한 인식을 말한다. 생후 4개월 미만의 영아는 사물이나 사람이 시야에서 사라지거나 감추어지면 그 대상이 존재하지 않는 것으로 인식한다. 반면 8개월 이상의 영아는 사물이나 사람이 시야에서 사라지고 자신의 존재와 분리되더라도 지속적으로 존재하며 다른 시간이나 장소에서 찾아낼 수 있다는 것을 인식하게 된다. 대상 영속성에 대한 개념을 확고하게 발달시킨 영아는 외부에 존재하는 물리적인 실체뿐만 아니라 자기 자신이 세상에 존재하는 독립적인 개체라는 것을 명확하게 깨닫게 된다.

19 ②

ㄷ, ㄹ. 지능 검사에 관한 옳은 설명이다.

오답분석

ㄱ. 지능 검사는 정신 지체를 감별할 목적으로 처음 제작되었다.
ㄴ. 웩슬러 지능 검사에서 편차 점수를 활용한다.

20 ②

영아기 기억 상실증(infantile amnesia)은 인생 초기에 경험한 사건을 기억하지 못하는 것을 뜻한다. 성인은 아기 시절을 거의 기억하지 못하는 반면, 3~4세 이후의 경험을 기억할 가능성은 크다. 단순히 너무 오래 전의 일이기 때문에 기억하지 못하는 것과는 다른 차원의 의미이다. 인생 초기의 경험은 언어 능력의 부재 혹은 자아감이 발달하지 않았기 때문에 기억하기가 어렵다. 그러나 걸음마기를 지나면 개인에게 중요한 삶의 경험과 사건을 구조화할 수 있는 전기적 기억이 발달한다.

21 ④

소아기(10세 이전)에 발병되면 잘 낫지 않으며, 청소년기에 발병하면 나이가 들어서 반사회적 행동이 줄어드는 경향이 있다.

> 참고 **품행 장애(conduct disorder)**
- 반사회적·공격적·도전적 행위를 반복적·지속적으로 행하여 사회·학업·작업 기능에 중대한 지장을 초래하는 장애를 의미한다.
- 사회적으로 용납되지 않는 행동을 지속하는 것이 품행 장애의 주된 증상으로 비행, 공격성이 동반된다. 가족뿐만 아니라 대인 관계 전반에서 나타날 수 있으며, 주로 가정과 학교, 사회에서 나타난다.
- 심리적 관점으로는 품행 장애로 보지만, 사회적 관점으로는 일탈 행동(misbehavior, deviant behavior), 법률적 관점으로는 청소년 비행(juvenile deliquency)에 해당된다.
- 품행 장애는 남자에게서 훨씬 높게 나타난다.
- 청소년기 여아에게는 성적 일탈이 두드러지며, 남아는 폭력적 성향이 두드러진다. 주로 청소년 초기에 처음 발현된다.

22 ④

프로이트의 잠복기는 에릭슨의 근면성 대 열등감 시기에 해당한다.

23 ②

ㄱ, ㄷ, ㄹ. 아버지와의 애착에 관한 옳은 설명이다.

오답분석
ㄴ. 어머니와 애착이 불안정한 경우 아버지와의 애착이 보완해 준다.
ㅁ. 아버지와의 애착은 놀이가 주된 상호 작용이 된다.

> 참고 **애착**
애착이란 양육자나 특별한 사회적 대상과 형성하는 친밀한 정서적 관계를 말한다. 생애 초기 부모와의 애착 관계는 이후 대인 관계의 질을 예측하는 선행 변인으로 수많은 연구에서 밝혀졌다.

24 ③

관계적 공격은 누군가에게 공격적인 행동을 하기 위해 또래 관계를 이용해 집단에서 제외시키거나, 친구 관계를 철회하거나, 악의의 소문을 퍼뜨리는 것으로, 여아에게서 더 잘 나타난다.

> 참고 **공격성**
- 공격성이란 누군가에게 물리적으로나 심리적으로 해를 끼치고자 의도하는 반사회적 행위를 뜻한다.
- 공격성 종류

종류	내용
신체적 공격	물리적인 힘을 가하여 신체에 상해를 입히는 것
언어적 공격	해가 되는 말을 하는 것으로서 욕설을 하거나 악의적인 별명을 부르는 것
관계적 공격	누군가에게 공격적인 행동을 하기 위해 또래 관계를 이용해 집단에서 제외시키거나 친구 관계를 철회, 악의의 소문을 퍼뜨리는 것으로, 청소년기에 남아보다 여아에게서 더 잘 나타남
도구적 공격성	자신의 욕구를 충족시키거나, 가치 있다고 여기는 것을 획득하기 위한 수단으로 공격 행동이 일어나는 경우
적대적 공격성	고통이나 불쾌감 등에 의해 유발되는 것으로서 감정적이거나 충동적으로 공격 행동이 일어나는 경우

25 ③

성 역할 고착화는 성 역할에 대한 고정 관념이 증가하는 현상으로, 청소년 후기에 이러한 현상은 점차 감소한다.

> 참고 **청소년기 자아 정체감 형성이 중요한 이유**
- 청소년들은 급격한 신체적 성장과 성적 성숙으로 심정적으로 혼란감을 경험한다. 급격한 변화 속에서 자신에 대해 이해하고 자신에 대한 개념을 잡아갈 필요가 있다.
- 청소년기는 아동기에서 성인기로 넘어가는 과도기에서의 양가적 위치에 있다. 주변의 다양한 기대와 요구 속에서 중심을 잡고 혼란을 극복해 나가기 위해 올바른 자아 정체감 형성이 중요하다.
- 청소년기는 끊임없는 선택과 결정의 시기이다. 자아 정체감이 올바르게 형성되어야 자신에게 맞는 선택과 결정을 할 수 있고, 반복되는 선택과 결정은 자신을 형성해 나가는 과정이기도 하다.
- 이 시기는 인지 능력이 증대된다. 때문에 이전 시기에는 무의식적으로 받아들였던 자기 개념이 의식화되고 자신에 대한 탐색(위치, 역할, 가치관, 이념)이 가능하다.

26 ②

친사회적 행동은 사회적으로 긍정적인 결과를 가져오게 하는 행동이다. 주로 외적인 보상을 기대하지 않고 타인의 이익을 위해 자발적으로 수행되는 경향이 있다. 대부분의 친사회적 행동은 나누기(sharing), 협동(cooperation), 감정 이입(empathizing), 조망 수용(perspective) 등의 의미로 정의되었으나, 최근에는 사회적 기술, 사회적 능력, 또래와의 상호작용 기술이라는 광의적인 의미로 사용되기도 한다.

27 ③

신체 기관의 분화가 일어나는 시기는 배아기이다.

28 ①

남성은 정의의 윤리를 지향하고 여성은 배려의 윤리를 지향한다.

참고 콜버그와 길리건의 이론 비교

콜버그(Kohlberg)	길리건(Gilligan)
• 남성적 도덕성 • 인간 관계보다 개인을 중시: 자율성 중시 • 권리의 도덕 • 정의의 윤리 • 형식적·추상적 해결책 중시 • 권리와 규칙에 대한 이해가 발달의 중심 • 과거 지향적 접근	• 페미니즘 윤리관 • 개인보다 인간 관계를 중시: 애착 중시 • 책임의 도덕 • 보살핌의 윤리 • 맥락적·서사적 해결책 중시 • 책임과 인간 관계에 대한 이해가 발달의 중심 • 미래 지향적 접근

29 ④

순한 아이는 낯선 상황에서 처음에는 움츠러들지만, 곧바로 불안이 없어지고 흥미를 갖는다.

참고 기질의 3가지 유형

- **순한(easy) 아이**: 수유, 배설, 수면 등의 일상 생활 습관이 규칙적이며 환경 변화에 대한 적응력도 높다. 새로운 경험에도 쉽게 적응하고 유별난 행동적 특성이 없는 편이며 사람들과 잘 어울린다. 가장 많은 타입으로 전체 약 40%가 여기에 해당한다.
- **까다로운(difficult) 아이**: 생물학적 리듬이 불규칙해 수유, 배설, 수면 등의 일상 생활 습관이 불규칙하고 새로운 경험에의 적응이 어려우며 주로 울음이나 저항 등의 부정적 반응을 한다. 낯선 사람을 보면 피하고 울며 낯선 음식을 주면 뱉어내는 등 환경 자극에 대한 반응의 강도가 강하고 부정적이다. 달래기도 힘이 들어 키우기에 매우 까다롭다. 전체 약 10% 정도가 해당한다.
- **반응이 느린(slow-to-warm-up) 아이**: 환경 변화에 대한 적응이 늦고 낯선 사람이나 새로운 사물에 대해 부정적인 반응을 보인다. 그러나 까다로운 아이와 달리 새로운 음식을 주면 뱉어내지는 않고 그냥 흘러내리게 두는 등 새로운 자극에 대한 반응 강도는 약하다. 전체 15% 정도가 해당한다.
- 나머지 35% 정도의 영아는 복합적인 경우에 해당한다.

30 ②

ㄱ, ㄴ, ㄹ. 비고츠키의 인지발달 이론에 관한 옳은 설명이다.

오답분석

ㄷ. 아동의 인지는 유능한 또래나 성인과의 상호 작용을 통해 주로 발달된다.

참고 비고츠키의 인지발달 이론

- 아동은 타인과의 관계에서 영향을 받으며 성장하는 사회적 존재이므로, 인간 이해에 있어서 사회·문화·역사적인 측면을 제시하였다.
- 인지발달은 사회·문화적 맥락(context)의 영향을 받는다. 즉 인간의 정신은 사회·문화적 환경에 의한 사회 학습의 결과이다.
- 인간은 홀로 성장하고 발달하는 것이 아니라 사회의 많은 사람들과 관계하고 도움을 받으면서 성장한다. 이 과정에서 상호 작용에 필수적 도구인 언어 습득을 아동발달에 가장 중요한 변인으로 간주한다.
- 인지발달은 변증법적 교류에 의해 이루어진다.
  - 아동의 인지발달은 새로운 문제를 풀 때 기존의 방식이 아닌 다른 방식을 요구하며, 이러한 모순을 극복하며 변증법적으로 이루어진다.
  - 한 아동이 학습을 통해 잠재적 발달 수준에 도달하면 잠재적 발달 수준은 실제적 발달 수준이 되고 새로운 잠재적 발달 수준이 설정된다.
- 언어가 사고(인지)발달에 선행한다.
- 학습이 발달을 주도한다.
- 놀이가 인지발달에 중요한 역할을 한다.

31 ④

노화에 따른 상실을 보상하기 위해서는 주위 자원의 활용이 필요하다.

참고 발테스와 발테스의 SOC 이론(보상을 수반한 선택적 적정화 모델)

- 노년학을 오랫동안 연구해온 발테스와 발테스(Baltes & Baltes, 1990)는 전생애에 걸쳐 일어나는 발달심리학의 관점에서 성공적인 노화 이론으로서 SOC 모델(model of Selective Optimization with Compensation)을 제시했다.
- SOC 모델은 성공적 노화를 비롯한 인간 개발 연구 및 인간의 전 생애 발달이 선택(selection), 적정화(optimization), 보상(compensation)이라는 세 가지 생애 전략과 관련된 과정으로 보았다.
- 즉 선택, 적정화, 보상 모델은 한 개인이 노화 과정에 따라 어떻게 적절하게 대응하고 활용하느냐 하는 문제, 생애 과정에서 노화의 손실을 최소화하는 것이 성공적 노화 수준을 연구하는 데 효과적이라는 견해이다.
  - **선택**: 주어진 환경 속에서 개인의 생활 목표(신체적 건강, 가치 등)에 대한 기회와 기능, 역할의 범위를 고려해 활동의 양과 질 및 종류를 선택하는 것이다.
  - **최적화**: 선택한 목표 달성을 위해 최선의 노력을 다하는 최적화를 중시한다. 다양한 수단과 방법으로 개인이 선택한 목표와 영역을 최대한 달성하는 일이다. 자신의 강점과 잠재적 기능을 동원해 성공적인 사회 활동은 물론 건강 관리, 레저 생활, 사회 봉사 등으로 노후 생활을 활기차게 만드는 일이다.
  - **보상**: 생물학적·사회적·인지적 기능의 상실이 일어났을 때, 어떠한 학습이나 보조 기구, 외부적 도움, 심리적 보상 기제 등으로 상실을 보완하는 것을 말한다. 활동의 제약과 질병으로 인한 손실을 최소화하면서 긍정적인 역할로, 주위의 자원을 활용하여 지속적인 성장을 이뤄나가는 것이다. 이렇게 될 때 노화의 주관적인 요소인 정서적 웰빙, 삶의 만족이라는 보상을 얻게 된다.

32 ②

'플린 효과'라 일컫는 IQ(Intelligence Quotient)의 증가 현상은 1980년대 초반 뉴질랜드의 심리학자 플린(Flynn)이 국가별 IQ 지수의 변동 추세를 조사하면서 밝혀졌다. 플린은 미국의 신병 지원자들의 IQ 검사 결과를 분석해 신병들의 평균 IQ가 10년마다 3점씩 올라간다는 사실을 발견했으며, 1987년 14개국으로 대상을 확대 실시한 조사에서도 비슷한 결과를 얻었다. 벨기에, 네덜란드, 이스라엘에서는 한 세대, 즉 30년 만에 평균 IQ가 20점이 올랐고, 13개국 이상의 개발도상국에서도 5~25점 증가했다는 보고서가 발표되었다.

33 ②

관찰 학습은 조작적 조건 형성의 원리를 이용해서 모방을 통한 인간의 사회 학습을 설명하면서도 인간 행동의 목적 지향성과 상징화나 기대와 같은 인지 과정의 중요성을 인정하고 있다.

34 ③

전환기는 삶을 침체시키거나 새롭게 만드는 시기이다.

참고 레빈슨의 사계절 발달 이론

레빈슨은 35~45세의 각계 각층의 남성 40명을 대상으로 그들의 삶에 대한 심층적인 면접으로 얻은 자료와 유명인의 자서전 등을 분석하고 이용하여 인생 사계절론을 제시하였다.
레빈슨 이론의 가장 중요한 개념은 '인생 구조'이다. 인생 구조란 '일정한 시기에 있어서의 개인의 삶의 양식과 설계'를 의미하는 것이다. 즉, 인생 구조는 개인의 사회·문화적인 배경, 개인 자아의 특성, 주변 세계에 대한 개인의 참여도에 따라 결정된다고 하였다. 레빈슨은 이 인생 구조의 변화에 따라 발달 단계를 구분하였고 나이로 단계를 표현하는 것에는 한계가 있다고 여겨 각 단계마다 한 시기의 끝과 다른 시기의 시작을 5년 정도로 겹쳐 과도기를 두어 표현하였다.

35 ②

화용론 지식은 말하는 이와 듣는 이의 관계, 시간과 장소의 적절성, 효과적인 주제의 선택 등과 관련한 용법과 규칙이 포함된다. 실제 상황적 맥락에서 화자와 상대방에 의해서 쓰이는 말의 기능(사용)과 관계되는 영역으로, 의사소통 시의 발화에 대한 언어론이다.

오답분석
① 구문론은 문장을 기본 대상으로 하여 문장의 구조나 기능, 구성 요소 따위를 연구하는 학문으로, 언어학의 한 분야이다.
③ 음운론은 추상적·심리적인 말소리인 음운을 대상으로 음운 체계를 밝히고, 그 역사적 변천을 연구하는 학문으로, 언어학의 한 분야이다.
④ 의미론은 언어의 의미에 관하여 그 기원, 변화, 발전 등을 연구하는 학문으로, 언어학의 한 분야이다.

36 ③

ㄴ, ㄷ. 아동기(6~12세)에 해당된다.

오답분석
ㄱ. 에릭슨(Erikson)의 주도성 대 죄책감은 3~5세에 해당된다.

37 ①

미분화된 자기 중심적 단계는 3~6세로, 자신과 타인의 행동을 제3자의 관점에서 생각할 수 없다.

참고 조망 수용 능력 발달 단계

단계	연령	특징
수준 0 미분화된 조망 수용	3~6세	• 아동들은 자신과는 다른 어떤 조망도 인식하지 못함 • 동일한 사건이나 행위에 대해 타인들이 자신과 다르게 해석할 수 있음을 알지 못함
수준 1 사회정보적 조망 수용	6~8세	사람들이 다른 정보를 받게 되면 다른 관점을 가질 수 있다는 것을 인식하기 시작함
수준 2 자기반영적 조망 수용	8~10세	• 같은 정보를 받았을 때도 자신과 타인의 관점이 갈등할 수 있다는 것을 앎 • 타인의 관점을 고려할 수 있으며, 자신의 행동에 대한 타인의 반응을 예측할 수 있음 • 자신의 관점과 타인의 관점을 동시에 고려할 수는 없음
수준 3 제3자적 조망 수용 (상호적 역할 수용)	10~12세	• 자신과 타인의 관점을 동시에 고려하고 타인도 같은 일을 할 수 있다는 것을 인식할 수 있음 • 자신과 상대방이 제3자의 공평한 입장에서 어떻게 보이는지 사고할 수 있음
수준 4 사회관습적 조망 수용	12~15세	• 사회적 가치 체계에 근거해서 다른 사람의 입장을 이해하고 판단할 수 있게 됨 • 사회 집단에서 대부분의 사람들이 취하게 될 조망을 추정할 수 있음

38 ①

샤이에(Schaie)의 성인기 인지발달 단계는 '획득 → 성취 → 책임(실행) → 재통합' 순이다.

참고 샤이에의 성인기 인지발달 단계

단계	시기	내용
성취 단계	성인 전기	• 성취, 독립의 목표를 지향하는 인지 행동 • **과업**: 사고 능력 배양, 독자적으로 의사 결정이 가능한 지적 기능의 사용 능력 개발
책임 단계/ 실행 단계	성인 중기	• 문제 해결에 있어서 개인의 목표, 가족 및 사회적 책임을 통합 • 보다 복잡한 조직적 위계와 책임을 갖는 문제 해결 • **과업**: 자신의 사고, 판단, 의사 결정에 책임을 질 수 있는 지적 기능 확립
재통합 단계	성인 후기	• 장기적인 목표를 설정할 필요가 없으며 사회적 책임이 급격히 감소하는 시기 • 자신의 흥미, 가치에 적합한 문제와 과제 선택 • **과업**: 자신의 지적 기능을 선택적으로 사용하여 재통합 능력 확립

39 ①

모델의 행동에 주의 집중한다고 반드시 실행하는 것은 아니다(무시행 학습).

참고 사회 학습의 이론적 개요
- 반두라가 대표적인 학자로, 관찰 학습, 모방 학습, 인지적 행동주의 학습으로도 불린다.
- 사회 학습이란 인간 행동의 학습은 실험적인 상황이 아니라 사회생활 속에서 타인의 행동을 관찰하고 모방한 결과로 보며, 주위의 사람과 사건들에 주의 집중함으로써 정보를 획득하는 학습이다.
- 모델을 직접 관찰함으로써 이루어지는 경우가 많으나 최근에는 대중 매체의 발전으로 언어나 사진, 그림과 같은 상징적 모델을 모방하는 경우도 많다.
- 조작적 조건 형성의 원리를 이용해서 모방을 통한 인간의 사회 학습을 설명하면서도, 인간 행동의 목적 지향성과 상징화나 기대와 같은 인지 과정의 중요성을 인정하고 있다.
- 행동주의 이론에서 인지주의 이론으로 넘어가는 과도기 이론으로 평가받고 있다.
- 학습은 모델의 행동을 모방하거나 대리적 조건 형성을 통해서 이루어진다.

40 ④

감각 기억에서 정보를 획득하려면 주의 집중이 우선되어야 한다.

오답분석
① 감각 등록기의 정보의 저장 용량은 제한이 없다.
② 정보가 일단 유입되면 자극을 아주 정확하게 저장하지만, 매우 짧은 시간 동안 저장된다.
③ 환경으로부터 눈이나 귀와 같은 감각 수용 기관을 통해 정보를 최초로 저장한다.

제2회

01	02	03	04	05	06	07	08	09	10
①	③	④	②	④	②	②	④	②	④
11	12	13	14	15	16	17	18	19	20
③	②	①	④	②	①	②	④	②	②
21	22	23	24	25	26	27	28	29	30
①	③	③	②	③	②	④	②	①	③
31	32	33	34	35	36	37	38	39	40
④	④	②	①	③	④	③	①	④	④

01 ①

구체적 조작기에는 추상적 사고 능력이 부족하다.

참고 **구체적 조작기(7~11세)**
- 동작으로 했던 것을 머리로 생각할 수 있음(조작)
- 논리적 사고(실제 관찰한 대상에만 한정됨), 가역성 획득
- 언어의 복잡화
- 사고의 사회화
- 서열화의 능력과 분류 능력의 출현
- **대표적 행동**: 상대적 비교 가능, 가역적 사고

02 ③

동기화 과정은 강화를 통해 자기 효능감에 중요한 영향을 준다.

참고 **관찰 학습의 과정**
- **주의 집중**: 모방하려는 모델의 행동에 주의를 기울이는 과정으로, 모델의 특성과 관찰자의 특성에 영향을 받는다.
- **파지**
  – 모델을 관찰한 후 일정 기간 동안 모델의 행동을 언어적 방법이나 상징적인 형태로 기억하는 것을 말한다.
  – 상징적 형태로 기억하기 위해서는 모델의 행동을 상징적으로 기호화해야 한다.
  – 일단 정보를 인지적으로 저장하고 나면 관찰 학습이 일어난 뒤 오랜 시간이 경과해도 이용할 수 있다.
- **운동 재생**
  – 모방하려는 것을 실제 행동으로 옮겨 정확하게 재생하는 단계이다.
  – 행동의 정확한 재생을 위해 운동 기술과 신체적 능력이 있어야 하고, 이를 위해 성장과 연습이 필요하다.
  – 자신의 행동을 관찰하고 자신의 행동과 기억하고 있는 모델의 행동을 비교하면서 계속 자기의 행동을 수정하여 모델의 행동을 재생할 수 있게 해주는 교정적 피드백이 필요하다.
- **동기화**
  – 강화를 통해 행동의 동기를 높여주는 단계이다. 강화는 관찰자로 하여금 모델과 같이 행동하면 자기도 강화를 받는다는 기대를 갖게 하고 학습의 수행으로 유인하는 구실을 한다.
  – 강화는 학습(새로운 행동의 획득)을 유발하는 변인이 아니라 수행(학습의 결과)을 동기화한다.
  – 직접적 강화 외에 대리적 강화와 자기 강화에 의해 영향을 받는다.

03 ④

생식세포는 감수분열을 통해 22개의 상염색체와 1개의 성염색체를 갖고 있다.

오답분석
① 접합체(수정체)의 발달은 세포분열을 하며 발달한다.
② 다운 증후군은 상염색체 장애이다(21번 3염색체증).
③ 정상적인 인간 접합체는 46개의 염색체를 갖고 있다.

04 ②

정교화는 새로운 정보에 의미를 추가하거나 그 정보를 기존 지식과 연결하여 의미를 부여하는 전략이다.

오답분석
① 부호화란 장기 기억 속에 존재하고 있는 기존 정보에 새로운 정보를 연결하거나 연합하는 것으로, 작동 기억에서 장기 기억으로 정보를 이동시키는 과정을 의미한다.
③ 활성화는 저장된 정보를 인출하여 활용하는 과정이다.
④ 유지 시연이란 작동 기억 속에서 이루어지는 처리 과정으로, 정보를 여러 가지 방법으로 계속적으로 반복 사용하는 것을 의미한다.

05 ④

상위 인지의 주요 기술은 계획, 점검, 평가 등이다.

오답분석
① 밑줄 긋기는 주의 집중을 위한 방안이다.
② 정보를 반복적으로 사용하는 것은 시연이다.
③ 성인이라도 과제를 해결할 경우에 상위 인지를 항상 사용하는 것은 아니다.

참고 상위 인지(초인지, meta-cognitive)
- 플래벨(Flavell)이 최초 사용한 개념으로, 인지에 대한 인지를 의미한다.
- 자신의 인지 또는 사고에 관한 지식으로, 자신의 인지 장치와 그 장치가 어떻게 작동하는지에 대하여 갖는 인식을 말한다.
- 사고하는 방법에 대한 사고 활동이다.
- 상위 인지의 주요 기술은 계획, 점검, 평가 등이다.
- 자기 자신의 인지 과정을 인식·성찰·통제하는 정신 활동 또는 능력을 말한다.

06 ②

일반화된 강화물은 2차 강화물 중에서 여러 개의 1차 강화물과 결합된 강화물로, 박탈 조건이 아니더라도 효과를 발휘한다. 돈, 지위, 권력, 명성 등이 일반화된 강화물에 해당된다.

07 ②

태내 발달은 난자와 정자가 만나 수정된 순간부터 출산에 이르기까지의 기간을 말한다. 태내 발달 단계는 '발아기(수정~2주) - 배아기(2~8주) - 태내기(8주~출생)'이다.

08 ④

정서의 변화도 학습에 포함된다.

참고 학습의 일반적인 개념
- 학습이란 경험이나 연습의 결과로 발생하는 비교적 지속적인 행동의 변화이다. 여기에서 말하는 '행동'은 밖으로 드러나는 외현적 행동뿐만 아니라 밖으로 드러나지 않은 내면적 행동까지 포함한다.
- 인간의 발달에는 학습적 발달과 성숙적 발달이 있다. 이 두 가지를 엄격히 구분하기는 어려우며, 또한 이들은 상호 보완적 관계에서 개체가 발달한다.
- 학습의 개념에는 연습, 변화, 자기 조절, 지속성이라는 개념적 특성을 가지고 있다. 따라서 학습에는 생득적 반응 경향에 의한 변화, 성숙에 의한 변화, 일시적인 변화는 제외된다.
- 교사의 지도에 의하여 새로운 지식, 기능, 행동을 습득하여 실생활에 활용할 수 있는 재체계화 과정으로, 행동의 변화를 가져온다.

09 ②

A. 정체감 성취(identity achievement) 유형으로, 직업이나 이성, 신앙 등을 자유롭게 고려해 본 후에 스스로 선택한 삶에 전념하는 상태이다.
B. 정체감 혼미(identity diffusion) 유형으로, 자신이 누구인지, 인생에 있어 뭘 하고 싶어 하는지 모르고, 삶에 대한 방향감이 결여되어 있다.
C. 정체감 유실(identity foreclosure) 유형으로, 선택 사항들에 대한 고려 없이 부모와 같은 다른 사람이 선택해 준 결정을 수용하는 상태이다.

10 ④

설명에 제시된 사례에서 은희와 승재의 행위는 욕구 충족을 위한 수단이므로, 도구적 상대주의 지향 단계에 해당한다.

참고 콜버그(Kohlberg)의 도덕성 발달 단계

수준	단계	특징
제1수준 인습 이전 수준 (전도덕기, 0~6세)	• 1단계 - 주관화 - 벌과 복종에 의한 도덕성 - 벌과 복종 지향	• 신체적·물리적 힘이 복종이나 도덕 판단의 기준이 됨 • 신체적 처벌을 피하기 위하여 규칙을 지킴 • 행동의 결과의 의미나 가치가 문제가 되지 않고 표면적인 결과만으로 도덕적 판단을 함 • 하인즈의 딜레마 - 약을 훔쳐야 함 → 아내를 죽게 두면 신으로부터 벌을 받기 때문 - 약을 훔쳐서는 안 됨 → 도둑이라고 잡혀서 벌을 받기 때문
	• 2단계 - 상대화 - 욕구 충족을 위한 수단으로서의 도덕성 - 도구적 상대주의 지향	• 상이나 보답을 받기 위해 규칙을 지키거나 남에게 도움을 줌 • 자기 자신의 개인적 욕구를 충족시키거나 이익과 보상을 얻을 수 있는 일은 옳음 • 인간 관계는 상호 호혜의 원칙에 의해 행동의 가치를 결정 • 하인즈의 딜레마 - 약을 훔쳐야 함 → 생활하는 데 아내의 도움이 필요하기 때문 - 약을 훔쳐서는 안 됨 → 감옥에 가는 것은 아무 이익이 안 되기 때문

수준	단계	특징
제2수준 인습 수준 (타율적 도덕기, 6~12세)	• 3단계 - 객체화 - 대인 관계에서 조화를 위한 도덕성 - 착한 아이 지향	• 타인의 비난을 피하고 인정받기 위해 규칙을 지킴 • 다수의 의견이나 사회적 인습에 따름 • 하인즈의 딜레마 - 약을 훔쳐야 함 → 부인을 돌보는 일이 이적인 일이 아니기 때문 - 약을 훔쳐서는 안 됨 → 남의 것을 훔치는 것은 나쁜 일이기 때문
	• 4단계 - 사회화 - 법과 질서를 준수하는 도덕성 - 법과 사회 질서 지향	• 법과 질서는 정해진 의무이기 때문에 무조건 지켜야 함 • 하인즈의 딜레마 - 약을 훔쳐야 함 → 부인이 죽으면 책임을 져야하기 때문 - 약을 훔쳐서는 안 됨 → 도둑질을 하는 것은 법을 어기는 것이기 때문
제3수준 인습 이후 수준 (자율적 도덕기, 12세 이후)	• 5단계 - 일반화 - 사회 계약 정신으로서의 도덕성 - 사회 계약 지향	• 법의 목적은 인간의 권리나 복지를 보장하기 위한 것 • 법은 사회적 계약이므로 생명이나 자유와 같은 기본적 권리가 침해되지 않는 한 수정 가능 • 타인의 의지와 권리에 의해 위배되는 행동은 피하고 대다수의 의지와 복지에 따라 행동 • 하인즈의 딜레마 - 약을 훔쳐야 함 → 그 상황에 처했다면 누구나 약을 훔칠 수밖에 없을 것 - 약을 훔쳐서는 안 됨 → 약을 훔치는 것은 약사의 권리를 침해하기 때문
	• 6단계 - 궁극화 - 양심 및 보편적 도덕 원리에 대한 확신으로서의 도덕성 - 보편적 도덕 원리 지향	• 자기 자신의 양심에 따라 규칙을 지킴 • 도덕 원리는 포괄적·보편적·일관성이 있어야 함을 인정하지만, 도덕적 규제자로서 자신의 양심의 소리를 우선적으로 들음 • 하인즈의 딜레마 - 약을 훔쳐야 함 → 생명권이 재산권보다 중요하기 때문

11 ③

에믹(emic) 접근법은 미세한 특정 문화권 분석에 이용된다.

참고 에믹(emic)·에틱(etic) 접근법

- 에믹(emic) 접근법: 한 문화 혹은 언어, 더 특정적으로는 하나의 미세한 방언이 쓰이는 지역이나 동일 민족이 사는 미세한 문화권 등을 분석하는 데 적용되는 것이다. 특정한 언어나 문화의 유형을 발견하고 기술하기 위한 것으로, 그 언어나 문화의 여러 요소들이 특정한 유형으로 기능하기 위해 갖는 여러 관계를 고려하여 분석하는 것이다.
- 에틱(etic) 접근법: 자료를 일반화시키기 위한 분석으로서, 세계의 모든 문화에서 추출되는 자료를 체계적인 하나의 체계로 분류하고, 이 자료들을 분류할 수 있는 일관된 기준을 설명하고, 이렇게 분류된 요소들로 유형을 구분하고, 분석자가 새로운 자료를 수집한 특정 문화를 연구하기 전에 이미 분석자에 의해 설정된 유형 체계에 근거하여 새롭게 발견되는 자료를 분석·정의·기술하는 것이다.

12 ②

ㄷ, ㄹ. 발달에 관한 옳은 설명이다. 발달이란 인간이 태어나서 사망할 때까지 그 사이에 일어나는 인간 내부의 어떤 변화를 의미한다.

오답분석

ㄱ. 생물학적·인지적 발달 과정은 상호 작용하며 이루어진다.
ㄴ. 상황에 따른 일시적인 변화는 발달이 아니다.

13 ①

기질은 한 개인의 행동 양식과 정서의 반응 유형을 의미하며, 활동 수준, 사회성, 과민성과 같은 특성을 포함한다. 기질 형성의 심리적 특성은 성인기 성격의 토대가 되며 유전적 영향을 많이 받으나 환경도 중요한 역할을 한다.

참고 토마스(Thomas)와 체스(Chess)의 기질의 3가지 유형

- 순한(easy) 아이
  - 수유, 배설, 수면 등의 일상생활 습관이 규칙적이며 환경 변화에 대한 적응력도 높다.
  - 새로운 경험에도 쉽게 적응하고 유별난 행동적 특성이 없는 편이며 사람들과 잘 어울린다.
  - 전체의 약 40%가 순한 아이에 해당한다.
- 까다로운(difficult) 아이
  - 생물학적 리듬이 불규칙해 수유, 배설, 수면 등의 일상생활 습관이 불규칙하다.
  - 새로운 경험에 적응이 어렵고, 주로 울음이나 저항 등의 부정적인 반응을 한다.
  - 낯선 사람을 보면 피하고 울며, 새로운 음식을 주면 뱉어내는 등 환경 자극에 대한 반응의 강도가 강하고 부정적이다.
  - 달래기도 힘이 들어 키우기에 매우 까다롭다.
  - 전체의 약 10% 정도가 까다로운 아이에 해당한다.

- 반응이 느린(slow-to-warm-up) 아이
  - 환경 변화에 대한 적응이 늦고, 낯선 사람이나 새로운 사물에 대해 부정적인 반응을 보인다.
  - 까다로운 아이와는 달리 새로운 음식을 주면 뱉어내지는 않고 그냥 흘러내리게 두는 등 새로운 자극에 대한 반응 강도는 약하다.
  - 전체의 15% 정도가 반응이 느린 아이에 해당한다.

14 ④

조직화는 학습하고 기억하기 쉽게 하기 위한 전략으로, 정보를 군집화, 표로 작성 등 질서 있는 논리적 관계망을 구성하는 것이다.

오답분석

① 주의 집중은 자극에 반응하는 것을 의미한다.
② 시연은 작동 기억 속에서 이루어지는 처리 과정으로, 정보를 여러 가지 방법으로 계속적으로 반복 사용하는 것을 의미한다.
③ 정교화는 새로운 정보에 의미를 추가하거나, 그 정보를 기존 지식과 연결하여 의미를 부여하는 전략이다.

15 ②

할로우는 수유보다는 정서적 안정감이 애착 형성에 중요함을 밝혔다.

16 ①

ㄱ, ㄴ, ㄷ. 영유아기 언어발달에 대한 옳은 설명이다.

오답분석

ㄹ. 실제로 영아가 알아듣는 낱말의 수는 사용하는 낱말의 수보다 많다.

17 ②

배아기는 신체의 여러 기관이 형성되기 때문에 모체의 질병, 영양 결핍, 약물 등의 기형 발생 물질로부터 영향을 민감하게 받는 시기이다.

18 ②

써스턴(Thurstone)은 요인 분석의 방법을 고안하여 인간의 기본 정신 능력(PMA; Primary Mental Ability)이 7개 요인으로 구성되어 있다고 밝혔다. 현재 사용되고 있는 많은 지능 검사들은 이 이론에 영향을 받아 제작된 것이다.

오답분석

① 스피어만(Spearman)은 2요인설을 주장했다.
③ 가드너(Gardner)는 다중 지능 이론을 주장했다.
④ 스턴버그(Sternberg)는 삼원 지능 이론을 주장했다.

19 ②

조절은 새로운 정보에 비추거나 새로운 경험에 따라 현존하는 도식을 수정하는 것이다. 조절은 도식이나 구조의 질적인 변화와 관련이 있다.

오답분석

① 동화는 새로운 지각물이나 자극 사건을 이미 자신이 가지고 있는 도식이나 구조에 통합시키는 인지 과정을 의미한다.
③ 조직화는 분리된 구조나 체계를 고차원의 체계나 구조로 통합시키는 선천적 경향성으로, 지각 정보와 인지 정보를 의미 있는 틀(인지 구조) 속에 체계화하는 활동이다.
④ 평형은 현재의 인지 구조와 새로운 정보 간의 균형을 회복하는 과정이다. 동화와 조절 중 어느 한쪽에 치우치지 않게 두 과정의 균형을 유지하는 것이다.

20 ②

ㄱ. 성장 급등은 여학생에게서 먼저 일어난다.
ㄹ. 성적 성숙은 개인차가 있다.

오답분석

ㄴ. 뇌의 무게는 3세까지 약 70~80% 증가한다. 성인의 뇌 무게의 평균값은 약 1,300g이다. 갓난아기의 뇌 무게는 평균 360g이다. 출생~8개월까지 300g, 8개월~2세 8개월까지 300g, 2세 8개월~19세경까지 300g 정도 증가한다.
ㄷ. 여학생의 사춘기 발달에 큰 영향을 미치는 호르몬은 에스트로겐이다.

21 ①

모로 반사는 신생아의 반사 운동 중의 하나로, 누워 있는 위에서 바람이 불거나, 큰 소리가 나거나, 머리나 몸의 위치가 갑자기 변하게 될 때 아기가 팔과 발을 벌리고 손가락을 밖으로 펼쳤다가 다시 무엇을 껴안듯이 몸 쪽으로 팔과 다리를 움츠리는 것을 말한다.

오답분석

② 바빈스키 반사는 발바닥을 가볍게 긁으면 발가락이 위쪽으로 부챗살처럼 펴지는 반응이다. 보통 생후 6개월 이후 서서히 사라진다.
③ 파악 반사는 신생아의 손바닥을 손가락으로 건드리면 꽉 붙잡는 반응으로, 원시 반사의 일종이다. 발바닥에서도 마찬가지로 나타나는데, 손가락으로 자극하면 발가락을 앞으로 오므린다. 손바닥의 파악 반사는 생후 2~3개월 무렵 소실되고, 발바닥의 파악 반사는 8~9개월 무렵 소실되는 것이 정상이다.
④ 빨기 반사는 신생아의 혀, 입술, 볼 등에 무엇이든지 닿으면 입을 움직여 자동적으로 빨려고 하는 반사이다. 출생 시에 나타나서 대략 2~3개월 이후에 사라진다.

22 ③

클라인펠터 증후군(Klinefelter syndrome)은 일반적인 남자의 염색체 '46, XY'와 달리 X 염색체가 1개 이상이 더 존재하는 증후군이다. 염색체 형태는 '47, XXY', '48, XXXY', '46, XY/47, XXY' 등 다양하게 나타날 수 있다. 일반적으로 불임, 여성형 유방을 검사하다가 우연히 진단된다. 고환 기능 저하(남성 호르몬 분비 저하, 정자 생성 불가능)와 다양한 학습 및 지능 저하가 가장 특징적인 소견이다. 키는 일반적으로 정상이거나 평균보다 약간 크다. 대부분 지능은 정상이지만, 미세한 학습 장애 등이 나타날 수 있다. 50% 정도의 환자에게서는 심장 판막의 이상이 동반되기도 한다.

오답분석

① X 염색체 결함 증후군
- 얼굴이 길고, 당나귀 귀 모양이 특징이며, 고환이 비대하다.
- 여성보다 남성에게서 발병률이 높다. 그 이유는 남성의 성염색체는 XY인데 여성의 성염색체는 XX로 X가 두 개이므로, 여성의 경우 결함이 있는 X 염색체가 다른 하나의 건강한 X 염색체에 의해 수정·보완될 가능성이 있기 때문이다.
- 정신 지체, 언어 장애, 자폐증 등의 장애를 보인다.

② 터너 증후군
- 난소가 기능을 제대로 하지 못해 여성 호르몬이 부족하고, 여성 호르몬의 부족으로 사춘기가 되어도 2차 성징이 나타나지 않으며, 생식 능력이 없다.
- 언어 지능은 정상이지만 공간 지각 능력은 평균 이하인 경우가 많다.
- 당뇨병, 연소자형 관절염, 작은 키가 보편적인 특성이다. 갑상선 질환, 결핵성 피부염, 류머티즘성 관절염, 골다공증의 발병률이 높다.

④ 다운 증후군
- 가장 흔한 염색체 질환으로서, 21번 염색체가 정상보다 1개 많은 3개가 존재하여 정신 지체, 신체 기형, 전신 기능 이상, 성장 장애 등을 일으키는 유전 질환이다.
- 신체 전반에 걸쳐 이상이 나타나며, 특징적인 얼굴 모습을 관찰할 수 있고, 지능이 낮다.
- 출생 전에 기형이 발생하고, 출생 후에도 여러 장기의 기능 이상이 나타나는 질환으로, 일반인에 비하여 수명이 짧다.
- 산모의 나이가 많을수록 잘 발병한다.

23 ③

자아는 외부 세계의 직접적인 영향에 의해 수정된 원자아의 일부로서, 의식된 성격의 부분으로 본능(충동)을 조절하여 현실적·합리적으로 처리하는 과정에서 발달하는 현실 구조이다.

오답분석

① 원초아는 일차적 사고 과정을 따른다.
② 초자아는 자아 이상과 양심으로 구성되어 있다.
④ 초자아는 옳고 그름에 대한 판단을 한다.

24 ③

정체감 유예(identity moratorium)는 선택을 위한 노력 중에 있는 상태이다.

오답분석

① 자아 정체감에 대한 고민은 형식적 조작기의 인지적 특징과 관련이 깊다.
② 부모의 가치를 그대로 수용하여 비슷한 선택을 하는 경우를 '정체감 유실'이라고 한다.
④ 청소년의 연령과 가족은 정체감 발달에 영향을 미친다.

참고 마샤(Marcia)의 정체감 상태

구분	내용
정체감 혼돈 (identity diffusion)	자신이 누구인지, 인생에 있어 무엇을 하고 싶어 하는지 모르고, 삶에 대한 방향감이 결여되어 있음
정체감 유실 (identity foreclosure)	선택 사항들에 대한 고려 없이 부모와 같은 다른 사람이 선택해 준 결정을 수용하는 상태
정체감 유예 (identity moratorium)	선택을 위한 노력 중에 있는 상태
정체감 성취 (identity achievement)	직업이나 이성, 신앙 등을 자유롭게 고려해 본 후에 스스로 선택하여 선택한 삶에 전념하는 상태

25 ③

자율성 대 수치감 및 회의감 단계에 대한 설명이다.

참고 에릭슨의 심리사회적 발달 단계

- 자율성 대 수치감 및 회의감(18개월~3세)
  - 이 단계의 쟁점은 '자율적'이고 창의적인 사람이 되느냐, 아니면 의존적이고 '자기 회의'로 가득 찬 '부끄러운 인간'이 되느냐이다.
  - 아동은 "내가 할 거야."라는 말을 많이 하면서 자율성을 표현한다. 이때, 어지르고 더럽히더라도 그냥 봐주는 것이 중요하다.
  - 여전히 다른 사람에게 의존하고 있지만, 자유로운 선택의 자율성도 경험하기 시작한다.
  - 이 시기의 중요한 과업은 자기 통제이며, 특히 배변 훈련과 관련된 배설 기능의 통제가 중요하다.
  - 아동에게 새로운 것들을 탐색할 기회가 주어지고 독립심이 조장되면 건강한 자율감이 발달하지만, 아동에게 자신의 한계를 시험할 기회가 주어지지 않고, 지나친 사랑과 과잉 보호를 받으면 세상사에 효과적으로 대처할 자신의 능력에 회의를 느끼고 수치심을 갖게 된다.
  - 이 단계의 갈등을 성공적으로 해결한 결과로서 습득되는 덕목은 '의지(will)'이다.

- 근면성 대 열등감(6~12세)
  - 근면성은 아동이 속한 사회에서 성공적으로 기능하고 경쟁하는 데 필요한 기술을 습득하는 능력이다(읽기, 쓰기, 셈하기 등).
  - 만약 이러한 기술을 획득하지 못하면 아동은 그가 속한 세계에서 열등감을 느낀다.
  - 아동이 성공에 대한 느낌이나 일을 잘 처리하지 못해서 인정받고자 하는 과업에 실패한다면, 근면성이 결여되고 무력감이 나타난다.
  - 근면성과 열등감의 균형 있는 발달은 '유능감(competence)'이다.

26 ①

니코틴은 혈관 수축, 혈액 감소, 태반의 비정상적 성장, 영양물 전달 저하, 태아 체중 감소, 중추신경계 손상, 성장 저하를 가져온다.

오답분석

② 정자와 난자가 결합한 수정란이 자궁벽에 착상하는 2주까지의 기간을 발생기라고 한다. 이 시기는 인간의 생애에서 사망률이 가장 높은 시기이지만, 신체는 이에 대해 전혀 지각을 하지 못한다. 배아기는 태내 발달의 제2단계인 수정 후 약 2~8주의 기간으로, 주요 신체 기관과 신경계가 모두 형성되는 시기이다.
③ 알코올은 태아의 순환 계통과 뇌로 들어감으로써 태아 알코올 증후군을 유발하며, 출생 후 정신 지체나 주의력 결핍, 과잉 행동 등의 이상 행동을 유발할 수 있다.
④ 태아 과체중의 원인은 임신성 당뇨 또는 출산 예정일을 넘겨 출산하는 경우의 두 가지로 구분된다.

27 ④

청소년, 성인들보다 노인들의 지능이 낮다는 연구 결과는 노인의 지능 검사 수행 능력이 쇠퇴하는 것이지, 실제로 인지적 능력이 저하된다는 것을 의미하는 것은 아니다.

28 ②

ㄱ. 횡단 연구의 결과는 연령 집단 간 차이를 기술한다.
ㄹ. 횡단 연구 진행 시 피험자의 손실 문제가 거의 없다.

오답분석

ㄴ, ㄷ. 종단적 연구법에 해당되는 내용이다.

참고 종단적 연구법과 횡단적 연구법

구분	종단적 연구법	횡단적 연구법
내용	시간이 흐름에 따라 특정 대상을 연구하는 것으로, 동일한 연구 대상을 오랜 기간 동안 계속 추적하면서 관찰하는 방법	일정 시점에서 여러 연령층의 대상들을 택하여 필요한 발달 특징들을 알아보는 방법으로, 가장 이상적인 연구 방법
장점	• 동일 대상을 연구함으로써 개인이나 집단의 성장 과정 및 변화의 형태를 구체적으로 파악할 수 있음 • 대상의 개인 내 변화와 연구 목적 이외의 유의미한 자료를 획득할 수 있음 • 성장 초기·후기의 인과 관계를 밝히는 주제에 용이함	동시에 여러 연령층을 연구할 수 있어 시간과 경비가 절감되어 경제적임
단점	• 너무 긴 시간과 노력, 경비가 많이 듦 • 표집된 연구 대상이 중도 탈락하거나 오랜 기간 동안 비교 집단과의 특성이 크게 달라질 수 있음 • 한 대상에게 반복적으로 같은 검사 도구를 사용하기 때문에 신뢰도가 약해질 수 있음	• 연령 차이뿐 아니라 출생 연대가 달라서 기인하는 상이한 시대적 배경이 혼합적으로 개입될 수 있음 • 발달 과정을 일관성 있게 이해하는 데 어려움

29 ①

토마스와 체스의 9가지 기질 차원 중 내향성 – 외향성은 해당되지 않는다.

참고 토마스와 체스(Thomas & Chess)의 9가지 기질의 차원

요소	내용
활동 수준 (activity level)	아이가 잠을 잘 때 얼마나 많이 움직이는지, 적극적인 놀이 활동을 얼마나 좋아하는지 여부
접근과 철회 (approach/ withdrawal)	새로운 장소나 음식, 이방인, 새로운 활동 등에 얼마나 쉽게 접근하고 관심을 가지는지 여부
정서의 질 (quality of mood)	긍정 혹은 부정 정서를 얼마나 많이, 강하게 표현하는지 여부
반응 강도 (intensity of reaction)	마음에 들지 않는 상황(예 젖은 기저귀)에 접했을 때 얼마나 강한 반응을 보이는지 여부
반응의 역치 (threshold of responsiveness)	큰 소리에 얼마나 반응하는지, 혼자서 얼마나 잘 잠자리에 드는지, 음식은 얼마나 잘 먹는지 등

요소	내용
리듬성 (rhythmicity)	먹고 자는 시간이나 양이 얼마나 규칙적인지 여부
주의 분산도 (distractibility)	한 자극에 얼마나 집중할 수 있는지, 혹은 다른 자극에 의해 주의가 얼마나 잘 분산되는지 여부
적응성 (adaptability)	새로운 환경이나 활동에 얼마나 빠르게 잘 적응하는지 여부
주의력과 끈기 (attention span and persistence)	과제나 특정 활동, 놀이 등을 끝까지 하려고 하는지 아니면 금세 포기하려고 하는지 여부

30 ③

주도성 대 죄책감 단계(3~6세)의 유아는 자율적이고 솔선수범하여 새로운 것을 추구하고, 계획하며 목표를 세우고 이를 달성하려고 노력한다. 만약 적절히 성공하게 되면 유아는 주도성을 확립하게 되지만, 부모나 주변에서 유아를 비난하거나 질책하면 유아는 위축되고 자기 주도적인 활동에 대해 죄의식을 갖게 된다.

참고 에릭슨의 심리사회적 발달 단계표

발달 단계	시기	주요 관계	시기	주 역할
신뢰감 대 불신감	0~18개월 (영아기)	어머니	희망	• 받기 • 주기
자율성 대 수치감 및 회의감	18개월 ~3세 (유아기)	아버지	의지력	• 참기 • 배설하기
주도성 대 죄책감	3~6세 (유아기)	가족	목적	• 창조 • 시도
근면성 대 열등감	6~12세 (아동기)	이웃, 학교	능력	• 솔선적 시도 • 협력적 시도
자아 정체감 대 역할 혼미	12~18세 (청년기)	또래 집단	충실(성실)	• 자아 확인 • 상호 작용
친밀감 대 고립감	18~24세 (성인 전기)	이성 친구	사랑	• 양보 • 자아 발견
생산성 대 침체성	24~54세 (성인 중기)	배우자	배려	• 출산 • 양육
자아 통정감 대 절망감	54세 이후 (성인 후기)	인류	지혜	• 실존 확립 • 현실 수용

31 ④

남근기에 남아는 아버지와의 동일시를 통해서 오이디푸스 콤플렉스를, 여아는 어머니와의 동일시를 통해서 일렉트라 콤플렉스를 극복한다.

오답분석
① 거세 불안은 어머니에 대해 강력한 애정의 욕구를 가진 남아가 아버지를 경쟁자로 생각하지만, 아버지는 남아에 비해 대단히 크고 강한 존재이므로 아버지에 대한 경쟁심이 두려움으로 변하게 된다는 것이다.
② 욕구가 결핍되면 그 단계에 고착된다.
③ 항문 폭발적 성격은 배변 훈련이 원활하지 않을 때 형성된다. 항문 폭발적 성격은 정돈하지 않고 지저분하며 어지럽히는 행동을 통해 항문기 억압에 대해 반항한다. 항문 강박적 성격은 고집이 세고 완고하며 검소하고 인색하다.

32 ④

기질도 애착 형성에 영향을 미친다.

참고 애착
양육자나 특별한 사회적 대상과 형성하는 친밀한 정서적 관계를 말한다. 발달심리학에서 애착 이론은 보울비(Bowlby)와 할로우(Harlow)의 선구적 연구를 통해 발전했으며, 애인스워스(Ainsworth)는 인간 아동이 보이는 애착의 개인차에 대한 대표적인 연구를 수행한바 있다.

33 ②

전조작기의 특성에 해당된다.

참고 피아제의 인지발달 단계 특징

단계	특징
감각운동기 (0~2세)	• 감각·운동에 의한 학습 • 모든 것을 자기 중심적으로 봄(자신의 심리 세계만 존재) • 사물의 실재성을 인식하지 못함 • 의도적인 반복 행동 • **대표적 행동**: 대상 영속성
전조작기 (2~7세)	• 지각과 표상 등의 직접 경험과 체험적인 행동 • 사물을 단일 차원에서 직관적으로 분류 • 언어의 발달과 현저한 지적 발달 • 개념적·상징적 양식 획득 시작 • 가역성, 보존 개념 미형성 • **대표적 행동**: 자기 중심성, 물활론적 사고, 중심화
구체적 조작기 (7~11세)	• 동작으로 했던 것을 머리로 생각할 수 있음(조작) • 논리적 사고(실제 관찰한 대상에만 한정), 가역성 획득 • 언어의 복잡화 • 사고의 사회화 • 서열화의 능력과 분류 능력의 출현 • **대표적 행동**: 상대적 비교 가능, 가역적 사고

단계	특징
형식적 조작기 (11세 이후)	• 추상적 개념의 이해(추상적 사고) • 문제 해결에 있어 형식적 조작이 가능 • 사물의 인과 관계 터득 • 가설 검증 능력, 연역적 사고 가능 • 추리력과 적용력 발달 • **대표적 행동**: 조합적 사고

34 ①

도구적 공격성에 대한 설명이다.

> **참고** 공격성의 유형

• 표현 방식

구분	내용
외현적 공격성	다른 사람의 신체적·심리적 안녕을 손상시키기 위해 해를 가하는 것으로 밀기, 치기, 때리기처럼 신체적인 해를 주거나 모욕과 험담 같은 언어적 위협을 하는 것
관계적 공격성	• 타인이 사회적으로 수용 받으려는 감정을 손상시키거나 또래 관계를 조작하고 손해를 끼침으로써 타인에게 해를 입히고자 하는 의도적 행동 및 사고 • 직접적인 통제, 사회적 소외(침묵하면서 위협), 거부(소문 퍼트리기, 거부 당하도록 거짓말하기), 사회적 제외(놀이나 집단에서 제외시키기) 등이 있음

• 표현 목적

구분	내용
적대적 공격성	타인을 해치거나 고통을 가하려는 자체가 목적인 공격성
도구적 공격성	자신에게 이익이 되는 권력, 돈과 같은 비공격적인 목적을 얻기 위해 타인에게 해를 가하거나 상처를 주는 공격성

• 표출 이유

구분	내용
반응적 공격성	앞으로 위험한 상황이 닥칠 것을 예상하여 상대방을 공격하는 방어적 반응으로, 심한 분노와 눈에 띄는 언어 및 태도 등을 동반함
순응적 공격성	사회적으로 배우게 되는 공격적 행위로, 정당하지 않은 이유로 또래에게 따돌림 당한 경험을 다른 애매한 경우에도 적용시켜 누구든지 자신에게 적개심을 가지고 있는 것으로 확대시켜 받아들임으로써 더욱 공격적이 되며 소외를 당함

35 ③

ㄱ, ㄴ, ㄷ. 뇌의 발달은 부위마다 속도가 다르고 환경적 자극에 영향을 받는다. 뇌간은 호흡, 심혈관 활동 등과 관련 있다.

> 오답분석

ㄹ. 뇌의 좌반구는 언어 구사 능력과 읽기, 쓰기, 산수, 추상적 사고를 관장한다. 우반구는 본래 비언어적이며, 기하학적 형태 및 공간 관계 처리, 음악의 곡조·선율·표현, 사람의 얼굴 인식, 정서 탐지 등을 담당한다.

36 ④

모두 옳은 내용이다. 유아기 운동 기능은 뇌에서 가까운 곳에서부터 발달한다. 눈 운동, 머리 운동, 눈과 손의 협응 동작이 먼저 선행하며 다리 운동은 그 후에 이루어진다. 운동 기능은 수평적 동작에서 수직적 동작으로 발달하며, 대근육이 먼저 발달하고 그 다음 소근육이 발달한다.

37 ③

영아 돌연사 증후군(sudden infant death syndrome)은 건강해 보이던 영아가 갑자기 사망하는 증후군이다. 한 살 이하의 건강한 아기가 아무런 조짐이나 원인 없이 갑자기 사망했을 경우에 내리는 진단이다. 이 증후군은 생후 1~4개월 사이에 가장 많이 발생하며, 대부분 밤 10시~오전 10시 사이에 발생한다. 원인은 정확히 알려져 있지 않지만 주요 원인으로 해부학적 결함, 특히 뇌의 결함과 발육 지연을 꼽을 수 있다. 이러한 결함을 지닌 영아가 엎드려 자거나 이산화탄소를 마실 경우, 너무 덥거나 담배 연기를 마실 경우, 또는 자는 도중에 일시적으로 혈압이 떨어지는 등의 상황이 생기면 사망에 이르게 된다.

> 오답분석

① 터너 증후군(Turner syndrome): 성염색체인 X 염색체 부족으로 난소의 기능 장애가 발생하여 조기 폐경이 발생하며, 저신장증, 심장 질환, 골격계 이상, 자가 면역 질환 등의 이상이 발생하는 유전 질환이다.
② 슈퍼남성 증후군(supermale syndrome): 슈퍼남성은 정상 남성에 비해 한 개 더 많은 Y 염색체를 가지고 있다. 따라서 슈퍼남성 증후군은 정상적인 남성에 비해 공격적인 성격을 가지고 있어서 폭력 행위를 저지르기 쉽다.
④ 클라인펠터 증후군(Klinefelter syndrome): 일반적으로 남자의 염색체는 '46, XY'이지만 X 염색체가 1개 이상이 더 존재할 때 클라인펠터 증후군이라 한다. 염색체 형태는 '47, XXY', '48, XXXY', '46, XY/47, XXY' 등 다양하게 나타날 수 있다. 일반적으로 불임, 여성형 유방을 검사하다가 우연히 진단된다. 고환 기능 저하(남성 호르몬 분비 저하, 정자 생성 불가능)와 다양한 학습 및 지능 저하가 가장 특징적인 소견이다. 키는 일반적으로 정상이거나 평균보다 약간 크다. 대부분 지능은 정상이지만, 미세한 학습 장애 등이 나타날 수 있다. 50% 정도의 환자에게서는 심장 판막의 이상이 동반되기도 한다.

38 ①

발달은 양적·질적·긍정적·부정적 변화를 모두 포함한다.

오답분석

② 기술 연구에 대한 설명이다.
③ 발달이란 유기체가 그 생명 활동에 있어서 환경에 적응하여 가는 과정으로, 동물과 인간의 발달은 생후부터 사망까지 전 기간에 걸쳐 일어난다.
④ 기술 연구는 연구자가 탐구하고자 하는 현상을 있는 그대로 관찰 혹은 양적으로 측정하여 기술하는 연구이다. 즉, 어떤 현상의 형태나 구조, 시간에 따른 변화, 다른 현상과의 관계 등을 기술하게 된다. 기술 연구에서는 관찰, 의견 조사 및 자기 보고 방식의 설문지 등 질적인 방법과 양적인 방법이 모두 사용될 수 있다. 기술 연구는 보통 실험 환경이 통제되고 피험자들이 서로 다른 처치를 받는 실험 연구와 대비된다.

39 ④

모두 해비거스트의 발달 과업 중 성인 후기에 해당한다.

참고 해비거스트가 제시한 성인 후기(55세 이후)의 발달 과업
- 체력 감퇴와 건강에 적응한다.
- 은퇴와 수입 감소에 적응한다.
- 사회적·시민적 의무를 이행한다.
- 배우자의 사망에 적응한다.
- 동년배와 친밀한 유대 관계를 맺는다.
- 만족스러운 생활 조건을 구비한다.
- 인생의 종말을 지혜롭게 지내며 인생의 참된 의미를 찾는다.

40 ④

환경이 인간의 발달에 미치는 영향력은 시간이 지날수록 점차 감소한다.

참고 아동의 양육 환경

환경	내용
지위 환경	• 부모의 상태 • 가족 구성 및 가족 상황 • 사회·경제적 지위
구조 환경	• 물질적·실체적 조건 • 문화적 상태 • 영양 및 위생 상태
과정 환경	• 가족 간의 의사소통 및 상호 작용 • 자율 및 통제

제3회

01	02	03	04	05	06	07	08	09	10
③	④	④	①	②	④	③	④	②	①
11	12	13	14	15	16	17	18	19	20
③	①	②	③	③	①	④	②	①	③
21	22	23	24	25	26	27	28	29	30
③	④	②	③	②	④	②	③	④	④
31	32	33	34	35	36	37	38	39	40
②	④	④	③	①	④	③	①	③	①

01 ③

애착 단계는 애착이 형성된 사람에게 적극적으로 접근하는 단계로 애착 대상이 떠나면 분리 불안을 보인다.

> 참고 보울비(Bowlby)의 애착 형성 단계
> - 애착 이전 단계(출생부터 6주)
>   - 위협을 느낄 때 붙잡기, 미소 짓기, 울기, 눈 응시하기 등의 반사 행동이나 다양한 신호를 이용하여 주위의 사람들과 가까운 관계를 유지한다.
>   - 아직 애착이 형성되지 않아 낯선 사람에게 혼자 남겨져도 별로 개의치 않는다.
> - 애착 형성 단계(6주부터 6~8개월)
>   - 아기가 친숙한 사람과 낯선 사람에게 다르게 반응하기 시작한다.
>   - 자신이 필요할 때 엄마가 언제든지 반응할 것이라는 신뢰감을 발달시키기 시작한다.
>   - 낯선 얼굴과 친숙한 얼굴을 구별할 수 있음에도 불구하고 부모가 자기를 혼자 남겨놓고 자리를 떠나도 아직 심한 분리 불안을 보이지 않는다.
> - 애착 단계(6~8개월부터 18개월)
>   - 영아는 이미 애착이 형성된 사람에게 적극적으로 접근하며, 애착 대상이 떠나면 분리 불안을 나타낸다.
>   - 분리 불안은 모든 문화권에서 보편적으로 나타나는데, 보통 돌 전후에 나타나서 15개월 전후까지 계속된다.
>   - 분리 불안은 애착 대상이 시야에서 사라져도 계속 존재한다는 대상 영속성 개념을 아기가 획득했다는 증거이다.
> - 상호 관계 형성 단계(18개월부터 24개월)
>   - 24개월 전후로 정신적 표상 능력과 언어 능력이 발달하기 때문에 아기는 애착 대상의 행동을 예측할 수 있다. 즉 엄마가 언제 다시 돌아올지 예측할 수 있으므로 분리 불안이 감소하게 된다.
>   - 이 단계에서 영아는 양육자와 협상을 하고 자신이 원하는 대로 그 사람의 행동을 조정하고자 한다. 뜻대로 되지 않으면 떼를 쓰기 시작한다.

02 ④

발달의 개별성은 발달 속도, 정도, 질은 개인마다 차이가 있다는 것이다.

03 ④

터너 증후군은 성염색체인 X 염색체 부족으로 난소의 기능 장애가 발생하여 조기 폐경이 발생하며, 저신장증, 심장 질환, 골격계 이상, 자가 면역 질환 등의 이상이 발생하는 유전 질환이다.

> 오답분석
> ① 슈퍼남성(supermale) 증후군: 정상 남성에 비해 한 개 더 많은 Y 염색체를 가지고 있어 공격적이며 폭력 행위를 저지르기 쉽다.
> ② 취약 X(fragile X) 증후군: 다운 증후군(Down syndrome) 다음으로 가장 흔한 정신 지체의 원인이며, 정신 지체를 일으키는 가장 흔한 유전성 질환이다.
> ③ 클라인펠터(Klinefelter) 증후군: 남자의 염색체인 '46, XY'에서 X 염색체가 1개 이상 더 있는 상태로 지적 능력, 생식 기능, 신체발달 등에 다양한 이상이 발생할 수 있는 질환이다.

04 ①

결정적 시기는 인간의 성장발달 과정에서 특정한 심리적 특성이 학습되는 시기이다.

> 참고 결정적 시기
> - 에릭슨은 발달 단계를 8단계로 구분하는데, 이것은 독립된 것이 아니라 '연속적'이다. 각 단계의 인성 특성은 최적의 발달을 위한 '결정적 시기'가 있으며, 이 결정적 시기의 결손은 치명적이라고 보았다.
> - 해비거스트는 인간발달을 영아기 및 유아기, 아동기, 청년기, 성년 초기, 성년 중기, 노년기로 나누고, 각 발달 단계에서 반드시 학습해야 할 발달 과업을 제시하고 있다.

05 ②

관찰법은 관찰 장면을 포착하기 어렵고, 관찰자의 편견이 개입될 수 있어 일반화하기 어렵다.

참고 관찰법의 장단점

• 장점
- 관찰자가 직접 관련된 환경 등을 조사하기 때문에 심화된 자료 수집을 할 수 있다.
- 관찰자가 직접 조사하기 때문에 신뢰도가 높다.
- 어떠한 대상(예 문맹자, 농아 등)에게도 적용시킬 수 있다.
- 관찰 목적 이외의 부수적인 자료의 수집이 가능하다.

• 단점
- 관찰하려는 장면(목적)을 포착하기가 어렵다.
- 관찰에서 선입견이나 편견이 개입하기 쉽다. 즉, 객관적 관찰이 어려운 경우가 있다.
- 관찰 결과의 해석에 주관성이 개입될 가능성이 있다.
- 인간 능력의 한계, 시·공간의 제약, 평가 자체의 약점 등으로 전체 장면의 관찰이 어렵다.

06 ④

횡단적 연구법에 대한 설명이다.

참고 종단적 연구법

• 시간이 흐름에 따라 특정 대상을 연구하는 것으로, 동일한 연구 대상을 오랜 기간 동안 계속 추적하면서 관찰하는 방법이다.
• 대표성을 고려한 비교적 소수의 사람을 표집한다.
• 한 개인의 성장과 발달에 따른 변화를 파악할 수 있다.
• 연구가 일단 시작되면 도중에 사용하던 도구를 바꿀 수가 없다. 검사 결과를 통해 비교가 어렵기 때문이다.

• 장점
- 동일 대상을 연구함으로써 개인이나 집단의 성장 과정, 변화의 형태를 구체적으로 파악할 수 있다.
- 대상의 개인 내 변화와 연구 목적 이외의 유의미한 자료를 획득할 수 있다.
- 성장 초기와 후기의 인과 관계를 밝히는 주제에 용이하다.

• 단점
- 너무나 긴 시간과 노력이 들고, 경비가 많이 필요하다.
- 표집된 연구 대상이 중도 탈락하거나 오랜 시간의 흐름에 따라 비교 집단과의 특성이 크게 달라질 수 있다.
- 한 대상에게 반복적으로 같은 검사 도구를 사용하기 때문에 신뢰도가 약해질 수 있다.

07 ③

거시 체계는 아동이 속해 있는 문화적 환경 전체이다.

참고 브론펜브레너(Bronfenbrenner)의 생태학적 체계

체계	내용
미시 체계 (microsyste)	직접적으로 접하는 환경에 대한 아동의 능동성과 상호 작용 패턴에 관심을 가짐 예 가정, 유치원, 학교, 또래 집단, 놀이터 등
중간 체계 (mesosystem)	미시 체계들 간의 상호 관계, 즉 아동이 적극적으로 참여하는 환경들 간의 관계성을 강조함 예 가정과 학교의 관계, 가정과 또래의 관계
외 체계 (exosystem)	아동이 직접적으로 접촉하지는 않지만 아동에게 영향을 미치는 환경 예 이웃, 부모의 직장, 정부 기구
거시 체계 (macrosystem)	아동이 속해 있는 문화적 환경 전체 예 사회적 가치, 법, 관습

08 ④

클라인펠터(Klinefelter) 증후군은 성염색체 이상으로 발생한다.

09 ②

ㄱ, ㄷ, ㄹ. 전아동기 아동 발달 특성으로 옳은 설명이다.

오답분석

ㄴ. 학령 전기 아동은 직관적이고 비가역적인 사고를 한다.

참고 전아동기(학령 전기, 4~6세)의 특징

• 신체의 양적 성장은 감소하나 지속적으로 이루어지는 시기이다.
• 프로이트의 남근기, 에릭슨의 학령 전기, 피아제의 전조작기 중 중·후기에 해당된다.
• 직관적 사고, 비가역적 사고를 한다.
• 초기적 형태의 양심인 초자아가 발달한다.
• 성 역할을 학습하며, 집단 놀이를 통해 사회적 관계를 형성한다.

10 ①

영아기는 신체적 보호와 감각 자극이 필요한 시기이다.

오답분석

② 청소년기에 해당한다.
③ 노년기에 해당한다.
④ 성년기에 해당한다.

11 ③

청소년기는 질풍노도의 시기, 심리적 이유기, 사회적 주변인의 시기, 심리사회적 유예 기간에 해당한다.

오답분석

① 프로이트의 생식기, 에릭슨의 청소년기, 피아제의 형식적 조작기에 해당한다.
② 자기 중심적·전조작기적 사고의 특성은 유아기의 특성이다.
④ 신체적 성숙이 거의 완성되어 최상의 신체적 상태를 유지하는 시기는 성년기이다.

참고 청소년기의 특징
- 제2성장 급등기로서 사춘기를 경험하며, 2차 성징과 함께 생식 기관의 성숙이 뚜렷이 나타나는 시기이다.
- 프로이트의 생식기, 에릭슨의 청소년기, 피아제의 형식적 조작기에 해당한다.
- 추상적·연역적·상대론적 사고가 가능하다.
- 이성 문제, 진로 문제 등의 다양한 선택과 결정을 내리는 과정에서 자아 정체감을 형성하는 한편, 상상적 청중이나 개인적 우화와 같은 자아중심성을 보이기도 한다.
- 질풍노도의 시기, 심리적 이유기, 사회적 주변인의 시기, 심리사회적 유예 기간에 해당한다.

12 ①

18번 염색체가 3개일 때 발생하는 장애는 에드워드 증후군이다.

참고 다운 증후군(Down syndrome)
가장 흔한 염색체 질환으로, 21번 염색체가 정상인보다 1개 많은 3개가 존재하여 나타나는 유전 질환이다. 출생 전에 기형이 발생하고, 출생 후에도 여러 장기의 기능 이상이 나타나는 질환으로, 일반인에 비하여 수명이 짧다.

13 ②

청소년기의 발달 과업에 해당하는 내용이다.

참고 해비거스트(Havighurst)의 청소년기 발달 과업
- 성숙한 남녀 관계를 형성한다.
- 자기 신체를 수용하고 신체를 효과적으로 조정한다.
- 남녀 간의 사회적 역할을 학습한다.
- 부모나 다른 성인으로부터 정서적 독립을 이룬다.
- 경제적 독립의 필요성을 절실히 느낀다.
- 직업 선택을 설계하고, 그에 맞는 준비를 한다.
- 시민 생활에 필요한 지식과 태도를 키운다.
- 사회적으로 책임 있는 행동을 원하고 이를 실천한다.
- 결혼과 가정 생활을 준비한다.
- 적절한 과학적 지식에 맞추어 가치관과 윤리관을 확립한다.

14 ③

남근기에 해당하는 설명이다.

참고 남근기(phallic stage, 3~5세)
- 성기에 리비도가 집중하여 성기의 자극을 통해 쾌감을 얻는 시기이다. 주된 성감대가 성기이다.
- 이 시기의 아동은 남녀의 신체 차이, 아기의 출생, 부모의 성 역할 등에 관심을 갖는다.

15 ③

취업과 결혼이 주요 발달 과업인 시기는 '친밀감 대 고립감(18~24세)'으로, 부모로부터 독립하여 사회에 참여하고 자유화 책임을 가지고 스스로의 삶을 영위하는 시기이다.

16 ①

비고츠키는 인지발달의 사회 맥락을 중시하며 언어발달을 강조하였다.

오답분석

②, ③, ④ 피아제의 이론이다.

참고 피아제 인지발달 이론의 특징
- 인지발달이란 인지 구조의 계속적인 질적 변화의 과정이다.
- 인지발달의 단계는 모든 문화권을 초월해서 일정불변하다.
- 발달의 속도에는 개인 차이가 있지만 발달순서는 개인 차이 없이 일정불변하다.
- 발달 단계에 있어 사고가 언어에 반영된다(행동 → 사고 → 언어).

17 ④

취업모의 경우에 그러하듯이 실제로 많은 영아들은 어머니에게서 지속적인 보살핌을 받지 못하고 동시에 여러 사람에 의해 양육된다. 탁아소나 보육원에 맡겨지는 경우도 마찬가지이다. 이 경우 영아는 불가피하게 어머니와 함께 다른 대상에게도 동시에 애착을 형성하게 되는 다인수 애착(multipie attachment)에 놓이게 되며, 불안정 애착 형성 가능성이 높다.

참고 애착 형태
- 안정적인 애착 형태: 가장 올바르고 건강한 형태의 애착이다. 안정 애착을 보이는 아이들은 즐겁게 놀이를 하고, 보호자가 떠났을 때 잠시 울거나 보호자를 찾는 행동을 보이나, 곧 보호자가 다시 돌아올 것을 알고 다시 안정적인 모습을 보인다. 그리고 보호자가 다시 돌아왔을 때 웃음과 기쁨으로 보호자를 맞이한다. 이러한 행동을 보이는 아이들의 보호자는 자신의 자녀와 올바른 애착을 형성하였고, 아이가 무엇을 원할 때 바로 답해주며, 아이에게 늘 애정을 보이는 보호자이다.

- **저항하고 불안정한 애착 형태**: 저항 애착을 보이는 아이들은 놀이방에서도 보호자에게 떨어지고 싶지 않아 하고, 놀이방에서 장난감을 가지고 놀고 싶은 마음도 없어 보인다. 보호자가 방에서 떠나면 극도의 공포와 불안함을 나타내고, 보호자가 다시 돌아오면 보호자에게 막 달려가 안아달라고 하면서도 보호자가 돌아온 것을 기뻐하지는 않으며 다시 또 저항하면서 내려달라고 한다. 이러한 행동을 보이는 아이들의 보호자는 아이에게 사랑을 주는 것과 또 어떤 때는 아이의 행동을 중지시켜야 하는 상황들에서 일관성 있는 행동을 보이지 않는 보호자이다.
- **회피적 애착 형태**: 회피적 애착을 보이는 아이들은 보호자와 함께 있을 때도 보호자에게나 주변 환경에도 별 관심이 없으며, 보호자가 떠나고 돌아올 때에도 아무런 관심을 주지 않는다. 불안해하지도 않으며, 보호자를 무시하기도 한다. 이러한 행동을 보이는 아이들의 보호자는 아이들의 요구를 절대 들어주지 않으며, 아이들에게 무관심하다. 부모의 행동이 아이들에게도 그대로 전달된 것이다.

18 ④

뇌의 크기는 3세에는 성인이 되었을 때 크기의 약 3/4 이 되며, 5세가 되면 성인 크기의 약 9/10에 달하게 된다. 뇌와 머리는 신체의 다른 어떤 부분보다 빠르게 성장하는데, 특히 눈이나 뇌 등의 상부가 턱과 같은 하부보다 빠른 성장을 이룬다.

> **참고** 유아기(18개월~4세)
> - 발달이 머리 부분에서 점차 신체의 하부로 확산되며, 운동 능력이 발달한다.
> - 프로이트의 항문기, 에릭슨의 초아동기, 피아제의 전조작기에 해당된다.
> - 정신적인 표상에 의한 상징 놀이와 물활론적 사고를 한다.
> - 부모의 훈육에 의해 사회화의 기초가 형성된다.
> - 정서 규제 능력이 크게 증가한다.

19 ①

발달은 다양한 변인 영향을 받지만, 발달의 결과가 동일한 것은 아니다.

20 ③

성적과 자신감이 정적 상관을 보이는 것으로 해석할 수 있으며, 상관이 있다는 것이 반드시 원인과 결과를 의미하는 것은 아니다.

21 ③

애인스워스(Ainsworth)는 '낯선 상황 실험'을 고안해 애착 연구를 하였다.

> **참고** 동물행동학
> 다윈(Darwin)의 진화론의 관점에서 동물이나 인간의 종 특유의 행동을 연구하는 학문을 지칭한다. 초기에는 집단적으로 살아가는 동물들을 대상으로 관찰 연구가 수행되었으나, 그 이후에 사회적·문화적 동물로서 인간의 행동에 대한 연구까지 확장되었다. 개별 종들은 자신의 유전자의 생존을 최대화시키고 적응을 확장하는 방향으로 진화되어 왔으며, 그러한 진화 과정에서 환경의 변화에 적절한 방식으로 구체적인 행동 목록을 변화시킨다는 것이 기본적인 입장이다.
> 종의 특징적인 행동을 파악하기 위해 자연적인 관찰 방법을 주로 사용한다. 동물행동학적 관점에서 보면 영아의 애착 행동이나 울음, 미소와 같은 행동들은 진화적 중요성을 가지며, 부모의 사랑과 보호를 유발함으로써 영아의 생존을 돕는 행동 패턴으로 해석될 수 있다.

22 ④

모두 옳은 내용이다.

> **참고** 용어 정리
> - **세로토닌**: 뇌의 시상하부 중추에 존재하는 신경 전달 물질로 기능하는 화학물질 중 하나로, 세로토닌은 기분을 조절할 뿐만 아니라, 식욕, 수면, 근육축과 관련한 많은 기능에 관여한다. 또한 사고 기능과 관련하기도 하는데 기억력, 학습에 영향을 미치며, 혈소판에 저장되어 지혈과 혈액응고 반응에 관여한다. 세로토닌이 모자라면 우울증, 불안증 등이 생긴다. 또한 식욕 및 음식물 선택에 있어서 중요한 조절자로 작용하며 탄수화물 섭취와 가장 관련이 있는 것으로 알려져 있다. 국소적으로 세로토닌이 증가하면 식욕이 떨어지게 되고, 감소할 경우에는 반대 현상이 나타난다.
> - **알츠하이머**: 치매를 일으키는 가장 흔한 퇴행성 뇌질환으로, 서서히 발병하여 기억력을 포함한 인지 기능의 악화가 점진적으로 진행되는 병이다. 알츠하이머 환자에게서는 뇌내에 존재하는 중요 신경 전달 물질 중의 하나인 '아세틸콜린'이라는 물질이 정상인에 비해 두드러지게 감소되어 있다고 한다.
> - **파킨슨병**: 뇌의 흑질(substantia nigra)에 분포하는 도파민의 신경세포가 점차 소실되어 발생하며 안정 떨림, 경직, 운동 완만(운동 느림) 및 자세 불안정성이 특징적으로 나타나는 신경계의 만성 진행성 퇴행성 질환이다. 파킨슨병 환자는 60세 이상에서 인구의 약 1% 정도로 추정된다.
> - **헌팅턴병**: 헌팅턴의 질병으로 알려진 유전병을 말한다. 이 병은 우성 유전자에 의해 유전되며, 유전자를 물려받은 자손에 절반의 영향을 준다. 그 증상은 환각(hallucination), 심각한 정서 변화, 치매, 무도병 동작(경직되고 변덕스러우며, 무의식적인 몸짓)과 같은 정신의 퇴보 등으로서 대개 30세 이전에는 나타나지 않는다. 이 병을 가진 사람이나 자손들을 위해서는 유전 상담(genetic counseling)이 중요한 역할을 한다.

23 ②

윤호는 전조작기의 보존 개념이 발달하지 않은 자기 중심적 사고를 한다.

24 ③

법과 사회 질서 지향 단계로, 법과 질서는 정해진 의무이기 때문에 무조건 지켜야 한다.

참고 콜버그 도덕성 발달 단계

뇌구조	단계
제1수준 인습 이전 수준 (전도덕기, 0~6세)	1단계 - 주관화 - 벌과 복종에 의한 도덕성 - 벌과 복종 지향
	2단계 - 상대화 - 욕구 충족을 위한 수단으로서의 도덕성 - 도구적 상대주의 지향
제2수준 인습 수준 (타율적 도덕기, 6~12세)	3단계 - 객체화 - 대인 관계에서 조화를 위한 도덕성 - 착한 아이 지향
	4단계 - 사회화 - 법과 질서를 준수하는 도덕성 - 법과 사회 질서 지향
제3수준 인습 이후 수준 (자율적 도덕기, 12세 이후)	5단계 - 일반화 - 사회계약 정신으로서의 도덕성 - 사회계약 지향
	6단계 - 궁극화 - 양심 및 보편적 도덕 원리에 대한 확신으로서의 도덕성 - 보편적 도덕 원리 지향

25 ②

수평적 격차는 피아제(Piaget)가 제시한 개념이다. 구체적 조작기에 보존 개념은 과제에 따라 획득 시기가 달라진다. 보통 수의 보존은 5~6세, 길이·양의 보존은 6~7세, 무게의 보존은 9~10세, 부피의 보존은 11~12세에 획득하게 된다. 이와 같이 보존 개념의 획득에 나타나는 시기의 차이가 수평적 격차이다.

26 ④

써스턴(Thurstone)의 기초 정신 능력에는 언어 이해력, 추리력, 수, 공간 지각, 지각 속도, 기억력, 언어 유창성이 있다.

27 ②

가소성은 유전과 환경이 발달에 미치는 영향 중에서 환경적 경험에 의해 발달이 촉진될 수 있는 가능성을 의미한다. 가소성은 정상적인 발달이 바람직한 환경적 경험에 의해 촉진되는 과정과 바람직하지 못한 환경으로 인해 발달이 위축되고 억제된 상태로부터 환경이 정상화되면 정상적으로 회복되는 과정을 모두 포함한다. 이러한 맥락에서 볼 때, 인간의 전 생애 중에서 유아기와 아동기는 많은 발달적 가소성을 갖는 시기라고 할 수 있다.

28 ③

과잉 확대는 유아가 단어의 의미를 원래의 범주보다 더 확대해서 사용하는 것이다.

오답분석
① **신속 표상 대응**: 유아가 새로운 단어의 의미를 습득하는 방법 중 하나로, 짧은 순간에 어떤 단어를 듣고 그 단어의 의미를 습득하는 것이다.
② **상호 배타성**: 아이들이 한 대상은 단지 한 개의 이름만 가진다고 가정하는 경향성이다. 아이들이 새로운 단어를 배울 때, 그 단어의 의미와 그 단어가 가리키는 대상은 아직 이름을 모르는 대상이라고 생각하게 되므로 새로운 단어에 의미를 할당하는 데 도움이 될 수 있다.
④ **과잉 축소**: 실제 단어의 범주보다 축소해서 사용하는 것으로, 예컨대 '개'는 자기 집 개만 생각하는 것이다.

29 ④

결정성 지능은 과거의 학습과 경험을 적용시켜서 획득한 판단력이나 습관이다. 유동적 지능은 선천적으로 타고난 학습 능력과 문제 해결 능력으로, 유전적·신경생리적 영향에 의해 발달한다.

30 ④

사회적 참조(social referencing)란 1~2세 정도의 영유아가 상황에 대한 타인의 해석을 이용하여 자신의 해석을 구성하는 행동이다.

참고 시각 벼랑 실험(Gibson & Walk, 영아의 깊이 지각에 대한 실험)
엄마의 긍정적 표정과 부정적 표정에 따른 아동의 반응(시각 벼랑을 건널 수 있는지)을 살펴보았다. 아이가 시각 벼랑 앞에 있을 때 엄마가 무표정한 표정을 짓고 있으면 아이는 주춤하다가 결국 시각 벼랑을 건너지 못하고 제자리로 돌아갔다. 반대로 엄마가 함박웃음을 지으며 아이 이름을 정겹게 불러주었더니 아이는 엄마의 환한 표정을 보자마자 망설임 없이 시각 벼랑을 돌진하는 모습을 보였다.

31 ②

ㄱ, ㄴ, ㄹ. 성인 중기 발달 특징에 관한 설명이다.

오답분석
ㄷ. 유동성 지능이 결정성 지능에 비해 더 빨리 감퇴한다.

32 ④

스턴버그(Sternberg)는 지능에 관한 기존의 이론들이 모두 불완전하여 제한된 측면만을 다루고 있다고 보고, 이 이론들을 포괄할 수 있는 삼원 지능 이론을 제안하였다. 이 이론은 지적 행동이 일어나는 사고 과정의 분석을 활용하여 지능을 파악한 정보 처리적 접근 방법을 활용한다.

참고 가드너의 다중 지능 이론의 개요
- 지능은 한 문화권 혹은 여러 문화권에서 가치 있게 인정되는 문제를 해결하거나 산물을 창조해내는 능력이다.
- 언어적 지능과 논리·수학적 지능만을 지나치게 강조하는 기존의 지능 검사는 지능의 범위를 너무 협소하게 보고 있다고 비판한다.
- 지능 검사는 학생들의 각기 다른 능력을 드러낼 수 있도록 달라져야 하며, 학교 교육도 개인의 장점을 극대화할 수 있어야 한다고 본다.
- 지능의 개념을 더욱 광범위하고 실용적 관점에서 파악하면서 지능을 일상생활 속에서 다양한 방식으로 작용하는 기능적 개념으로 본다.
- 9가지 지능: 언어 지능, 논리·수학적 지능, 음악적 지능, 공간적 지능, 신체-근육 운동적 지능, 대인 간 지능, 개인 내적 지능, 자연 관찰 지능, 실존 지능(반쪽 지능)

33 ④

바빈스키 반사는 발바닥을 자극하면 발가락을 쫙 폈다가 오므리는 것이다. 생후 12~18개월 무렵까지는 흔하게 이러한 증상이 나타나지만 중추 신경계의 발달이 이루어지면 자연스럽게 사라진다.

34 ③

자아 중심적 사고는 다른 사람의 감정이나 생각, 관점이 자신과 동일하다고 생각한다는 것이다. 자아 중심적 사고는 주관적·비사회적인 사고로, 사물이나 사건을 대할 때 타인의 관점을 고려하지 못하는 인지적 한계이다.

35 ①

심리적 현상을 계량화하여 설명하고자 하는 연구 방법은 양적 연구이다.

참고 양적 연구와 질적 연구
- **양적 연구**
  - 실증주의 연구의 본질은 자연과학의 방법을 사회과학에도 사용함으로써 과학적 지식을 얻을 수 있다는 주장이다. 그러므로 사회과학과 자연과학이 연구 대상은 달라도 연구 방법은 동일해야 한다는 방법론적 일원론 또는 방법론적 자연주의 원칙을 고수한다.
  - 이러한 원칙에 따르면 감각기관의 지각을 통해 관찰 가능한 현상들만 지식으로 타당하게 입증 될 수 있다고 생각하고, 인간의 감정이나 주관적 경험이 관찰하기 불가능할 때 과학의 영역에서 제외시켜야 한다고 주장한다(방법론적 일원론, 관찰 가능성, 가치중립성).
  - 기술적 연구, 실험 연구, 인과-비교 연구 등은 양적 연구이다.

- **질적 연구**
  - 자연주의는 있는 그대로의 현상의 특성에 충실하고자 노력하는 철학이다. 그러므로 현상을 가능한 자연 상태에서 연구해야 하고, 인위적인 연구 방법을 거부한다.
  - 질적 연구는 문화기술적·주관적·후기 실증주의 탐구법이라고도 한다.
  - 사례 연구, 역사 연구, 민속 방법론, 참여 관찰, 심층 면담, 자료 분석 등은 질적 연구이다.

36 ④

마샤는 정체감 수준을 '위기'와 '관여' 두 가지 기준에 의해 분류하였다.

37 ③

고전적 조건화는 자극과 반응 사이의 자연적 생리적 관계를 이용하여 서로 관계가 없는 상이한 자극에 대해서 동일한 반응을 학습시킬 수 있다는 이론이다.

오답분석
① , ④ 조작적 조건화에 대한 설명이다.
② 중립 자극이 무조건 자극보다 먼저 제시되어야 한다.

38 ①

연습 기간이 상당히 길 경우에는 집중 학습보다 분산 학습이 더 효과적이다. 분산 학습이 효과적이라는 사실은 주입식 학습법이 비효과적이라는 사실을 입증한다.

39 ③

부적 강화는 바람직한 어떤 반응을 보일 때 주어진 혐오적 상황(예 화장실 청소)을 제거 또는 면제해 줌으로써 반응의 빈도가 증가하는 것이다.

40 ①

뇌는 '전뇌 발달(0~3세) → 전두엽 발달(4~6세) → 두정엽·측두엽 발달(7~12세) → 후두엽 발달(12세 이후)' 순으로 발달한다.

무료 학습자료 제공·독학사 단기합격 **해커스독학사**
www.haksa2080.com

독학학위제
전공기초과정 **심리학과**

자세하고
신속하게 알려주는
감각 키워드

자신감 — 차세하고 신속하게 알려주는 감각 키워드

제1장 발달심리학의 기초

★★★ **프로이트(Freud): 성격 구조** (p.038)
- id(원초아, 본능) – 성격의 생물학적 요소
- ego(자아) – 성격의 심리적 요소
- superego(초자아) – 성격의 사회적 요소

★★★ **프로이트(Freud): 성격발달 단계별 주요 특징** (p.040)

발달 단계	주요 특징
구강기 (oral stage, 0~18개월)	• 원자아(id)가 발달 • **구강 빨기 단계**: 소유욕, 신념 등의 원형, 낙천적 관대성 • **구강 깨물기 단계**: 야유, 논쟁, 공격성, 타인 이용의 원형 • **고착 현상**: 음주, 흡연, 과식, 손톱 깨물기, 남을 비꼬는 행위
항문기 (anal stage, 18개월~3세)	• 자아(ego)가 발달 • 유아는 본능적 충동에 대한 외부적 통제를 처음 경험 • **고착 현상**: 결벽증, 소극적 성격, 무절제, 반사회적 행동 경향
남근기 (phallic stage, 3~5세)	• 초자아(superego)가 발달 • 오이디푸스 콤플렉스, 일렉트라 콤플렉스 • 동일시 현상 • 성격 형성에 가장 중요한 시기 • **고착 현상**: 성 불감증, 동성애
잠복기 (latent stage, 6~11세)	• 성적 욕구의 침체기 • 사회성 발달과 일상생활에 적용 가능한 지식 습득
생식기 (genital stage, 11세 이후)	• 이성에 대한 사랑의 욕구가 발생 • 부모로부터 독립하려는 욕구가 발생

★★★ **에릭슨(Erikson): 심리사회적 성격발달 8단계**

발달 단계	시기	주요 관계	덕목	주 역할
신뢰감 대 불신감	0~18개월 (영아기)	어머니	희망	• 받기 • 주기
자율성 대 수치감 및 회의감	18개월~3세 (유아기)	아버지	의지력	• 참기 • 배설하기
주도성 대 죄책감	3~6세 (유아기)	가족	목적	• 창조 • 시도
근면성 대 열등감	6~12세 (아동기)	이웃, 학교	능력	• 솔선적 시도 • 협력적 시도
자아 정체감 대 역할 혼미	12~18세 (청년기)	또래 집단	충실(성실)	• 자아 확인 • 상호 작용
친밀감 대 고립감	18~24세 (성인 전기)	이성 친구	사랑	• 양보 • 자아 발견

발달 단계	시기	주요 관계	덕목	주 역할
생산성 대 침체성	24~54세 (성인 중기)	배우자	배려	• 출산 • 양육
자아 통정감 대 절망감	54세 이후 (성인 후기)	인류	지혜	• 실존 확립 • 현실 수용

p.043

★★★ **해비거스트(Havighurst): 단계별 발달 과업의 특징**
- 인생의 각 시기에 획득해야 할 행동의 형태
- 질서와 계열성을 가지고 나타남
- 각 발달 단계에는 결정적 시기가 있음
- 각 발달 단계는 다음 발달 단계의 행동발달에 영향을 미침

p.045

★★ **발달의 주요 기제**
- **적기성**: 모든 발달은 단계가 있으며, 각 단계에 맞는 과업이 있음
- **기초성**: 아동의 초기 경험, 즉 유아기의 경험이 후기 발달의 바탕이 됨
- **누적성**: 앞 단계에서 잘못되면 다음 단계에서는 더욱 잘못되고, 앞 단계에서 잘되면 다음 단계에서도 잘됨
- **불가역성(불가소성)**: 전 단계의 잘잘못이 후 단계의 잘잘못에 영향을 끼치기는 하나, 반대로 후 단계의 잘잘못이 전 단계의 잘잘못을 교정·보충해 주는 데는 한계가 있음

p.023

★★ **에릭슨(Erikson)과 프로이트(Freud) 이론의 비교**

에릭슨(Erikson)	프로이트(Freud)
• **심리사회적 발달 이론**: 인간 현실의 ego 강조 • 사회적 대인 관계 중시 • 개인에 대한 가족과 사회의 영향 강조 • 의식의 흐름 중시 • 발달의 긍정적인 면 강조 • **발달의 8단계**: 전 생애를 통해 계속적 발달 • 미래 지향적 접근	• **심리성적 발달 이론**: id 욕구 변화 강조 • 가족 관계(어머니)의 영향 강조 • 리비도(libido)의 방향 전환 • 무의식의 흐름 중시 • 발달의 부정적인 면 강조 • **발달의 5단계**: 청년기 이후 발달 무시 • 과거 지향적 접근

p.044

★ **발달의 주요 원리 (McConell의 발달 원리)**
- **발달의 순서성**: 발달에는 순서가 있으며 이 순서는 일정함
- **발달의 분화 통합성**: 발달은 '미분화 → 분화 → 통합화'의 과정을 통하여 체제화·구조화됨
- **발달의 주기성**: 발달은 계속적인 과정이나, 발달의 속도는 일정하지 않음
- **발달의 연속성**: 발달은 비약적인 것이 아니라 연속적이고 점차적인 것
- **발달의 상호 작용성**: 발달은 성숙과 학습의 상호 작용의 결과
- **발달의 개별성**: 발달에는 개인차가 있으며, 개인 간 차이뿐만 아니라 개인 내적 차이도 있음
- **발달의 예언 곤란성**: 아동이 성장해 감에 따라 수많은 변인들이 작용하므로 발달 경향과 행동의 예언은 점차 어려워짐

p.022

★ **자료 수집 방법**
- **관찰법**: 피관찰자에게 반응을 요구하지 않고 그 행동을 관찰하여 자료를 수집하는 방법
- **질문지법**: 연구자가 일련의 문항들을 체계적으로 조직하여 피조사자(피험자)가 문항에 대하여 자기의 의견을 기술하도록 하는 방법
- **면접법**: 면대면 상황에서 언어의 상호 작용을 매개로 하여 피면접자로부터 연구 목적에 부합되는 여러 가지 정보를 수집하는 방법
- **사회성 측정법**: 소집단 내에서의 구성원 간 사회적 관계(대인 관계)를 파악하여 구성원의 역할 상호 작용을 알 수 있는 방법
- **의미 분석법**: 어떤 사상(事象)에 관한 개념의 심리적 의미를 분석하여 의미 공간상의 위치로 표현하는 측정 방법
- **투사법**: 개인적인 욕구 지각 해석 등이 밖으로 나타날 수 있는 자극을 피험자에게 제시함으로써 인성을 측정하는 방법

p.026

★	확률적 표집 방법 p.030	• 단순무선 표집(난선 표집): 모집단의 모든 개체에 번호를 부여하고 무작위로 선택하는 방법 • 체계적 표집(계통적 표집, 동간적 표집): 모집단의 각 표본에 일련 번호를 붙인 다음, 일정 간격으로(계통적으로) 표집하는 방법 • 유층 표집: 모집단을 특질이 같은 몇 개의 하위 집단으로 나누고, 각 하위 집단마다 무선 표집을 하는 방법 • 군집 표집(집락 표집): 모집단을 집단 내의 특질이 다른 몇 개의 하위 집단으로 나누고, 그 하위 집단을 단위로 표집하는 방법
★	브루너의 인지발달 3단계 p.036	• 작동적 단계(0~7세): 사물 인지의 초보적 단계로 환경을 신체 운동적인 활동(예 잡기, 만지기)을 통해서 이해함 • 영상적 단계(7~11세): 사물에 대한 인지가 영상이나 청각의 심상으로 획득되는 단계 • 상징적 단계(11세 이후): 언어, 수학, 논리 등의 상징 체계를 통해서 사물을 이해함

제2장 발달의 생물학적 기초

★★★	유전인자와 염색체 이상 p.061	• 다운 증후군(Down syndrome): 가장 흔한 염색체 질환으로, 21번 염색체가 정상인보다 1개 많은 3개가 존재하여 정신 지체, 신체 기형, 전신 기능 이상, 성장 장애 등을 일으키는 유전 질환 • 에드워드 증후군(Edward syndrome): 18번 염색체가 3개가 되어 발생하는 선천적 기형 증후군 • 파타우 증후군(Patau syndrome): 13번 상염색체가 3개 있어서 태어날 때부터 중추신경계, 심장을 비롯한 중요한 신체 장기의 심한 선천성 기형을 보임 • 클라인펠터 증후군(Klinefelter syndrome): 일반적으로 남자의 염색체는 '46, XY'인데, X 염색체가 1개 이상이 더 존재하는 증후군 • 터너 증후군(Turner syndrome): 성염색체인 X 염색체 부족으로 나타나는 증후군 • 슈퍼남성 증후군(supermale syndrome): 정상 남성에 비해 Y 염색체를 한 개 더 가지고 있음

★★★	신생아의 반사 행동 p.067	구분	내용
		빨기 반사	• 손가락으로 뺨이나 입술에 부드러운 자극을 주면 빨려고 함 • 엄마의 젖을 빨기 위한 본능적인 행동
		젖찾기 반사	영아의 볼에 무언가를 대면 얼굴을 돌려 입을 열고 빨려고 함
		모로 반사	• 갑자기 큰 소리가 나거나 손에 자극을 받으면 양팔을 좌우로 벌리고 손가락을 쫙 펴며 허우적거리는 행동을 함 • 생후 3~4개월이 되면 자연스럽게 사라짐
		파악 반사	• 아이의 손바닥에 손가락이나 다른 물건을 갖다 대면 주먹을 꽉 쥐면서 움켜잡음 • 손바닥의 파악 반사는 생후 2~3개월 무렵 사라지고, 발바닥의 파악 반사는 생후 8~9개월 무렵 사라짐
		걷기 반사	아이를 세워 발바닥을 바닥에 닿게 하면 걷는 듯한 반응을 함
		바빈스키 반사	• 발바닥을 자극하면 발가락을 쫙 폈다가 오므림 • 생후 12~18개월 무렵까지는 흔하게 이러한 증상이 나타나지만 중추신경계의 발달이 이루어지면 자연스럽게 사라짐

★★★	태아 알코올 증후군 (FAS) p.071	임신부가 임신 중 음주를 함으로써 태아에게 신체적 기형과 정신적 장애가 나타나는 선천성 증후군
★★★	뇌의 발달 단계 p.081	• 0~3세: 전뇌 발달(좌뇌와 우뇌 발달) • 4~6세: 전두엽 발달(사고와 언어 담당) • 7~12세: 두정엽·측두엽 발달(신체 운동, 기억력 담당) • 12세 이후: 후두엽 발달(사물을 보고 느낌)
★★	태내기의 발달 과정 p.065	• 발생기: 수정 후 약 2주간으로, 수정란이 자궁에 착상하고 태반이 발달하는 시기 • 배아기: 착상 후 약 2~8주의 기간으로, 주요 신체 기관과 신경계가 모두 형성되는 시기 • 태아기: 임신 2개월부터 출산 전까지로, 내적 생식기뿐만 아니라 외부 생식기도 형성
★★	영아기 (출생~18개월) p.066	• 제1성장 급등기에 해당 • 프로이트의 구강기, 에릭슨의 유아기, 피아제의 감각운동기에 해당 • 목적 지향적인 행동을 하며, 대상 영속성이 형성되는 시기

★★	영아기 신체발달의 원리 p.075	• 상부에서 하부로의 발달(top – to – bottom development) • 내부에서 외부로의 발달(inner – to – outer development) • 단순한 발달에서 복잡한 발달(simple to complex development)
★	유전과 환경의 상호 작용 p.063	• **수동적 유전과 환경 관계**: 부모가 제공한 양육 환경은 부모 자신의 유전에 의해 영향 받으며, 아동의 유전형과 상관 관계가 있음 • **유발적 유전과 환경 관계**: 아동의 유전적 특성이 다른 사람의 행동에 영향을 줌 • **적극적 유전과 환경 관계**: 아동이 가장 좋아하는 환경이 그 아동의 유전적 성향에 가장 잘 부합됨
★	유아기 (18개월~4세) p.067	• 발달이 머리 부분에서 점차 신체의 하부로 확산되며, 운동 능력이 발달 • 프로이트의 항문기, 에릭슨의 초아동기, 피아제의 전조작기에 해당 • 정신적인 표상에 의한 상징 놀이와 물활론적 사고를 함
★	기형 발생 민감기 (sensitive period) p.069	• 기형 유발 물질로부터 가장 영향을 많이 받는 시기 • 태내기 중요한 기관들의 기초 구조가 생성되는 때가 기형 발생 물질의 민감기이며, 여러 기관계들이 이 물질의 영향에 대해 각각 다른 민감기를 가지고 있음

제3장 인지발달

		단계	특징
★★★	피아제(Piaget): 인지발달 단계 p.093	감각운동기 (0~2세)	• 감각·운동에 의한 학습 • 모든 것을 자기 중심적으로 봄(자신의 심리 세계만 존재) • 사물의 실재성을 인식하지 못함 • 의도적인 반복 행동 • **대표적 행동**: 대상 영속성
		전조작기 (2~7세)	• 지각과 표상 등의 직접 경험과 체험적인 행동 • 사물을 단일 차원에서 직관적으로 분류 • 언어의 발달과 현저한 지적 발달 • 개념적·상징적 양식 획득 시작 • 가역성, 보존 개념 미형성 • **대표적 행동**: 자기 중심성, 물활론적 사고, 중심화
		구체적 조작기 (7~11세)	• 동작으로 했던 것을 머리로 생각할 수 있음(조작) • 논리적 사고(실제 관찰한 대상에만 한정), 가역성 획득 • 언어의 복잡화 • 사고의 사회화 • 서열화의 능력과 분류 능력의 출현 • **대표적 행동**: 상대적 비교 가능, 가역적 사고
		형식적 조작기 (11세 이후)	• 추상적 개념의 이해(추상적 사고) • 문제 해결에 있어 형식적 조작이 가능 • 사물의 인과 관계 터득 • 가설 검증 능력, 연역적 사고 가능 • 추리력과 적용력 발달 • **대표적 행동**: 조합적 사고
★★★	카텔(Cattell)과 혼(Horn)의 유동적 지능과 결정적 지능 (Gf – Gc theory) p.111		• **유동적 지능**: 선천적으로 타고난 학습 능력과 문제 해결 능력으로, 유전적·신경 생리적 영향에 의해 발달 • **결정적 지능**: 과거의 학습과 경험을 적용시켜서 획득한 판단력이나 습관
★★	정보 저장소 p.102		• **감각 등록기(sensory register)**: 학습자가 환경으로부터 눈과 귀와 같은 감각 수용 기관을 통해 정보를 최초로 저장하는 곳으로, '감각 기억'이라고도 함 • **단기 기억(short–term memory)**: 감각 기관으로부터 들어온 정보를 단기간 저장하는 곳 • **장기 기억(long–term memory)**: 무한한 정보를 영구적으로 저장할 수 있는 곳으로, 일상 기억과 의미 기억 두 부분으로 구성되어 있음
★★	써스턴 (Thurstone)의 군집 요인설 p.109		• 언어 이해 요인 • 수 요인 • 공간 요인 • 지각 속도 요인 • 기억 요인 • 추리 요인 • 언어(어휘) 유창성

★★	기억의 과정 p.128	• **기명**(memorizing): 기억 과정에서 새로운 경험을 머릿속에 새기는 일 • **파지**(retention): 경험에서 얻은 정보를 유지하고 있는 작용 • **재생**(recall): 파지된 것을 다시 의식화하는 과정 • **재인**(recognition): 기명된 내용과 재생된 내용이 일치되도록 하는 것
★	근접발달 영역 (ZPD; Zone of Proximal Development) p.099	• 실제적 발달 수준과 잠재적 발달 수준 사이의 영역 • 아동이 혼자서는 해결할 수 없으나 성인이나 뛰어난 동료와 함께 학습하면 성공할 수 있는 영역
★	비계 설정 (scaffolding, 발판) p.099	• 아동이나 문제의 초보자들이 자신의 능력에 닿지 못하는 목표를 성취할 수 있도록 도움을 주는 것 • 근접발달 영역에 있는 아동의 능력과 수행 수준에 맞추어 구조화를 형성할 수 있도록 단서를 제공하고, 세부 사항과 단계를 기억할 수 있도록 주어지는 도움
★	유의미한 부호화 방법 p.105	• **정교화**: 기존의 도식 확장하기 • **조직화**: 순서를 조합하고 새로운 정보를 연결하기 • **활동**: 연결을 생성함에 있어 학습자에게 최대한 능동적인 역할 부여하기
★	상위 인지: 구성 요소 p.106	• **절차적 지식**: 무엇을 어떻게 해야 할지를 아는 것 • **조건적 지식**: 과제 해결의 조건에 관한 지식으로 언제 해야 할지를 아는 것 • **인지적 지식**: 절차적 지식이나 조건적 지식 등의 상위 인지 능력을 사용하는 것
★	유아기 기억발달 p.129	• 정보 저장 공간의 크기, 기억 용량의 증가 • 체계적 정보 저장 및 인출을 위한 기억 전략의 발달 • 기억과 기억 과정에 대한 지식인 상위 기억(meta memory)의 발달 • 연령 증가에 따른 지식 기반의 확대

제4장 사회정서 발달

★★★	**보울비(Bowlby)의 애착 형성 단계** p.156	• 전 애착 단계(출생 후부터 6주): 붙잡기, 미소, 울기, 눈 응시하기 등 다양한 신호 체계를 통해 주위 사람과 관계를 유지하며, 애착 형성이 안 된 시기로 낯선 사람과 혼자 있어도 상관하지 않음 • 애착 형성 단계(6주부터 6~8개월): 친숙한 사람과 낯선 사람에게 다른 반응을 보이며, 부모가 혼자 남겨 놓고 자리를 떠나도 분리 불안을 보이지 않음 • 애착 단계(6~8개월부터 18개월): 애착이 형성된 사람에게 적극적으로 접근, 애착 대상이 떠나면 분리 불안을 보임 • 상호 관계의 형성 단계(18개월부터 2세): 정신적 표상과 언어발달을 통해 이미 애착이 형성된 사람의 행동을 예측하며, 분리 불안이 감소함
★★★	**애인스워스(Ainsworth)의 애착 유형** p.157	• 안정 애착(secure attachment): 어머니와 분리 시 능동적인 방법으로 위안을 찾고 다시 탐색 과정으로 나가며, 어머니가 돌아오면 반갑게 맞이하고 쉽게 편안해심 • 회피 애착(avoidant attachment): 어머니가 방을 떠나도 울지 않고 돌아와도 무시하거나 회피함 • 저항 애착(resistant attachment): 어머니가 방을 나가면 심한 분리 불안을 보이고, 어머니가 돌아오면 접촉하려고 시도는 하지만 쉽게 안정감을 얻지 못하고 분노를 보이면서 저항하는 양면성을 보임 • 혼란 애착(disorganized attachment): 어머니와 재결합 시 얼어붙은 표정으로 접근하며, 안아줘도 먼 곳을 쳐다봄

★★★ **콜버그(Kohlberg): 도덕성 발달 단계**

수준	단계	특징
제1수준 인습 이전 수준 (전도덕기, 0~6세)	• 1단계 - 주관화 – 벌과 복종에 의한 도덕성 – 벌과 복종 지향	• 신체적·물리적 힘이 복종이나 도덕 판단의 기준이 됨 • 신체적 처벌을 피하기 위하여 규칙을 지킴 • 행동의 결과의 의미나 가치가 문제가 되지 않고 표면적인 결과만으로 도덕적 판단을 함 • 하인즈의 딜레마 – 약을 훔쳐야 함 → 아내를 죽게 두면 신으로부터 벌을 받기 때문 – 약을 훔쳐서는 안 됨 → 도둑이라고 잡혀서 벌을 받기 때문
	• 2단계 - 상대화 – 욕구 충족을 위한 수단으로서의 도덕성 – 도구적 상대주의 지향	• 상이나 보답을 받기 위해 규칙을 지키거나 남에게 도움을 줌 • 자기 자신의 개인적 욕구를 충족시키거나 이익과 보상을 얻을 수 있는 일은 옳음 • 인간 관계는 상호 호혜의 원칙에 의해 행동의 가치를 결정함 • 하인즈의 딜레마 – 약을 훔쳐야 함 → 생활하는 데 아내의 도움이 필요하기 때문 – 약을 훔쳐서는 안 됨 → 감옥에 가는 것은 아무 이익이 안 되기 때문
제2수준 인습 수준 (타율적 도덕기, 6~12세)	• 3단계 - 객체화 – 대인 관계에서 조화를 위한 도덕성 – 착한 아이 지향	• 타인의 비난을 피하고 인정받기 위해 규칙을 지킴 • 다수의 의견이나 사회적 인습에 따름 • 하인즈의 딜레마 – 약을 훔쳐야 함 → 부인을 돌보는 일이 이기적인 일이 아니기 때문 – 약을 훔쳐서는 안 됨 → 남의 것을 훔치는 것은 나쁜 일이기 때문
	• 4단계 - 사회화 – 법과 질서를 준수하는 도덕성 – 법과 사회 질서 지향	• 법과 질서는 정해진 의무이기 때문에 무조건 지켜야 함 • 하인즈의 딜레마 – 약을 훔쳐야 함 → 부인이 죽으면 책임을 져야 하기 때문 – 약을 훔쳐서는 안 됨 → 도둑질을 하는 것은 법을 어기는 것이기 때문

		콜버그(Kohlberg) : 도덕성 발달 단계		
★★★				

수준	단계	특징
제3수준 인습 이후 수준 (자율적 도덕기, 12세 이후)	• 5단계 - 일반화 – 사회 계약 정신으로 서의 도덕성 – 사회 계약 지향	• 법의 목적은 인간의 권리나 복지를 보장하기 위한 것 • 법은 사회적 계약이므로 생명이나 자유와 같은 기본적 권리가 침해되지 않는 한 수정 가능 • 타인의 의지와 권리에 의해 위배되는 행동은 피하고 대다수의 의지와 복지에 따라 행동 • 하인즈의 딜레마 – 약을 훔쳐야 함 → 그 상황에 처했다면 누구나 약을 훔칠 수밖에 없음 – 약을 훔쳐서는 안 됨 → 약을 훔치는 것은 약사의 권리를 침해하기 때문
	• 6단계 - 궁극화 – 양심 및 보편적 도덕 원리에 대한 확신으로서의 도덕성 – 보편적 도덕 원리 지향	• 자기 자신의 양심에 따라 규칙을 지킴 • 도덕 원리는 포괄적·보편적·일관성이 있어야 함을 인정하지만, 도덕적 규제자로서 자신의 양심의 소리를 우선적으로 들음 • 하인즈의 딜레마 – 약을 훔쳐야 함 → 생명권이 재산권보다 중요하기 때문

★★★ 바움린드(Baumrind)의 부모 유형

- 권위 있는
  - 애정적·반응적이고 자녀와 항상 대화를 가짐
  - 자녀의 독립심을 격려하고 훈육 시 논리적 설명을 사용함
- 권위주의적
  - 엄격한 통제와 규칙을 강요
  - 훈육 시 처벌 사용 및 논리적 설명을 잘 사용하지 않음
- 허용적
  - 애정적·반응적이나 자녀에 대한 통제가 거의 없음
  - 일관성 없는 훈육
- 방임적
  - 애정이 없고 냉담하며 엄격하지도 않고 무관심함

★★ 토마스(Thomas)와 체스(Chess): 기질을 구성하는 9가지 요소

- **활동 수준**(activity level): 아이가 잠을 잘 때 얼마나 많이 움직이는지, 적극적인 놀이 활동을 얼마나 좋아하는지 여부
- **접근과 철회**(approach/withdrawal): 새로운 장소나 음식, 이방인, 새로운 활동 등에 얼마나 쉽게 접근하고 관심을 가지는지 여부
- **정서의 질**(quality of mood): 긍정 혹은 부정 정서를 얼마나 많이, 강하게 표현하는지 여부
- **반응 강도**(intensity of reaction): 마음에 들지 않은 상황에 접했을 때 얼마나 강한 반응을 보이는지 여부
- **반응의 역치**(threshold of responsiveness): 큰 소리에 얼마나 반응하는지, 혼자서 얼마나 잘 잠자리에 드는지, 음식은 얼마나 잘 먹는지 등의 여부
- **리듬성**(rhythmicity): 먹고 자는 시간이나 양이 얼마나 규칙적인지 여부
- **주의 분산도**(distractibility): 한 자극에 얼마나 집중할 수 있는지, 혹은 다른 자극에 의해 주의가 잘 분산되는지 여부
- **적응성**(adaptability): 새로운 환경이나 활동에 얼마나 빠르게 잘 적응하는지 여부
- **주의력과 끈기**(attention span and persistence): 과제나 특정 활동, 놀이 등을 끝까지 하려고 하는지 아니면 금세 포기하려고 하는지 여부

★★	조망 수용 능력 발달 단계 p.166		

단계	연령	특징
수준 0 미분화된 조망 수용	3~6세	• 아동들은 자신과는 다른 어떤 조망도 인식하지 못함 • 다른 사람들이 동일한 사건이나 행위에 대해 자신과 다르게 해석할 수 있다는 것을 알지 못함
수준 1 사회 정보적 조망 수용	6~8세	사람들이 다른 정보를 받게 되면 다른 관점을 가질 수 있다는 것을 인식하기 시작함
수준 2 자기 반영적 조망 수용	8~10세	• 같은 정보를 받았을 때도 자신과 타인의 관점이 다를 수 있다는 것을 앎 • 타인의 관점을 고려할 수 있으며, 자신의 행동에 대한 타인의 반응을 예측할 수 있음 • 자신의 관점과 타인의 관점을 동시에 고려할 수는 없음
수준 3 제3자적 조망 수용 (상호적 역할 수용)	10~12세	• 자신과 타인의 관점을 동시에 고려하고 타인도 같은 일을 할 수 있다는 것을 인식할 수 있음 • 자신과 상대방이 제3자의 공평한 입장에서 어떻게 보이는지를 사고할 수 있음
수준 4 사회 관습적 조망 수용	12~15세	• 사회적 가치 체계에 근거해서 다른 사람의 입장을 이해하고 판단할 수 있게 됨 • 사회 집단에서 대부분의 사람들이 취하게 될 조망을 추정할 수 있음

★ **기질의 3가지 유형** p.154

- 순한(easy) 아이: 수유, 배설, 수면 등의 일상생활 습관이 규칙적임, 환경 변화에 대한 적응력이 높음
- 까다로운(difficult) 아이: 생물학적 리듬이 불규칙해 수유, 배설, 수면 등의 일상생활 습관이 불규칙함
- 반응이 느린(slow-to-warm-up) 아이: 환경 변화에 대한 적응이 늦음, 낯선 사람이나 새로운 사물에 대해 부정적인 반응을 보임

★ **마샤(Marcia)의 정체감 상태** p.164

구분	내용
정체감 혼돈(혼미) (identity diffusion)	자신이 누구인지, 인생에 있어 무엇을 하고 싶어 하는지 모르고, 삶에 대한 방향감이 결여되어 있음
정체감 유실 (identity foreclosure)	선택 사항에 대한 고려 없이 부모와 같은 다른 사람이 선택해 준 결정을 수용하는 상태
정체감 유예 (identity moratorium)	선택을 위한 노력 중에 있는 상태
정체감 성취 (identity achievement)	직업이나 이성, 신앙 등을 자유롭게 고려해 본 후에 스스로 선택하여 선택한 삶에 전념하는 상태

★ **공격성의 개념 및 유형** p.175

- 직접적 공격성: 공격성을 표출할 대상에게 직접 언어 또는 신체적 공격 행위를 가함
- 수동적 공격성: 직접 공격 행위를 하는 것이 두려워서 고집 부리기, 무조건 거부하기, 무조건 반대하기, 상대방 무시하기 등의 간접적 행동으로 표출함
- 자기 회피적 공격성: 상대방을 공격하는 것이 두려워서 자해 행동과 같은 가학적 행동을 함
- 신체적 공격 행동: 때리기, 발로 차기, 꼬집기와 같이 신체적 해를 입힘
- 언어적 공격 행동: 놀리기, 협박하기, 약 올리기, 욕하기 등으로 상대방에게 심리적 해를 가함
- 사회적 공격 행동: 따돌림, 소문 내기, 이간질하기 등 대인 관계에 해를 입힘
- 도구적 공격성: 자신의 이익을 얻기 위하여 다른 사람에게 피해를 입힘
- 적의적 공격성: 오로지 다른 사람을 괴롭히기 위하여 공격적 행위를 저지름

★	**차별 접촉 이론 (차별 연합 이론)** p.201	• 모든 종류의 범죄나 비행은 학습된 것으로, 이러한 범죄나 비행 행위는 타인(범죄자, 비행자)과의 상호 작용을 통해 학습됨 • 일탈 행동은 개인의 성향이나 사회·경제적 지위의 발현으로 나타나는 것은 아님 • 학습은 주로 친밀한 사람들과의 상호 작용을 통해 일어나며, 일탈에 대한 부정적 정의보다 긍정적 정의에 많이 노출될수록 일탈 가능성이 높음

제5장 성인발달과 노화

★★★ SOC 이론 (보상을 수반한 선택적 적정화 모델, Baltes & Baltes) p.218

- **선택**: 주어진 환경 속에서 개인의 생활 목표(신체적 건강, 가치 등)에 대한 기회와 기능, 역할의 범위를 고려해 활동의 양과 질 및 종류를 선택하는 것
- **적정화**
  - 선택한 목표 달성을 위해 최선의 노력을 다하는 최적화를 중시함
  - 다양한 수단과 방법으로 개인이 선택한 목표와 영역을 최대한 달성하는 일
  - 자신의 강점과 잠재적 기능을 동원해 성공적인 사회 활동은 물론 건강 관리, 레저 생활, 사회 봉사 등으로 노후 생활을 활기차게 만드는 일
- **보상**: 생물학적·사회적·인지적 기능의 상실이 일어났을 때, 어떠한 학습이나 보조 기구, 외부적 도움, 심리적 보상 기제 등으로 상실을 보완하는 것

★★ 샤이에(Schaie): 성인기 인지발달 단계 p.217

단계	시기	내용
성취 단계	성인 전기	• 성취, 독립의 목표를 지향하는 인지적 행동을 함 • 과업: 사고 능력 배양, 독자적으로 의사 결정이 가능한 지적 기능의 사용 능력 개발
책임 단계 /실행 단계	성인 중기	• 문제 해결에 있어서 개인의 목표, 가족 및 사회적 책임을 통합함 • 보다 복잡한 조직적 위계와 책임을 갖는 문제를 해결함 • 과업: 자신의 사고, 판단, 의사 결정에 책임을 질 수 있는 지적 기능 확립
재통합 단계	성인 후기	• 장기적인 목표를 설정할 필요가 없으며, 사회적 책임이 급격히 감소하는 시기 • 자신의 흥미, 가치에 적합한 문제와 과제를 선택함 • 과업: 자신의 지적 기능을 선택적으로 사용하여 재통합 능력을 확립

★★ 성인 초기: 감각의 발달 p.220

- 감각은 가장 예민한 상태이며, 성인 초기 동안 거의 변하지 않음
- 시각적 예민성은 20세경에 가장 크며, 40세까지는 감소하지 않음
- 청각은 20세경에 가장 좋은데, 이 시기 이후 점진적으로 하강함
- 미각, 후각, 촉각, 온도 및 고통에 대한 감수성은 안정적이어서 50세 정도까지 둔화되지 않음
- 뇌의 무게는 성인 초기에 최대치에 도달함

★★ 죽음에 대한 비애 과정 (Kubler–Ross, 1969) p.235

- **부정**: 자신의 죽음이 임박하였다는 것을 알게 되는 단계로, 대부분의 사람들은 의사의 진단이 잘못되었다거나, 뭔가 착오가 있다고 믿음
- **분노**: 자신의 죽음에 대한 생각에서 나온 분노나 격노의 감정이 의료진이나 가족 또는 세상으로 향해지는 단계
- **타협**: 의료진이나 가족 또는 신에게 죽음의 시기를 늦춰줄 것을 간구함
- **우울**: 죽음을 늦추기 위한 어떤 노력도 소용이 없음을 알게 되어, 임박한 죽음을 직면하면서 슬픔에 빠지게 됨
- **수용**: 적극적으로 죽음에 대응하면서, 죽음이 예상된 결과이고 감수해야 하는 과정임을 받아들임

★ 레빈슨(Levinson)의 사계절 발달 이론

- **성인 초기 전환기(17~22세)**: 성인으로 진입하기 위한 준비를 하는 시기
- **성인 초기 입문기(22~28세)**: 성인으로서 자신의 삶을 계획하고 시작하는 시기
- **30대 전환기(28~33세)**: 성인 전기보다 현실적이고 이전 시기의 계획이나 선택 등에 대해 보완·재평가하며 다음 구조에서 필요한 새로운 계획들을 탐색함
- **성인 초기 절정기(33~40세)**: 이전 시기들의 계획들이 실행되어 어느 정도 이루어진 시기
- **성인 중기 전환기(40~45세)**: 중년기로 접어드는 시기로서, 자신의 삶에 대한 재평가를 하며 지나온 삶에 대한 의문을 갖게 되고, 그로 인해 '중년의 위기'를 겪게 될 수도 있는 시기
- **성인 중기 입문기(45~50세)**: 새로운 인생을 맞이하는 시기로서 다양한 변화들이 일어남
- **50대 전환기(50~55세)**: 성인 중기의 인생 구조를 재평가하며, 다음 인생 구조를 위한 준비를 하는 시기

★	레빈슨(Levinson)의 사계절 발달 이론 p.215	• 성인 중기 절정기(55~60세): 성인 초기 절정기처럼 성인 중기의 계획과 목표를 실현하는 시기 • 성인 후기 전환기(60~65세): 새로운 인생 구조로 전환하는 시기, 노년기의 시작에 해당하는 시기 • 성인 후기(65세~): 새로운 인생 구조를 확립하는 시기로, 신체적 노화나 질병에 잘 대응하며 젊음을 잃은 것에 대한 심리적 충격에 대비해야 함

★	노화 이론 p.217	• 분리 이론: 늙어가면서 사회와 노인들 사이에서 일어나는 현상으로서, 노인들은 사회로부터 분리 혹은 은퇴한다는 것
		• 활동 이론
		  - 노년은 중년의 연장일 뿐이므로 활동을 중단할 것이 아니라 지속할 것을 당연하게 봄
		  - 노년기의 생의 만족은 적정 수준의 사회적 활동을 유지할 때 가능하다는 견해
		• 지속성 이론: 노년기의 성격은 젊을 때의 성격 성향을 지속하는 것이지 바꾸는 것이 아니라는 견해
		• 사회 교환 이론: 개인과 집단 간 교환은 교환에 참여하는 사람이 그 상호 작용에서 이득을 얻는 한 지속되는데, 노인이 되면 사회적 상호 작용에서 이득이 감소하므로 사회적 교환 활동이 감소한다는 견해
		• 현대화 이론: 현대화가 사람들의 기본 관념을 변화시키고 노인의 지위와 역할에도 영향을 미침

★	성인 중기의 발달 과업 p.227	• 생산성: 직업이나 전문적인 측면에서 사회에 공헌하는 생산적인 창조성을 의미하며, 사회와 가정에 필요한 사람이 되고자하는 것을 의미함 • 침체성: 이 시기에 생산성이 원활하게 획득되지 못한다면 침체에 빠지게 됨
★	노화의 특성 p.230	• 노화는 유기체에 내재되어 있는 필연적인 것으로, 인간이 출생하여 죽음에 이르는 전 과정에 걸쳐서 일어나고 노년기에는 특히 그 속도가 빨라짐 • 노화는 신체의 구조나 기능에 있어서의 변화뿐 아니라 인간의 적응이나 행동에 있어서의 변화 유형도 포함함 • 노화는 생물학적 변화뿐 아니라 심리적·사회적 변화까지 모두 포함하는 복합적인 과정 • 노화는 병리적인 현상 또는 질환이 아니며, 누구에게나 일어나는 보편적인 현상
★	노화 과정에 적응하는 다섯 가지 성격 유형 (Reichard 등, 1962) p.233	• 성숙형: 가장 이상적인 유형으로, 자신의 강점뿐 아니라 약점도 인정하며 지나온 삶을 긍정적으로 받아들임 • 흔들의자형: 성숙형에 비해 수동적이기는 하지만 높은 수준의 자아 수용을 보임 • 무장형: 노화에 대한 불안을 방어하기 위해 사회적 활동과 기능을 계속 유지하려 노력함 • 분노형: 젊은 시기에 인생의 목표를 달성하지 못한 채 노년기를 맞이하였다는 것에 대해 비통해 함 • 자학형: 현재의 시기를 인생의 실패로 보고, 그 원인을 자신에 돌리며 자신을 원망함
★	노인 학대 유형 p.242	• 신체적 학대: 물리적 힘 또는 도구를 이용하여 노인에게 신체적 손상, 고통, 장애 등을 유발시키는 것 • 언어적 학대: 언어로 정신적인 고통을 주는 것 • 성적 학대: 노인의 의사에 반하여 강제적으로 행하는 모든 형태의 성적 접촉 또는 강제적 성행위 • 정서적·심리적 학대: 비난, 모욕, 위협, 협박 등의 언어 및 비언어적 행위를 통하여 노인에게 정서적으로 고통을 주는 것 • 재정적·물질적 학대: 노인의 자산을 노인의 동의 없이 사용하거나 부당하게 착취하여 이용하는 행위 및 노동에 대한 합당한 보상을 제공하지 않는 것 • 방임: 부양 의무자로서의 책임이나 의무를 의도적 혹은 비의도적으로 거부, 불이행 혹은 포기하여 노인의 의식주 및 의료를 적절하게 제공하지 않는 것 • 자기 방임: 노인 스스로가 의식주 제공 및 의료 처치 등의 최소한의 자기 보호 관련 행위를 의도적으로 포기 또는 비의도적으로 관리하지 않아 심신이 위험한 상황이나 사망에 이르게 하는 것

나만의 알짜 이론

한달합격 해커스독학사
심리학과 2단계 발달심리학 최신기출 이론+문제

* 학습한 내용 중 중요한 이론을 스스로 정리하여 시험 직전 확인해 보세요.

나만의 알짜 이론

* 학습한 내용 중 중요한 이론을 스스로 정리하여 시험 직전 확인해 보세요.

나만의 알짜 이론

한달합격 해커스독학사
심리학과 2단계 발달심리학 최신기출 이론+문제

* 학습한 내용 중 중요한 이론을 스스로 정리하여 시험 직전 확인해 보세요.

나만의 알짜 이론

* 학습한 내용 중 중요한 이론을 스스로 정리하여 시험 직전 확인해 보세요.

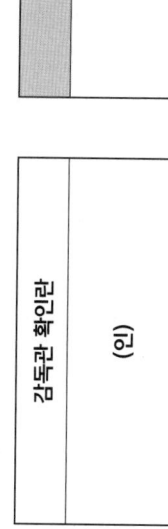

무료 학습자료 제공 · 독학사 단기합격 **해커스독학사**
www.haksa2080.com

년도 전공기초과정 인정시험 답안지(객관식)

컴퓨터용 사인펜만 사용

★ 수험생은 수험번호와 응시과목 코드번호를 표기(마킹)한 후 일치여부를 반드시 확인할 것

전공분야

성 명

수험번호

(1)
(2)

과목코드

응시과목

교시코드

관리번호

감독관 확인란

(인)

무료 학습자료 제공 · 독학사 단기합격 **해커스독학사**
www.haksa2080.com

한 달 합격
해커스독학사
심리학과
최신기출 이론+문제 `2단계 | 발달심리학`

초판 1쇄 발행	2022년 7월 12일
지은이	고인숙
펴낸곳	(주)위더스교육
펴낸이	해커스독학사 출판팀
주소	서울특별시 서초구 서초대로73길 12 세계빌딩 7층 해커스독학사
고객센터	1599-3081
교재 관련 문의	15993081@haksa2080.com
	해커스독학사 사이트(haksa2080.com) 교재 Q&A 게시판
	카카오톡 플러스 친구 [해커스독학사]
동영상강의	haksa2080.com
ISBN	979-11-6540-101-6 (13180)
Serial Number	01-01-01

저작권자 ⓒ 2022, 해커스독학사
이 책의 모든 내용, 이미지, 디자인, 편집 형태는 저작권법에 의해 보호받고 있습니다.
서면에 의한 저자와 출판사의 허락 없이 내용의 일부 혹은 전부를 인용, 발췌하거나 복제, 배포할 수 없습니다.

독학사 교육 1위,
해커스독학사 haksa2080.com
해커스독학사

- 합격을 돕는 독학사 전문 교수님들의 본 교재 직강
- 최신 독학사 시험정보 및 대상자별 학습 가이드 제공
- 독학사 전문 플래너의 무료 1:1 학습 상담 가능

한경비즈니스 선정 2020 한국품질만족도 교육(온·오프라인 독학사) 부문 1위 해커스